Sección de Obras de Lengua y Estudios Literarios

LOS 1001 AÑOS DE LA LENGUA ESPAÑOLA

ANTONIO ALATORRE

LOS 1001 AÑOS
DE LA LENGUA ESPAÑOLA

Tercera edición, algo corregida
y muy añadida

FONDO DE CULTURA ECONÓMICA

Primera edición,   1979
Segunda edición,   1989
Tercera edición,   2002
   Décima reimpresión, 2018

[Primera edición en libro electrónico, 2013]

Alatorre, Antonio
   Los 1001 años de la lengua española / Antonio Alatorre. — 3ª ed. — México: FCE,
2002
   416 p. ; 23 × 16 cm — (Colec. Lengua y Estudios Literarios)
   ISBN 978-968-16-6678-1

   1. Español – Historia I. Ser. II. t.

LC PQ7297 .A42 L67   Dewey 460.9 A323m

Distribución mundial

D. R. © 1979, Fondo de Cultura Económica
Carretera Picacho-Ajusco, 227; 14738 Ciudad de México
www.fondodeculturaeconomica.com
Comentarios: editorial@fondodeculturaeconomica.com
Tel.: (55)5227-4672

Diseño de portada: Teresa Guzmán Romero

ISBN 978-968-16-6678-1 (rústico)
ISBN 978-607-16-1361-5 (electrónico-epub)
ISBN 978-607-16-4528-9 (electrónico-pdf)

Impreso en México • *Printed in Mexico*

PRÓLOGO

En este libro que el lector tiene abierto ante los ojos he querido hacer *una* historia de la lengua española; contar, a mi manera, el acontecer de un fenómeno que a mí me interesa mucho. Al escribirlo, he pensado en lectores interesados asimismo en el tema. Con ellos he estado dialogando en mi interior, y a ellos me dirijo. Para ellos escribo estos párrafos preliminares, que son una simple y llana invitación a que sigan leyendo. Pueden creerme si les digo que no va a costarles trabajo la lectura. No voy a ponerme pesado ni a portarme exigente con ellos. Lo único que les pido, lo único que presupongo, es un poco de interés por eso que a mí, según he confesado, me interesa mucho: la historia de la lengua española, la historia de "nuestra lengua", como la llamo a menudo en el curso del libro. Pues, en efecto, además de concebir lectores interesados en el tema, les he atribuido como razón central de su interés la más simple de todas, la más límpida, la menos tortuosa: he imaginado que el español es su lengua materna. Aparte de tales o cuales razones complementarias, la razón central de mi propio interés es ésa. El español es la lengua en que fui criado, la de mi familia y mi pueblo, la de los muchos libros y revistas que leí en mi infancia (yo me hice lector a los cuatro años). El español es una lengua que me gusta. Y ese gusto, exactamente ése, es el que he supuesto en mis imaginarios lectores. Pero si alguno de ellos, careciendo de *esa* razón, se interesa en la historia del español por ser, digamos, uno de los idiomas importantes del mundo, le pido por favor que no se sienta excluido. También a él me dirijo. Proceda de donde proceda, un poco de interés, un poco de curiosidad es suficiente.

Como todo acontecer humano, el de la lengua española a través del tiempo puede ser contado de muy diversas maneras. Las historias que de ella existen —porque existen varias, algunas de ellas excelentes— coinciden por fuerza en infinidad de puntos. Todas tienen que dedicar

7

algún espacio a la lengua latina, y no digamos al proceso mediante el cual el latín fue convirtiéndose en otra cosa (corrompiéndose, aplebeyándose, empobreciéndose, según el modo de ver de algunos) hasta que un buen día dejó simplemente de ser latín. Todas tienen que hablar de los visigodos, y de los árabes, y de los extraños pueblos con que Cristóbal Colón se topó, por pura casualidad, en 1492. Ninguna puede escaparse de mencionar, en su momento, el *Cantar de mio Cid*, y el *Quijote*, y las *Soledades* de Góngora, y los versos modernistas de Rubén Darío. Todas deberán decir, por fuerza, que de Cervantes para acá la lengua ha ido cambiando (echándose a perder, extranjerizándose, empobreciéndose, según algunos). Finalmente, como la historia tiene siempre algo de *magistra*, de maestra, todas las historias de nuestra lengua tratan de enseñar, y pueden funcionar como manuales didácticos en los lugares en que se necesite esa "asignatura". Pero al lado de estas y otras mil coincidencias, hay también las muchas discrepancias: unas historias son más exhaustivas que otras, más técnicas o más minuciosas; unas le piden al lector más conocimientos previos que otras; y no todas subrayan lo mismo, no todas eligen como dignos de contarse los mismos hechos, ni interpretan unos mismos hechos de manera uniforme.

La manera como *esta* historia está contada ya la irá viendo el lector. Pero hay un par de cosas que quiero decirle aquí. Esta historia es, en más de un sentido, la menos académica que se ha escrito. No hay bibliografía en las notas de pie de página, ni la menor huella del llamado "aparato crítico", ni más abreviaturas que las usuales en la lengua. Es la menos técnica, la menos profesional. Pondré un ejemplo. Existe una entidad fonética, llamada *yod*, de la cual se sirven los lingüistas para explicar un número impresionante de transformaciones sufridas por las palabras en su "tránsito" del latín al español, de manera que en todas las historias de la lengua —y con mayor razón en las gramáticas históricas— el fenómeno de la *yod* aparece y reaparece en distintos párrafos, y aun en páginas enteras. Pues bien, yo me las he arreglado para no mencionarla siquiera (salvo en este momento). De ninguna manera estoy insinuando que los tecnicismos —sonorización, ensordecimiento, palatalización, asibilación, rehilamiento y tantos otros— sean inútiles:

lo que digo es que mi libro, a pesar de ser yo vagamente "profesor" de lengua española, no está dirigido a los profesionales. No sólo no tengo datos científicos nuevos que enseñarles a ellos, sino que he evitado lo más posible el lenguaje técnico que ellos emplean. Escribo para la gente. El lector que ha estado en mi imaginación es el "lector general", el no especializado.

También le quiero decir que, a diferencia de otras historias, la mía no dedica un capítulo por separado al español de América, a manera de complemento o de apéndice. La falta no se debe ciertamente a que la materia me parezca secundaria y desdeñable, sino a todo lo contrario. Somos americanos la inmensa mayoría de los hablantes de español. El "español de América" no tiene por qué ser tratado aparte. El posesivo *nuestra* de "nuestra lengua" nos engloba a todos por igual. Tan hispanohablante es el nacido en Almazán, provincia de Soria, como el nacido en Autlán, estado de Jalisco. Muy escondida, muy disfrazada a veces, pero muy tenaz, existe en muchos españoles y en no pocos hispanoamericanos la idea de que el español de América es, en alguna forma, menos bueno, menos correcto, menos "legítimo" que el de España. En mi libro no encontrará el lector ningún apoyo para semejante idea, que me es ajena por completo.

En cuanto al título, *Los 1 001 años de la lengua española,* no hay mucho que decir. Desde luego, es imposible dar una fecha precisa para el nacimiento del español (o de cualquier otra lengua). Lo evidente es que el romance castellano del siglo XII estaba ya muy lejos del latín coloquial del siglo VIII. Los primeros documentos que muestran palabras españolas no tienen fecha; Menéndez Pidal los creía escritos en la segunda mitad del siglo X (o sea hacia el año 975); ahora se piensa más bien que son de la primera mitad del XI; pero, como en homenaje al maestro, los primeros mil años de nuestra lengua se han celebrado en los alrededores de 1975. Así, pues, podemos decir arbitrariamente que la lengua española nació en la segunda mitad del siglo X, a medio camino entre el VIII y el XII, y que su acta de nacimiento se escribió en 975. Ahora bien, un acta de nacimiento supone una criatura viva. Puesto que esas palabras se escribieron, es claro que vivían ya en boca de la gente. En 1975 nuestra lengua no tenía 1 000 años de edad, sino 1 000 y pico, un pico expresado por la unidad de la cifra "1 001". Como cuando, en vez de decir que un niño tiene tres años cumplidos, se dice que tiene tres entrados a cuatro, bien podemos decir que nuestra lengua tiene 1 000 años entrados a 2 000. La cifra "1 001" es simbólica. Además, es difícil decir "1 001" sin pensar en *Las 1 001 noches,* ese producto colectivo de un pueblo que se distinguió, entre todos los que contribuyeron a la hechura de nuestra lengua, por su inventiva y su fantasía. El ingrediente esencial de *Las 1 001 noches* es la magia. Y, bien visto, ¿no tiene algo de mágico la historia de una lengua?

Me sería imposible enumerar los libros y artículos sobre historia de nuestra lengua cuya lectura me ha instruido y alimentado a lo largo de muchos años. Pero es justo mencionar a los autores que más me ayudaron durante los cinco atareados meses de 1979 en que escribí el presente libro: Ramón Menéndez Pidal (sobre todo por sus *Orígenes del español,* 4ª ed., Madrid, 1956, y su *Manual de gramática histórica española,* 6ª ed., Madrid, 1941), William J. Entwistle *(The Spanish Language, together with Portuguese, Catalan and Basque,* Londres, 1936), Rafael Lapesa *(Historia de la lengua española,* 7ª ed., Madrid, 1968), Jaime Oliver Asín *(Historia de la lengua española,* 6ª ed., Madrid, 1941), Robert K. Spaulding *(How Spanish Grew,* Berkeley y Los Ángeles, 1943) y Juan Corominas *(Diccionario crítico etimológico de la lengua castellana,* Madrid/Berna, 1954-1957). De estos libros, el que más le recomiendo al lector deseoso de avanzar es, sin ningún titubeo, el de Rafael Lapesa, muy equilibrado y completo, y lleno de jugosas indicaciones bibliográficas. (Hay una 9ª edición, muy aumentada, de 1981.)

Pero el hombre que más me ha enseñado a mí es Raimundo Lida (1908-1979), de quien fui discípulo en México (él lo fue a su vez de Amado Alonso en Buenos Aires, y Amado Alonso lo fue de Ramón Menéndez Pidal en Madrid). Entre muchas otras cosas, de él me viene la convicción profunda de que el estudio verdadero de la literatura no puede destrabarse del estudio de la lengua, y viceversa. Estudiar en sus clases la historia de la lengua en los siglos XII y XIII era lo mismo que enseñarse a amar el *Cantar de mio Cid* y los poemas de Gonzalo de Berceo. Las páginas que siguen están, por eso, dedicadas a su memoria.

PRÓLOGO A LA PRESENTE EDICIÓN

Este libro se publicó, en una primera versión, a fines de 1979. Lo escribí por encargo, no de una institución académica, sino de la señora Beatrice Trueblood, experta en el arte de "producir" libros de lujo, la cual, habiendo sabido que por esos años se estaba conmemorando en España el milenario de nuestra lengua, concibió la idea de dedicar uno de los productos de su taller a ese tema, y me pidió que escribiera el texto y los comentarios o *captions* a los centenares de ilustraciones que forzosamente iba a tener el libro. Ella, por su parte, se encargó de reunir las ilustraciones y de disponer todos los primores de un libro que tenía que ser lujoso, además de que fue ella quien consiguió que el señor Manuel Espinosa Yglesias, uno de los magnates de la banca, cubriera los gastos. La primera edición fue, pues, propiedad de Bancomer, y Bancomer la distribuyó entre sus clientes más adinerados como regalo de Navidad de 1979. En el contrato, firmado en abril, se estipulaba que el libro quedaría completamente listo en noviembre. Puede parecer poco cuerdo haber aceptado esta condición, que tan estrecho plazo me dejaba, pero la acepté, primero, porque me sentí capaz de contar de corrido, a mi manera, la historia de mi lengua (y muy alegre por la oportunidad que se me brindaba), y segundo, porque andaba necesitado de dinero.

Mientras lo iba escribiendo, a marchas forzadas, pero gozosas, no dejaba de pensar que el libro-bibelot bien podría convertirse en libro-libro. Y al libro-libro no le iban a hacer falta los centenares de ilustraciones, muchas de ellas muy vistosas: ¿para qué otra vez una foto de la Alhambra, para qué otra vez el retrato de sor Juana Inés de la Cruz? Desgraciadamente, no fue fácil la tarea de integrar en el texto las cosas que decía en forma de comentario a una ilustración. Por eso pasaron diez años antes de que, tras mucho proponérmelo, apareciera en 1989 la verdadera primera edición.

Pues bien, unos diez años han pasado asimismo desde que me propuse hacer una segunda edición. Muy pronto, en efecto, vi que había necesidad de corregir ciertos párrafos. Comencé a hallar aquí y allá algún error, alguna redundancia, alguna falta de claridad, hasta alguna errata. Y hubo lectores que me ayudaron, como un estudiante que, fijándose en las fechas que yo daba para don Juan Manuel, me preguntó si de veras ese señor había vivido 110 años. En la primera oportunidad, al reimprimirse el libro, corregí la fecha de nacimiento: no 1238, sino 1283. ¡Qué dignos de agradecimiento son los lectores que se fijan en eso (y se lo dicen a uno)! En otras reimpresiones introduje enmiendas sencillas, pero no me atreví a hacer cambios más complejos para no alterar la composición tipográfica. Esto es lo que por fin hago ahora: una "segunda edición algo corregida y muy aumentada".

El concepto de "libro-libro" va trabado con el de "lector-lector". El libro-bibelot, se diría que por accidente, tuvo algunos lectores; pero estoy convencido de que el grueso de la edición (15 000 ejemplares, a los que hubo que añadir otros 5 000 a comienzos de 1980) no tuvo lectores, sino sólo hojeadores. Por cierto que un manual universitario como la *Historia de la lengua española* de Rafael Lapesa, que no tiene nada de bibelot, tampoco es un libro-libro, y quienes lo estudian o consultan para cumplir con los requisitos de un curso universitario tampoco son propiamente lectores-lectores.

Siempre tuve el deseo de que el presente libro anduviera en manos de lectores comunes y corrientes. Este deseo quedó ampliamente satisfecho. Si ya la edición de 1979, pese a su carácter, mereció algunas menciones elogiosas en periódicos y revistas de la ciudad de México, la de 1989 tuvo reseñadores y comentaristas que dijeron sobre el libro mucho más de lo que yo hubiera podido soñar. Los 4 000 ejemplares se agotaron muy pronto y comenzó la serie de reimpresiones (la novena es de 2001).

Confieso que, además del deseo de ser leído por la gente, tuve siempre, durante los cinco meses de 1979, este otro: que los expertos en materias en que yo disto de serlo (digamos las lenguas prerromanas, o la España visigótica, o las delicadísimas cuestiones a que me enfrento en el capítulo VI) leyeran también el libro y, habiendo captado y aceptado su intención —que no es otra que la de contar y explicar *bien* diez siglos de historia, decir las cosas como fueron, de la manera más sencilla posible—, me sugirieran cambios, retoques, precisiones, adiciones. Por eso hice que la edición lujosa llegara a manos de algunos expertos y a la redacción de publicaciones técnicas, como la *Revista de Filología Española*. Los resultados fueron decepcionantes. Hubo sólo dos reseñas, muy anodinas las dos. La que apareció en *Estudios,* revista española publicada por los frailes de la Merced, es brevísima y convencional, y la de la revista italiana *Cultura Neolatina,* algo más extensa, se limita a resumir a grandes rasgos el contenido, y aplaude el hecho de que una institución bancaria de México haya mostrado tal interés por la cultura —lo cual no es muy exacto: al señor Espinosa Yglesias le importaba sólo lucirse ante la clientela de Bancomer con un señorial regalo de Navidad; el tema no le importaba.

En respuesta al envío de la edición lujosa me llegaron también tres cartas: Denah Lida pescó un disparate: el adjetivo *mavromatianí,* en la canción judeoespañola "Morenica a mí me llaman", no viene del turco, como yo atolondradamente decía, sino del griego. Rafael Lapesa me escribió una carta muy cordial (4 de abril de 1980): lamenta no haber recibido el libro un poco antes, para "tenerlo en cuenta" en la 8ª edición de su *Historia,* que acababa de imprimirse; pero "lo aprovecharé en la 9ª, que según esperan los editores, saldrá en 1981". (Creo, sin embargo, que no lo aprovechó para nada.) La mejor de las tres cartas es la de Eugenio Asensio, que me hizo observaciones muy finas, de las que calan hondo, y me obligó a repensar ciertas cosas, no sólo las apuntadas por él. (Varias ideas que yo tenía necesitaban ser repensadas, y el *repensar* puede ser operación más lenta que el pensar.) La respuesta de Asensio vale por todas las que no hubo en España. Y debo añadir que, por razones que no hace falta exponer, la reacción española era la que más me importaba.

En cambio, de los Estados Unidos me llegó una reacción inesperada y gratísima: en julio de 1985 recibí de los profesores Robert Russell (de Darmouth) y Robert Blake (de Rochester) una carta conjunta en que me pedían autorización para sacar copias xerográficas del ejemplar que por acaso les había caído en las manos, pues les venía de perlas para sus "necesidades pedagógicas". Reventando de satisfacción, inmediatamente les dije que sí.

La edición de 1989, la primera "auténtica", era lo que hacía falta para satisfacer mi tenaz deseo de conocer la opinión de la gente y, sobre todo, la de los colegas del gremio filológico. El Colegio de México y el Fondo de Cultura Económica, coeditores del libro, me pidieron una lista de 50 personas o instituciones a las cuales me gustaría enviarlo. Los primeros de la lista fueron los profesores Russell y Blake, no por ganas de saber su opinión, pues ya la conocía, sino porque se lo merecían. Los dos se pusieron felices: ¡adiós la lata de sacar una y otra vez las engorrosas copias xerox de la edición de lujo! Sé que en algunos *Departments of Spanish* de universidades norteamericanas está resultando útil el libro, por lo general (según creo) como introducción o invitación al estudio profundo, científico, enteramente lingüístico. No sé si en México está sucediendo lo mismo. Lo que ha sucedido es otra cosa, enormemente satisfactoria para mí: en 1998 El Colegio de México y la Secretaría de Educación Pública hicieron una reimpresión de 30 000 ejemplares fuera de comercio, como parte de la "Biblioteca para la Actualización del Maestro", destinada a los profesores de segunda enseñanza, no para invitarlos a meterse en honduras lingüísticas, sino simplemente para darles información.

En la lista de los 50 ejemplares puse sobre todo títulos y direcciones de revistas especializadas en cuestiones de lengua y literatura españolas. Pero ni la *Revista de Filología Española* (Madrid), ni la *Hispanic Review* (Filadelfia), ni el *Bulletin of Hispanic Studies* (Liverpool), ni el *Anuario de Letras* (México), ni *Thesaurus* (Bogotá), ni *Filología* (Buenos Aires), para poner unos ejemplos, se dignaron reseñar el libro. Hubo sólo cuatro reseñas. La de *Hispania,* órgano de la asociación de profesores de español y portugués en los Estados Unidos, es ejemplo típico de las que suelen hacerse para "salir del paso": el reseñador hojea el libro, se detiene aquí o allá, toma dos o tres apuntes, y listo. El de *Hispania* elogia la manera como se cuenta la historia, pero hace dos curiosas críticas: que a don Benito Pérez Galdós lo menciono muy pocas veces, y que "sor Juana no figura *ni siquiera* en el índice", cuando la verdad es que sí figura, seguido de dieciséis referencias, una de ellas al comienzo mismo del libro. (¡Qué manera de leer!) Muy distinta de ésta es la reseña aparecida en el *Bulletin Hispanique,* órgano de los hispanistas franceses, breve pero sustanciosa. Su autor, Bernard Pottier, capta muy bien —y lo dice con palabras muy halagadoras— el carácter y la intención del libro. (El juicio de Pottier, lingüista riguroso, contrasta con el que, según supe, emitió otro lingüista: que lo que Alatorre había hecho era "cosa de risa".) Los otros dos reseñadores me favorecieron con observaciones utilísimas. Helmut Berschin, en *Iberoamericana* (de Alemania), me señaló varios errorcillos y, comentando mis explicaciones sobre la pronunciación medieval *("oso* y *rosa* no se pronunciaban con la *s* actual...",* etc.), me preguntó por qué no me animaba a emplear signos fonéticos. Y José Luis Moure, en el *Journal of Hispanic Philology* (de los Estados Unidos), aunque sin emitir juicio alguno sobre lo que hay de historia lingüística en los capítulos "medievales" (que son su campo de especialización), me hizo dos buenas observaciones, sobre la fecha de las famosas Glosas y sobre mi maurofilia (excesiva según él; pero la simpatía que les tengo a los árabes españoles la tengo también por los judíos), y, para los tres capítulos dedicados a *El apogeo del castellano,* donde tomo un rumbo bastante personal y no muy canónico, tuvo un comentario inesperado: "Es precisamente este derrotero heterodoxo el que debemos agradecer...", etc. (En 1996 el Fondo de Cultura Económica puso en circulación, dentro de su serie Fondo 2000, un minilibro intitulado *El apogeo del castellano,* que no es sino el segundo de esos tres capítulos, y, para mi sorpresa, ha tenido bastantes compradores. Se ha reeditado en México y en Madrid.)

La edición de 1989 mereció también no pocas reacciones epistolares muy alentadoras, varias de ellas con observaciones y sugerencias interesantes, que mucho agradezco. De todas he hecho caso, menos de dos: emplear signos fonéticos (sería, creo yo, un estorbo para el lector común y corriente, que sigue siendo el destinatario por excelencia del libro) y añadir un índice de *palabras* comentadas (creo que no tendría caso alfabetizar el gran número de cultismos, arcaísmos, arabismos, italianismos, galicismos, anglicismos, americanismos, etc., que se arraciman en distintos lugares del libro: basta señalar esos racimos en el índice de materias). En tal caso, también habría que registrar en orden alfabético los fonemas o *sonidos:* pronunciación de *b*, de *v*, de *g*, *j* y *x*, de *h*..., etc. He preferido englobar esto en el índice bajo el rótulo "pronunciación".

En mi prólogo a la edición de 1979, como garantía de que el libro estaba hecho para el lector-lector, alardeaba de que no había en él "una sola nota de pie de página". En el prólogo de la edición de 1989 esto se transformó así: "No hay bibliografía en las notas de pie de página". En efecto, metí notas en varios lugares. Y es que soy aficionadísimo a ellas. Al escribirlas me siento en mi elemento, y creo que son útiles. Permiten, entre otras cosas, ver casos concretos de un fenómeno general, como cuando, en una caminata por el campo, se hace una pausa para ver despacio algo del paisaje. Las notas son pequeños *excursos* a lo largo del *curso* o recorrido del texto. Caben ampliaciones, reflexiones, noticias significativas. Por ejemplo, no pude menos que mencionar, a propósito de los arabismos, el inventario del ajuar de una infanta de Castilla en el siglo xiv (nota de la p. 102).

Mi bibliografía sigue consistiendo en las siete obras que mencioné ya en la edición de 1979 (último párrafo de la "Conclusión"). Entre tanto han aparecido otras historias de la lengua, como la de Thomas A. Lathrop *(The Evolution of Spanish*, Newark, 1980), la de Melvin C. Resnick *(Introducción a la historia de la lengua española*, Washington, 1982), la de María del Carmen Candau de Cevallos *(Historia de la lengua española*, Potomac, 1985), la de Ralph Penny, *A History of Spanish Language* (Cambridge, 1991) y la de Paul M. Lloyd *(From Latin to Spanish*, Filadelfia, 1987), que es, con mucho, la más seria. Pero no las he aprovechado. En cambio, he sacado partido de gran cantidad de artículos y pasajes de libros que me han caído en las manos a lo largo del tiempo. Cuando en 1989 leí el artículo de Colin Renfrew sobre las ramificaciones del indoeuropeo, era ya demasiado tarde para utilizarlo. Mis ideas sobre el asunto eran muy superficiales, y Renfrew me daba noticias muy concretas y muy actualizadas, que han pasado a la presente edición, naturalmente en forma resumida; entrar en detalles sería alterar la economía del relato, pero no aprovechar ese artículo sería una lástima. Lo aproveché, pues, sin olvidar que el objeto de *Los 1 001 años de la lengua española* es contar un cuento, y la parte indoeuropea del cuento es muy animada, además de que la antiquísima fragmentación de esa lengua prepara de alguna manera al lector para los dramas de la fragmentación del latín en el imperio romano tardío, la del iberorromance en la Edad Media y la del castellano en los tiempos modernos. De fuentes como ésa proceden casi todas las ampliaciones. Pero si me pusiera a explicar caso por caso de dónde vienen mis noticias o mis ideas, el libro quedaría empedrado de referencias bibliográficas, dándole un aspecto "erudito" (que es justamente lo que he querido evitar).

I. LA FAMILIA INDOEUROPEA

CONOZCO A UN CABALLERO llamado Guillermo Ramírez España, descendiente de cierta Josefa Ramírez, nacida hacia 1645. El señor Ramírez España tiene noticias fidedignas no sólo acerca de la descendencia de esa Josefa Ramírez (hermana, por cierto, de Juana Ramírez, llamada luego sor Juana Inés de la Cruz), sino también acerca de los ascendientes: la madre, Isabel Ramírez, y el abuelo, Pedro Ramírez, y sabe que el padre de este último se llamaba Diego Ramírez. Su árbol genealógico cubre, así, algo más de cuatro siglos. Yo, en cambio, no tengo noticias ni de uno solo de mis bisabuelos. Mi árbol genealógico es pequeñito. Y el del señor Ramírez España se queda chico en comparación con árboles genealógicos de mil años o más. Claro que los individuos capaces de exhibir una historia continua de su familia a lo largo de tanto tiempo son relativamente raros. Pues bien, eso que es raro en la historia de los individuos es, en cambio, frecuentísimo en la de las instituciones sociales: el derecho, las religiones, las costumbres, las artes, todo lo que solemos llamar fenómenos culturales. Y de estos fenómenos, los que tienen la más larga historia continua son las lenguas del mundo. (Hay pueblos con poca historia externa y "visible", pero no los hay sin una lengua perfectamente acorde con su cultura, y que constituye, así, su historia íntima y profunda.)

Esta continuidad es la esencia misma del lenguaje. Tomemos la palabra *rosa*. Viene directamente del latín, pero la palabra latina *rosa* tiene que ser continuación o descendencia de otra, y los lingüistas se han ocupado de encontrarle un antepasado. Disponen para ello de un método comparativo muy refinado y rigurosamente científico. Han comparado el nombre latino de la rosa con el que tenía en las distintas lenguas de la vasta zona euroasiática donde se originaron las rosas, por ejemplo *rhodon* en griego y *gul* en persa, y han podido "reconstruir" una raíz, *wrod-*, de donde tienen que haber procedido las tres distintas palabras. Pero el origen de *wrod-* es desconocido.

Muy distinta de la historia de *rosa* es la de muchísimas palabras que empleamos todos los días, por ejemplo *más, maestro, tamaño, mayor, majestad, mayo* y *matar*. Vienen de las palabras latinas *magis, magister, (tam) magnus, maior, maiestas, maius* y *mactare*. La idea básica de todas ellas es 'grande' o 'más grande', o bien 'grandeza', preeminencia, incluso en *maius* (el mes de mayo se llamó así en honor de Maia, suprema diosa de la vida en la religión itálica) y en *mactare* (que era sacrificar víctimas en honor de los dioses inmortales). Todo lo cual lleva, sin sombra de duda, a una raíz común, que podría ser MAG(H)-, pero que es más bien MEG(H)-. De esta raíz proceden muchas otras palabras de distintas lenguas, por ejemplo el griego *megas* 'grande' (presente en *megaterio, megalomanía, megatón*, etc.) y el sánscrito *maha*, también 'grande' (y presente en *Mahabharata* 'la gran historia', 'la epopeya'). A lo largo del tiempo, la raíz MEG(H)- produjo, pues, *megas* en una lengua, *maha* en otra y *magnus* en otra. En la misma situación que MEG(H)- está REG-, de la cual brotaron ramas en muchas lenguas: latín *rex (reg-s)* 'rey', *regere* 'regir', *(di)rectum* 'derecho', *(cor)rectum* 'corregido', etc., germánico *reg-to* (de donde inglés *right* 'derecho'), latín *regula* 'regla', germánico *rig-yo* (de donde alemán *Reich* 'reino'), fráncico *riki* 'rico', sánscrito *raja* 'rey'.

Conocida es la palabra *maharajah*, que puede parecer pintoresca, pero que en la India es (o ha sido hasta hace poco) respetable en sumo grado. En ella se junta un descendiente de MEG(H)- *(maha)* con un descendiente de REG- *(raja)*. Cuando en el siglo XIX comenzaron los hispanohablantes a leer cosas sobre la India (viajes, novelas, etc.), se toparon naturalmente con la palabra, y naturalmente la hispanizaron y la utilizaron, y así se dice "vivir como un *marajá*", o sea en la más desenfrenada opulencia. Tal vez sea muy tarde para sugerir una hispanización más adecuada: *majarraya (maha raja = magnus rex)*.

Las raíces MEG(H)- y REG- pertenecen a un idioma viejísimo, anterior al invento de la escritura, y que a pesar de ello es ahora extraordinariamente bien conocido. Me refiero, por supuesto, al indoeuropeo. Nuestra lengua madre, el latín, no fue sino uno de los muchos pimpollos del indoeuropeo. Una de las más brillantes hazañas de la lingüística, llevada a cabo a lo largo de más de dos siglos, ha sido la reconstrucción minuciosa (hasta en detalles ínfimos) de ese idioma que no se escribió nunca; varias generaciones de lingüistas lo han sacado a la luz desde las tinieblas de la prehistoria.*

Los primeros indoeuropeístas, alemanes sobre todo, creían que el indoeuropeo había nacido en la porción germánica de Europa (entre el Mar del Norte, el Báltico y los Alpes), y esto propició el mito de los "arios", superhombres rubios y ojiazules que llevaron su cultura hasta la India, mito que les vino de perlas a los nazis, inventores de la swástica —o, según el mito, "devolvedores" de ese signo de buena suerte de los templos hindúes a su lugar de origen. (En sánscrito, *svástika* significa 'buena suerte'.)** La primera teoría seria, fundada en ciertos hallazgos arqueológicos, situó la cuna del indoeuropeo entre el Mar Negro y las llanuras del Volga y el Ural. Ahora parece que esta teoría va a quedar suplantada por otra también seria, también arqueológicamente documentada, según la cual el indoeuropeo (o protoindoeuropeo) tuvo su origen en el territorio que se extiende desde el sur del Mar Negro hasta el Cáucaso y las fuentes del Eufrates, o sea la porción oriental de la península Anatolia o Asia Menor. Fue en esta fértil región donde por primera vez hubo agricultura, divino invento que marcó el final de milenios de existencia nómada. Los anatolios fueron ya un pueblo sedentario: a lo largo del año sembraban sus campos, los cosechaban y almacenaban el grano. Los excedentes de la producción se tradujeron en

* Una consecuencia inesperada de la ocupación de la India por los ingleses fue el descubrimiento de la relación del sánscrito (el idioma sagrado de la India) con varias lenguas europeas. El descubridor, sir William Jones (1786), dedujo que estas lenguas eran hijas del sánscrito. Pero después de no mucho se averiguó que el sánscrito no era lengua madre, sino una de varias lenguas hermanas (el griego, el latín, etcétera).

** Excepto quizá algunos neonazis, todo el mundo rechaza ahora semejante mito. En Alemania, sin embargo, por la fuerza de la costumbre la designación común del indoeuropeo es *indogermánico*. El maravilloso diccionario etimológico (1959) de Julius Pokorny, que contiene el vocabulario de derivación indoeuropea de todas las lenguas en que existe, se llama *Indogermanisches etymologisches Wörterbuch.* — Por cierto que lo he aprovechado mucho, como también dos artículos publicados en el *Scientific American:* el de Colin Renfrew (octubre de 1989) y el de Thomas V. Garmkrelidze y V. V. Ivanov (marzo de 1990).

riqueza y en expansión geográfica. Junto con su invento, los anatolios difundieron sus maneras de llamar las cosas; o bien, simultáneamente, a medida que adoptaban la agricultura, los pueblos comarcanos iban aprendiendo cómo se decía 'sembrar', 'uncir los bueyes', etc. (tal como nosotros, al adoptar el fax, automáticamente añadimos a nuestro vocabulario español la palabra *fax*). Las designaciones del trigo, la cebada, el lino, la manzana, la vid, el encino y el sauce, el caballo y el buey (y el yugo y la rueda) tienen que haberse difundido con gran rapidez. Y, como todo está trabado, muy pronto se añadieron voces relativas a otros aspectos culturales de la sociedad anatolia o hitita (sus quehaceres, su organización social, sus creencias).

El nacimiento de la agricultura, cinco o quizá seis milenios antes de Cristo, queda así firmemente vinculado con el nacimiento de las lenguas indoeuropeas. El invento de los anatolios, junto con su lengua, se expandió por un lado a Persia y la India y por otro a los países mediterráneos. (Irónicamente, a los pueblos germánicos les llegó la gran revolución bastante tarde: hacia el segundo o tercer milenio antes de Cristo.) Hay que añadir que los hallazgos arqueológicos hechos en el Cercano Oriente (y aun en Tocaria, el actual Turkestán) han confirmado la solidez de la teoría anatolia.

Bien podríamos, pues, identificar el anatolio con el protoindoeuropeo. Pero hay que tener en cuenta las contaminaciones, transformaciones y fragmentaciones que inmediatamente deben de haber comenzado. Por lo pronto, han podido delimitarse cuatro ramales primigenios:

1. *anatolio*. Su variedad más conocida es el hitita. Dueños de toda la Anatolia hacia el año 1400 a.C., los hititas parecen haber sido los primeros en *escribir* una lengua indoeuropea (escritura cuneiforme en tabletas de la "biblioteca" de Hattusas). Pero el hitita y otras lenguas afines del Asia Menor, como el licio y el lidio, no vivieron mucho tiempo.

2. *greco-armenio-indo-iranio*. Fue éste el primer ramal que salió de los límites de Anatolia; ya en el tercer milenio antes de Cristo se había escindido en dos: el greco-armenio y el indo-iranio. Entre las lenguas índicas hay una que no vive en la India, sino que vaga por el mundo: es el romaní, el idioma de los gitanos.

3. *celto-ítalo-tocario.* Los tocarios, que se separaron muy pronto de los celto-ítalos, avanzaron hacia oriente, donde su lengua se extinguió relativamente pronto a causa de la presión de la familia fino-ugria, pero dejó como recuerdo unas pocas inscripciones en lo que es hoy el Turkestán chino. Los celto-ítalos se mantuvieron como un solo grupo durante algún tiempo y, bordeando el mar Caspio, se derramaron por Europa en sucesivas oleadas desde finales del tercer milenio antes de Cristo.

4. *balto-eslavo-germánico.* El germánico fue el que se separó primero; la escisión entre el báltico y el eslávico fue más tardía.

La tabla "genealógica" adjunta, muy simplificada y esquemática, muestra la prole de las cuatro familias-madres y marca el parentesco, a veces muy cercano, a veces lejanísimo, existente entre gran número de lenguas europeas, algunas muertas hace milenios, como las del núcleo anatolio, otras desaparecidas hace siglos, como el gótico, y algunas habladas hoy por centenares de millones de personas, como el español, otras por menos de un millón, como el islandés y el galés, y otras a punto de desaparecer, como la lengua de la isla de Manx. (Quedan fuera ciertas lenguas antiguas de filiación no muy segura, como el tracio, el frigio, el ilírico y el albanés.) Todas las lenguas de la tabla, cuál más, cuál menos, han contribuido a la reconstrucción del prehistórico tronco indoeuropeo. (Más que tronco, es una extensa masa de "raíces" descubiertas a fuerza de escarbar en el suelo y el subsuelo de las lenguas indoeuropeas y a fuerza de comparar pacientemente los innumerables hallazgos.)

El parentesco que une a las lenguas romances o neolatinas, hijas del latín, salta a la vista (o al oído), si bien el grado de semejanza que las lenguas hermanas tienen con la nuestra varía mucho: el portugués, por ejemplo, nos es muchísimo más fácil de entender que el rumano. Algo sabemos, además, de la familia de nuestra madre el latín. Sabemos que tuvo una hermana, el falisco, y que la madre de ambas venía de una familia "itálica" a la cual pertenecían también, de alguna manera, el osco y el umbrio o úmbrico (que serían como tías o primas del latín), pero el osco y el umbrio y el falisco no se conocen sino muy borrosamente. Nuestro parentesco con el holandés, y no digamos con el armenio o con el bengalí, es infinitamente más difícil de establecer. Un

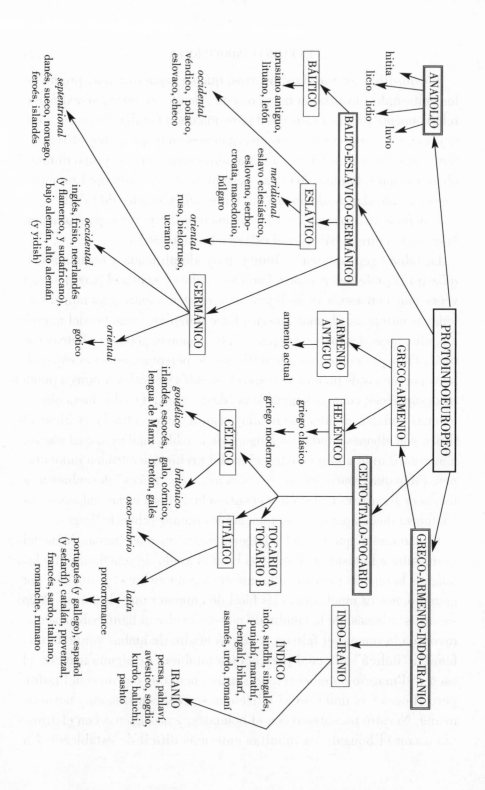

hecho es claro: en nuestros días las lenguas indoeuropeas son habladas aproximadamente por media humanidad, y en ellas se escribe mucho más de la mitad de cuanto se imprime y publica en el planeta.

Hay mucho que decir en cuanto a la supervivencia de los materiales indoeuropeos en las distintas lenguas hijas. Desde luego, ninguna de éstas abarca, ni mucho menos, la totalidad de las raíces que se han descubierto. Sin ir más lejos, el español conserva las raíces ES- y STĀ- en sus verbos *ser* y *estar,* pero el francés no tiene el verbo *estar.* El griego y el inglés, para poner otro pequeño ejemplo, se remontan al binomio indoeuropeo *pǝter/māter* para sus respectivas designaciones del 'padre' y la 'madre', pero sus designaciones del 'rey' no proceden de la raíz REG-, sino que tienen, cada uno, su historia aparte. Donde se encuentra la mayor concentración de raíces indoeuropeas es en el sánscrito (porque, gracias a la escritura, el sánscrito quedó sacralizado, o sea inmovilizado, a diferencia del prácrito, que es su variante hablada).

Vuelvo al latín. Para un hispanohablante (uruguayo, español, mexicano, lo que sea) no es cosa del otro mundo aprender, si no la lengua madre, sí las lenguas hermanas, y puede ver que la continuidad del español *olor de la rosa* respecto del latín *odor rosae* es exactamente la misma que muestran el portugués *(odor da rosa),* el francés *(odeur de la rose),* el italiano *(odore della rosa),* etc.* Pero si ese hispanohablante aprende también, por ejemplo, holandés y polaco, rara vez tendrá la posibilidad de descubrir conexiones con semejante claridad.

Tanto más impresionante resulta el caso de toda una serie de palabras que no sólo significan hoy exactamente lo mismo que hace 6 000 o 7 000 años, sino que sobreviven en todas las lenguas indoeuropeas, y son los numerales del 2 al 10 (no el 1, que tiene nombres variados). En el cuadro de la página 27 puede verse una muestra. Está primero el tronco original, el reconstruido por los indoeuropeístas; siguen 12 de sus descendientes, comenzando con el sánscrito y el helénico (las formas del cuadro

* Aprender a leer (a leer digo, no a hablar) judeoespañol, gallego, portugués, italiano, francés, provenzal y catalán es, además, fuente de muchas alegrías. Para echarse a leer rumano hace falta mucha paciencia: hay que estar todo el tiempo con el diccionario a la mano.

son las usadas en el griego ático de hace 2 500 años). El ramal itálico está representado por el latín clásico y por el francés. El céltico, por el irlandés antiguo y por el galés. El germánico, por el gótico (lengua muerta) y por el alemán y el inglés. El báltico, por el lituano. El eslávico, por el eslavo antiguo (o "eslavo eclesiástico") y por el polaco. Al final, como contraste, se añaden cinco lenguas no indoeuropeas: húngaro, turco, náhuatl, vascuence y japonés.

Explicar la pronunciación de las distintas voces, y sobre todo la razón de las diferencias que muestran entre sí, requeriría un espacio enorme. Pero el lector puede observar, por ejemplo, *a)* que el sánscrito no es la lengua que más se parece al indoeuropeo original; *b)* que el griego tiene en su 6 y en su 7 una *h-* en vez de la *s-* del latín y de las demás lenguas indoeuropeas (así también, la *h-* griega de *hemi,* en *hemiciclo,* corresponde a la *s-* latina de *semi,* en *semicírculo); c)* que el 9 griego comienza con un "anormal" elemento *en-; d)* que el báltico y el eslávico "anticipan" en su 9 la *d-* del 10… El lector puede descubrir nuevos puntos de comparación y llegar por su cuenta a nuevas conclusiones, porque en cualquier hablante de una lengua hay un lingüista en potencia. (El 10 húngaro, *tíz,* se parece al *dix* francés, pero debe ser casualidad. En cambio, no parece casual que el 6 vascuence sea *sei:* debe ser préstamo del español.) La ciencia lingüística nació de la comparación, y en este cuadro hay mucho que comparar.

En resumen, la historia de la lengua española no se inicia hace 1 001 años, sino hace muchos, muchísimos más. Nuestra lengua es el indoeuropeo. Aun cuando a lo largo de los siglos hayamos alterado las palabras, y olvidado muchas y adoptado otras muchas, el núcleo de nuestro vocabulario sigue siendo el mismo. Y no sólo de nuestro vocabulario. Ciertos esquemas básicos de gramática y morfología (por ejemplo los paradigmas de la conjugación: *fui, fuiste, fue, fuimos, fuisteis, fueron)* son también continuación de los del protoindoeuropeo. Con todas las alteraciones, la continuidad es perfecta.

En comparación con los 100 000 años seguros de la existencia del *Homo sapiens,* los 7 000 del indoeuropeo son poquísimos. Es claro que los hablantes del protoindoeuropeo no crearon de la nada su lengua,

	2	3	4	5	6	7	8	9	10
Indoeuropeo	duō	trei	kwetwer	penkụe	sueks	septm	oktō	neuen	dekm
Sánscrito	dvaú	tráyas	catvā́ras	páñca	ṣaṭ	saptá	aṣṭaú	náva	dáśa
Helénico	dúō	treîs	téttares	pénte	héx	heptá	oktō	ennéa	déka
Itálico	duo	trēs	quatuor	quinque	sex	septem	octō	novem	decem
	deux	trois	quatre	cinq	six	sept	huit	neuf	dix
Céltico	da	tri	cethir	cóic	sé	secht n-	ocht n-	noí n-	deich n-
	deu	tri	pedwar	pump	chwech	seith	wyth	naw	dec
Germánico	twai	þreis	fidwor	finf	saihs	sibun	ahtau	niun	taihun
	zwei	drei	vier	fünf	sechs	sieben	acht	neun	zehn
	two	three	four	five	six	seven	eight	nine	ten
Báltico	dù	trỹs	keturì	penkì	šešì	septynì	aštuonì	devynì	dẽšimt
Eslávico	dŭva	trĭje	četyre	pętĭ	šestĭ	sedmĭ	osmĭ	devętĭ	desętĭ
	dwa	trzy	cztery	pięć	sześć	siedem	osiem	dziewięć	dziesięć
Lenguas no indoeuropeas	kettő	három	négy	öt	hat	hét	nyolc	kilenc	tíz
	iki	üç	dört	beş	alti	yedi	sekiz	dokuz	on
	ome	yei	nahui	macuilli	chicuace	chicome	chicuei	chiconahui	matlactli
	bi	hiru	lau	bost	sei	zazpf	zortzi	bederatzi	hamar
	futatsu	mittsu	yottsu	itsutsu	muttsu	nanatsu	yattsu	kokonotsu	tō

sino que la heredaron, tal como nosotros heredamos la nuestra; su lengua tuvo una madre, y ésta la suya, y así hacia atrás durante milenios y milenios, hasta llegar a una "Eva" lingüística. Aquí nos hallamos en un océano infinito de incertidumbre. Algunos lingüistas del siglo xix se pusieron a imaginar cómo fue el origen del lenguaje, incitando con ello a otros a imaginar cosas distintas, y hubo disputas tan enconadas —aunque carentes de base—, que en 1866 la Société de Linguistique de París prohibió la presentación de más ponencias sobre el asunto. Pero los grandes avances que se han hecho modernamente en muchos campos del conocimiento —paleontología, antropología, anatomía comparada, genética— le dan no pocas luces al lingüista. Desde luego, la especie zoológica *Homo sapiens* es la única capaz de comunicación mediante esa cadena de símbolos que es el lenguaje articulado (el hombre de Neanderthal no era *sapiens*). El lenguaje obedece a un hábito innato: todos poseemos una red neuronal hecha *ad hoc* para articular y estructurar el lenguaje hablado. Ya no resulta atrevido decir que los millares de idiomas del mundo, al igual que los miles de millones de seres que lo habitan, tienen un origen común.* Monogénesis en los dos casos. Y así como se ha llegado a una idea clara de lo que es el linaje *(phylum)* lingüístico indoeuropeo, así algunos tratan de agrupar en grandes linajes —familias de familias— todas las lenguas conocidas. Parece un comienzo prometedor. Si alcanzan a quedar definidos unos diez o doce grandes linajes, quizá pueda llegarse algún día, mediante la comparación, a una idea del lenguaje primero. El camino tendrá que ser muy distinto del de los indoeuropeístas, pues lo "comparable" va a ser de naturaleza muy distinta. Sin embargo, hay hechos que pueden hacernos entrever un lenguaje muy anterior a los siete milenios del indoeuropeo.

En las palabras indoeuropeas *pəter* y *māter*, lo único específicamente indoeuropeo es el elemento -*ter*, usado en muchas otras palabras indoeuropeas (tal como el elemento -*ador* es lo único específicamente español de la palabra *esquiador*). El núcleo mismo es anterior al indoeuro-

---

* La diversidad de lenguas, reflexiona sor Juana en un pasaje del *Primero sueño,* es un espantoso castigo de Dios por lo de la Torre de Babel: a los seres humanos, que tenemos una sola naturaleza, nos hace extraños unos de otros esa diversidad.

peo. Y la prueba es ésta: en incontables lenguas no indoeuropeas el padre y la madre se llaman *pa(pa)* y *ma(ma)* o cosas por el estilo. Las voces *pa* y *ma* están en el origen del lenguaje, y no falta quien diga que son ese origen. Como quiera que sea, el postulado lingüístico de que "el lenguaje de la infancia nos lleva a la infancia del lenguaje" está resultando tan fecundo como el postulado biológico de que "en la ontogénesis se resume la filogénesis". Los millones de bebés "de habla española" que en estos momentos balbucean su *papa* y su *mama* (o cosas parecidas: *tata, baba, bebe, nene...*) están continuando la lengua de los orígenes.

(No es nada descabellada la idea de que el origen del lenguaje, hace muchísimo más de 100 000 años, es indistinguible del origen de la música, o sea que, en el principio, música y lenguaje fueron materialmente una sola cosa. Esta idea, desde luego, no es "probable", sino in-probable del todo —o sea indemostrable— con los medios de investigación actuales. Pero bien pueden surgir otros medios en el futuro. Además, siempre ha habido ideas que, sin posibilidad de demostración, tienen la fuerza suficiente para dejarnos totalmente convencidos de ellas: *sabemos* que son ciertas.)

II. LENGUAS IBÉRICAS PRERROMANAS

LOS HISTORIADORES DE LA LENGUA ESPAÑOLA necesitan remontarse al latín: si no lo hicieran, su historia sería incomprensible. Hay filólogos que no se contentan con hablar del latín a partir de la época en que se implantó en España (cuando la lengua de Roma era ya prácticamente la única hablada en la península itálica), sino que comienzan más atrás, arguyendo que ciertos soldados o colonos romanos llevaron a Hispania rasgos provenientes de la lengua de los oscos, "tía" o "prima" del latín, como ya vimos. Pero esos rasgos, ni siquiera demostrados concluyentemente, carecen de relieve frente a la masa abrumadora de la lengua latina.

Mucho más importante que esa indagación es el esfuerzo dedicado a saber qué lenguas se hablaban en la propia península ibérica cuando ésta fue ocupada por los romanos. Varias generaciones de eruditos se han entregado a tan ardua tarea. Es verdad que sus trabajos, tremendamente especializados, no suelen orientarse hacia el presente sino más bien hacia el pasado, puesto que tratan de poner alguna luz en sombrías zonas prehistóricas; pero muchas de sus conclusiones valen para la historia de nuestra lengua. Los hispanohablantes de hoy seguimos empleando, en efecto, buen número de palabras usadas ya por los distintos pueblos prerromanos, y varios rasgos característicos del castellano, como la presencia de una *h-* ahí donde el italiano y las demás lenguas hermanas tienen *f-* —*herir, hacer, hoja, humo,* etc., y no *ferir(e),* etc.— se han explicado, muy plausiblemente, como herencia "viva" de alguna de aquellas viejas lenguas anteriores a la entrada del latín.

Por desgracia, lo que en este terreno se sabe con seguridad es todavía poco, y las conclusiones a que se va llegando suelen leerse con un "quizá" sobreentendido. Cuando se carece de datos irrefutables en que fundamentar una convicción científica, es natural basarse en conjeturas; y además, las veces que se libran del error, las conjeturas suelen adquirir una especie de verdad que no se encontraría de otra manera. Desde que en el "magdaleniense superior", o sea la etapa más avanzada del paleolítico, hacia 13000 a.C., unos artistas geniales pintaron los renos, bisontes y caballos salvajes de las cuevas de Altamira (provincia de Santander) hasta unos cuantos siglos antes de nuestra era, la historia de España, y la de casi toda Europa, está hecha en buena parte de conjeturas, de hipótesis, de esfuerzos de interpretación. Los interesados en la historia de la lengua española interrogan las interpretaciones que diversos especialistas formulan después de estudiar las ruinas, las tumbas, las estatuas, vasijas y herramientas, algunas monedas, los restos de una espada; y estos especialistas, a su vez, les piden a los lingüistas y filólogos sus interpretaciones de los nombres antiguos de ciudades, de las inscripciones que subsisten y de las pocas noticias (aunque sean míticas) que los escritores hebreos, griegos y romanos dan o parecen dar acerca de la España primitiva.

Para un francés, para un inglés, para un europeo nórdico de nuestros días, España es un país no muy europeo, un país con mucho de africano. La frase "África empieza en los Pirineos" ha tenido fortuna, y no han faltado españoles que la suscriben con orgullo. De hecho, España fue poblada en los tiempos primitivos no sólo por pueblos llegados de la Europa continental (que se establecieron en los Pirineos y en las costas del Cantábrico), sino también por pueblos llegados del norte de África (que se establecieron en el sur de la península y en las costas levantinas). Las pinturas de Altamira, emparentadas con las de varias cuevas del sur de Francia, son muy distintas de las de Alpera (provincia de Albacete), que parecen relacionarse más bien con las pinturas rupestres africanas. A finales de la época prehistórica debe haberse añadido una tercera ruta de penetración: el homérico Mediterráneo. Para los grupos humanos que lentamente, pero una y otra vez y a lo largo de siglos y siglos, peregrinaron en busca de tierras, España fue el extremo último (occidental) del mundo, más allá del cual no había sino el océano impenetrable. (Y extremo último, *finis terrae*, siguió siendo en tiempos históricos.)

Es imposible tener una idea de las fusiones y escisiones que segura-

mente hubo entre las poblaciones primitivas de la península. El griego Estrabón nos ofrece en su famosa *Geografía* o *Descripción de la tierra,* escrita a comienzos de nuestra era, los nombres de no pocos pueblos diversos, que pueden verse, con su localización aproximada, en el mapa de arriba. (Dice el autor que había otros más, pero que prefiere no llenar la página con nombres impronunciables.) Sus lenguas, según él, eran o habían sido también diversas. Sin embargo, en los momentos en que Estrabón escribía, estaba ya consumada la romanización de la península; y aunque siguió habiendo todavía gentes que se aferraban a sus respectivas lenguas en la Hispania romana, según se sabe por otros testimonios, estas lenguas (con una sola excepción) no tardaron mucho en morir.

Así, pues, la lista del geógrafo griego no ha resultado muy útil para los estudiosos. Fuera de dos o tres, esos pueblos no conocieron la escritura, y pocos de ellos dejaron alguna reliquia arqueológica distintiva.

Es imposible hablar de una cultura "vaccea" o de una lengua "cerretana", y decir que algo o alguien es "carpetovetónico" no es sino una manera de decir que es *muy* español —pues "carpetanos" y "vettones" vivían en la parte central de la península.

Pero algunos de los pueblos enumerados por Estrabón merecen algo más que una simple mención. El primer lugar les toca a los iberos. Es verdad que el geógrafo habla de "celtiberos", porque para entonces estarían aliados o fundidos de alguna manera con los celtas. Pero los iberos habían conocido tiempos mejores. Cinco siglos antes de Estrabón, el padre de la Historia, Heródoto de Halicarnaso, había hablado ya de *Iberia*, o sea, evidentemente, la región del río *Iber* (el Ebro actual), donde habitó ese pueblo, uno de los más avanzados o civilizados de la España prerromana. Los iberos fueron muy permeables a las influencias helénicas, como lo muestran sus reliquias arqueológicas: monedas, objetos de metal, algunas figurillas y varias esculturas notables, la más hermosa de las cuales es la llamada Dama de Elche. Más aún: los iberos poseían el arte de la escritura. Los eruditos modernos han conseguido descifrar, letra a letra, las varias inscripciones ibéricas (sobre plomo) que se conservan. Desgraciadamente, ninguno de ellos ha podido decir qué significan. Parece seguro que los iberos procedían del norte de África, y que en alguna época su territorio rebasó en mucho la cuenca del Ebro.

Los "turdetanos", situados por Estrabón en el oeste de la actual Andalucía, descendían de un pueblo que once o doce siglos antes de Cristo era famoso por su riqueza. El gentilicio "turdetanos" se relaciona, en efecto, con "Tartessos", nombre que da Heródoto a su ciudad principal, situada en la desembocadura del Guadalquivir (y de la cual los arqueólogos modernos no han podido encontrar rastro alguno). "Tartessos", a su vez, no es sino helenización evidente de la palabra semítica *Tharshish*, que aparece varias veces en la Biblia: el libro I de los Reyes dice que Salomón "tenía una flota que salía a la mar, a Tharsis, junto con la flota de Hiram [rey de Tiro, en Fenicia], y una vez en cada tres años venía la flota de Tharsis y traía oro, plata, marfil, monos y pavorreales"; entre las cosas soberbias que el Señor Dios se propone destruir —las montañas, los cedros del Líbano, las altas torres—, enumera Isaías "las naves de

Tharsis"; y Ezequiel atribuye a Tharsis "multitud de todas riquezas en plata, hierro, estaño y plomo". A causa quizá del prestigio de Heródoto, el nombre "Tartessos" ha tenido fortuna, y los "turdetanos" de Estrabón suelen llamarse *tartesios*.

Los textos bíblicos confirman la noticia de que los fenicios, grandes navegantes, manejaron desde el siglo xi a.C. un activo tráfico mercantil entre la zona tartesia y las ciudades de Tiro y Sidón. Siglos más tarde, los griegos entablaron con los fenicios una competencia de la cual parecen haber salido derrotados. Según Estrabón, los tartesios alardeaban de que su escritura tenía una antigüedad de 6 000 años. Tan notoria exageración puede explicarse por el hecho de que ya en el siglo i d.C. esa escritura, como los poemas y leyes versificadas de que también alardeaban los tartesios, eran cosa del pasado: para esas fechas no sólo habían adoptado ya las costumbres romanas, sino que habían olvidado también su lengua. No es de extrañar, pues, que las inscripciones tartesias que nos han llegado sean aún más difíciles de descifrar que las ibéricas. Lo único que se puede decir es que su escritura emplea signos distintos de los iberos, y también una lengua distinta. No se sabe, en resumen, qué relación hubo entre ellos, a pesar de que unos y otros parecen haber llegado a España desde el continente africano.

En cuanto a los pueblos que Estrabón sitúa en el centro de la península, como los "carpetanos" y los "oretanos", parecen ser restos o fragmentos de una o varias oleadas migratorias de lígures, ocurridas en fechas imposibles de precisar. La Liguria de hoy es la región italiana que tiene por centro a Génova, pero en los tiempos prehistóricos los lígures ocuparon un territorio mucho mayor, al este lo mismo que al oeste. Al llegar a España llevaban en su lengua, no indoeuropea, muchas contaminaciones de la lengua indoeuropea de los ilirios, moradores de lo que ha sido Yugoslavia, a quienes parecen haber subyugado. Algunas de las modificaciones observadas en el latín hispano parecen explicarse por influencia de la lengua semi-indoeuropea de esos ilirio-lígures.

Los celtas, pueblo famosísimo de la Antigüedad, figuran dos veces en la lista de Estrabón: una en lo que es hoy Galicia y norte de Portugal, y otra en la región de la actual Soria, en la ya mencionada alianza con los iberos. De hecho, la toponimia, auxiliar siempre fidedigno de la lingüística y de la historia, nos revela que hubo celtas en la mayor parte del territorio peninsular. Véanse, como muestra, estos nombres célticos de lugar: *Brácara* (la actual Braga), *Aébura* (Évora, y también Yebra), *Bletísama* (Ledesma), *Mundóbriga* (Munébrega), *Conímbriga* (Coimbra), *Segóbriga* (Segorbe), *Segovia* (Segovia), *Segontia* (Sigüenza), *Bisuldunum* (Besalú), *Clunia* (Coruña). Los celtas habían llegado a Hispania a partir más o menos del siglo VIII a.C., quizá en varias oleadas. Su lengua era, entre las indoeuropeas, la más parecida al latín. Ya se habían extendido —o seguían extendiéndose— por las islas británicas y la Francia actual.

El celta primitivo es muy conocido, no sólo porque abundan sus testimonios antiguos, sino también por lo mucho que se puede reconstruir a base de sus varios descendientes actuales (gaélico, irlandés, bretón, etc.). Las ruinas de "castros" y "citanias" de los celtas que se conservan en España y Portugal dan la impresión de que fueron un pueblo siempre a la defensiva. (Los galos que se opusieron a Julio César eran celtas; también varios de los caudillos que se enfrentaron en España a los romanos llevaban nombres célticos.) Los celtas dejaron en España una fuerte huella lingüística, más marcada tal vez en Portugal y en Galicia (hay gallegos modernos que se sienten auténticos continuadores del "espíritu" céltico). No tenían alfabeto propio: las inscripciones que nos dejaron están en caracteres latinos, salvo una, sobre plomo, que curiosamente utiliza el alfabeto ibérico. Gracias a estas inscripciones (tardías) se puede asegurar que el celta hispano llegó a tener ciertas modalidades propias. Su influencia sobre aspectos estructurales (fonológicos, por ejemplo) de los romances peninsulares debe haber sido grande, aunque es difícil de precisar, a causa justamente de la gran difusión prerromana del celta general en el occidente europeo. Una muestra: el italiano *notte* y el rumano *noapte* mantienen el grupo -*ct*- del latín *noctem* mejor que el español *noche;* lo ocurrido en español con ese grupo -*ct*- se explica por influencia céltica —y la misma explicación vale para el portugués *noite,* el provenzal *nuech,* el francés *nuit* y el catalán *nit.* Por otra parte, el vocabulario de origen céltico es abundantísimo. De las regiones habitadas por celtas ya había tomado el latín, entre otras muchas, las palabras de donde vienen *abedul, alondra, brío, caballo, cabaña, camino, camisa, carro, cerveza, legua, pieza* y *salmón,* que el español ha compartido siempre con casi todos los idiomas romances.

La otra lengua indoeuropea que se escuchó en España antes de la ocupación romana es el griego. Pero, a diferencia de lo que pasó con la lengua de los celtas, la de los griegos no parece haberse hablado sino en las factorías o instalaciones portuarias que para su tráfico comercial levantaron a partir del siglo VII a.C. esos ilustres e imaginativos competidores de los fenicios. Antes de Heródoto, la península ibérica se había incorporado al mito de Hércules, uno de cuyos trabajos fue el robo de las manzanas de oro guardadas por las Hespérides, hijas de Hesperia y del gigante Atlas, en un huerto situado en los confines occidentales del mundo (¿alusión a las relaciones comerciales de Grecia con la zona tartesia?): *Hesperia* procede de una palabra griega afín al latín *Vesper,* el astro vespertino de occidente; y el gigante *Atlas* o *Atlante* dio su nombre al Atlántico. Otro trabajo de Hércules fue la captura de los rebaños de Gerión, monstruo de tres cuerpos que vivía asimismo en el extremo occidental del mundo (¿interpretación de la lucha entre griegos y fenicios por el predominio de Tartessos?). En elaboraciones tardías del mito, es Hércules quien separa el continente africano del europeo con la fuerza de sus brazos, creando el estrecho de Gibraltar. (Recuerdo de esta hazaña eran las "columnas de Hércules": una en Calpe, del lado español, y otra en Abila, del lado africano.)

Los griegos influyeron mucho en las artes y artesanías de la península (escultura, arquitectura, cerámica, acuñación de monedas, etc.), e introdujeron quizá el cultivo de la vid y del olivo, pero no fueron verdaderos pobladores o colonos, y así no dejaron ninguna huella lingüística directa. Por supuesto, el patrimonio de voces derivadas del griego es enorme en nuestra lengua (y en muchísimas otras). Al griego se remontan *bodega* y *botica, cítara* y *cristal, historia* y *poesía, ángel* y *diablo, paraíso* (no *infierno*) y muchísimas otras. Pero todas estas voces patrimoniales nos llegaron en realidad a través del latín, que las acogió primero. (Lo cual, por cierto, sigue sucediendo. Los helenismos modernos pasan antes por el filtro del latín: decimos *cronología* y no *jronología* porque en latín no hay el sonido de jota; decimos *sismógrafo* y no *seismógrafo* porque el diptongo *ei* del griego se transcribe en latín como *i* larga.) La única huella específicamente hispana que dejó la lengua helénica es un puñado de topónimos. Ni una aldehuela de pescadores perpetuó el nombre de la celebrada Tartessos, pero en la costa del Mediterráneo (provincia de Gerona) el pequeño puerto de Rosas continúa el nombre griego *Rhode,* y el pueblo de Ampurias mantiene el nombre griego *Emporion,* que significa 'centro de comercio marítimo'.

"Tartessos" puede haber designado no sólo una ciudad, sino una zona extensa, quizá todo el sur peninsular, que es donde Estrabón, más de diez siglos después de la llegada de los fenicios, sitúa a "turdetanos" y "túrdulos". En el año 1100 a.C. fundaron los fenicios la ciudad de *Gáddir* (la *Gades* romana, la *Qadis* árabe, la Cádiz actual), que, como otras fundaciones posteriores, no fue simple puerto de escala, sino verdadero núcleo de población. La influencia fenicia debe haber sido muy grande. El alfabeto que se utiliza en la mayor parte de las inscripciones ibéricas es una adaptación del fenicio. Consta que en el siglo I a.C. todavía se hablaba en el sur de España una lengua púnico-fenicia, mientras que el turdetano o tartesio había desaparecido.

Esa lengua púnico-fenicia era la de la púnica Cartago, la más célebre de las colonias de Tiro y Sidón, que ya en el siglo V a.C. había sustituido a su metrópoli en el dominio del Mediterráneo, y cuyos ejércitos, en el siglo III, llegaron a ocupar la mayor parte de la península (hasta el Ebro y el Duero). Roma, imperio naciente, no pudo tolerar esta ocupación, y tras una guerra (218-201 a.C.) de importancia trascendental, cuyos episodios fueron asiduamente registrados por los historiadores, expulsó de España a los cartagineses. Éstos dejaron su huella en la toponimia: *Málaka* (Málaga), *Cartagena* (la 'nueva Cartago'), *Ebusus* (Ibiza). La misma palabra *Hispania,* con que los romanos llamaron el país recién conquistado, parece ser latinización del nombre púnico que los cartagineses le habían dado, y que significa 'tierra de conejos'. Por primera vez la totalidad de la península tenía un nombre unificador.

Adrede ha quedado al final de este desfile de habitadores prerromanos de Hispania el pueblo de los "váscones", situado por Estrabón en el mismo rincón en que viven los vascos actuales, en torno al golfo de Vizcaya, parte en España y parte en Francia. Nadie duda que, por mucho que se hayan mezclado con otros pueblos a lo largo de los siglos y por mucho que hayan venido a adoptar todas o casi todas las costumbres de la Europa moderna, los vascos actuales descienden genéticamente de aquellos primitivos váscones, mientras que nadie, pongamos por caso, se atrevería a afirmar en serio que los asturianos de hoy descienden en línea recta de los "ástures", a quienes Estrabón sitúa no lejos. Más aún: de la lengua de los "ástures" —cualquiera que haya sido— no se tiene ni idea, mientras que el vascuence sigue siendo hablado por muchos miles de personas. Es la *única* lengua prerromana que aún está viva; la única, por así decir, que el latín no logró poner fuera de combate. Se comprende que sobre los vascos de hoy, sus costumbres y su lengua (fragmentada en varios dialectos), su situación política en España, etc., y sobre los vascos de ayer, su lengua y sus hábitos, su encerramiento, su esporádica presencia en la historia general de España (salvo a partir de su auge en el siglo XVIII), etc., se haya escrito muchísimo.

Mucho se ha escrito, en particular, sobre la relación del vasco con el ibérico. La palabra *Iberia* figura varias veces en los historiadores griegos, desde Heródoto, y parece que acabó por designar vagamente toda la península, y no sólo la región del Ebro. Vagamente, o sea sin la historicidad y la precisión de la palabra *Hispania*. Por una especie de idealización, los iberos vinieron a ser vistos como los pobladores "por excelencia" de la península. En el siglo XIX llegaron a decirse cosas como éstas: "Los iberos llegaron a España en un pasado remotísimo"; "Los iberos pintaron los bisontes y caballos de Altamira"; "Los iberos esculpieron la Dama de Elche"; "Los iberos resistieron al invasor romano"; "Los iberos son los vascos". Y así como el ya mencionado William Jones creía (en 1786) que el sánscrito era *"el* indoeuropeo", así Wilhelm von Humboldt creía (en 1821) que el vascuence era *"el* ibérico" (o lo que quedaba de él).*

---

* Baltasar de Echave, vizcaíno residente en México, publicó aquí, en 1607, unos *Discursos de la lengua cántabra bascongada*, en los cuales se presenta esta lengua "en forma de una matrona venerable y anciana que se queja de que, siendo ella la primera que se

Humboldt fue un pionero ilustre, pero de sus tiempos a los nuestros mucho se ha avanzado. Hoy nadie piensa de manera tan simplista. Es verdad que ciertos topónimos pudieran ser indicio de que el vasco se habló alguna vez en una zona mayor que la actual: *Aranjuez* (cerca de Madrid) está emparentado con *Aránzazu* (provincia de Guipúzcoa, en pleno país vasco); *Guadalajara* (también cerca de Madrid) es arabización de *Arriaca*, su viejo nombre vasco; *Alcubierre* (Huesca) y el río *Valderaduey* (en la meseta castellana) son también topónimos vascuences. Pero nadie podría sostener que el vasco fue la lengua hablada por la mayoría de los pobladores prerromanos de la península. Incluso la enorme ventaja de haber sobrevivido está contrarrestada por el hecho de que no comenzó a dejar testimonios escritos hasta época muy moderna, y la lengua de esos testimonios es ya la actual, tan llena de palabras tomadas del latín y del español, que un lingüista moderno llegó a sostener —es verdad que con gran oposición por parte de sus colegas (y con ira por parte de los vascos)— que el vascuence no es sino una más de las lenguas romances.

Esto, en todo caso, ayuda a comprender mejor la dificultad de llegar a precisiones en cuanto al vascuence prerromano. No se sabe siquiera si los "váscones" llegaron desde África o desde el Cáucaso, a través del continente europeo: algunos, en efecto, han relacionado el vascuence con los idiomas caucásicos, mientras que otros le han encontrado afinidades con lenguas camíticas tan remotas como el sudanés y el copto. Lo único que se puede conjeturar menos turbiamente es que los iberos, más civilizados, influyeron en los antiguos váscones, y que así como el vasco se llenó de latinismos y de hispanismos a lo largo de los últimos 2 000 años, así también debe haberse llenado de "iberismos" en oscuras épocas anteriores. El vasco vendría así a ser "testigo" del ibérico, pero el desconocimiento del ibérico impide precisar en qué sentido lo sería.

También se ha escrito mucho sobre las posibles influencias del vasco

---

habló en España, y [habiendo sido] general en toda ella, la hayan olvidado sus naturales y admitido otras extranjeras". La matrona no habla cariñosamente sino con Guipúzcoa y Vizcaya, "que le han sido fieles".

en aquellos rasgos de pronunciación, morfología y vocabulario que distinguen al castellano de los demás idiomas romances. Pero, por las razones expuestas, y salvo casos como la perduración de los nombres *Íñigo, Javier, Jimeno, García* y algún otro, poco es lo que puede afirmarse con seguridad.

Un hecho es claro: los vascos son uno de esos pueblos europeos que, por modernizados que estén, siempre han fascinado a los estudiosos por su "arcaísmo", por su resistencia a las corrientes culturales exteriores. Un gran antropólogo vasco de nuestros tiempos ha descubierto entre sus paisanos una notable supervivencia de modos "paganos" de pensamiento mítico y mágico. El espíritu cerrado que los vascos han mostrado en tiempos históricos (su escasa permeabilidad a la cultura romana, a la cristiana y a la árabe, por ejemplo) debe haber existido también en tiempos prehistóricos. Al margen de los criterios científicos, algunos interpretan esto como señal de vigor e independencia; otros, como prueba de cerrilidad y barbarie. Los lingüistas observan serenamente, entre otras cosas, que los vascos se enseñaron a escribir demasiado tarde, y que en pleno siglo XXI siguen llamando *aitzcolari (aitz* es 'piedra') al que corta leña.

A mediados del siglo XIX se inventó en Francia el término "Latinoamérica" —o "América latina"— para designar a todas las regiones americanas en que se hablan lenguas hijas del latín: no sólo los países de idioma español, sino también el Brasil, Haití y el Canadá francés. A pesar de su origen y su imprecisión, la palabra ha tenido mucha fortuna. Y, como nadie llama "latinoamericanos" a los canadienses de Quebec, se usa de hecho como sinónimo de "Iberoamérica": *Iberia* es la cuna del español y del portugués (el francés está excluido). Si hubiera en el continente americano regiones de habla catalana y vasca, serían asimismo parte de *"Ibero*américa". La palabra *"ibero*rromance" sirve para designar a todos los descendientes que el latín dejó en la península (portugués, castellano y catalán, con todos sus dialectos y todas sus variedades), y en la "Península *ibérica"* caben todas las hablas iberorromances y además el vasco.

En esta amplitud de la palabra *Iberia* podría verse un homenaje a

Heródoto, padre de la Historia. Pero los lingüistas saben muy bien que "lo ibérico" es un concepto de poco rigor científico: abarca demasiado, y mucho de lo que abarca está plagado de incógnitas. En lo que se refiere a los tiempos prerromanos, nada se sabe de la relación del ibérico con una lengua tan importante como la tartesia. "Lo ibérico" es, sencillamente, un concepto cómodo. Englobar en él a los "cerretanos" y a los "oretanos" de Estrabón no suscita objeciones. El concepto de "lo ibérico" resume nuestras ignorancias. Es como decir "lo indígena", "lo prerromano", "lo prehistórico". Sólo así puede hablarse de la ascendencia ibérica de cierto vocabulario y (más nebulosamente) de ciertos rasgos morfológicos y aun fonológicos de nuestra lengua.

El vocabulario es lo más visible de todo. Véase, como muestra, este medio centenar de voces "ibéricas":

abarca	braga	galápago	losa	sabandija
ardilla	breña	gándara	manteca	sapo
arroyo	bruja	garrapata	moño	sarna
ascua	carrasca	gazapo	morcilla	tarugo
balsa	cencerro	gordo	muñeca	toca
barda	chamorro	gorra	nava	tranca
barranco	chaparro	greña	páramo	urraca
barro	conejo	izquierdo	perro	vega
becerro	coscojo	lanza	pizarra	zamarra
beleño	cueto	légamo	ráfaga	zurra

Hay que tener en cuenta que los romanos las escucharon (no en su forma actual, naturalmente) a medida que fueron haciendo contacto con los indígenas, pero de ninguna manera puede suponerse que las oyeran en todo el territorio. La península era un mosaico lingüístico, y estas palabras no son sino fragmentos minúsculos del mosaico.

La lista excluye las palabras de origen céltico que no eran novedad para los romanos, y cuyos descendientes existen en todas o casi todas las lenguas derivadas del latín (como *gato* y *salmón,* como *caballo* y *alondra),* pero incluye algunas que diversos autores en diversas épocas han atribuido específicamente al celta hispano, y que por ello se llaman "celtiberismos". Así, las palabras célticas *lanza* y *conejo,* aunque existen o han existido en provenzal, en francés y en italiano, fueron reconocidas por autores romanos, desde el siglo I a.C., como de origen hispano; uno de ellos, Plinio el Viejo, dice que no sólo la palabra *conejo (cuniculus)*, sino también el animalito, es originario de la península ibérica. (Recuérdese el significado de la palabra púnica *Hispania.)*

Por lo que toca a las otras palabras, no es mucho lo que puede precisarse. Algunas constan en inscripciones latinas hechas en Hispania *(balsa, losa, páramo)*; otras fueron reconocidas como hispánicas por escritores latinos, desde Varrón en el siglo I a.C. hasta san Isidoro de Sevilla en el VI/VII d.C. (por ejemplo *arroyo* y *coscojo, gordo* y *sarna)*. Algunas (como *perro* y como el celtismo *beleño)* no subsisten sino en castellano; otras (como *rebaño* y *sapo)* sólo en castellano y portugués, y otras son propias también del catalán. Al lado de las que se han relacionado con el bereber *(carrasca)* hay las que presentan un aspecto ilirio-lígur (como *gándara)*. En el caso de palabras como *izquierdo* y *pizarra* se ha pensado en un origen vasco. Pero toda conexión con el vasco antiguo es incierta, así que bien podría decirse que el español *izquierdo* y el vasco *ezker(r)* tienen un común origen "ibérico" —no de otra manera que el español *conejo* y el italiano *coniglio* tienen un común origen céltico.

Al recorrer la lista, el lector habrá advertido seguramente el curioso grupo de palabras hecho de *barro, gorra, zurra, perro, becerro, cencerro, chaparro, pizarra, zamarra* (= *chamarra)* y *chamorro*. Su sonora desinencia hiere inmediatamente el oído —y la imaginación. Son palabras muy "ibéricas" (o "carpetovetónicas" si se quiere), muy expresivas, muy "goyescas", con no sabemos qué de brutalidad o salvajismo, muy lejanas de la elegancia del francés y de la gracia del italiano. Claro que esta clase de juicios estéticos no tiene nada que ver con la ciencia lingüística. Pero sí cabe decir, científicamente, que la población "ibérica" tenía predilección por ese sufijo *-rro (-rra)*, puesto que se lo encajó a voces latinas, como para hacerlas más enfáticas. La forma de la palabra *cigarra* (en cuya *rr* parece que oímos el chirrido de la cigarra o chicharra) no se explica por la forma de la palabra latina, *cicada*. A las palabras *pan, macho* y *búho*, que vienen asimismo del latín, se les añadió ese sufijo y se obtuvo *panarra, machorro* y *buharro*. Tal es también la historia de *ba-*

turro, cachorro, cotorra, gamarra, guijarro, chamorro, modorra y *pachorra,* entre otras.

De manera análoga, las palabras *galápago, gándara, légamo, ráfaga* y *páramo* nos exhiben una terminación esdrújula muy "ibérica". Se trata de varios sufijos átonos que también se adhirieron a palabras latinas como para hacerlas más enfáticas. El elemento *lamp-* es latino (de origen griego, por cierto), pero las palabras *lámpara* y *relámpago* son típicamente "ibéricas" (en italiano y francés su forma es otra). El resultado normal del latín *murem caecum* ('ratón ciego') es *murciego;* pero —a causa, se diría, del recuerdo inconsciente de los viejos sufijos— se convirtió muy pronto en *murciégano* o *murciégalo:* tan inquietante animalito merecía un nombre expresivo. El más tenaz de estos sufijos átonos es *´-ago:* de ahí la forma *murciélago,* que ha venido a ser la predominante. Típicamente "ibéricas" por su terminación son *vástago, tártago, tráfago, lóbrego, muérdago, bálago* y *ciénaga* (pensemos en lo que va de *cieno* a *ciénaga).* Las palabras latinas *farrágo* y *plumbágo,* adoptadas en español en época moderna, han acabado por esdrujulizarse. Algo del prehistórico "ibérico" persiste misteriosamente en nosotros y nos impulsa a pronunciar ("incorrectamente") *fárrago* y *plúmbago.* También es fuerte y tenaz el sufijo átono *´-ano* de *cuévano, médano* y *sótano.* Seguramente por eso *cándalo* y *carámbalo* se olvidaron a favor de *cándano* y *carámbano.* Probablemente por eso el *nuégado* se llama *muégano* en México.

Menos vivaces son dos sufijos "ibéricos" acentuados: el *-asco* de *peñasco, nevasca* y *borrasca* y el *-iego* de *mujeriego, andariego, nocherniego* (o *nocharniego),* etcétera.

Por último —digno remate de este desfile de palabras "ibéricas" no por su sustancia, sino por su forma—, recordemos la *-z* de tantísimos apellidos, como *López, Pérez* y *Martínez,* cuya sustancia viene del latín: *Lupus, Petrus, Martinus.* Algunos creen que esta *-z* (presente también en *Muñiz, Muñoz* y *Ferruz)* es de origen lígur. Es probable. Lo seguro es que donde medró exuberantemente fue en Iberia.

III. LA LENGUA DE LOS ROMANOS

Los primeros documentos que nos dejan ver palabras escritas en español, y que constituyen así el acta de nacimiento de nuestra lengua, datan de hace "1 001" años. Los documentos mismos están escritos en *latín*. Las palabras españolas son "glosas" marginales que explican o traducen tal o cual palabra difícil. Poniendo en orden alfabético las voces glosadas, puede armarse un diccionario modesto y burdo, sí, pero no esencialmente distinto de los empleados hoy por los hispanohablantes que estudian latín: la palabra glosada pertenece a una lengua muerta; la glosa, a una lengua viva, el español. Estas "glosas" se verán a su debido tiempo (pp. 127-133). Lo que ahora debe ocuparnos es la parte *latina* de los documentos, la parte más importante, la más visible.

Uno de esos documentos es cierto sermón atribuido a san Agustín, escritor que tuvo una influencia enorme en la cultura medieval. El latín de san Agustín es sustancialmente el mismo de Cicerón (y por "Cicerón" hay que entender el dechado o paradigma del "buen latín"). A primera vista, podría concluirse que en el lapso de casi cinco siglos que media entre Cicerón y san Agustín no hubo cambios notables en la lengua. Pero esto no puede ser. Ninguna lengua ha durado tanto tiempo sin cambios. Lo que pasa es que el latín agustiniano es una lengua *escrita*. La lengua *hablada* por el propio santo a la hora de decir sus sermones, y no digamos la de los oyentes, no era ya el latín de tiempos de Cicerón. En esos años 354-430 en que vivió el santo, el "buen latín" se había refugiado en la escritura. Ahora bien, así como el latín ciceroniano fue el modelo de la lengua en que escribió san Agustín, así el latín agustiniano fue uno de los modelos de la lengua que siguió escribiéndose durante siglos en toda la Europa de cultura románica, desde Portugal hasta Alemania, desde Irlanda hasta Austria. Hasta el siglo x, y aun después, prácticamente todo cuanto se escribía en la Europa occidental estaba en latín.

Y lo curioso es esto: en el siglo x hacía ya mucho que el latín de Cicerón y el de san Agustín y el de sus innumerables continuadores era una lengua muerta. Ya en ningún lugar se hablaba ese latín. Las "glosas" españolas que alguien puso hace 1 001 años en el sermón atribuido a san Agustín son el testimonio del paso de una lengua a otra. Son el reconocimiento de una lengua "vulgar", desnuda de tradición escrita, sin nada del prestigio del latín, pero con la ventaja suprema de ser la lengua hablada, la lengua viva de un grupo humano.

Los diez siglos que preceden a la época en que se escribieron las "glosas" son los que verdaderamente cuentan para la historia del nacimiento del español. Son siglos de actividad, de efervescencia, en que ocurrieron sucesos tan trascendentales como la invasión de los godos y la de los árabes. Son los siglos de gestación de nuestra lengua, los siglos que la hicieron. En la segunda mitad del siglo x el español estaba ya de este lado: muchísimo más cerca del hoy, 1 001 años más tarde, que del ayer ciceroniano, 1 001 años atrás.

Diez siglos antes de que se escribieran las "glosas", o sea unos pocos decenios antes del comienzo de la era cristiana, casi toda la península ibérica estaba en poder de los romanos. No habían muerto todas las lenguas prerromanas, pero el dominio del latín estaba ya bien afirmado. Hacía unos 200 años que los Escipiones habían desembarcado en Emporion (Ampurias) para expulsar a los cartagineses. Esta expulsión, consumada el año 206 a.C. con la toma de Gáddir (Gades, Cádiz), costó menos tiempo y menos sangre que el sometimiento de ciertos pueblos de tierra adentro. La memoria de Viriato, caudillo de la resistencia lusitana, asesinado a traición el año 139, ha sido muy ensalzada por los portugueses, tal como los españoles (Cervantes entre ellos) han glorificado a la celtibérica Numancia, que el año 133 prefirió el suicidio colectivo antes que aceptar el yugo de Roma. En cambio, la ocupación de la mayor parte de la Bética (la actual Andalucía) y del litoral mediterráneo había sido rápida e incruenta.

La conquista de Hispania marcó el comienzo de la expansión del poderío romano fuera del territorio de la península itálica. En el año en que desembarcaron en Ampurias (218 a.C.), los romanos todavía lidiaban con varios pueblos del norte de Italia. En los tres siglos subsiguientes no sólo sometieron a esos pueblos, sino que, continuando su expansión, dominaron en épocas sucesivas toda la porción de Europa, África y Asia representada en el mapa que a continuación podrá verse. Tal llegó a ser el *imperio romano*.

A las guerras imperiales de conquista se añadieron, en el siglo I a.C., las guerras (también imperiales) ocasionadas por la ambición de mando. Estas guerras civiles tuvieron muchos escenarios a lo largo del imperio (Egipto, por ejemplo). En Hispania se desarrolló parte de la pugna entre Mario y Sila y entre Julio César y Pompeyo. Con la derrota de Marco Antonio, el año 31 a.C., el dueño de la situación fue Augusto.

Augusto es al imperio romano lo que Carlos V es al imperio español y la reina Victoria al imperio británico. Los grandes imperios han sido siempre un tema polémico. ¿Son un bien? ¿Son un mal? Las respuestas son difíciles. Pero, en el caso del imperio romano, no son difíciles de aceptar estas palabras de Rafael Lapesa: "Al conquistar nuevos países, Roma acababa con las luchas de tribus, los desplazamientos de pueblos, las pugnas entre ciudades: imponía a los demás el orden que constituía su propia fuerza". Todos esos pueblos, diversísimos entre sí, "quedaban sujetos a la disciplina ordenadora de un Estado universal". Los pueblos sometidos perdieron mucho, desde luego. Perdieron hasta su propia lengua. Pero no cabe duda de que, a la larga, ganaron también mucho, comenzando con la lengua latina, que hicieron suya.

Fue ésta la época en que verdaderamente "todos los caminos llevaban a Roma". En todas las regiones que integraron el imperio romano quedan el día de hoy tramos de la enorme red de carreteras construida en esos tiempos. En todas partes hubo gobernantes, funcionarios, soldados y colonos romanos. En todas partes se erigieron los mismos arcos y las mismas estelas. En todas partes se construyeron los mismos acueductos y puentes y los mismos edificios (templos, casas, escuelas, baños, circos, teatros). En todas partes se adoptaron las mismas formas de vida (derecho, organización civil, costumbres, trajes, técnicas, artesanías). En todas partes, o en casi todas, se aceptó la religión de Roma.*

* Un detalle mínimo: en el folklore asturiano sobrevive, o sobrevivía hasta hace muy

Poco a poco, la religión pagana fue cediendo su lugar a la cristiana. Ya Eusebio, a comienzos del siglo IV, consideraba providencial la coincidencia de la *pax Augusta* con el inicio del cristianismo. La nueva religión pasó a ser la oficial del imperio en 313, bajo Constantino. Para san Agustín *(La ciudad de Dios)*, el imperio romano es la base del cristianismo; y su contemporáneo, el hispano Prudencio, dice: "Los pueblos hablaban lenguas diferentes, los reinos tenían las más diversas religiones. Dios quiso reducirlos a una sola sociedad, someter sus costumbres a un solo imperio, doblegar su cerviz bajo un solo yugo, a fin de que la religión del amor abarcara los corazones de los hombres [...]. Así se preparó el camino para la venida de Cristo y se echaron los cimientos para construir el edificio de la paz universal bajo el gobierno de Roma".

Finalmente, en todas partes resonó la lengua latina. Es verdad que no en todas partes resonó con la misma intensidad. Los casos extremos están representados, en el mapa que se ha visto, por las provincias extremas de Lusitania y Armenia. En Lusitania, todas las lenguas anteriores a la ocupación romana desaparecieron ante el empuje del latín; en Armenia, el único latín que resonó fue seguramente el que hablaban unos con otros los soldados y funcionarios enviados desde Roma, y el poco que aprenderían algunos nativos para servir de enlace con el resto de la población.

Desde luego, el latín no significó el menor peligro de desaparición para el griego, hablado no sólo en la Grecia continental y en todo el Egeo, sino también en el Asia Menor y en Egipto. Al contrario: los romanos estuvieron siempre fascinados con la lengua y la cultura de los griegos, y nada ambicionaron más que el ser tenidos como iguales a ellos. (Su ambición quedó satisfecha: en las *Vidas paralelas* de Plutarco, escritor griego de la gran época imperial de Roma, a cada griego ilustre corresponde un ilustre romano: Julio César es un segundo Alejandro, Cicerón un segundo Demóstenes, etc.) Muy pocos súbditos de habla griega aprendieron a hablar latín; en cambio, el griego se oía constantemente en las

poco, la creencia en las *xanas,* hadas de las fuentes. En esta palabra, *xana* (que se pronuncia *shana),* es fácil reconocer a *Diana,* la diosa capitana de las ninfas silvestres. Notable supervivencia de un poquito de religión romana.

calles de Roma, y se hablaba más que el latín en el sur de Italia y en Sicilia. Ningún griego escribió en latín; en cambio, el emperador Marco Aurelio, nacido en Roma, escribió en griego sus muy personales *Meditaciones*. En la provincia de Judea, el gobernador Poncio Pilato mandó poner, sobre la cruz de un reo, cierto famoso letrero "en hebreo, en griego y en latín"; pero bien pudo haber prescindido del latín: para toda la porción oriental del imperio, la lengua "imperial" era el griego. El griego fue la lengua litúrgica en Roma hasta el siglo IV, y en griego están escritos todos los documentos primitivos del cristianismo.

La porción del imperio en que predominó la lengua de Roma se llama *Romania* —y la disciplina moderna que estudia las vicisitudes del latín en esas regiones se llama *filología románica*. La Romania actual abarca sólo cinco naciones europeas (Portugal, España, Francia, Italia y Rumania) y pedazos de otras dos (Bélgica y Suiza). Pero en los primeros siglos de nuestra era incluía un territorio mucho más amplio. El latín era la lengua dominante en provincias como Cartago (de donde era san Agustín) y como Panonia (de donde era san Jerónimo). Rumania, el país moderno que heredó el nombre de *Romania,* es también, paradójicamente, el único que quedó cercenado del bloque románico original. A cambio de las pérdidas sufridas en Europa, la Romania haría más tarde conquistas lingüísticas inmensas en el Nuevo Mundo: también los países hispanoamericanos, y el Brasil, y Haití y el Canadá francés, hablan *romanice,* o sea 'románicamente', 'al estilo de Roma'. (Del adverbio *románice* procede la voz *romance.* Todavía en el siglo XVII, en vez de decir que algo estaba en español, solía decirse que estaba "en romance". Y los lingüistas llaman indiferentemente "lenguas romances", "lenguas románicas" o "lenguas neolatinas" a las hijas del latín imperial.)

La Hispania romana

Cuando los destinos del imperio quedaron en manos de Augusto, los romanos no habían ocupado aún la zona de los ástures y de los cántabros, en el norte de Hispania. Para someter o "domesticar" a esos pueblos,

Cólquide

Armenia

Ponto

Dacia

Asiria

Mesia

Capadocia

Mesopotamia

Tracia

Galacia

Macedonia

Asia

Cilicia

Epiro

Licia
y Panfilia

Fenicia

Judea

Acaya

Arabia Pétrea

Cirenaica

Egipto

Hibernia

Britania

Germania

Bélgica

Nórico

Retia

Panonia

Lugdunense

Ilírico

Aquitania

Narbonense

Italia

Tarraconense

Lusitania

Bética

Cartago

Mauretania

Numidia

África

Augusto ordenó en 19 a.C. que la séptima legión del ejército quedara acuartelada en una zona fronteriza estratégica. La ciudad y el reino de León conservarían el recuerdo de esa Legión: *Legionem* > *León*. Tres grandes ciudades fundadas en estos años honran el nombre de Augusto: *Pax Augusta* (Badajoz), *Caesaraugusta* (Zaragoza) y *Emérita Augusta* (Mérida).* El mapa de Hispania se llenó de topónimos latinos. Algunos nombres se han mantenido casi sin cambio, como *Córduba* y *Valentia*. Otros se han transformado en el curso de los siglos: *Antonianum* (Antuñano), *Aurelium* (Orejo), *Caepionem* (Chipiona), *Lupinium* (Lupiñén), *Metellini* (Medellín), *Mons Iovis* (Mongó), *Urso* (Osuna). Ya hemos visto que los topónimos prerromanos, en particular los celtas, no desaparecieron del todo, pero a fines del siglo v, en vísperas de la invasión de los visigodos, esos topónimos prerromanos eran pocos en comparación con la abrumadora mayoría de los plenamente latinos. Muchos legionarios se quedaron a vivir en esas tierras en que habían peleado, y miles de colonos italianos se desparramaron por un ancho país cuyas riquezas no habían sido explotadas sino rudimentariamente por los antiguos pobladores. Julio César, que antes de la guerra civil había sido cuestor y luego pretor en Hispania, pagó con recursos del país las deudas enormes que le dejó su campaña contra Pompeyo, y además regresó a Roma con una fortuna considerable.

Plinio el Viejo, en el siglo i d.C., podía decir que Hispania era el segundo país del imperio, inferior sólo a Italia. Ya dos siglos antes, en

---

* El puente que cruza el río Guadiana en las inmediaciones de Mérida, y la calzada o carretera que pasa sobre él, han estado en uso ininterrumpido a lo largo de 20 siglos. De Mérida salían tres carreteras principales: una, llamada *Vía Lata* 'Calzada Ancha' (convertida en español en "Camino de la Plata"), iba a Cáceres, Salamanca, Zamora y Astorga, con ramales que irradiaban de Salamanca; otra iba a Toledo, Alcalá de Henares, Sigüenza y Zaragoza, con un ramal a Medellín, Córdoba, Antequera y Málaga; la tercera iba a Sevilla y Cádiz. En una guía de carreteras del imperio romano, llamada *Itinerario de Antonino*, se enumeran hasta 34 españolas. Estas carreteras servían ante todo para fines militares, pero fueron a la vez importantes medios de penetración de la lengua latina. La que primero se construyó en España fue la *Vía Hercúlea*, que venía de Perpiñán y llegaba a Cartagena, pasando por Ampurias, Barcelona, Tarragona, Sagunto y Valencia. (La *Vía Domicia* iba de Perpiñán al norte de Italia.) Entre Tarragona y La Coruña había otra larguísima calzada, que pasaba por Lérida, Zaragoza, Numancia, Burgo de Osma y Astorga. La calzada mencionada en el verso 400 del *Poema del Cid* ("la calçada de Quinea ívala traspassar") era un ramal muy secundario, que iba de Burgo de Osma hacia el sur.

169 a.C., se había otorgado a Córdoba el título de "ciudad patricia", y la ciudadanía romana no tardó en extenderse a todos los hispanos. El primer personaje no italiano que llegó a la dignidad de cónsul fue un hispano de Cádiz cuyo nombre era ya completamente romano: Lucio Cornelio Balbo (Balbo era el sobrenombre: *balbus* es 'tartamudo'). En Hispania nacieron dos de los sucesores de Augusto, famosos por la prosperidad que dieron al imperio a fines del siglo I y comienzos del II d.C.: Trajano y Adriano. (Adriano, en particular, representa el fin del período de expansión del imperio y el anhelo más exquisito de imitación de los griegos.)

De los antiguos pobladores había dicho Estrabón: "No falta mucho para que todos se hagan romanos". En sus tiempos ya era plenamente romana la Bética. Pero "la desaparición de las primitivas lenguas peninsulares —dice Rafael Lapesa— no fue repentina; hubo, sin duda, un período de bilingüismo más o menos largo, según los lugares y estratos sociales. Los españoles empezarían a servirse del latín en sus relaciones con los romanos; poco a poco, las hablas indígenas se irían refugiando en la conversación familiar, y al fin llegó la latinización completa", salvo en la tierra de los váscones. Pero en ese período de bilingüismo hubo evidentemente, sobre todo en las zonas alejadas de las ciudades, muchos hispanos que sólo hablaban su antigua lengua; y, por otra parte, muchos de los que ya hablaban latín no habían podido borrar de su pronunciación la huella de los idiomas indígenas, fenómeno observado varias veces, no sin desdén, por Cicerón y otros escritores romanos. El latín de Hispania estuvo marcado, desde el principio, por esa influencia de las lenguas prerromanas que los lingüistas, con una metáfora geológica, llaman *sustrato*.* Sin embargo, cuando la latinización fue comple-

---

* Así como los descubridores y colonizadores de América adoptaron inmediatamente las voces indígenas *huracán, iguana, cacao* y tantas otras, así los legionarios y los primeros pobladores romanos de la península ibérica no habrán tardado en hacer suyas ciertas indispensables palabras indígenas ("iberismos" en el sentido amplio y no científico que queda expuesto en la p. 41). Italia, por ejemplo, carece de verdaderas llanuras, de vastas mesetas, que en cambio abundan en la geografía española. El nombre indígena de esas llanuras interminables, *páramo*, debe haberse adoptado inmediatamente. En el siglo II d.C., un personaje de nombre Tulio, que había andado de cacería por el páramo que ahora se llama Tierra de Campos, amontonó en forma de altar ("ara votiva") las cornamentas de los venados y mandó grabar en una lápida su agradecimiento a Diana, diosa de la caza, por

ta, cualquier hispano de Coimbra, de Córdoba o de Tarragona podía recorrer todo el imperio y hacerse entender dondequiera, sin más tropiezos que los que puede tener hoy un mexicano en Venezuela o un chileno en España.

Para explicar el tránsito del paganismo al cristianismo, los españoles inventaron tardíamente dos cuentos: que el apóstol san Pablo hizo una gira de evangelización por Hispania, y que el cadáver de otro apóstol, Santiago, martirizado en Jerusalén, usó como barco su propio sepulcro de piedra y cruzó el Mediterráneo y parte del Atlántico hasta recalar en Iria Flavia (nombre romano de la actual Padrón, en la provincia de Coruña), como para velar desde allí por la perduración del evangelio. En realidad, la cristianización de la península ibérica se llevó a cabo al mismo tiempo y con las mismas vicisitudes que en el resto del imperio. En los días del edicto de Constantino, prácticamente todas las regiones de Hispania estaban cristianizadas. El salto de una religión a otra estaba ya dado, lo mismo que en tantas otras provincias del imperio.

En lugar de los templos paganos comenzaron a levantarse los del nuevo Dios y de sus santos, y sobre las divisiones administrativas se fueron creando obispados y otras demarcaciones eclesiásticas. También estos primeros tiempos del cristianismo tienen su reflejo en la toponimia. Abundan en el mapa de España los nombres que perpetúan los de los santos más venerados en esos primeros tiempos, como santa Eulalia y san Emeterio, martirizados respectivamente en Mérida y en Calahorra durante la era de las persecuciones. Santolalla conserva el nombre de *Sancta Eulalia;* Santander y San Medir, el de *Sancti Emeterii.* Y así otros topónimos: Saelices *(Sancti Felicis),* Sahagún *(S. Facundi),* Santiz *(S. Tyrsi),* Senmanat *(S. Miniati),* San Cugat *(S. Cucufati),* Sansol y Sanzoles *(S. Zoili),* Santibáñez *(S. Ioannis).* Algunas de estas fundaciones cristianas —quizá, en su origen, simples ermitas— deben haber sido tan "estratégicas" como la de León, aunque las armas de las nuevas le-

haberle deparado tantos ciervos "in *párami* aéquore", literalmente 'en la llanura del páramo'. La expresión *in aéquore* (que en el latín "normal" denota cualquier superficie llana, sea de tierra, sea de agua) hubiera sido insuficiente. Es bonito ver esa voz de *sustrato* inscrita para siempre en la piedra, incorporada no sólo al lenguaje, sino a la medida poética. (Porque el agradecimiento de Tulio está expresado en verso.)

giones eran otras. Y así como hubo Césares nacidos en Hispania, así también en el siglo IV hubo un papa español, san Dámaso, que fue quien comisionó a san Jerónimo para que editara la Biblia en la lengua de Roma.

La literatura latina ostenta nombres de grandes escritores hispanos, no en la "edad de oro", exclusivamente italiana —representada por poetas como Virgilio y Horacio y por prosistas como Cicerón y Tito Livio—, pero sí en la subsiguiente "edad de plata". Los más antiguos son dos retóricos o maestros de elocuencia, Porcio Latrón y Séneca el Viejo, y un tratadista de mitología, Higino, bibliotecario de Augusto. Después hubo toda una pléyade: Séneca el Joven, preceptor de Nerón, autor de tragedias y de obras filosóficas; su sobrino Lucano, que en la *Farsalia* narró épicamente la pugna entre César y Pompeyo; Marcial, maestro del epigrama; Quintiliano, el máximo compilador de la doctrina retórica aprendida de los griegos; Pomponio Mela, geógrafo; Columela, tratadista de agricultura. En la época cristiana no hubo escritores hispanos de la talla de san Agustín y san Jerónimo, pero hay que mencionar a un polemista famoso, Osio de Córdoba, gran impugnador de la "herejía" de Arrio (sobre la cual véase adelante, pp. 85-86), y a dos excelentes poetas, Juvenco y Prudencio, el segundo de los cuales, en obras muy leídas desde sus tiempos hasta el Renacimiento, cantó a los mártires del cristianismo y celebró las virtudes de la nueva religión.

LATÍN HABLADO Y LATÍN ESCRITO

La lengua literaria y la lengua hablada pueden estar muy cerca la una de la otra, alimentándose y guiándose mutuamente, y pueden también estar a enorme distancia una de otra; pero, en cualquier caso, el lenguaje de la literatura (y, por lo general, más el de la poesía que el de la prosa) suele ser una selección y una estilización, una especie de lenguaje aparte, mediante el cual se dicen cosas que no se han dicho en el idioma común y corriente, o se dicen cosas conocidas en una forma en que nadie las había dicho. Una gramática y un diccionario elaborados "de acuerdo con el uso de los buenos autores" serían muy útiles, desde luego, pero no para enseñar la lengua tal como se habla. Así como la poesía de Rubén Darío y la prosa de Martí no dan una idea muy precisa del español hablado en Nicaragua y en Cuba, así la obra de Osio y Prudencio no sirve para saber cómo se hablaba en la España cristiana, ni la del filósofo Séneca para tener una idea precisa del latín que se oía en las calles de Córdoba —ni, por lo demás, la de Cicerón y Virgilio para darnos una imagen exacta de la lengua del pueblo romano (o italiano) de esos tiempos. Son, todos ellos, productos refinados, hechos sin ninguna intención de realismo lingüístico, cosa que se puede decir, en general, de cualquier literatura.

Más aún. La literatura latina estuvo, desde sus comienzos mismos, especialmente divorciada de la lengua hablada por el común de la gente. Es muy poco lo que se conoce anterior al siglo III a.C., pero, aun en el caso de que ya hubiera habido algo parecido a una literatura, ésta quedó aplastada por la que en ese siglo inauguró el poeta Livio Andrónico, traductor y adaptador de los griegos. La literatura latina no nació lentamente del "pueblo" (como la griega y como tantas otras): decidió, por así decir, abreviar camino y, al igual que casi todas las demás instituciones sociales de Roma, sin excluir la religión, se dedicó durante siglos a beber en esas fuentes ilustres.

Es verdad que también la lengua del pueblo romano (e italiano) estaba tomando del griego muchas voces "elementales" de cultura inexistentes hasta entonces en latín, como *cámera* 'habitación', *bálneum* 'baño', *áncora* 'ancla', *chorda* 'cuerda', *cíthara* y *ámphora* y *púrpura (porphyra* en griego). Pero en un Cicerón, en un Virgilio, la proporción de helenismos —y helenismos no sólo de vocabulario, sino también de sintaxis, y hasta "de pensamiento" o "de sentimiento"— está, ostentosamente, muy por encima del nivel medio popular. La lengua literaria tuvo así, desde sus principios, leyes especiales. Y si en muy poco tiempo se esfumaron las diferencias entre la "cultura superior" de Grecia y la tosca cultura de la vieja Roma, también hizo falta muy poco tiempo para que se exacerbara, esta vez en el interior del mundo romano, la diferencia entre "cultura superior" y hábitos toscos, entre lengua literaria y lengua coloquial. Horacio odiaba al "vulgo profano", a la mayoría chata. Se ha observado que, en comparación con las pocas palabras que designan en latín a la 'persona educada', abundan notablemente en la literatura (escrita por personas educadas) las designaciones despectivas del lerdo, del zafio, del obtuso, del patán, del salvaje que se resiste a la civilización, y, en lo que se refiere al lenguaje, los sinónimos de 'rústico', 'bárbaro', 'extranjero'. (¿No se oye hablar todavía de "expresiones rústicas", de "voces bárbaras", de "extranjerismos"?)

Pero, más que emitir juicios acerca del concepto que los romanos tenían de la cultura, lo que importa es reconocer una realidad, un hecho de enorme importancia para el desarrollo del español y de las demás lenguas romances: la diferencia entre "latín clásico" y "latín vulgar". El español y las demás lenguas romances, en efecto, no proceden del latín empleado por los supremos artífices del lenguaje, sino del latín de la gente corriente y moliente, el latín hablado en las casas, en las calles, en los campos, en los talleres, en los cuarteles. (El latín vulgar es al latín clásico lo que el *prácrito* al sánscrito.)

Imposible negar el papel formador de Cicerón y Virgilio, y de sus contemporáneos y sucesores, así paganos como cristianos (digamos Ovidio y Ausonio; digamos Boecio y san Gregorio). Sus obras han llegado a nosotros gracias a que fueron copiadas y recopiadas una y otra vez, hasta el siglo XV (cuando los impresores sustituyeron a los copistas), por una gran cadena humana interesada en mantener, si no todo un concepto de cultura, por lo menos un ideal de lengua. Los ejecutores de esa tarea fueron el gramático, el monje, el *litteratus*, el *cléricus*. (De *litteratus* viene la palabra española *letrado*, que llegó a significar 'abogado' o 'leguleyo'; de *cléricus* viene la palabra francesa *clerc*, con que se designa todavía al "intelectual".) Además, está fuera de duda que esos transmisores consiguieron implantar su ideal en buena parte de Europa: durante toda la Antigüedad tardía y toda la Edad Media estuvo vigente un canon o lista oficial de *auctores* admirables y dignos de imitación, un canon en que se hacía cada vez más difícil hacer adiciones.

Podemos tomar como paradigma el caso de Virgilio.* La obra de este

*Virgilio (70-19 a.C.), poeta de la armonía y la serenidad, cantor de amores y paisajes pastoriles *(Bucólicas)* y de las labores pacíficas del campo *(Geórgicas)*, fue también, para-

"padre de la cultura occidental" estaba allí, perfecta, inmóvil en su perfección —y cada vez más difícil de entender, de manera que los profesores de literatura se dedicaron a explicarla y comentarla. A fines del siglo IV, o sea 400 años después de la muerte de Virgilio, cuando circulaban ya muchos de esos comentarios, el gramático Elio Donato (entre cuyos discípulos estuvo el futuro san Jerónimo) compuso una extensa *Ars grammatica*, y su contemporáneo Servio hizo una detallada glosa de las tres grandes obras de Virgilio. Donato y Servio fueron imprescindibles durante toda la Edad Media. La lengua literaria se había petrificado (o marmoreizado) mientras la lengua popular seguía su marcha. Y así, en el imperio romano-cristiano, un mundo que *hablaba latín*, las escuelas acabaron por servir ante todo para *enseñar latín*, y no a todos los muchachos, sino a una minoría. Que los gramáticos consiguieron implantar su ideal cultural/lingüístico, en este caso su culto a Virgilio, se ve por los siglos y siglos que duró una poesía europea escrita en un latín y en unos metros clásicos escrupulosamente aprendidos, fruto de escuela, de sudor y de mordedura de uñas.

Loor a esos gramáticos y letrados latinos y latinizantes que nos transmitieron la obra de los clásicos latinos. (Y lástima que se hayan quedado cortos. Muchas cosas se perdieron. Del *Satyricon* de Petronio no nos han llegado sino fragmentos.) Ellos lograron que Terencio y Virgilio siguieran teniendo lectores. Lo que no lograron fue acabar con las "incorrecciones" que iban acumulándose en el habla de la gente. Y no por falta de esfuerzo: a lo largo del tiempo, para ayudar a los alumnos, varios profesores compilaron "apéndices" o suplementos prácticos del manual

dójicamente, el cantor del arrojo militar que aseguró el dominio "universal" de Roma en tiempos de Augusto. Tal es el tema de la *Eneida*, su obra maestra. Pero, a diferencia de su contemporáneo Tito Livio, historiador de los episodios reales o semirreales que llevaron a Roma de la insignificancia a la grandeza, Virgilio, inspirado en la *Ilíada* y la *Odisea*, trató más bien de darle a Roma un pasado mítico, y convirtió a Julio César en descendiente del legendario Eneas, héroe troyano que salió de su patria destruida y peregrinó y sufrió y peleó para cumplir su divino destino de creador de un imperio. El mensaje central de Virgilio se encuentra en el centro justo de la *Eneida*, puesto en labios de Anquises, padre de Eneas: "Tú, oh romano, acuérdate de mantener a los pueblos bajo tu imperio. Sean éstas tus artes: implantar las leyes de la paz, tratar con benevolencia a los sometidos, y reprimir a los altaneros".

de Elio Donato. Entre los "apéndices" que sobreviven hay uno muy notable, llamado *Appendix Probi* porque se atribuyó —falsamente— a un erudito de la época clásica, Valerio Probo. (El *Appendix* es anónimo y parece haberse hecho en el siglo VI, pero por comodidad seguiré llamando "Probo" al autor.) "No digas así, di de esta otra manera, que es la correcta": tal es la estructura del librito. Pero sus formas "correctas" no tienen el menor interés (son las del archiconocido latín literario). Lo que sí tiene enorme interés, lo que ha hecho la fama del "Apéndice" de Probo es lo otro, lo incorrecto y vulgar y grosero que él está censurando. Se puede decir que Probo no falla nunca: siempre acierta, pero al revés de como él pretendía. Gracias a su prurito castigador y desterrador de palabras del vulgo, tenemos unas muestras preciosas de cómo se hablaba *en realidad*. Su "lista negra" es una lista de oro para los filólogos. En el pleito entre Probo y el vulgo reprobado, quien tuvo la razón (no la razón estética, ni científica: la desnuda razón histórica) fue decididamente el vulgo.

Debió haber habido muchas de esas listas negras, todas ellas parciales y locales, puesto que los "vicios" no eran exactamente los mismos en todo el mundo de habla latina, todas ellas provisionales e incompletas, puesto que el latín hablado seguía en todas partes su camino. Así como los fenómenos lingüísticos actuales nos dan luces acerca de los del pasado, así también la actitud de los gramáticos modernos nos ayuda a explicar la de los antiguos. No hay que olvidar, por otra parte, que todos los hablantes llevamos en nuestro corazoncito un Probo en potencia, el cual entra en acción cada vez que se nos escapa, de manera fatal y mecánica, un "No digas *yo cabo*, se dice *yo quepo*", un "No digas *cuando vuélvamos*, se dice *cuando volvamos*". Y ese gramático interior y agazapado es una institución, una academia en germen. El horror al cambio y a las costumbres distintas de las propias siempre ha existido. Si toda la vida he dicho *"les* escribo a mis amigos" y "de acuerdo *con* el uso", nada más natural que reprobar a quienes dicen *"le* escribo a mis amigos" y "de acuerdo *al* uso", formas ajenas a mí, a mi manera de vivir la lengua española; y lo único que me hace falta para demostrar —con abundancia de buenas razones— que yo estoy bien y los demás están mal, que lo correcto es *"les* escribo" y "de acuerdo *con*", es sentirme gramático profesional. Probo y sus congéneres fueron unos profesionales del horror a lo nuevo, a lo incorrecto, a lo *vulgar*. Lo triste, para ellos, es que rara vez ese horror profesional ha conseguido detener el cambio en su carrera.

La ciencia lingüística moderna nació en el momento en que los filólogos y dialectólogos del siglo XIX, en vez de profesionalizar un horror tan primario y elemental, profesionalizaron la voluntad de no horrorizarse de nada, o sea la voluntad de entender. El lenguaje quedó entonces como purificado. Tan cien por ciento hablante de un idioma es el campesino más inculto como el académico más refinado. Al lado de un texto de fray Luis de León puede ponerse una expresión "vulgar" de Cespedosa de Tormes o de Santiago del Estero. Quienes dicen *setiembre* y *lo bohque* son tan perfectos hablantes de español como quienes dicen *septiembre* y *los bosques*, y si alguien insiste en sentir como "vulgares" las dos primeras formas, su sentimiento no cuenta. De esa manera la expresión *latín vulgar* ha quedado completamente desvilificada y se ha convertido en un término técnico de inmensa utilidad para quienes reconstruyen las etapas iniciales de las lenguas romances. El latín vulgar se puede llamar también *protorromance*.

El latín vulgar

La reconstrucción del indoeuropeo ha sido lenta; la del latín vulgar no lo ha sido tanto: tenemos en este caso documentos abundantes y directos a nuestro alcance. Los "romanistas" han escrutado minuciosamente las comedias de Plauto, han interrogado hasta lo último el lenguaje del *Satyricon* de Petronio y el de ciertos pasajes del *Asno de oro* de Apuleyo; han registrado cada "falta de ortografía" y cada "error gramatical" de los documentos escritos y de los miles de inscripciones que los romanos dejaron en tierras del imperio a lo largo de los siglos; y, sobre todo, no se cansan de buscar en cada detalle de las lenguas romances actuales (y de sus respectivas literaturas, y de sus respectivos dialectos) la pista que podrá llevarlos hasta ese latín vulgar que rara vez se escribió en cuanto tal, a ese latín vivo que los gramáticos hubieran querido borrar de la faz del imperio.

Ya en Plauto, nacido a mediados del siglo III a.C., aparecen formas típicas del latín vulgar, como *caldus* y *ardus* en vez de las formas "cultas" *cálidus* y *áridus*. (Nuestro *caldo* se remonta al *caldus* de Plauto; ahora es sustantivo, pero en español antiguo era adjetivo y significaba 'caliente', como en italiano.) En el primer siglo del imperio los vulgarismos documentados son ya muchísimos: se cuelan cada vez más en el terreno de la escritura, lo cual es índice de su enorme arraigo. En esta época, un demagogo de la aristocrática familia Claudia, deseoso de "popularidad", decía llamarse *Clodius,* que era como el pueblo (la mayoría) pronunciaba el nombre *Claudius.* La simplificación del diptongo *au* es rasgo propio del latín vulgar: la palabra española *oro* viene del latín *aurum,* pero los romanos del siglo I, al pronunciar descuidadamente su *aurum,* decían ya algo parecido a nuestro *oro.*

Es imprescindible, pues, tener aunque sea una sumaria idea de ciertos aspectos fonéticos y léxicos del latín vulgar. Para ello podrá servir la lista de ejemplos que en seguida daré. Cada ejemplo lleva, a la izquierda, la forma "correcta" o literaria (la del latín "clásico"), y a la derecha el resultado español, precedido en algunos casos del resultado español arcaico (palabras entre paréntesis). Son, pues, tres columnas de palabras o expresiones; la importante es la central, que va en orden alfabético, y en cursiva, para que el lector, a lo largo de mis comentarios, pueda localizar cómodamente los ejemplos. Las formas latino-vulgares corresponden a fechas diversas, no siempre fáciles de precisar. No se trata, además, de formas ya "cuajadas": son formas en desarrollo, en cierto estado de uso y desgaste, y el desgaste suele llevarse siglos; rara vez se dan casos tan rápidos como el del *usted* o *usté* en que quedó convertido el pronombre *vuestra merced* (explicado adelante, p. 278). La lista representa, de manera general, el latín hablado entre el siglo II y el siglo V en un imperio romano cada vez más tambaleante, pero no del todo desunido. Había, sí, diferencias entre región y región, pero aún no dialectos* propiamente

---

*En un sentido, las lenguas romances modernas pueden considerarse "dialectos" del latín. Su vocabulario "básico" —digamos *cielo, tierra, agua, pan, vino, rosa, árbol, piedra,*

dichos. Los hispanos y los italianos, que olvidaron la palabra clásica *avúnculus* 'tío' y la sustituyeron por otra más económica, *thius*, tomada del griego (español *tío*, italiano *zio)*, deben haber sentido anticuados a los galos que se aferraron a la vieja palabra *(avúnculus > avunclu > avoncle > francés actual oncle)*, pero es evidente que durante largo tiempo siguieron entendiéndola (conocimiento "pasivo", como dicen los lingüistas), aunque para ellos la palabra normal fuera *thius*. Buen número de las formas que aparecen en la lista corresponden a ese latín geográficamente indiferenciado, pero he dado la preferencia, como es natural, a los desgastes y a las innovaciones que se originaron o que prosperaron en Hispania. (Pongo acentos gráficos para ayuda del lector. Ni en latín clásico, ni en latín vulgar, ni siquiera en español medieval se escribían acentos.)

He aquí la lista:

invenire	*afflare*	hallar
álacrem	*alécre(m)*	alegre
extóllere	*altiare*	alzar
ávica	*auca*	oca
audere	*ausare*	osar

mano y *pie*, *amor* y *humor*— es en todas sustancialmente el mismo. Tomando como "base" 100 palabras-clave, un romanista de nuestros tiempos ha establecido los siguientes índices de divergencia: entre el italiano y el iberorromance (español, portugués, catalán), 16%; entre el español y el portugués, sólo 7%; entre el portugués y el catalán, 11%. (En cambio, entre el italiano y el sardo hay una divergencia de 27%. A diferencia de Sicilia, tan comunicada con el resto del imperio romano y tan populosa siempre, la áspera Cerdeña estuvo siempre muy marginada. Tan fuerte divergencia se explica porque el habla de Cerdeña no conoció muchas de las innovaciones del latín vulgar. Podría decirse, paradójicamente, que el sardo es la lengua romance más "culta", por ser la más cercana al latín clásico.) — Montaigne *(Apologie de Raimond Sebond)* compara sorprendentemente la unidad y diversidad de las lenguas romances —y, dentro del italiano, la de sus dialectos "toscano, romano, veneciano, piamontés, napolitano"— con la unidad y diversidad de la filosofía: durante su viaje por Italia, a un compatriota afanado inútilmente en hablar italiano, él le aconsejaba que, "con tal de no proponerse otra cosa que hacerse entender, sin querer sobresalir [por su dominio de la lengua], se limitara a emplear las primeras palabras que le vinieran a la boca, latinas, francesas, españolas o gasconas [el gascón, hablado en la tierra natal de Montaigne, es el dialecto francés que más se parece al castellano], añadiéndoles la terminación italiana…"; y prosigue Montaigne: "Lo mismo digo de la filosofía: tiene tantos rostros y tanta variedad, y ha dicho tantas cosas, que en ella se encuentran todos nuestros sueños, todas nuestras fantasías", etcétera.

ávia	*aviola*	abuela
equus	*caballu(m)*	caballo
vocare	*clamare*	llamar
édere	*comédere*	comer
agnum	*cordáriu(m)*	cordero
cava	*cova*	cueva
unde	*de unde*	donde
dóminum	*domnu(m)*	dueño
loqui	*fabulare*	hablar
vis	*fortia*	fuerza
frígidum	*fridu(m)*	frío
frater, soror	*germanu(m), -a(m)*	hermano, -a
cantáveram	*habeba(m) cantatu(m)*	había cantado
íntegre	*intégra mente*	enteramente
ludum	*jocu(m)*	juego
légere	*legére, leyére*	leer
pulchriorem	*magis formosu(m)*	más hermoso
malum	*matiana (mala)*	manzana
mutare	*mudare*	mudar
mu-lí-e-rem	*mu-lié-re(m)*	(muller) mujer
altíssimum	*multu(m) altu(m)*	muy alto
vespertilio	*mure(m) caecu(m)*	(mur ciego) murciélago
óculum	*oclu(m)*	(ollo) ojo
odorem rosae	*olore(m) de illa rosa*	olor de la rosa
mulgere	*ordiniare*	ordeñar
aurícula	*oricla*	(orella) oreja
puer	*ninnu(m)*	niño
pa-rí-e-tem	*pa-rié-te(m)*	pared
pásserem	*pássaru(m)*	pájaro
pi-grí-ti-a	*pi-gri-tia*	pereza
fragmentum	*pitaccium*	pedazo
pervenire	*plicare*	llegar
posse	*potere*	poder
interrogare	*praecunctare*	preguntar
velle	*quaérere (kerére)*	querer
rivum	*ríu(m)*	río
os	*rostru(m)*	rostro
genu (rótula)	*rotella*	(rodiella) rodilla
strépitus	*rugitu(m)*	ruido

scríbere	*scribíre*	escribir
cláudere	*serare*	cerrar
sensum	*sessu(m)*	(siesso) seso
ensis, gládius	*spatha*	espada
tértium	*tertiáriu(m)*	tercero
laborare	*tripaliare*	trabajar
uti	*usare*	usar
vétulum	*vetlu(m), veclu(m)*	(viello) viejo
vínea	*vinia*	viña
núptiae	*vota*	boda

Comencemos con *olorem de illa rosa* (los vocablos precedidos de asterisco van a remitir a la lista anterior). Las funciones que en latín clásico se habían expresado mediante desinencias de "casos", incorporadas a la palabra respectiva *(rosa* 'la rosa', *rosae* 'de la rosa', *rosarum* 'de las rosas', *rosis* 'con rosas', etc.), en latín vulgar se expresaron mediante preposiciones, y así la función del caso "genitivo" -*ae* quedó a cargo de la preposición *de*. De los seis casos del latín clásico no sobrevivió sino el "acusativo", que originalmente sólo servía para indicar objeto directo; desapareció así el "nominativo", que indicaba el sujeto de la oración: *mujer* y *pared* no vienen de los nominativos clásicos *mulier* y *paries* (esdrújulos: *mú-li-er, pá-ri-es),* sino de los acusativos vulgares *muliére(m)* y *pariéte(m).* (Por eso muchas palabras de la lista están en acusativo, reconocible por la -*m* final: *álacrem, agnum,* etc. Esta -*m* va entre paréntesis en la columna central porque no se pronunciaba.) La expresión *olorem de illa rosa* hubiera significado en latín clásico algo así como 'olor procedente de aquella rosa' (una rosa lejana), o bien 'olor caído (o sacado) de aquella rosa': la preposición *de* tenía una fuerza significativa que perdió al convertirse en mera articulación gramatical. (En *de unde,* el *de* era pleonasmo, pues *unde* significaba ya por sí solo 'de donde'; el *de* de nuestra expresión *de donde* resulta así un segundo pleonasmo.) Por último, en *olorem de illa rosa* aparece una parte de la oración que no existía en latín clásico (y que sí existía en griego): el artículo. Nuestros artículos definidos *el, la,* proceden de los pronombres *ille, illa,* que significaban 'aquel, aquella', con un valor demostrativo que perdieron al convertirse, como la preposición *de*, en mera articulación gramatical.

Los cambios de pronunciación que figuran en la lista no son difíciles de entender. Hay sonidos que se pierden, sonidos que son sustituidos por otros, acentos que se desplazan, etc. Véase, por ejemplo, **ríum*, **mudare*, **sessum*, **legére*. El *légere* clásico se pronunciaba LÉGUERE; el **legére* vulgar se pronunciaba con una *g* parecida a la del italiano *genere* o del francés *genre*, sonido completamente nuevo (por comodidad, podría escribirse LEYÉRE, con una -*y*- no muy distinta de la que suele oírse en la forma española *leyeron)*. Tampoco es difícil de entender el cambio de la palabra esdrújula *paríetem* a la palabra llana **pariétem:* es el cambio que hacen hoy quienes en vez de *Ilíada* dicen *Iliáda*. En **alécrem* y en **scribíre* —que se pronunciaba más bien SCRIVÍRE— hay cambios de vocal además del cambio de acento. El cambio *odorem* > **olorem* ya se ha visto (p. 25). En el caso de **cova* no hubo propiamente cambio de pronunciación, sino que se adoptó y sustantivó un adjetivo ya existente en latín arcaico, *cova* 'hueca'.

Me detendré en **domnu(m)* para llamar la atención sobre dos fenómenos. El primero se refiere al acento. El latín clásico, para decirlo a nuestra manera, era riquísimo en palabras esdrújulas, cuya penúltima sílaba (la que seguía a la acentuada) tenía una vocal "breve", de tan corta duración que llegó a ser imperceptible. El latín vulgar anuló esas sílabas penúltimas, y *dóminum* quedó en **domnu(m)*. La misma historia se nos muestra en **auca*, **fridu(m)*, **oclu(m)*, **oricla* y **vetlu(m)*. Se puede formular una "regla" según la cual las vocales penúltimas de los esdrújulos clásicos se volatilizan en el latín vulgar de España, y aún más en el de Francia (a "la tragedia de la penúltima" dedicó Mallarmé un poema en prosa). En cambio, la sílaba acentuada de esos esdrújulos clásicos fue prácticamente inmune al desgaste: hay voces que se desplomaron de tal modo que ahora, sobre todo en francés, no conservan sino una de sus tres o cuatro sílabas originales, y la parte vocálica de este monosílabo procede siempre de la sílaba acentuada *(avúnculus* > *oncle,* pronunciado ONKL). Obsérvese cómo en **fridu(m)* no sólo desapareció la vocal, sino también la consonante: la pronunciación *frigdu* o *friydu* resultaba insostenible. En el caso de **auca,* conviene notar que la palabra *ávica* (cuya *v* se pronunciaba como la *w* inglesa: ÁWICA) ha sido "reconstruida" a partir de **auca,* palabra que pasó de un significado amplio ('ave', o quizá 'ave de corral') a otro muy preciso: el de 'ganso' (o sea *oca),* a pesar de que el ganso tenía su nombre en latín: *ánser,* acusativo *ánserem.*

El otro fenómeno que se nos muestra en **domnu(m)* se refiere a la duración de las vocales. En latín clásico había diez vocales, cinco largas y cinco breves. Teóricamente, una larga duraba en su pronunciación el doble que una breve (si la larga se representa con una negra, la breve se representará con una corchea). El "ritmo" de la palabra *domare,* cuya sílaba *do-* es breve, no era como el de la palabra *donare,* cuya sílaba *do-* es larga. Y la diferencia de duración acarreaba una diferencia de timbre: las vocales breves se pronunciaban con la boca más abierta. Pero la oposición entre breves y largas, sobre la cual está fincada la prosodia del latín clásico, quedó sustituida en el latín hablado por la oposición entre sílabas acentuadas (largas o breves) y sílabas no acentuadas. El latín vulgar es ya una lengua "acentual". Mantuvo, sin embargo, la distinción entre vocales abiertas y vocales cerradas, particularmente en el caso de la *o* y de la *e.* La *i* breve de *dóminum* desapareció, como se ha visto, mientras que la *o,* breve también, no sólo se mantuvo por ser la acentuada, sino que "acentuó" su apertura hasta el grado de convertirse en diptongo; en el latín vulgar hispano **domnu(m)* se pronunciaba probablemente DUOMNU, o incluso DUONNU, que ya está cerca de *dueño.* (Como se verá después, pp. 125-126, la estabilización del diptongo *ue* fue lenta: *porta* vaciló entre *puorta* y *puarta* antes de quedarse en *puerta.)* Este como refuerzo de apertura sólo se dio en las vocales acentuadas. Es claro, por ejemplo, que en *domnu(m) Joanne(m)* y *domna Joanna* la *o* de *domn-* perdía el acento (con lo cual la palabra se convertía en un proclítico), y así el resultado no es *dueño Juan* y *dueña Juana,* sino *don Juan, doña Juana.* El resultado de **potére* no es *pueder* sino *poder;* pero el resultado de *potet* (3ª persona de presente indicativo) sí es *puede.* También es abierta y acentuada la *o* de **cova,* de **fortia* y de **jocum,* cuyos resultados tienen diptongo. En cambio, la *o* cerrada y acentuada nunca se diptongó: la palabra latina *dote(m)* sigue siendo *dote* en español.

Lo dicho para la *o* abierta vale también para la *e* abierta, sólo que aquí el resultado final fue el diptongo *ie: *vetlu(m)* se hizo *viejo* y el *caecu(m)* de **mure(m)* *caecu(m)* se volvió *ciego.* También *equa,* con su *e* breve y acentuada, se convirtió en *iegua,* o sea *yegua.* En cambio, la *e* de *plénum* es cerrada y se conservó sin alteraciones: *lleno.*

En la primera columna abundan los esdrújulos; en la tercera hay sólo dos, *pájaro* y *murciélago,* lo cual muestra gráficamente el papel "desesdrujulizador" que tuvo el latín vulgar. La palabra *pássar* es una de las condenadas por Probo: en latín "correcto" se decía *pásser.* Por otra parte, el acusativo clásico era *pásserem,* no **pássarum;* y además, *pásserem* era sólo el gorrión, mientras que *pássarum* vino a ser toda ave pequeña, todo *pájaro.* (Parecida es la historia de *ánsar.* "No se dice *ánsar,* sino *ánser",* clamaba Probo; pero el *ánsar* español viene del *ánsare(m)* latino vulgar.) La evolución de **pássarum* es anormal: como la penúltima vocal es breve, el producto español "debió" haber sido *pasro* (o *parro),* no *pájaro.* Es razonable decir que la conservación del esdrújulo obedeció a la influencia de los sufijos átonos que hemos considerado (p. 43) como fenómenos de sustrato prerromano: las palabras *bálago, gándara, sótano,* etc. denotan una tendencia esdrujulista capaz de evitar en algunos casos la "tragedia de la penúltima". El apoyo de esos sufijos prerromanos debe haber impedido que palabras como *cántharus, órphanus* y *vípera* dejaran de ser esdrújulas en el latín vulgar hispano: sus descendientes son *cántaro, huérfano* y *víbora.* Y en cuanto al otro esdrújulo de la tercera columna, o sea el correspondiente a **mure(m)* *caecu(m),* ya vimos que su terminación es típicamente "ibérica". (El resultado normal, *murciego,* se usó también en español antiguo, y en portugués se sigue diciendo *murcego.)*

Al desesdrujulizarse, la palabra **pigrítia* convirtió sus dos últimas sílabas, *ti* y *a,* en una sola, cuya pronunciación pasó de ´-*tia* a ´-*tsia:* PIGRITSIA. También **fortia, *matiana* y **tertiariu(m)* se pronunciaban FORTSIA, MATSIANA y TERTSIARIU. Este sonido t͡s no existía en latín clásico: fue adquisición del latín vulgar. Otra adquisición, la del sonido *ge* del italiano *genere,* ya ha quedado mencionada a propósito de **legére.* El nombre de Cicerón, *Ciceronem,* pronunciado KIKERÓNEM en latín clásico, tuvo suertes diversas en latín vulgar: en algunos lugares el resultado fue TSITSERONE, con un sonido *ts* parecido al de FORTSIA; en otros lugares el resultado fue CHICHERONE, con ese sonido CH tampoco conocido antes en latín. (El sonido *k* de las sílabas *ce* y *ci* no sobrevivió sino en Cerdeña.) Tampoco había *ll* en latín clásico. La tercera palabra de nuestra lista se pronunciaba *extól-lere,* con dos eles, o más bien con una ele prolongada, que en latín vulgar acabaría pronunciándose más o menos como esa elle "española" que en el idioma actual tiende a desaparecer, pues son minoría quienes —en el norte de España, en Bolivia y otras regiones sudamericanas— distinguen aún entre *cayo* y *callo,* entre *haya* y *halla.* El verbo *extóllere* desapareció, pero la doble ele de *callum* y *callem* se convirtió en la elle de *callo* y *calle.* Las palabras vulgares **caballu(m)* y **rotella* se parecen ya a *caballo* y *rodiella.*

En nuestra lista hay otras cuatro "fuentes" del sonido *ll: 1) *plicare* produjo *llegar,* tal como *pluvia* y *plorare* produjeron *lluvia* y *llorar; 2) *clamare* produjo *llamar,* tal como *clavem* produjo *llave* (y puede añadirse *flamma > llama); 3) *oclum* y **oricla* se pronunciaban aproximadamente OKLLU Y OREKLLA (el sonido *ll* no se conservó en este caso en español, pero sí en portugués); *4) *muliere(m)* y **tripaliare* seguramente se pronunciaban ya en latín vulgar MULLERE Y TREPALLARE O TREBALLARE (también esta elle se conserva en portugués). La entrada de *ñ,* otro sonido inventado por el latín vulgar, tiene una historia parecida. Así como *cabal-lu* se pronunció *caballo,* así **nin-nu* se pronunció *niñu;* y así como la pronunciación de *muliere* estaba ya cerca de la de *muller,* así la de **vinia* y **ordiniare* debe haber andado ya cerca de la de *viña* y *ordeñar.*

El verbo **comédere* no es creación del latín vulgar: existía ya en latín clásico al lado de la forma simple *édere,* cuyo resultado normal hubiera sido un imposible verbo *er;* la carga significativa recayó, pues, sobre el prefijo *com-* (y *comédere* acabó por pronunciarse *comere*). Otras veces fueron los sufijos los que sirvieron de refuerzo: **aviola* y **tertiariu(m),* por ejemplo, muestran la adición de los sufijos *-ola* y *-ariu.* El sufijo de diminutivo *-ulus*, *-ula* que se ve en la palabra *rótula* (literalmente 'rue-decilla') dejó de ser productivo: en latín clásico, *vétulus* y *aurícula* eran diminutivos de *vetus* y *auris*, o sea que significaban 'viejecito' y 'orejita', pero en latín vulgar significaban simplemente 'viejo' y 'oreja'. (También *oveja*, *canijo*, *aguja* y muchas otras voces españolas proceden de diminutivos en *-ulus*, *-ula* que perdieron su fuerza de significación.) El sufijo de diminutivo que prosperó en latín vulgar fue *-ellus*, *-ella*: en vez de *rótula* se dijo **rotella*. (En tiempos de Probo se diría normalmente *passarellu*, donde ya aleteaba nuestro *pajarillo*.)

Al lado de las palabras del latín clásico que, con transformaciones como las que acaban de verse, siguieron vivas en el latín vulgar, hay en nuestra lista muchas que desaparecieron y fueron sustituidas por otras. Las transformaciones obedecen por lo común a "reglas" fáciles de formular, y así, generalizando, decimos que todas las sílabas *ce/ci* y *ge/gi* del latín clásico cambiaron de pronunciación en el vulgar, o que la *t* se hizo *d* en casos como *mutare* y *patrem* *(*mudare, padre)*, pero tuvo otra suerte cuando estaba seguida de *i* átona, como en **fortia* (FORTSIA), y hasta podemos asegurar que **póssaru* "debió" haberse transformado en *pasro* (o *parro*) y que **mure caecu* "debió" haberse quedado en *murciego*. En cambio, es imposible reducir a "reglas" el fenómeno de la desaparición de palabras y su sustitución por otras que antes no existían, o existían pero significaban algo distinto. Se trata de episodios aislados, impredecibles, sin conexión entre unos y otros. Pero podemos vislumbrar ciertas tendencias. Por ejemplo, en la creación de **altiare* y **fortia* (y en la consiguiente desaparición de *extóllere* y de *vis*) tiene que haber contado poderosamente la conveniencia de vincular ese verbo y ese sustantivo con los sólidos adjetivos *altus* 'alto' y *fortis* 'fuerte'. Pero ¿cómo explicar la aparición de **spatha?* ¿Esnobismo de los militares? La palabra *spatha* se tomó del griego, donde significaba 'pala' y también 'espada', aunque no cualquiera, sino 'la ancha y larga' como pala. En todo caso, el fenómeno que nos interesa aquí no es la simple adquisición de una palabra, puesto que todo vocabulario está en continuo proceso de crecimiento, sino el hecho de que esa *spatha* recién llegada haya dejado fuera de combate a los clásicos *gladius* y *ensis* y haya quedado en toda la Romania como *la* designación general de 'la espada' (cualquiera: también la no larga ni ancha).

En algunos casos tiene que haber habido inicialmente una intención irónica o humorística. En vez de *domus mea* 'mi casa', dio en decirse *mea casa* ('mi cabaña' ('mi bohío', 'mi jacalito', 'mi humilde morada'), aunque fuera una casa hecha y derecha. En vez de *caput tuum* 'tu cabeza', dio en decirse *tua testa* 'tu cacharro' ('el pedazo de olla o de maceta que pareces tener donde los demás tenemos la cabeza'). No deja de ser curioso que *testa* haya quedado como la designación normal de 'la cabeza' en casi toda la Romania: italiano *testa*, francés *tête*, etc. En español arcaico se dijo *tiesta* además de *cabeça* (que no viene del clásico *caput*, sino del vulgar *capitia*). De la misma manera, al principio *fabulare* era 'decir boberías o patrañas', 'parlotear'; *caballus* era el 'penco', el 'matalote'; y *rostrum* era 'el pico' de un ave, 'el hocico' de un cerdo.

Además de la intención chistosa —parecida a la de *testa* 'cabeza'—, puede descubrirse en *rostrum* uno como afán de precisión o de énfasis: el pico de un pájaro y el hocico de un puerco son 'rostros' en forma "prominente". Hay varios casos así en nuestra lista. Es razonable decir que la palabra *vota* suplantó a *nuptiae* porque el aspecto más sobresaliente de una boda son los compromisos que contraen los novios: *vota* acabó por significar 'la boda', pero en latín clásico significaba sólo 'las promesas' (cualesquier promesas). Para el concepto de 'llegar' se adoptó el verbo *plicare*, mucho más concreto y dramático que el neutral *pervenire* (compuesto de *venire): plicare* significaba propiamente 'arribar (por fin) a puerto', 'atracar'. Y *clamare* no era un 'llamar' así como así, sino un 'llamar a grito pelado'; *pitaccium* —palabra tomada del griego— no era *fragmentum* de algo, sino la 'tira que sobra', el 'colgajo'; *praecun(c)tare* —forma "incorrecta" que tomó el verbo clásico *percontari*— no era simplemente 'preguntar', sino 'someter a interrogatorio' como en una averiguación judicial; *serare* no era 'cerrar' de cualquier modo, sino con *sera*, o sea con 'cerrojo'; *rugitus* no era un genérico 'ruido', sino el ruido más impresionante, el que hiela la sangre, el 'rugido' del león; *quaerere* (pronunciado CUÉRERE, y luego KERÉRE) no era un simple 'querer algo', sino 'hacer indagaciones o búsquedas' para lograrlo. Una sustitución pintoresca es la de *invenire* por *afflare*, verbo que al principio denotaba el 'resoplar del perro al dar con la presa', un 'hallar' sobresaliente, ruidosamente expresivo. (El perro, viejo compañero del hombre, influyó también en la creación de los verbos *regañar* y *engañar*. El verbo *gannire*, que dio *gañir* en español, significaba en latín no sólo 'ladrar', sino también 'refunfuñar'. Para explicar la forma *regañar*, que originalmente significaba 'mostrar los dientes' en señal de enojo, hay que postular un verbo latino-vulgar *reganniare*, hecho a base de *gannire*. La forma *ingannare*, también procedente de *gannire*, y también hipotética, significaría primero 'ladrar', luego 'echar pullas', y finalmente 'burlar', 'engañar'.)

Las palabras *padre, madre, abuelo* y *abuela* son normales en todo el dominio actual de la lengua española. Hay, sin embargo, zonas —geográficas o sociales— en que es "más normal" sustituirlas por *papá, mamá, abuelito* y *abuelita*, al grado de sentirse malsonantes por duras (por carentes de matiz afectivo) las cuatro primeras. Así, la gente de Hispania se acostumbró a llamar *aviola* ('abuelita') a la *avia* ('abuela'), de tal modo que *avia* desapareció, cayó en desuso. De tanto imitar, al hablar con el niño pequeño, los balbuceos del propio niño —su *ne-ne*, su *ñe-ñe*, etc.—, se olvidó por completo la palabra clásica *puer*: el nombre del niño pasó a ser *ninnu(m)*. Así también, *cordáriu(m)* no fue al principio cualquier cordero, sino 'el tardío' (el más provocador de ternura), ni *jocu(m)* cualquier juego, sino el que consiste en 'broma', en 'chiste'. La palabra *germanu(m)* era al principio un adjetivo que significaba 'auténtico, verdadero'; *frater germanus* era el 'hermano genuino' (no el medio hermano, no el hermanastro); pero el adjetivo se sustantivó, y *germanu* y *germana* acabaron por no significar en Hispania otra cosa que 'hermano' y 'hermana': *frater* y *soror* quedaron en olvido, mientras que en Italia siguen viviendo en las formas *fratello* y *sorella*. (La h- de *hermano* es adventicia y nunca se pronunció; en la Edad Media se escribía *ermano*; en portugués es *irmão*.)

He aquí, por último, otros tres casos curiosos. El verbo *ordiniare* fue, a todas luces, invento de los ordeñadores, pues sólo para ellos podía ser

significativo el 'llevar el orden' de las cabras o vacas ordeñadas; el caso
es que la gente fue olvidando el clásico verbo *mulgere* en favor del "tecnicismo" *ordiniare*. (El viejo *mulgere* subsiste en el portugués *mungir*
y en el asturiano *esmucir*.) El verbo *tripaliare*, por su parte, tiene que
haber sido invento de los trabajadores, en una época en que todos los
trabajos duros eran realizados por inmensas muchedumbres de esclavos. El *tripalium* era un cepo o instrumento de castigo para esclavos
insumisos, hecho de tres palos, como su nombre lo indica, y *tripaliare*
era 'padecer el tormento del *tripalium*'. Pero, aun no castigados en el
cepo, la vida de los esclavos era una tortura, y así *tripaliare* acabó por
significar lo que en latín clásico era *laborare:* 'trabajar'. (Entre *tripaliare*
y el moderno *trabajar* hay que situar una forma intermedia, *treballar*.)
El verbo *tripaliare* se dijo en todo el imperio romano, al lado de *laborare*.
Pero *labrar*, descendiente español de *laborare*, no significó ya 'trabajar',
sino 'arar' (trabajo masculino prototípico) y 'bordar' (trabajo femenino
prototípico). Finalmente, la palabra *matiana* nos muestra un fenómeno
que parece más propio de los imperios mercantiles modernos que del
viejo imperio romano. El nombre de la manzana era *malum*, pero un tratadista de agricultura, Caius Matius, contemporáneo de Cicerón, dio
prestigio a cierto tipo de *malum* que en honor suyo —y quizá por razones
de propaganda o mercadotecnia— se llamó *matianum:* los *mala matiana (mala* es plural de *malum)* eran al principio las manzanas "por excelencia", y acabaron por ser cualesquier manzanas. La pronunciación
del latín vulgar, MATSIANA, era ya casi la de *maçana*, como se decía en
español arcaico. (De manera no muy distinta, hacia 1930, todo gramófo-
no o tocadiscos se llama *victrola:* originalmente, *Victrola* sólo había sido
una de las varias marcas de gramófonos.)

   En toda esta serie de sustituciones que hemos visto, desde *altiare* y
fortia hasta *tripaliare* y *matiana,* hay un rasgo común: una como necesidad de mayor énfasis, de mayor expresividad. Brotan nuevas palabras
porque las anteriores se sienten demasiado pálidas o neutrales: *pitaccium* es mucho más enfático que *fragmentum*, y *plicare* mucho más
expresivo que *pervenire*. Pero, a la larga, lo que fue novedoso acaba por
hacerse neutral a su vez; si toda una sociedad acoge la innovación, ésta

"se lexicaliza", pasa a formar parte del léxico o diccionario común de la lengua. En los últimos años del latín, iniciada ya la llamada alta Edad Media, se difundió la leyenda de san Martín de Tours, el que partió en dos su capa (*cappa* en latín vulgar) y le dio la mitad a un pobre desnudo que resultó ser nada menos que Cristo; comenzaron entonces a levantarse, primero en Francia y luego en el resto de la cristiandad, iglesitas y más iglesitas, cada una de las cuales alardeaba de poseer la *cappella* o media capa *(cappella* es el diminutivo de *cappa)* con que el santo había remediado la desnudez de Cristo: tal es el origen de la palabra *capilla.* Pero al cabo de poco tiempo dejó de haber asociación entre una capilla y san Martín, como dejó de haberla muy pronto entre la manzana y el oscuro Caius Matius. (El primero que habló de un cielo *encapotado,* imaginó el cielo como una cara grandiosa cubierta con un gigantesco capote de nubes. Hoy, el adjetivo *encapotado* ha perdido toda expresividad; y además, los capotes se van haciendo raros.)

Veamos ahora algunos cambios morfológicos, comenzando con las formas verbales. El verbo latino clásico era una parte de la oración muy compleja, muy abundante en formas. En primer lugar, las conjugaciones no eran tres, como en español, sino cuatro, cada una con sus muchos tiempos verbales, marcados por sus respectivas desinencias. Y había desinencias no sólo para la voz activa, sino también para la voz pasiva: *amamus* 'amamos', pero *amámur* 'somos amados'. Más aún: había una tercera voz, llamada "deponente", pasiva por su forma y activa por su significado: pese a su desinencia -*ur* (de voz pasiva), *útimur* no quiere decir 'somos utilizados', sino 'utilizamos'. El latín vulgar eliminó mucha de esa superabundancia y simplificó enormemente la maquinaria del verbo. Los gramáticos, como Probo, tuvieron amplia materia para sus censuras. Imaginemos que, en vez de "yo quepo, tú cabes…" y de "yo cupe, tú cupiste…", muchos hablantes adultos dijeran en nuestros días "yo cabo, tu cabes…" y "yo cabí, tú cabiste…", que es como dicen constantemente los niños en todo el mundo hispánico. Los gramáticos pondrían el grito en el cielo. Bien visto, las formas *yo cabo* y *yo cabí* son las preferibles: satisfacen ese como apetito de claridad, simplicidad, regularidad y lógica, tan trabado con lo que llamaríamos instinto lingüístico. Los niños tienen razón. Sus padres y maestros, que hasta ahora hemos impedido que *yo cabo* y *yo cabí* se generalicen, estamos atentando contra la realidad lingüística en nombre de otra cosa, que llamamos "educación". Pues bien: lo que nos muestra el latín vulgar es que la masa de los hablantes carecía colosalmente de "educación"; sus masivas "incorrecciones" invadían de tal manera el campo todo del verbo (habría que imaginar mil casos análogos al de *yo cabo*), que al fin la estructura clásica se vino al suelo. Pese a los clamores de los gramáticos, muchos verbos alteraron hasta la forma del infinitivo: *audere* se hizo **ausare, posse* se hizo **potere, uti* se hizo **usare* (y *útimur* fue sustituido por *usamus*, etc.). Desaparecieron del todo las flexiones de la voz pasiva (y de la deponente). Sólo se salvaron, y no en su totalidad, las desinencias verbales —modo, tiempo, número, persona— de la voz activa. En español, son apenas siete las formas que continúan las del latín clásico: *canto, canté, cantaba, cante, cantara, cantase* y *cantare* (y esta última, futuro de subjuntivo, de hecho ya es una forma muerta). Todas las otras proceden de las "incorrecciones" del latín vulgar. Por ejemplo, *cantaré* viene de la forma compuesta *cantare habeo*, literalmente 'cantar tengo', o sea 'tengo que cantar'. (Todavía en el siglo XVI se sentía *cantaré* como forma compuesta, separable en sus dos elementos: *cantar + he*, del verbo *haber*. Se decía normalmente "cantarte *he* una copla".) Otras flexiones verbales del latín clásico se sustituyeron con el verbo *habere* + participio pasivo: en vez de *cantáveram* se dijo **habeba(m) cantatu(m)*, literalmente 'tenía cantado'. Al mismo tiempo, el verbo *esse* 'ser' + participio se encargó de sustituir todas las desinencias de la voz pasiva: en vez de *amábar* se dijo *era(m) amatu(m)* 'yo era amado', etc. Por otra parte, en la mayor parte de Hispania quedó completamente desmantelada la tercera de las cuatro conjugaciones clásicas, cuyos verbos pasaron a la segunda *(légere > *leyére)* o a la cuarta *(scríbere > *scribíre)*.

Las flexiones nominales del latín clásico corrieron en el latín vulgar una suerte peor aún que las flexiones verbales. O, para decirlo desde un punto de vista positivo, los escolares de habla española que hoy sufren el "tripalium" del aprendizaje de nuestras tres conjugaciones (y de los complicados verbos irregulares) debieran agradecerle al latín vulgar el haber casi arrasado con las cinco declinaciones clásicas de los sustantivos y adjetivos, cada una con seis y hasta siete "casos" del singular y otros tantos del plural, y una de ellas, la tercera, plagada de endiabladas variantes y excepciones. Las únicas desinencias que se salvaron fueron las de género y número.

Uno de los rasgos característicos del latín vulgar es su tendencia a decir analíticamente (en dos o más palabras) lo que el latín clásico decía sintéticamente (en una sola). Cicerón habría sonreído si alguna vez hubiera oído *olorem de rosa* en vez de *odorem rosae*. Para él, la función de genitivo estaba englobada en la desinencia -*ae*. En latín clásico, la simple -*e* de *íntegre* ya denotaba que la palabra era adverbio y no adjetivo. Así también, el -*íssimus* de *altíssimus* y el ´-*ior* de *púlchrior* ya indicaban, respectivamente, grado superlativo y grado comparativo. En todos estos casos el latín vulgar tomó la vía analítica: *olore(m) de illa rosa*, *intégra mente* (o sea 'con intención entera'), *multu(m) altu(m)*, *magis formosu(m)*. (También en latín clásico existía *formosus* 'hermoso', pero el comparativo era, por supuesto, *formósior*.)*

---

* El latín vulgar no mantuvo con vida más que dos parejas de comparativos "sintéticos": *melior/peior* y *maior/minor* —o sea *meliore(m)/peiore(m)*, etc.—, que hasta la fecha no han perdido su fuerza: ser una cosa "*mayor* que" otra ha sido y sigue siendo lo mismo que ser *más grande*, etc. Las parejas *anterior/posterior*, *interior /exterior* y *superior/inferior*, que murieron en latín vulgar, resucitaron con su plena forma latina en época relativamente moderna, pero con su fuerza comparativa bastante atenuada: no sólo no decimos que una cosa es o está "interior *que*" otra, sino que suelen oírse y leerse expresiones como "*más* interior" o "*muy* superior", inadmisibles para un gramático estricto, ya que, siendo *interior* 'más interno' y *superior* 'más alto', sería disparate decir 'más más-interno' y "muy más-alto". Es verdad que también *mejor/peor* y *mayor/menor* se usan a veces "incorrectamente" en el nivel popular o coloquial: no es raro oír que una cosa es "*más* mejor" que otra, o que fulano es "*muy* mayor" (ya Gonzalo de Berceo, en el siglo XIII, escribía *más mejor*). — Algunos comparativos clásicos se sustantivaron en latín vulgar y medieval: de *seniore(m)* 'más anciano' viene *señor*; de *priore(m)* 'más delantero' viene *prior*.

También fue tardía la readopción del -*ísimo* de nuestros superlativos sintéticos. En ellos se mantiene firme la fuerza superlativa: cuando oímos que algo es "*muy* sabrosísimo" o "*tan* altísimo", sabemos que se trata de expresiones anormales (exageraciones momentáneas). Lo mismo hay que decir de los pocos terminados en -*érrimo*, como *pulquérrimo* (latín clásico *pulchérrimus* 'hermosísimo', correspondiente al comparativo *púlchrior*). Otros superlativos clásicos de adopción reciente son *ínfimus*, *íntimus*, *máximus/mínimus* y *óptimus/péssimus* (correspondientes a los comparativos *inferior*, *interior*, *maior/minor*

A propósito de *magis formosu(m)*, no estará de más recordar que nuestra lista recoge de preferencia los fenómenos ocurridos en Hispania. No en todas las regiones del imperio tuvieron éxito las mismas "incorrecciones". En todas partes se dijo *caballu(m)* en vez de *equus* y *oricla* en vez de *auris*, pero no en todas partes se impusieron *comédere* y *matiana*, por ejemplo. El italiano *nozze* y el francés *noces* muestran que no en todas partes desapareció *nuptiae* en favor de *vota*. Además, el auge arrollador del latín vulgar, aquello que hizo que las "incorrecciones" se convirtieran en "lo normal", contra la "norma" purista e inane de los gramáticos, coincide con esos siglos de inmensa conmoción política y social que presenciaron el resquebrajamiento y final colapso del imperio romano de Occidente. Roma fue haciéndose cada vez más impotente para afirmar su dominio en zonas ya ocupadas por los pueblos del norte, y la "norma" del latín hablado en la Urbe fue alejándose cada vez más de los usos de las Galias, de Panonia, de África, de Hispania, etc. En otras palabras: no hubo *un* latín vulgar, sino muchos. El latín de Italia mantuvo con el de la mitad meridional de Francia una relación más estrecha que con el de ninguna otra zona del imperio. Algunos han calificado este latín franco-italiano de "menos rústico" o "más metropolitano" que el de las demás zonas. Lo cierto es que la idea de 'más hermoso', en el latín vulgar de Italia y Francia, no se expresó con las palabras *magis formosu(m)*, sino con otras muy distintas: *plus bellus* (italiano *più bello*, francés *plus beau*). En la preferencia por *magis formosu(m)* nos acompaña el rumano *(mai frumós)*. En la preferencia por *quaérere* nos acompaña el sardo, donde existe la arcaica forma *kérrere* (en cambio, italiano *volere*, francés *vouloir*). En la preferencia por *afflare* nos acompañan el dálmata *aflar* y el rumano *afla* (el latín franco-italiano adoptó una expresión más intelectual, *tropare*, de donde vienen *trovare* y *trouver*). Y en la preferencia por *fabulare* —o quizá más bien *fabellare*— nos acompaña, inesperadamente, el romanche, donde

---

y *melior/peior*). Algunos de ellos tienden a perder su fuerza superlativa: aunque los gramáticos pongan el grito en el cielo, son normales las expresiones "*muy* íntimo" y "el *más* mínimo detalle".

'hablar' se dice *favler* (el latín franco-italiano prefirió *parabolare*, de donde proceden *parlare* y *parler*).

Una última observación sobre el orden de las palabras dentro de la frase. En esto hubo siempre una gran distancia entre el latín literario y el latín coloquial. En el primero abunda el hipérbaton, o sea la interposición de material lingüístico entre dos términos relacionados por el sentido y la concordancia (caricaturescamente "en *una* de fregar cayó *caldera*" en vez de "cayó en una caldera de fregar"). Traducir a cualquier lengua moderna, no digamos a poetas como Virgilio y Horacio, sino a prosistas como Cicerón y Tácito, supone un previo esfuerzo (o un hábito) de reacomodo de las palabras. En el hermoso verso de Virgilio, "silvestrem tenui musam meditaris avena", están entreveradas una con otra las expresiones *silvestrem musam*, 'la musa que vive en los bosques', y *tenui avena*, 'con una delgada flauta'. El latín coloquial nunca conoció esa refinada anarquía, y escritos tardíos como la regla monástica de san Benito (siglo VI) abandonan casi del todo los saltos sintácticos y reproducen ya, evidentemente, el orden llano que se usaba en la lengua hablada. La regla de san Benito dice, por ejemplo: "Ad portam monasterii ponatur senex sapiens, qui sciat accipere responsum et réddere, et cujus maturitas eum non sinat vagari". Añadiendo artículos y preposiciones donde hacen falta, esta oración puede traducirse palabra por palabra al español actual: "A la puerta del monasterio póngase un anciano sabio, que sepa recibir recados y darlos, y cuya madurez no lo deje divagar". La única alteración en el orden de las palabras es la del final, *eum non sinat* (primero el pronombre *eum* y luego la negación), traducido por *no lo deje* (primero la negación); pero en español antiguo se decía *"lo non* dexe".

LENGUA CULTA, LENGUA VULGAR Y LENGUA SEMICULTA

No hay que olvidar, sin embargo, que la regla de san Benito es un texto culto. Por más que su construcción o sintaxis se haya simplificado, los materiales de la construcción no están tomados de labios de la gente italiana del siglo vi, sino de la tradición escrita. Comparado con la lengua hablada en ese siglo, el latín de san Benito es muchísimo más artificial que el lenguaje jurídico de hoy en comparación con el español común y corriente. Un reglamento persigue —o finge perseguir— la claridad, pero también la permanencia; por eso evita el terreno movedizo y fluctuante del lenguaje hablado y se refugia —o pretende refugiarse— en una sintaxis y hasta un vocabulario más "hechos", más "consagrados", o sea más tiesos y académicos. (Por ejemplo, en los textos jurídicos de hoy persiste ese futuro de subjuntivo, "el que *impidiere* u *obstaculizare...*", que nadie en su sano juicio emplearía al hablar. Y aunque desde hace siglos todo el mundo dice *hoja,* sin pronunciar la *h-,* en el petrificado lenguaje notarial persiste el arcaísmo *foja.)* Cualquiera entiende la distancia que media entre todo lenguaje técnico y el habla de la gente, pero esa distancia está exageradísima en el latín de san Benito. Las palabras que se han leído siguen aferradas a unas normas de corrección que en esa época no practicaban sino quienes sabían leer y escribir. Comenzando con la palabra *porta* (siendo así que la gente decía *puorta),* todo ese latín es lenguaje escrito: subsiste la voz pasiva, que ya nadie usaba (en vez de *ponatur* 'sea puesto' se decía *sit pósitum,* o más bien algo como *sía postu),* y subsiste también la voz deponente, que hacía mucho había quedado asimilada a la activa (no se decía ya *vagari,* sino *vagare).*

Ahora bien, en esos años en que la unidad lingüística del antiguo imperio romano está en pleno colapso, quienes saben leer y escribir son una minoría cada vez más pequeña —justamente la minoría cuyo ser y quehacer está instituyendo la regla de san Benito, fundador del monasticismo occidental. La escisión entre cultura "superior" y cultura popular, que en el siglo iii equivalía *grosso modo* a la escisión entre patricios paganos y plebeyos cristianos (el cristianismo, "religión de esclavos"), se ha intensificado ahora, sólo que ahora los términos son otros. Los mantenedores de la integridad y la unidad del latín en sus formas escritas van a ser los monjes, mientras las masas populares de los países románicos hablan una lengua cada vez más alejada de la gramática y el vocabulario "correctos". Más de un siglo antes de san Benito, una mujer llamada Egeria (¿o Eteria?), quizá española, escribió un relato del viaje que hizo a los santos lugares de Palestina, en una lengua que retrata infinitamente mejor que la de san Benito la realidad de su tiempo: en la *Peregrinación* de Egeria (fines del siglo IV) hay formas ya inequívocamente españolas, como *tenere consuetúdinem* 'tener costumbre' y *subire montem* 'subir un monte'. En tiempos de san Benito, los rasgos del protoitaliano, el protofrancés, el protoespañol, etc., estaban más acusados que en tiempos de Eteria, pero él escribe un latín al margen de la realidad y la actualidad, un latín radicalmente conservador.

Hay que agregar que el cristianismo, como el judaísmo —y el islamismo más tarde—, fue una "religión del libro": en él, los textos escritos tuvieron un peso incalculablemente mayor que en la religión grecorromana (la cual nunca tuvo "credos" ni "catecismos", y desde los orígenes prehistóricos hasta los primeros siglos de nuestra era había estado en continua transformación). A la fuerza frenadora de lo gramatical se añadió la fuerza inmovilizadora de lo sagrado, de lo sacramental. El latín eclesiástico, ejemplificado por la regla de san Benito, pudo así mantenerse como un bloque de cemento a lo largo de la Edad Media, mientras fuera de las escuelas monásticas y catedralicias la gente hablaba una lengua cada vez más diversificada. También hay que añadir la fuerza paralizadora de lo jurídico: otra de las zonas de conservación o estancamiento del latín son los documentos notariales de la Edad Media.

El latín cristiano recibió una nueva avalancha de voces tomadas del griego: *evangélium, ángelus, propheta, apóstolus, mártyr, epíscopus, diáconus, ecclesia, basílica, baptizare,* etc., etc. Dado el estado de desgaste o evolución de la lengua hablada, estos extranjerismos resultaban difíciles de pronunciar. De manera espontánea e inconsciente, al asimilar esas voces tan usadas en la nueva religión, el pueblo hacía por adaptarlas a los moldes del latín vulgar, del latín cotidiano (muchas de ellas son esdrújulas, y en latín vulgar, como se ha visto, desaparecen las vocales o sílabas penúltimas de los esdrújulos). Pero la adaptación a los moldes familiares estuvo frenada en estos casos por los encargados de mantener la doctrina —o sea, a partir de san Benito, por los monjes, esos hombres que durante siglos fueron de hecho los únicos que, en el Occidente europeo, conservaron el hábito de leer y escribir. Los monjes, lectores de los monumentos latinos del pasado, pronunciaban las nuevas palabras grecolatinas "con todas sus letras", tales como constaban en textos que el vulgo no leía. Y, como la enseñanza religiosa era la única que se impartía en forma organizada a todo el pueblo, el resultado fue que esas palabras, controladas por los rectores de la cultura, no se romancearon como las demás, o se romancearon de manera incompleta.

Buen ejemplo de esto es la palabra *monasterium* (esdrújula: *monastéri-um*), transplante latino del *monastérion* griego. Podría pensarse que *monasterium* no ofrecía dificultad de asimilación, pues existía una palabra casi igual, y además cien por ciento latina, *ministerium*, que significaba 'oficio' u 'obligación'. Sólo que el vulgo, en la Hispania cristiana, no pronunciaba ya *ministerium*, sino algo que se iba pareciendo a *menester* y a *mester*. De haber quedado sin control, abandonada a la espontaneidad de los hablantes, seguramente la palabra *monasterium* estaría hoy convertida en algo como *moster*. Pero el monje no sólo leía en la quietud de su celda frases como la antes citada, "Ad portam monasterii...", sino que al dirigirse al pueblo, al enseñar, decía también *monasteriu(m)*, y fue esta forma latinizante, producto de cultura, la que acabó por imponerse. (Un pequeño avance de vulgarización, *monesterio*, como se dijo en la Edad Media, no pasó más allá del siglo XVI.)

Por otra parte, los mismos que mantuvieron la palabra *monasteriu(m)* reintrodujeron también en su integridad latina la palabra *ministeriu(m)*, aplicada al 'oficio' u 'obligación' de los eclesiásticos, y así *ministerio* recobró vida en su esfera religiosa y culta, al mismo tiempo que *menester* y *mester* vivían en sus otras esferas.

La palabra *monasterio* y la palabra *ministerio* son "cultismos", simples adaptaciones de las voces latino-eclesiásticas, algo así como plantas de invernadero. Las palabras *menester* y *mester* son "vulgarismos", descendientes de *ministerium* pulidos durante siglos a fuerza de vida auténtica: plantas naturales, criadas fuera del invernadero. La palabra *llantén*, nombre precisamente de una planta muy vivaz y no cultivada por nadie, es un vulgarismo típico, y tan resistente como la planta misma. A partir de *plantáginem* (pronunciado PLANTÁGUINEM en latín clásico) se fue transformando durante siglos por el simple hecho de estar viva en labios de la gente: PLANTÁYINE, PLANTAINE, LLANTAINE (para el cambio *pl-* > *ll-* recordemos *plicare* > *llegar*), LLANTÁIN, *llantén* —y finalmente YANTÉN (que es como yo y la mayoría de los hispanohablantes decimos, aunque sigamos escribiendo *llantén*). En cambio, la palabra *vorágine* es un cultismo típico: se tomó directamente del latín en época moderna. En latín clásico, *plantáginem* y *voráginem* eran voces morfológicamente idénticas. Si hubieran seguido así —esto es, si *voráginem* hubiera seguido en uso constante—, hoy diríamos de seguro *vorén* o *borén* (como *llantén*), y *vorágine* nos sería tan ajena como *plantágine*. La palabra *voráginem* careció de "romanceamiento". Y el patrimonio de la lengua española, su caudal básico, está constituido por las voces del latín que se romancearon, o sea por los vulgarismos. Los cultismos son adición, acrecentamiento.

Cultismo y vulgarismo, por lo demás, no son sino la expresión lingüística de la milenaria antinomia entre arte y naturaleza, entre artificio y naturalidad. Idealmente, lo que hace el arte es imponerse a la vida bruta, refinar al hombre, civilizarlo (Apolo triunfante de la serpiente Pitón). Idealmente, también, lo que hace la naturaleza es reafirmar una y otra vez la primacía de la vida (revoluciones culturales que, contra los privilegios asumidos por el arte, reivindican la excelencia de lo natural). De hecho, aquí la antinomia arte/naturaleza —o innovación/tradición, como podría también decirse— acaba siempre por resolverse en una especie de equilibrio. El caudal básico de palabras "naturales" (como *llantén*) coexiste en nuestra lengua con las muchas palabras "de arte" que se le han ido añadiendo (como *vorágine*).

Desde los tiempos del latín vulgar o protorromance hasta el día de hoy, en efecto, los cultismos de origen latino clásico han sido un injerto constante. Aparecen ya en los primeros documentos escritos, y no dejan de entrar más y más. La lista de las pp. 59-61 muestra en su primera columna más de medio centenar de palabras clásicas abandonadas o "deformadas" por la lengua vulgar. De no haber sido por los sucesivos injertos latinizantes, todas ellas serían hoy incomprensibles para un hispanohablante. Pero es claro que cualquier lector, sin necesidad de haber aprendido latín, puede entender la mayor parte de ellas. Allí están *frígido, íntegro, aurícula, fragmento, interrogar, estrépito, laborar, nupcias,* cultismos adoptados en época moderna —generalmente a partir del siglo XVI—, pero que han acabado por formar cuerpo con las voces romanceadas, las patrimoniales, las que siempre se dijeron. Allí están también *vespertilio* y *pigricia,* de poco uso, pero que figuran en los diccionarios. Allí está *altísimo,* con esa desinencia de superlativo que el latín vulgar abandonó y que el español (a diferencia del francés) ha vuelto a poner en plena actividad. Allí, finalmente, hay un buen número de voces no readoptadas en sí, pero reconocibles por otras de la misma familia: no decimos *invenir,* pero sí *invención;* no decimos *mutar,* pero conocemos *conmutar; parietem* nos hace pensar en *parietal; equus,* en *equitación; frater* y *puer,* en *fraternal* y *pueril.* Los dos nombres de la espada vencidos por **spatha* son reconocibles en palabras botánicas que se refieren a hojas en forma de espada: *ensiforme, gladio, gladíolo.* La forma *álacrem,* desterrada por **alécre(m),* subsiste en *alacridad.* Desapareció *dóminum,* pero decimos *dominio* y *dominar;* desaparecieron *óculum* y *loqui,* pero decimos *oculista* y *elocuencia.* Etc., etcétera.

Todas estas formas, desde *frígido* hasta *elocuencia,* son cultismos. Palabras tan corrientes como *simular* y *ferroviario,* como *exhibición* y *contemporáneo,* o como *ánimas del purgatorio,* son cultismos puros, voces latinas no cocinadas por el romanceamiento. Si entraron y siguen entrando en la lengua es porque sirven, porque son precisas. Cuando hizo falta palabra para designar el cultivo de la vid, se acudió al latín, y con *vitis* 'vid' y *cultura* 'cultivo' se formó *viticultura.* Cuando hizo falta adjetivo para describir figuras parecidas a la del huevo, no se partió de *huevo,* sino del latín *ovum,* y se acuñó *oval.* No se dice *tiniebloso,* sino *tenebroso,* latín *tenebrosus;* no se dice *sueñiaportador,* sino *somnífero,* latín *somníferum.* (Como el latín siguió siendo la "lengua de cultura" por excelencia hasta bien entrada la Edad Moderna, estas palabras suelen pertenecer al vocabulario internacional. En la mayor parte de los casos, no fue el español la lengua en que por primera vez recobraron vida.)

Al introducirse el cultismo *ministerio* ya existía en el latín hablado, como hemos visto, una forma "vulgar" (algo así como *menesteru)* de donde proceden *menester* y *mester*. Pero el cultismo se generalizó, y vino así a formar una especie de duplicado con el vulgarismo: su "doblete" culto. Una ojeada a estos "dobletes" cultos, aunque sea somera, nos enseña mucho acerca de algo tan esencial en la historia de nuestra lengua como es su relación con el latín. En la siguiente lista hay primero una serie de palabras: *artículo, atónito...*, etc., todas ellas (salvo *pigricia*) bien conocidas de los lectores, esto es, parte normal de la lengua, y todas ellas cultismos introducidos tardíamente, esto es, dobletes de otros tantos vulgarismos. En seguida, entre paréntesis, va la respectiva palabra latina y su descendiente "auténtico", o sea el vulgarismo, la voz madurada dentro de la lengua española a lo largo del tiempo:

artículo (artículus > *artejo*)
atónito (attónitus > *atuendo*)
aurícula (aurícula > *oreja*)
cálido (cálidus > *caldo*)
capital (capitalis > *caudal*)
cátedra (cáthedra > *cadera*)
cauda (cauda > *cola*)
clavícula (clavícula > *clavija*)
colocar (col-locare > *colgar*)
computar (computare > *contar*)
comunicar (com-municare > *comulgar*)
delicado (delicatus > *delgado*)
espátula (spátula > *espalda*)
estuario (aestuarium > *estero*)
estricto (strictus > *estrecho*)
famélico (famélicus > *hamelgo*)
fibra (fibra > *hebra*)

fláccido (fláccidus > *lacio*)
frígido (frígidus > *frío*)
gema (gemma > *yema*)
íntegro (íntegrum > *entero*)
laborar (laborare > *labrar*)
legal (legalis > *leal*)
litigar (litigare > *lidiar*)
minuto (minutus > *menudo*)
nítido (nítidus > *neto*)
operar (operari > *obrar*)
película (pel-lícula > *pelleja*)
pigricia (pigritia > *pereza*)
pleno (plenus > *lleno*)
quieto (quietus > *quedo*)
sumario (summarius > *somero*)
trunco (truncus > *tronco*)
viriles (virilia > *verijas*)

Su simple forma externa les da a los cultismos un aspecto no sólo "distinto" (obsérvese, por ejemplo, la abundancia de esdrújulos), sino también "distinguido". Son voces que parecen, en general, más finas que los vulgarismos respectivos. Lo "distinto" y lo "distinguido" saltan aún más a la vista si se considera el significado. Los cultismos suelen significar cosas genéricas, abstractas, capaces de entrar en un discurso especulativo o filosófico. Los vulgarismos designan más bien lo inmediato y concreto, la realidad familiar y casera. La palabra *artículo,* por ejemplo, básicamente 'articulación' o 'parte de un todo', tiene múltiples áreas de significación, mientras que *artejo* no quiere decir sino 'articulación de los dedos de la mano' (o sea 'nudillo'). Así también, el significado de *colocar* es mucho más amplio que el de *colgar* (colgar una camisa no es sino *una* de las posibles maneras de colocarla), y el uso de la palabra *película,* tecnicismo del vocabulario biológico y fotográfico, es mucho más genérico que el de la palabra *pelleja,* cuya hechura, por otra parte, se nos antoja tan rústica, tan bucólica (tan inadecuada para las funciones encomendadas a *película).* El lector que se detenga un poco en estos dobletes podrá darse el gusto de descubrir por cuenta propia la razón de ser de cada uno de ellos: el porqué de *estricto,* habiendo ya *estrecho;* o de *capital,* habiendo ya *caudal;* o de *computar,* habiendo ya *contar,* etc. La operación es sencilla: basta ver cómo se usa el cultismo y comparar este uso con el del vulgarismo. (Por ejemplo, al lado de "poseer un *capital"* sigue diciéndose "poseer un *caudal";* pero no se habla del *capital* de un río, ni de un águila *capital;* tampoco se habla de pecados *caudales,* y no se intitula *El caudal* el revolucionario libro de Karl Marx.) Para esa reflexión y comparación podrán servir de algo las siguientes advertencias.

En *atónito,* lo que cuenta es el tronido: *tonare* significa 'tronar' (Júpiter tonante es el que lanza los truenos); el prefijo *ad- (adtonare = attonare)* añade la idea de cercanía: quien oye a unos metros el fragor del rayo se queda *attónitus,* aturdido. En el vulgarismo correspondiente, *atuendo,* son de observar varios fenómenos: *1)* el romanceamiento "normal" del esdrújulo latino (diptongación de *o* breve y acentuada, etc.); *2)* el uso metafórico del aturdimiento: lo que es el trueno para el desprevenido, eso es para un hombre ordinario la pompa estruendosa (el atuendo) de un emperador, de un papa; *3) attónitus* tiene valor pasivo: 'el que queda aturdido por algo'; *atuendo* tiene valor activo: 'algo capaz de aturdir', y *4) attónitus* es adjetivo; *atuendo* es sustantivo. (Hay estos otros casos en que nuestra lengua hizo sustantivo lo que en latín era adjetivo: *cálido/caldo, famélico/hamelgo, trunco/tronco.)*

El cultismo *aurícula* se aplica a objetos que de alguna manera presentan un aspecto de 'orejita', que es lo que significa la voz latina. (El cultismo *clavícula* está en el mismo caso: en latín es diminutivo de *clavis* 'llave'.)

La palabra grecolatina *cáthedra* significa 'silla', pero con ella sucedió lo que hoy sucede con *asiento,* que puede significar 'el mueble en que uno se sienta' lo mismo que 'la parte del cuerpo con que uno se sienta' (eufemísticamente, las "asentaderas", las "posaderas", 'las destinadas a asentarse o posarse en una silla'). Al decir *cadera,* se evitaba decir 'nalga'. Morfológicamente, entre *cáthedra* y *cadera* hay que poner el vulgarismo *catégra.*

La palabra latina *famélicus* 'hambriento' tuvo su evolución normal: *famélicu > famelcu > hamelco > hamelgo.* Si los diccionarios no registran este resultado final, es porque la *h*- se pronuncia aquí como jota: *jamelgo.* Un caballo esquelético, imagen viva del hambre, no es caballo, sino jamelgo (y *jamelgo* sí está en los diccionarios).

El cultismo *gema* (que es, por cierto, el más moderno de la lista) significa 'piedra preciosa' (latín *gemma).* Esto quiere decir que la yema del huevo, las yemas de los dedos, las de una planta que reverdece, se vieron como 'lo precioso'.

El participio *minutus* significa 'disminuido' (tiene que ver con *minus* 'menos'): una boca *menuda* es la 'de menor tamaño que lo normal'. Aquí lo que se sustantivó no fue el vulgarismo, sino el cultismo: *minuto* es 'pedazo chiquito de tiempo'.

Es fácil ver la relación entre *fláccido* y *lacio,* entre *litigar* y *lidiar,* entre *fibra* y *hebra,* entre *delicado* y *delgado,* etc., y fácil también ver la diferencia de significado, o sea la razón por la cual se adoptaron los latinismos. Decir *las aurículas* en vez de "esas cavidades como orejitas que hay en la parte superior del corazón" resulta obviamente ventajoso para los hablantes. Pero ¿cuál es la diferencia "real" entre *estuario* y *estero,* entre *íntegro* y *entero,* entre *frío* y *frígido?* O sea: ¿qué necesidad había de introducir en estos casos el latinismo?, ¿qué ventaja se obtenía? Estas preguntas no pueden tener respuesta categórica. Es claro que hay distintos tipos de "ventaja", distintos grados de "necesidad". Por algo hay *ralo* además de *raro,* derivados ambos del latín *rarus.* Por algo han prosperado palabras como *cognoscitivo* y *presciencia*, tan enfáticamente latinas, aunque "bien podría" decirse *conocitivo* y *preciencia*. Es claro que existe una minoría para la cual ese énfasis latino añade algo de significado. (A veces la minoría se reduce a una sola persona: es el caso del poeta que dice *pluvia*, que dice *lilio*, sin más necesidad que el muy personal deseo de poetizar aún más a la lluvia y al lirio. Pero no podemos decir que *pluvia* y *lilio* sean verdaderos dobletes de *lluvia* y *lirio*. No pertenecen a nuestro léxico.)

Finalmente, hay las palabras que no son vulgarismos ni cultismos, sino que se quedaron a medio camino, debido sobre todo a la influencia frenadora del latín eclesiástico. Ninguna de las mencionadas en la p. 76 (*evangélium*, *ángelus*, etc.) tiene un descendiente plenamente vulgar. Buen ejemplo es justamente la palabra *iglesia*, que se quedó bastante cerca del latín *ecclesia*, a pesar de su tendencia normal a convertirse en *egrija*, o siquiera en *ilesia*.* Estas palabras que se quedaron a medio camino se llaman "semicultismos", y también podrían llamarse "semivulgarismos". A diferencia de *petra*, que quedó convertida normalmente en *piedra*, el nombre *Petrus* se quedó en *Pedro* o en *Pero*, sin alcanzar a llegar a *Piedro*, o *Piero;* así también *ovícula* y *saéculum* se convirtieron en cierto momento en *ovicla* y *sieclo*, pero *ovicla* avanzó luego a *oveja*, mientras que *sieclo* se quedó en *sieglo (siglo)*, sin llegar a *siejo* o *sijo*. Hay cultismos que no son dobletes de vulgarismos, sino de semicultismos: así *tóxico/tósigo*, *secular/seglar*, *capítulo/cabildo*. Y hay también semicultismos que son dobletes de vulgarismos: *temblar*, por ejemplo, se romanceó de lleno (*tremulare* > *tremlar* > *tremblar* > *temblar)*, mientras que su doblete *tremolar* está muy cerca de la forma latina.

---

* La dificultad que tuvo la palabra *ecclesia* para insertarse en la lengua española está bien atestiguada por la variedad de formas arcaicas que de ella se conocen: por un lado *eclegia*, *eglesia*, *elguesia*, *igleja* y *elgueja*, por otro lado *iglisia*, *egrija* y aun *grija*. Esta última forma no consta en documentos antiguos, pero es la que se ve en el topónimo *Grijota*, romanceamiento de *ecclesia alta*, donde también el segundo elemento está superevolucionado: *alta* > *auta* > *ota*. (En el siglo XVI la forma escrita era ya *iglesia*, pero santa Teresa decía y escribía *ilesia*.) De manera parecida, los topónimos *Almonaster* y *Almonacid* —cuyo primer elemento, *Al-*, es árabe— nos muestran dos formas vulgares de la palabra *monasterium*.

IV. LA ESPAÑA VISIGÓTICA

La soberbia capital del imperio romano fue tomada y saqueada el año 410 por Alarico, rey de los visigodos, el cual había ocupado en años anteriores gran parte de los Balcanes y de la península itálica. Esta humillación de los romanos no fue sino el remate de una larga época de guerras cada vez más desesperadas y de intentos de negociación cada vez más difíciles entre ellos y los pueblos germánicos, que, después de defenderse de los ejércitos romanos en los siglos anteriores, habían pasado a la ofensiva hasta acabar por ser dueños de la situación. Los historiadores que se ponen en el punto de vista de Roma llaman a esto "invasión de los bárbaros", visigodos y ostrogodos, francos y suevos, alanos y vándalos (invasión aterradora: en muchas lenguas de hoy existe la palabra *vandalismo,* acuñada en Francia durante el Terror de 1793; y el vandalismo no fue propio sólo de los vándalos). Los que se ponen en el otro punto de vista lo llaman *Völkerwanderung,* "migración de los pueblos", expansión de las tribus germánicas por el sur de Europa.

La verdad es que desde comienzos del siglo III las legiones romanas, aun reforzadas con un número cada vez mayor de mercenarios nórdicos —Estilicón, el general que se enfrentó a Alarico, era hijo de un cabecilla vándalo al servicio de Roma—, se habían mostrado incapaces de frenar la acometida de esos pueblos "bárbaros", que hablaban dialectos germánicos en diversos grados de diferenciación. Los emperadores romanos no tuvieron más remedio que hacer concesiones. Así los visigodos, después de la toma y saqueo de Roma, pudieron establecer a lo largo del siglo V un reino en Tolosa, al sur de Francia, aunque seguían siendo, nominalmente, súbditos del emperador.

Los primeros germanos que penetraron en España (por los mismos años en que Estilicón trataba de rechazar en Italia a Alarico) fueron los vándalos. A ellos siguieron, poco tiempo después, los alanos y los suevos. Los vándalos llegaron hasta Andalucía (en cuyo nombre árabe, *al-Andalus*, se trasluce la palabra *Vándalus*) y de allí se lanzaron sobre el norte de África, mientras que los alanos y los suevos se establecieron en diversas regiones de la península. Finalmente, a comienzos del siglo vi, los visigodos, expulsados de Tolosa por los francos, pasaron a lo que ahora es Cataluña y de allí al resto de España. Se calcula que el número de invasores no pasó de 200 000, pero la resistencia de las provincias hispanorromanas fue nula. Los visigodos ocuparon prácticamente toda la península a lo largo de dos siglos, fijaron su capital en Toledo y acabaron por romper todo lazo con Roma. El único intento de "reconquista" no vino de Roma, sumida en la impotencia y en el caos, sino de Bizancio, la segunda capital del imperio romano. En 554 Justiniano mandó tropas y funcionarios bizantinos, que permanecieron en puntos del sur y del Mediterráneo hasta entrado el siglo vii, aunque sin mayores consecuencias políticas.

A fines del siglo iii, cuando se hallaban en la zona del Danubio y en los Balcanes, los visigodos habían abrazado el cristianismo, y a mediados del siglo siguiente su obispo Úlfilas tradujo la Biblia al idioma gótico. (Subsisten algunos fragmentos de esta traducción, que es el documento más antiguo que se conoce de una lengua germánica.) Pero el cristianismo de los visigodos, como el de gran parte de los pobladores de la parte oriental del imperio, era un cristianismo "arriano", o sea herético desde el punto de vista de la iglesia romana. (Arrio, griego alejandrino, prácticamente negaba la divinidad de Jesucristo; su herejía quedó condenada el año 325 en el concilio de Nicea.) Fue ésta la fuente principal de los conflictos que la aristocracia militar tuvo en España durante los primeros decenios, hasta que en 589, con muy buen sentido político, los gobernantes suscribieron el credo romano. Puede decirse que a partir de ese momento la población hispanorromana aceptó el estado de cosas. Los españoles de tiempos posteriores tuvieron una visión muy idealizada de estos acontecimientos. He aquí cómo los cuenta el monje que en el siglo xiii escribió el *Poema de Fernán González:*

Fueron de Sancti Spíritus los godos espirados:
los malos argumentos todos fueron fullados;
conosçieron que eran los ydolos pecados:
quantos creían por ellos eran mal engañados.
Demandaron maestros por ser fer entender
en la fe de Don Christo que avían de creer;
los maestros, sepades, fueron muy volunter,
fiziéronles la fe toda bien entender...

(La visión del monje es, además, anacrónica: hacía siglos que los visigodos habían dejado de adorar a Thor y a otros "ydolos".) La verdad es que reyes como Recaredo y Recesvinto consiguieron algo muy importante: la unidad política y religiosa de España. Se explica así por qué, después de la invasión árabe, los caudillos de la reconquista tuvieron como meta política la restauración del reino visigodo.

Por otra parte, la región de Tolosa, donde los visigodos estuvieron asentados durante casi cien años, era una de las zonas más romanizadas del imperio, de manera que muchos de ellos, al pasar a España, hablarían latín más bien que la vieja lengua en que Úlfilas había traducido la Biblia. Esto debe haber atenuado el choque cultural y, más concretamente, el choque lingüístico entre ellos y los hispanorromanos. Como parte del esfuerzo de concordia, los reyes Chindasvinto y Recesvinto emprendieron en la segunda mitad del siglo VII una gran recopilación de leyes en que amalgamaron los usos germánicos con los romanos. (En el siglo anterior, entre 528 y 565, el longevo emperador Justiniano había reunido los usos romanos en el vasto *Corpus juris civilis*, base, hasta hoy, del derecho civil de no pocas naciones.) La recopilación visigótica no se escribió en lengua de godos, sino en latín. Se intitula *Forum Júdicum* ('Fuero de los Jueces', normas a que han de atenerse los jueces); pero en el siglo VII, como se ha visto en el capítulo anterior, la pronunciación del latín no coincidía con su escritura: la gente decía *fuoro* o *fuero* en vez de *forum*, y en vez de *júdicum* decía *juzgo* (pronunciado YUDGO). Por supuesto, las palabras "fuero juzgo" nunca tuvieron sentido en español: no son español, sino latín "mal" pronunciado.

El *Fuero Juzgo* es un documento de enorme importancia para la historia no sólo de España, sino de Europa en general. En efecto, aparte de la función civilizadora que desempeñó más tarde en los reinos cristianos de la península, y de su contribución al mantenimiento del latín vulgar o "romance" primitivo (protorromance) entre los habitantes de la España árabe, esa recopilación ha venido a ser una de las fuentes imprescindibles para el estudio de las instituciones medievales, en particular la relación entre señor y vasallo, base del sistema feudal, característico de la Edad Media europea. Si no alcanzó a dar frutos durante la propia era visigótica fue porque muy pronto, a comienzos del siglo VIII, sobrevino la invasión árabe. Pero, en cambio, fue un poderoso factor de cohesión para la España medieval, salvo para los castellanos primitivos, descendientes de los rudos cántabros que nunca se romanizaron ni reconocieron tampoco a los reyes visigodos.

Hay que añadir que, durante los primeros tiempos del dominio de los visigodos, éstos rehuyeron las alianzas matrimoniales con los hispanorromanos, y aun después de la promulgación del *Fuero Juzgo* siguieron sintiéndose una raza aparte. (En siglos posteriores, al lado de la distinción capital entre "cristianos" y "moros", se mantuvo bastante viva la vieja diferencia entre "godos" y "romanos".) El "tono" existencial y cultural de la península en estos dos siglos fue románico, no visigótico. La mayor figura literaria de la época, san Isidoro (560-636), arzobispo de Sevilla, autor de obras de teología, de historia y de polémica cristiana, y de dos importantísimas compilaciones enciclopédicas, una *Sobre la naturaleza de las cosas* y otra de interés lingüístico-cultural llamada *Libro de las etimologías,* es el último eslabón de una cadena iniciada tres siglos antes por Osio de Córdoba y proseguida por otros escritores previsigóticos, sobre todo Idacio, historiador de las incursiones de alanos, vándalos y suevos, y Paulo Orosio, autor del primer ensayo de historia general del cristianismo, muy leído durante la Edad Media. En suma, la huella de los visigodos en la cultura hispana fue mucho menos vigorosa que la de los francos en la cultura gala. Es, pues, natural que Galia acabara por llamarse Francia, mientras que Hispania siguió siendo Hispania y no se convirtió en Gotia o Visigotia.

El latín de las *Etimologías* de san Isidoro no es el hablado a fines del siglo VI y comienzos del VII, sino el latín libresco de siglos anteriores. Pero el autor recoge cierto número de voces usadas en España que él no siente propias del latín literario, como *cattus* 'gato', *cattare* 'catar', 'mirar', *colomellus* 'colmillo', *cama* 'cama', *camisia* 'camisa', *mantum* 'manto', *cunículus* 'conejo', *avis tarda* 'avutarda', *capanna* 'cabaña', *merendare* 'merendar', *tábanus* 'tábano' y *catenatum* 'candado'. Sus "etimologías", por cierto, no tienen nada que ver con la ciencia moderna de la etimología. A semejanza de los *Etimológicos* bizantinos, él se funda sólo en asociaciones psicológicas. ¿Por qué el gato se llama *cattus?* "Quia *cattat*", porque "cata" (porque tiene una mirada penetrante). ¿Por qué la abeja se llama *apes?* Porque no tiene pies *(a-pes).* ¿Y la *camisa?* Porque la usamos en la *cama.* ¿Y el *manto?* Porque nos llega hasta las *manos...* Son lo que la lingüística moderna llama "etimologías populares".

También la lengua vulgar es continuación de la de épocas anteriores. San Isidoro no dice nada acerca de la pronunciación, pero, por documentos escritos en un latín menos gramatical que el suyo y por otras fuentes, se puede asegurar que en el siglo VII el latín hispano había llegado a formas como éstas: *eglesia (< ecclesia), buono (< bonum), famne (< fáminem* 'hambre'), *ollo (< oclu* 'ojo'), *nohte,* pronunciado NOJTE *(< noctem* 'noche'), *fahtu,* y luego *faito (< factum* 'hecho'), *potsone,* que dio *pozón,* transformado más tarde en *ponzoña (< potionem* 'poción'), *caltsa,* que dio *calza (< calcea), lluna (< luna), llingua (< lingua).* Los rasgos que muestran todas estas formas se deben a tendencias evolutivas normales y no a influjo gótico.

El influjo gótico en el vocabulario del protorromance hispano es inseparable del influjo genérico de las lenguas germánicas en el latín, que se inició ya en el siglo I d.C. En efecto, para la mayor parte de los germanismos del español hay paralelos en francés, provenzal e italiano; existían, como *tripalium* y las otras voces que hemos visto, en el latín vulgar de todas partes. Vale la pena dar una ojeada a los más significativos. Se dejan clasificar en dos grupos que, sin forzar mucho los términos, podemos llamar el "grupo de la guerra" y el "grupo de la paz". Nos pintan, así, una imagen muy apretada de lo que fueron los germanos para el imperio romano y, más concretamente, de lo que fueron los godos para la Hispania románica.

La palabra *godo* acabó por significar 'altanero' (todavía en los siglos XVI y XVII se decía "hacerse de los godos" o sea 'creerse la gran cosa'). De esa manera vieron los romanos al vencedor germano: altanero y prepotente. Las palabras *orgullo* y *ufano* 'jactancioso' son germánicas. La terrible palabra *guerra* es germánica. Y con la guerra van asociados los conceptos de codicia territorial y de riqueza. La palabra *riqueza* es germánica, como toda la lista que sigue: *talar* 'devastar', *rapar, robar, triscar* 'pisotear', *estampar* 'aplastar', *gana* 'avidez', *guardar, botín, ropa* 'despojo, enseres robados', *ganar, galardón* 'pago, indemnización', *lastar* 'pagar, sufrir por otro', *escarnir (escarnecer), honta* 'afrenta', *bando* y *bandido, banda* y *bandera, guiar, espía, heraldo, barón* 'hombre apto para el combate', *ardido* 'intrépido', *sayón* 'el que hace la intimación', *estribo, brida, espuela, anca, albergue* 'campamento', *burgo, feudo, bastir* (en relación con *bastión), guisar* 'preparar, disponer', *yelmo, esgrimir, blandir, dardo.* También son germánicas las palabras *tregua* y *guarir (guarecerse).* La lista es en verdad impresionante, sobre todo si se piensa que para la mayoría de estos conceptos, comenzando con el de guerra, existían en latín palabras perfectamente adecuadas. Algo había en los usos bélicos de los germanos que hirió la imaginación de los pueblos románicos hasta el grado de hacerles adoptar todas esas expresiones "bárbaras". (Por algo también la moderna palabra española *guerrilla* ha pasado a otras lenguas; por algo ha pasado a otras lenguas el verbo angloamericano *to lynch* 'linchar'.)

En el "grupo de la paz", en cambio, predominan las palabras que se impusieron por la sencilla razón de que muchos de los objetos correspondientes no pertenecían a la cultura del imperio romano. Es un grupo casi tan coherente como el anterior: *toldo, sala, banco; jabón* y *toalla; guante* y *lúa* (palabra desaparecida, que también significaba 'guante'; en portugués subsiste *luva); fieltro, estofa, cofia, falda* y *atavío; sopa; rueca, aspa, tapa; estaca* y *guadaña; brote* y *parra;* tres nombres de animales, *marta, tejón* y *ganso;* dos nombres de colores, *blanco* y *gris,* un nombre de instrumento musical, *arpa.* Los banquetes de los germanos deben haber tenido aspectos insólitos: la palabra *escanciar* es germánica; también lo es *agasajo,* que se refería ante todo al placer que se tiene en compañía. La palabra misma *compañía* es un germanismo "semántico": la voz *companionem* reproduce, con elementos latinos *(com-pan-io-nem),* la voz germánica *ga-hlaiba* 'el que comparte el pan' *(hlaibs,* de donde viene el inglés *loaf,* es 'pan'). En las palabras *realengo, abolengo* y *abadengo* hay un elemento románico *(rey, abuelo, abad)* y un sufijo germánico, análogo al *-ing* del inglés. Es el único caso de influencia gótica en la morfología de nuestra lengua.

El mapa actual de la península ibérica, sobre todo en Cataluña, Castilla la Vieja, León, Asturias, Galicia y norte de Portugal, presenta un buen número de topónimos visigóticos. Algunos de ellos perpetúan el nombre mismo de los "godos": Toro (< *Gothorum* 'de los godos'), Godones, Godojos, Godins, Godinha, Vilagude (< *villa Gothi* 'la finca del Godo'), Gudins, Gudillos, etc. A ellos se oponen los topónimos Romanos, Romanillos, Romanones, etc., lo cual pone de manifiesto la mencionada segregación entre visigodos e hispanorromanos. Otros topónimos exhiben el nombre de un propietario de tierras: así Castellganí ('castillo de Galindo') y Castelladrall ('castillo de Aderaldo') en Cataluña, y, en el resto de la península, Castrogeriz ('campamento de Sigerico'), Villafruela ('finca de Froyla'), Villasinde ('finca de Swíntila'), Fuenteguinaldo ('fuente de Winibaldo'), Guitiriz (< *Witerici,* o sea '[tierras] de Witerico'), Vigil *(< Leovigildi),* Mondariz (< *Munderici),* Allariz *(< Alarici),* Gomesende (< *Gumesindi),* Guimarães (< *Vimaranis),* Hermisende (< *Hermesindi),* Gondomar (< *Gundemari),* etc. Los nombres entre paréntesis, Galindus, Aderaldus, Sigericus, etc., son romanizaciones de los nombres germánicos, de la misma manera que Álvaro, Fernando, Rodrigo, Rosendo, Ildefonso y Elvira son romanizaciones de *Allwars, Frithnanth, Hrothriks, Hrothsinths, Hildfuns* y *Gailwers.* Pero estos últimos nombres, que sentimos tan españoles —a diferencia de Froyla, Swíntila, etc.—, dejaron de ser propiedad de los descendientes de los visigodos durante los siglos que siguieron a la derrota de Rodrigo, el último rey godo.

V. LA ESPAÑA ÁRABE

LA DERROTA DE RODRIGO, el último rey godo, tan novelada y tan llorada en los siglos siguientes, ocurrió en la batalla de Guadalete el año 711, pocas semanas después de que Tárik, al frente de un ejército de quizá no más de 7 000 "moros", desembarcó en lo que luego se llamó Gibraltar. (Estos "moros", nombre que se dio en España a los invasores, eran árabes y bereberes. La designación les convenía propiamente a los bereberes: *Maurus*, de donde viene *moro*, era en latín el habitante de Mauritania; pero *moros*, en español, vino a significar simplemente 'musulmanes', 'infieles', sin alusión a origen geográfico.) La conquista del reino cristiano fue en verdad fulminante. En 718 se hallaba sometida prácticamente toda la península, y Tárik cruzaba ya la raya de Francia. El entusiasmo conquistador de los musulmanes era enorme, y notable la cohesión que mostraron en esos tiempos. En cambio, la armazón política del reino visigodo estaba desmoronada. Rodrigo, el año anterior a su derrota, se había adueñado del trono conculcando los derechos de los herederos de Witiza, su predecesor. No es, pues, muy extraño que un hermano de Witiza, don Oppas, obispo de Sevilla, haya peleado con sus gentes al lado de Tárik en la batalla de Guadalete. (En 712, sin dejar de ser aliado de los "infieles", don Oppas se convirtió en arzobispo de Toledo, el puesto más alto de la jerarquía eclesiástica española.)

Tan fulminante como la caída de Hispania había sido el nacimiento y el auge del Islam. Mahoma (570-632), llamado "el Profeta", fue coetáneo de san Isidoro de Sevilla. La *hégira*, que marca la fundación del mahometismo, tuvo lugar en 622, o sea que cuando los musulmanes se apoderaron del reino visigodo llevaban apenas 89 años de existir en cuanto tales. Y, además de haber ocupado toda la península árabe y de haber iniciado su expansión hacia el norte y hacia la India, tenían dominado todo el norte de África, desde Egipto hasta Marruecos. Los bereberes de 711 eran ya auténticos musulmanes.

La historia de la expansión del Islam es, sin duda, una de las más animadas y positivas que existen. Para verla así, basta que abandonemos la visión estereotipada del "cristiano" que, muy valiente, pero también privilegiadamente socorrido por Santiago, se enfrenta al moro cruel y salvaje y lo subyuga (visión estereotipada que se perpetúa en las ingenuas danzas y representaciones de moros y cristianos, existentes todavía en el folklore festivo de España, Portugal e Hispanoamérica), y nos acerquemos al punto de vista, no de algún musulmán fanático que siga deplorando hoy la pérdida de "la perla del Islam", España, en manos de los "perros cristianos", sino de los muchos historiadores modernos que, con toda la imparcialidad que su oficio les impone, acaban fascinados por el dinamismo de esa expansión, y por la humanidad, la tolerancia, el amor al trabajo y a los placeres de la vida, la cultura y el arte que mostraron los mahometanos en todos los países en que estuvieron.* Esto se

---

* Reflejo vivo de esta expansión es la enorme cantidad de topónimos españoles y portugueses de origen árabe que pueden verse en los mapas. He aquí algunos españoles: Alaminos, Albacete, Albarracín, Alberite, Alcalá, Alcanadre, Alcántara (y Alcantarilla), Alcaraz, Alcázar (y Los Alcázares), Alcazarén, Alcira, Alcocer, Alcolea, Alcoletge, Alcudia, Algar, Algeciras, Alguaire, Almadén, Almazán, Azagra, Aznalcázar, Benagalbón, Benaguacil, Benahadux, Benahavís, Benamejí, Benaoján, Benasal, Benejúzar, Benicásim, Benidorm, Borja, Bugarra, Cáceres, Calaceite, Calatañazor, Calatayud, Calatorao, Gibraltar, Gibraleón, Guadalajara, Guadalaviar, Guadalupe, Guadamur, Guadix, Iznájar, Iznalloz, Medina (y Almedina), Medinaceli, La Rábida (y La Rápita), Tarifa. Varios de estos topónimos, como Alcalá, Alcolea y Medina, se repiten en distintas provincias, y aun dentro de una misma. Muchos son, además, apellidos, como esos tres, y como Alcaraz, Alcocer, Almazán, Borja, etc. *Medina* significa 'ciudad' (o, más precisamente, su núcleo central amurallado, en torno al cual se extiende una red más o menos amplia y complicada de callejones, estructura que se mantiene hasta hoy en no pocas poblaciones españolas); *Medinaceli* es 'ciudad de Sélim'. *Alcalá* significa 'el castillo' (y *Alcolea* 'el castillito'); *Calatayud* —donde falta el *al-* inicial, o sea el artículo— es 'castillo de Ayub'. Las *rábidas* eran fortalezas fronterizas. Abundan los topónimos que comienzan con *Ben-* 'hijo de' (árabe *ibn),* como *Benicásim,* que originalmente significaría '[tierras o casas de los] hijos de Qásim'. Abundan también los que comienzan con *Guad-* 'río', 'valle de río' (árabe *wadi),* y los que comienzan con *Gibr-,* que significa 'monte'. El nombre del Algarbe y el de La Mancha, patria de Don Quijote, son asimismo árabes. Las palabras *aldea, alcaldía, arrabal* y *barrio* son árabes, como también los nombres de barrios célebres: el Zocodover de Toledo, el Zacatín y el Habatín de Granada, etc. Muchos topónimos ya existentes se arabizaron: *Pax Augusta* se convirtió en *Badajoz; Hispalia* (forma vulgar de *Hispalis)* se convirtió en

aplica particularmente a España. Un Cervantes, un Góngora, un Lope de Vega, sin dejar por supuesto de ser cristianos y españoles, vieron siempre a los moros con un cariño que jamás se tuvo para los godos. Y este cariño se refería a cosas muy concretas de la civilización islámica, que, si había sido la fecundadora de la ciencia y la filosofía medievales, también había mostrado un tenaz gusto por las cosas buenas de la vida, la rica comida, los trajes hermosos, la música, las diversiones. Para todo ello, así lo "útil" como lo "placentero" —en la medida en que puedan separarse las dos cosas—, disponían esos grandes escritores de palabras venidas del árabe; y palabras tales, que su solo sonido ya los dejaba cautivados. Así Góngora, al evocar en uno de los pasajes más bellos de las *Soledades* el fastuoso espectáculo de la cacería con halcones, coloca visiblemente en sus versos, como otras tantas joyas, los nombres de las aves de presa, y la mayoría de esos nombres proceden del árabe —pues los árabes, que le enseñaron a Europa el álgebra y la química, le enseñaron también el refinado y frívolo arte de la cetrería. Las palabras *alfaneque, tagarote, baharí, borní, alferraz, sacre, neblí* y otras (como también *alcahaz,* la jaula en que se encerraba a esas temibles aves, y *alcándara,* la percha en que dormían) llegaron al español desde el árabe.

A unos amigos italianos que se interesaban por las peculiaridades de la lengua española les dirá Juan de Valdés en la primera mitad del siglo XVI: "Para aquellas cosas que avemos tomado de los moros no tenemos otros vocablos con que nombrarlas sino los arábigos que ellos mesmos con las mesmas cosas nos introdujeron". Y también: "Aunque para muchas cosas de las que nombramos con vocablos arábigos tenemos vocablos latinos, el uso nos ha hecho tener por mejores los arábigos que los latinos, y de aquí es que dezimos antes *alhombra* que *tapete,* y tenemos por mejor vocablo *alcrebite* que *piedra sufre,* y *azeite* que *olio".* No fue él quien primero observó esa peculiaridad del español (compartida por el portugués) frente a las demás lenguas romances. Y, desde luego, no fue el último. Existen catálogos especiales de arabismos, y excelentes estudios históricos y etimológicos sobre ellos.

Ishbilia, o sea *Sevilla,* y *Caesaraugusta,* a través de la pronunciación *Saraqusta,* se convirtió en *Çaragoça* (Zaragoza).

En verdad, una buena manera de comprender la historia de la España árabe es verla en su imagen lingüística, estudiando la significación de los 4 000 arabismos que existen en nuestra lengua.

Para entender mejor el fenómeno lingüístico será útil un ligero marco de acontecimientos históricos. En los primeros tiempos, la península fue un emirato sujeto al califa de Damasco, pero ya Abderramán I (755-788) rompió esos lazos de sujeción, y Abderramán III (912-961) pasó de emir a califa y fijó su capital en Córdoba.* Las campañas de Almanzor (977-1002), "genio político y militar", consolidaron el dominio de los moros en el norte, de Barcelona a Santiago de Compostela, pero marcaron también el fin de tres siglos de expansión y de predominio militar. En 1031 el califato se fragmentó en varios reinos pequeños (llamados *taifas*, o sea 'facciones'), algunos de los cuales, a causa del alto grado de cultura a que llegaron, han sido comparados con las grandes ciudades italianas del Renacimiento. La unidad política fue restaurada, no sin violencia,

---

* Córdoba, una de las ciudades más importantes de Europa en los siglos x y xi, fue, al igual que la Toledo árabe, un centro cultural que atraía a estudiosos de todo el mundo civilizado. Su gran mezquita, construida en menos de dos años (784-786) en tiempos de Abderramán I, recibió remodelaciones y ampliaciones en los siglos ix y x. En uno de los "enxiemplos" de *El conde Lucanor,* cuenta don Juan Manuel cómo fue terminada la obra por el califa Alhaquem II (961-976), y declara su admiración tanto por el esplendor del edificio como por el carácter del califa. Este Alhaquem, aficionado a la música, había añadido un agujero en el albogón (especie de flauta), ampliando así su gama sonora. El invento, sin embargo, no se tuvo por hazaña digna de un rey, y "las gentes en manera de escarnio començaron a loar aquel fecho" diciendo cuando alguien se ufanaba de poca cosa: "Éste es el añadimiento del rey Alhaquem" *(A hede ziat Alhaquim).* Llegó esto a oídos del califa y, "como era muy buen rey, non quiso fazer mal a los que dezían aquella palabra [aquella frasecita despectiva], mas puso en su coraçón de fazer otro añadimiento de que por fuerça oviessen las gentes a loar su fecho. Estonçe, porque la su mezquita de Córdova non era acabada, añadió en ella aquel rey toda la labor que í menguaba [que allí faltaba], et acabóla. Ésta es la mejor e más complida [mejor acabada] e más noble mezquita que los moros avían en España, e, loado a Dios, es agora eglesia e llámanla Sancta María de Córdova, e ofrescióla el sancto rey don Fernando a Sancta María quando ganó a Córdova de los moros [en 1236]. E desque aquel rey ovo acabada la mezquita e fecho aquel tan buen añadimiento, dixo que, pues fasta entonçe lo loavan escarneciendo lo del añadimiento que fiziera en el albogón…, de allí en adelante le avrían a loar con razón del añadimiento que fiziera en la mezquita de Córdova. E fue después muy loado, e el loamiento que fasta entonçe le fazían escarneciéndole, fincó después por loor [auténtico], e hoy día dizen los moros quando quieren loar algunt buen fecho: *Éste es el añadimiento del rey Alhaquem".*

por dos oleadas de musulmanes del norte de África, los *almorávides* o 'devotos' (1086-1147) y los *almohades* o 'unitarios' (1147-1269), que, movidos al principio por el fanatismo religioso, acabaron por contagiarse del amor a la filosofía, la ciencia, el arte y la poesía que había brillado en los reinos de taifas. (Observación marginal: si los moros de España y Portugal hubieran sido verdaderos fanáticos, ciertamente habrían destruido, con la misma furia con que hoy se destruyen en muchas partes los plantíos de amapola y de coca, los viñedos que desde tiempos antiguos había en la península; no sólo no lo hicieron, sino que se aficionaron al vino, pese a la prohibición de Mahoma.)

Desde el punto de vista cultural, el fin del califato coincide prácticamente con el comienzo de los dos siglos más esplendorosos de la España árabe. En esta época florecen Ibn-Hazm, poeta de *El collar de la paloma,* el filósofo y científico Avempace, el poeta Ben Qusmán, el gran Averroes y su amigo Ibn-Tofail y el pensador Ibn-Arabí. En esta época florece también, arrimada a los modelos árabes, la gran cultura hispanohebrea, que se enorgullece de nombres igualmente universales: los poetas y filósofos Ibn-Gabirol (el Avicebrón de los escolásticos) y Yehudá Haleví, el sabio Abraham ben Ezra y el filósofo Maimónides. Este último no escribió en hebreo, sino en árabe, su obra más importante, la *Guía de descarriados.* También el moralista judío Ibn-Pakuda escribió en árabe, y Yehudá Haleví tenía, además de su nombre hebreo, un nombre árabe, Abul Hasán. Otro judío, que al bautizarse en 1106 pasó a llamarse Pedro Alfonso, escribió en árabe una colección de cuentos orientales que, traducida al latín con el título de *Disciplina clericalis,* cautivó durante siglos a los lectores europeos. *(Disciplina clericalis* no significa 'disciplina clerical', sino 'colección de textos destinada a los amigos de las letras'.) Decir que la literatura hispanoárabe de los siglos x-xii se medía con la de cualquier otra nación europea —en todas las cuales se escribían más o menos unas mismas cosas, y en su mayor parte en latín— no es gran elogio. El verdadero elogio es decir que la literatura hispanoárabe se medía gallardamente con la de Bagdad, la de El Cairo, la de cualquier otra provincia del vasto mundo islámico. Esos siglos de oro españoles son siglos de oro de la cultura árabe.

El numeroso vocabulario español de origen árabe procede sobre todo de la gran época de expansión y florecimiento, de los largos siglos en que todas las grandes ciudades cristianas —Tarragona, Zaragoza, Toledo, Mérida, Córdoba, Sevilla—, ricas y populosas desde los tiempos romanos, vivieron, cada vez más ricas y populosas, bajo el dominio islámico. Procede de esos siglos en que España se hizo la maestra de Europa; en que el estudiante Gerberto, futuro papa Silvestre II, venía desde Francia hasta Córdoba para asomarse a ciencias que sólo los musulmanes dominaban; en que un rey de León y Castilla acuñaba monedas con inscripciones en árabe; en que toda Europa admiraba la armonía y el buen vivir de los moros; en que los condes y grandes de los incipientes reinos cristianos del norte trataban de imitar sus usanzas, tal como poco después, en Sicilia (el otro centro de difusión europea de la cultura musulmana), Federico, futuro emperador, estuvo viviendo "más como árabe que como alemán"; en que circulaban por Europa, en traducciones latinas, las obras de sabios hispanoárabes como Averroes, decisivas para el desarrollo del pensamiento filosófico y científico, y hasta fantasías religioso-morales como la muy musulmana *Escala de Mahoma,* que le dio a Dante el marco escatológico de su muy cristiana *Divina Commedia.*

MULADÍES, MOZÁRABES, MUDÉJARES

El vocabulario español de origen árabe nos deja una primera imagen doble: de tolerancia y apertura por parte de los musulmanes, y de admiración y seducción por parte de quienes tuvieron un contacto humano con ellos.

Tomemos la palabra *muladí.* Desde el punto de vista de los cristianos es palabra vil, pues los muladíes eran los renegados; pero desde el punto de vista de los árabes es palabra humana y generosa: los *muwalladín* son 'los adoptados'. La razón profunda de la simpatía que despierta el régimen árabe español es su política adoptadora, su tolerancia ideológica, su disposición a la convivencia. Los "mártires" cristianos del siglo IX no murieron por su fe en Cristo (a quien los musulmanes siempre respetaron), sino por trastornar la estabilidad pública. En ese mismo siglo, los obispos cristianos de la zona andaluza celebraban sin molestia alguna un concilio en plena ciudad de Córdoba (año 839). Sin censura alguna, ni política ni religiosa, varios autores eclesiásticos escribieron, en un latín idéntico al de san Isidoro, todo lo que quisieron escribir. Los musulmanes dejaron que los antiguos pobladores siguieran rigiéndose por el *Fuero Juzgo* de los visigodos, y nunca recurrieron a la violencia para hacerlos abandonar su credo cristiano. Los cristianos que abrazaron la fe de Mahoma —y fueron muchísimos— lo hicieron por su propia voluntad y conveniencia. Los hijos de los muladíes ya ni por el habla se distinguían de los árabes "auténticos". Había "moros" rubios. El nombre de Ben Qusmán es el germánico *Guzmán*. Se conocen casos de altos funcionarios cuya lengua materna era el *romí*, o sea el romance, y casos de musulmanes piadosos que no sabían hablar árabe. Jamás hubo presión "oficial" para que la población abandonara su lengua (y así se explica que todavía hoy, después de tantos siglos de contacto con el árabe, subsista el idioma bereber en el norte de África). Los emires y califas estuvieron muy lejos de esa neurótica preocupación por la "limpieza de sangre" que mostraron las autoridades españolas del siglo XVI, y que tanto hizo sufrir sobre todo a los judíos. Desde un principio los árabes se casaron con mujeres españolas. Según una fuente coetánea, de los 200 000 habitantes que tenía Granada en el año 1311, sólo 500 eran árabes "de raza" (lo cual no significa que esos 500 fueran "las mejores familias"); y los 200 000 eran musulmanes, los 200 000 hablaban árabe (un árabe que estaría, naturalmente, lleno de romanismos). El esplendor espectacular de la España musulmana se debió a todos sus pobladores, árabes y mozárabes por igual.

La palabra *mozárabe* significa simplemente 'arabizado'. Los pobladores todos de las grandes ciudades cristianas, y los de las menos importantes, y los de los caseríos campestres, o sea, durante siglos, la inmensa mayoría de los habitantes de España y Portugal, quedaron hechos parte del mundo árabe. Todos ellos se arabizaron en la medida que quisieron, y sólo al principio hubo esporádicos intentos de independencia. El caso de Granada es ciertamente excepcional, pero es un hecho que en todas partes la población se mostró irresistiblemente atraída por los modos del vivir árabe. En el vasto campo mozárabe están los cristianos que, sin abandonar su lengua romance, la van llenando de arabismos; están los muchos francamente bilingües; están los que bautizan a sus hijos con nombres árabes; están los que sienten la necesidad de compilar correspondencias entre las dos lenguas (se conserva en Leiden uno de estos diccionarios, de hacia el siglo x) ; están los cristianos que en el siglo xi escriben sobre materias cristianas ¡en árabe!

Han quedado mencionados los autores que en el siglo ix escribían libremente en latín isidoriano. Uno de ellos, Álvaro de Córdoba, exclamaba: "Heu! Proh dolor! Legem suam nesciunt christiani!" Y, si nos ponemos en su punto de vista, se explica ese dolor: la seducción de la cultura islámica era tan abrumadora para los jóvenes cristianos, que les hacía olvidar su lengua; algunos de ellos, según Álvaro, llegaban al extremo de dominar mejor que los moros las sutiles reglas de la poesía árabe. Y no era la poesía lo único atrayente: era toda la cultura islámica, la "material" y la "espiritual", la del trabajo y la del ocio. Y no eran los jóvenes los únicos seducidos.

La palabra *mozárabe* se contrapone a la palabra *mudéjar*. Si los mozárabes son los cristianos que siguieron viviendo en tierras de moros, los mudéjares son los moros que permanecieron en las tierras que iban siendo reconquistadas por los reyes cristianos del norte *(mudéjar* significa 'aquel a quien le han permitido quedarse'). Durante algún tiempo, del siglo xi al xiii, estos mudéjares, que constituían comunidades numerosas particularmente en Aragón, Toledo y Andalucía, mantuvieron su religión y su lengua. Son los siglos de "la España de las tres religiones". Porque a la de los moros y los cristianos se añadía la de los judíos. Si en la Córdoba musulmana coexistían pacíficamente iglesias, mezquitas y sinagogas, la misma pacífica coexistencia llegó a darse en la Toledo cristiana. Pero la suerte de los mudéjares no fue muy buena. A diferencia de los mozárabes, que acabaron por ser parte del mundo árabe, ellos nunca fueron plenamente parte del mundo cristiano. Todos fueron desposeídos de sus tierras, y a partir del siglo xiv se acabó la tolerancia religiosa para con ellos. Muchos, naturalmente, aprendieron el idioma de los cristianos: eran los moros *latiníes* o *ladinos*. Se conservan obras literarias compuestas por ellos en lengua romance (en *aljamía,* como la llamaban) pero con la única escritura que conocían, o sea la árabe (escritura *aljamiada),* por ejemplo el *Poema de Yúçuf,* que cuenta la leyenda bíblica de José el de Egipto, tan gustada por los árabes como por los judíos y los cristianos. (También se llaman "aljamiados", por extensión, los textos romances escritos en letras hebreas). Mozárabes y mudéjares no sólo se contraponen, sino que se complementan entre sí.*

Los arabismos del español

Los arabismos de nuestra lengua son testimonio duradero de esa convivencia de siglos. La abundancia, por ejemplo, de voces de origen árabe relativas a horticultura, jardinería y obras de riego significa que la población mozárabe, y luego la población toda de la península, se compenetraron de esa cultura agraria y doméstica, de ese amor al agua que los árabes, como hijos que eran del desierto, parecían llevar en el alma. Los 4 000 arabismos de nuestra lengua tienen su razón de ser: corresponden a 4 000 objetos o conceptos cuya adopción era inevitable. De manera "fatal", el *añil,* el *carmesí,* el *escarlata* y hasta el *azul* vienen del árabe. Un caso típico: la terminología de la hechura del barco se tomó básicamente de los moros. Y un caso extremo: las palabras *almaizal* y *acetre,* que designan objetos propios de la liturgia católica, ¡son arabismos! Si no existieran tantas espléndidas muestras de la cerámica musulmana medieval, bastaría el vocabulario referente a alfarería (comenzando con la palabra misma *alfarero)* para saber que los cristianos españoles admi-

* Una muestra visible de esto la tenemos en el estilo mozárabe y el estilo mudéjar de arquitectura. Los mozárabes siguieron haciendo sus iglesias con la planta y disposición que tenían en los tiempos visigóticos, pero en la ejecución metieron elementos árabes, como el arco llamado "de herradura". Los mudéjares, contratados para hacer las iglesias de los cristianos en las ciudades reconquistadas, ejecutaron los esquemas post-visigóticos que se les pedían y se dieron gusto en la ornamentación ("estilo *arabesco",* dijeron los italianos): el lujo de azulejos y artesonados es característicamente mudéjar. Si el esplendor de la España musulmana se debió a los árabes y a los mozárabes, una parte del esplendor de la España cristiana se debe a los mudéjares y moriscos.

raron y aprendieron ese arte de los árabes. Pero los árabes fueron también horticultores, molineros, carpinteros, *alfayates* ('sastres'), talabarteros, *almocrebes* ('arrieros'), *alfajemes* ('barberos'), panaderos, cocineros —y gastrónomos—, marineros, pescadores, agricultores, expertos en equitación, en cultura del aceite (las palabras *aceite* y *aceituna* son árabes), en medicina y farmacia, en pesas y medidas, grandes constructores y decoradores, *albéitares* ('veterinarios'), *alatares* ('perfumistas'), tejedores de telas y de alfombras. En capítulos como éstos puede dividirse el estudio lingüístico de los arabismos, lo cual equivale a conocer capítulos enteros de la historia cultural de España.

De España y de buena parte del mundo. Hay arabismos que son golosinas *(almíbar, jarabe, alcorza, alajú, alfajor, alfeñique…)*, y pequeñeces frívolas como el *aladar* ('mechón de pelo') o importantes como el *alfiler*. Pero siempre se ha dado un lugar prominente a las "grandes palabras", las que se refieren al pensamiento matemático y a la especulación científica. Al pensamiento matemático pertenecen, por ejemplo, las palabras *cero, cifra, algoritmo* y *guarismo*, y la palabra *álgebra*. Los árabes hicieron que toda Europa abandonara la numeración romana, tan incómoda para sumar, restar, multiplicar y dividir. Introdujeron el concepto de 'cero', que no existía en la tradición grecorromana, y enseñaron un método totalmente nuevo de 'reducción', que eso es el *álgebra*. Con el pensamiento matemático se relaciona la palabra *ajedrez* (y sus *alfiles*, y sus *jaques* y *mates):* los árabes fueron quienes introdujeron este endiablado juego en Europa. A la especulación científica se refieren las palabras *cenit, nadir* y *acimut*, y también la palabra *alquimia* (con sus *redomas*, sus *alambiques*, sus *alquitaras):* los árabes fueron grandes astrónomos; y si alguien cree que la alquimia no significa gran cosa, es que no sabe la importancia que en la historia de la ciencia tuvo la piedra filosofal, ese *'iksîr* —de donde viene la palabra *elixir*— que los árabes enseñaron, no a hallar, sino a buscar. Y además, también las palabras *alcanfor, atíncar, azogue, almagre, alumbre, álcali* y *alcohol* son arabismos.

Veamos algo más de cerca unas cuantas zonas de esa cultura hispanoárabe a través de sus manifestaciones léxicas:

Jardinería y horticultura: árboles y arbustos como el *arrayán*, la *adel-*

fa, el *alerce*, el *acebuche;* plantas y flores como la *alhucema*, la *albahaca*, el *alhelí*, el *azahar*, el *jazmín*, la *azucena* y la *amapola;* también el *arriate;* frutas como el *albaricoque*, el *albérchigo*, el *alfónsigo* (pistache), el *alficoz* (cierto pepino), la *sandía*, el *limón*, la *naranja*, la *toronja* y la *albacora* (cierta breva), y tipos especiales de frutas, como el higo *jaharí*, la manzana *jabí* y la granada *zafarí*.

Agricultura: testimonio de la excelencia de los moros en las técnicas agrícolas son voces como *alquería*, *almunia*, *almáciga*, *cahiz* y *fanega*. Algunos de estos arabismos se refieren a las obras de riego: la *atarjea*, la *acequia*, el *aljibe*, la *noria*, el *arcaduz*, la *zanja*, el *azud*, la *alberca;* otros dan fe del gran número de cultivos que los moros introdujeron: la *alfalfa*, el *algodón*, el *arroz*, la caña de *azúcar*, el *azafrán*, el *ajonjolí*, la *acelga*, la *acerola*, la *espinaca*, la *alubia*, la celebradísima *berenjena*, la *chirivía*, la *zanahoria*, la *algarroba* y la *alcachofa* (y tipos especiales de alcachofa, como el *alcaucil* y la *alcanería)*.

Economía y comercio: *ceca* 'casa de moneda' (y monedas como el *cequí* y el *maravedí)*, *almacén*, *alcaicería* 'bazar', *atijara* 'comercio', *alqueire* y alquiler, *albalá* 'cédula de pago', *almoneda*, *dársena*, *alhóndiga*, *alcancía*, *almojarife*, *alcabala*, *aduana*, *tarifa* y *arancel;* pesas y medidas: *azumbre*, *arrelde*, *celemín*, *adarme*, *quilate*, *quintal*, *arroba*.

Arquitectura y mobiliario: *alarife* 'arquitecto', *albañil;* adobe y *azulejo; zaquizamí* 'artesonado' (y luego 'desván'), *alacena*, *tabique* y *alcoba; alféizar* y *ajimez; albañal* y *alcantarilla; azotea*, *zaguán* y *aldaba*. La palabra *ajuar* es árabe, y entre las piezas del ajuar se cuentan el *azafate*, la *jofaina* y la *almofía*, la *almohada* y el *almadraque* 'colchón para sentarse en el suelo', la *alfombra*, la *alcatifa* 'alfombra fina', la *almozalla* (otra especie de alfombra), el *alifafe* 'colcha' y el *alhamar* 'tapiz'. (Vale la pena observar que, hasta entrado el siglo XVII, en los "estrados" de las casas hispánicas había pocas sillas, y en cambio toda clase de cojines, almohadones y tapetes, como en tiempos de la morería.)

Vestimenta y lujo: telas como el *tunecí* y el *bocací;* prendas como la *almejía* 'túnica', el *albornoz*, el *alquicel* 'capa', la *aljuba* o *jubón*, el *jaez*, el *gabán*, los *zaragüelles* 'calzones', las *alpargatas*, los *alcorques* 'sandalias de suela de corcho'; la *albanega*, el *ciclatón* y la *alcandora* eran prendas femeninas; la *cenefa*, el *arrequive* y el *alamar*, adornos del vestido. Entre los arabismos hay también nombres de perfumes y afeites, como el *almizcle*, el *ámbar*, la *algalia*, el *benjuí*, el *talco*, el *alcohol*, el *solimán*, el *alcandor* y el *albayalde*, y de joyas y piedras preciosas, como la *ajorca*, la *arracada*, el *aljófar* 'perlas pequeñas', la *alaqueca* 'cornalina', el *azabache*, el *ámbar* —y las *alhajas* en general.*

Música y regocijo: al lado de instrumentos como el *adufe*, el *rabel*, el *laúd*, la *guzla*, el *albogue* (y el *albogón*), la *ajabeba*, el *añafil* y el *tambor*, las manifestaciones ruidosas de alegría: la *algazara*, la *albórbola* o *albuérbola*, la *alharaca*, el *alborozo*, las *albricias*. (La palabra *algarabía*, que hoy puede sugerir también griterío animado, como de niños o de pájaros, fue originalmente 'la lengua árabe'; su contraparte era la *aljamía.*)

"Arte" militar: la *alcazaba* 'ciudadela', el *alcázar*, la *rábida*, el *adarve*, la *almena* y la *atalaya*; el *alarde*, la *algara*, el *rebato* y la *zaga* 'retaguardia'; el *almirante*, el *adalid*, el *arráez* 'caudillo o capitán', el *almocadén* 'jefe de tropa', el *alcaide* y el *alférez*; la *adarga*, la *aljaba* y el *alfanje*; también *hazaña* parece ser arabismo.

(En cierto momento Don Quijote le da a Sancho Panza una leccioncita sobre arabismos: "Este nombre *albogues* —le dice— es morisco, como lo son todos aquellos que en nuestra lengua castellana comienzan en *al*, conviene a saber *almohaza, almorzar, alhombra, alguacil, alhucema, almacén, alcancía* y otros semejantes, que deben de ser pocos

---

* El inventario del guardarropa de una mexicana rica y elegante de nuestros días incluiría seguramente muchos objetos importados de París, de Londres, etc., y abundaría en galicismos y anglicismos *(brassières, panties,* etc.). Algo parecido se ve en los inventarios medievales de España. En el de los bienes de la infanta Beatriz de Castilla, hija de Enrique II (que reinó de 1369 a 1379), hay prendas de nombre francés, como "unos *canivetes* con una vayna de *tapete de verdegay"*, dos *formales* de oro y "tres paños de *arraja"* (evidentemente, los fabricados en Arrás, al norte de Francia, que luego se llamaron *raja);* pero predominan las de nombre árabe: tres *alfayates,* "el uno fecho a pespuntes" y los otros dos "de grano de *aljófar";* "dos sortijas de oro con dos *cafíes"* (el *cafí* más grueso, "tamaño como una avellana"); "diez *almocelas,* una de sirgo" (esto es, de seda); "una *altija";* "un *alfamerejo";* "cuatro *alguebas* de paño de su vestir". Salvo *aljófar,* ninguna de estas palabras figura en el *Diccionario etimológico* de Corominas (lo cual es señal de que el estudio de los arabismos no ha concluido). El *cafí* será alguna piedra semipreciosa; la *algueba* parece ser una vara de medir.

más". Don Quijote está aquí algo distraído: en primer lugar, *alba* y *alma* y otras muchas palabras que comienzan en *al-* no son ciertamente moriscas, y en segundo lugar, como puede comprobarse con sólo pasar los ojos por las incompletísimas listas anteriores, los arabismos con *al-* no son *"pocos* más", sino una cantidad enorme. Ese *al-* es el artículo árabe, que en los arabismos ha quedado incorporado al resto de la palabra. Por lo demás, el artículo está asimismo en palabras como *acequia, adelfa, ajonjolí, arrayán, atarjea* y *azahar,* aunque reducido a *a-* por efecto de la consonante que sigue. Las palabras *jubón* y *aljuba* significan lo mismo, como también los topónimos *Medina* y *Almedina.* Se dice "el *Corán",* pero puede decirse igualmente "el *Alcorán",* y *alárabe* era sinónimo de *árabe.)*

Gran parte de esto —observan algunos— no se originó en la cultura islámica. Muy cierto. Pero ahí radica justamente la peculiar "originalidad" de esa cultura. Los árabes, que dejaron muladíes devotos dondequiera que estuvieron —desde España, Portugal y Marruecos hasta el lejano Oriente, pasando por Sicilia, los Balcanes, Egipto (y grandes zonas al sur de Egipto), el Levante mediterráneo, Mesopotamia, Persia y la India—, dondequiera adoptaron también las cosas que hallaron buenas. Muchos de los arabismos, y entre ellos los "grandes" arabismos, cuentan sintéticamente esa historia. A menudo, en efecto, las palabras de donde proceden no son originalmente árabes, sino adaptaciones de voces de las gentes con quienes los árabes tuvieron trato. El más prestigioso de esos países es Grecia. El papel de adaptadores y transmisores que desempeñaron los árabes en cuanto al saber helénico, comenzando con varias de las obras de Aristóteles, se refleja hasta en palabras como *adarme,* del griego *drachmé,* o *adelfa,* del griego *daphne,* o *albéitar,* donde hace falta cierto esfuerzo para reconocer el griego *hippiatros* 'médico de caballos'. Hay así arabismos procedentes, no digamos ya de Marruecos, de Egipto o de Siria, sino de Persia, la India, Bengala y más allá. El *cero* y el *ajedrez,* por ejemplo, nos llevan a la India; la *naranja* y el *jazmín,* a Persia; el *benjuí* a Sumatra, de donde los árabes traían ese incienso aromático, y en la palabra *aceituní* está encerrada no la aceituna, sino la remota ciudad china de Tseu-thung, donde se fabricaba ese raso o seda satinada. En el caso de España, por una especie de paradoja, abundan particularmente los arabismos procedentes ¡del latín! Las palabras latinas *castrum, thunnus* y *(malum) pérsicum* ('manzana de Persia'), para poner tres ejemplos sencillos, no habrían dado origen a *alcázar, atún* y *albérchigo,* respectivamente, si no hubiera sido porque pertenecieron al habla familiar de los moros.*

Algunos arabismos nunca fueron populares, tal como ahora no es popular buena parte del vocabulario científico o técnico, o del que emplean las clases sociales refinadas. La palabra *almanaque* fue y sigue siendo popular; *cenit, nadir* y *acimut* son bien conocidas, pero *alcora* 'esfera celeste' no figura sino en uno de los libros técnicos de Alfonso el Sabio. Así también, *arracada* sigue siendo popular, mientras que la rara palabra *alhaite* 'sartal de diversas piedras preciosas' no está documentada sino en dos testamentos de reyes. Los arabismos *alcora* y *alhaite* son puramente históricos. También han pasado ya a la historia no pocos

---

* El ya mencionado Juan de Valdés —observador, en este caso, más agudo que Don Quijote— les explicará a sus amigos italianos, a propósito del artículo árabe, que "nosotros lo tenemos mezclado en algunos vocablos latinos, el cual es causa que no los conozcamos [= reconozcamos] por nuestros". En efecto, no es fácil reconocer por nuestro (o sea por latino) el vocablo *alcázar* o el vocablo *atún*. Si *thunnus* hubiera pasado a nuestra lengua directamente del latín, el resultado habría sido *ton* (el *ton* que aparece en *tonina*). La palabra grecolatina *amygdala* no habría producido *almendra* de no haber sido porque se entrometió el *al-* árabe. En *alcorque* está incorporado el 'corcho'. El "mestizaje" es mayor aún en *amapola,* donde ha hecho falta mucho acumen para descubrir la palabra latina *papáver,* latín vulgar *papávera* y luego *papaura;* este *papaura* se transformó en algo así como *habapaura* a causa de un elemento árabe añadido, *habba* 'grano, semillita' *(habbpapaura); habapaura,* finalmente, se transformó en *habapora, hamapora* y *hamapola,* con *h* aspirada (en un tiempo se dijo JAMAPOLA). Hay formas "mestizas" en ciertos apellidos españoles, como *Benavides* y *Venegas,* y son frecuentes en la toponimia: no sólo *Almonte* y *Alpuente,* o *Almotacid* y *Almoster* 'el monasterio', sino formas más complejas, como *Castielfabib* 'castillo de Habib'. *Guadalquivir* 'gran río' y *Gibraltar* 'monte de Tárik' son topónimos plenamente árabes; *Guadalupe* 'río del lobo' y *Gibralfaro* 'monte del faro' son topónimos mestizos. — Hay casos de coexistencia del arabismo y el romanismo: la palabra *mejorana* es hermana de la *maggiorana* italiana y de la *marjolaine* francesa, pero su sinónimo, *almoraduj,* es de hechura árabe; la palabra *hiniesta* (o mejor *iniesta:* la *h-* es añadido moderno) es hermana de la *ginestra* italiana y del *gênet* francés, pero su sinónimo, *retama,* completamente árabe, casi acabó con ella; la palabra *espliego,* de cepa románica, es propia de la mitad norte de España; su sinónimo, *alhucema,* es propio del sur. (¡Curioso trío botánico de "dobletes"!)

arabismos que fueron usados normalmente por toda la gente. Algunos desaparecieron porque las cosas mismas desaparecieron: la *alahilca*, 'colgadura o tapicería de las paredes', parte del ajuar ordinario de la casa árabe o arabizada, dejó a la larga de existir, como tantos refinamientos y saberes de los moros. Otros arabismos desaparecieron a causa de una como reacción de vergüenza por parte de los españoles de épocas posteriores (como si el haberse singularizado la España musulmana frente a Europa hubiera sido afrentoso). Juan de Valdés, nacido en Cuenca, no lejos de Toledo, una de las zonas más arabizadas de la península, al mismo tiempo que reconocía la legitimidad de *piedra sufre* (del latín *petra sulfur*), observaba que los españoles tenían por "mejor" la palabra arábiga *alcrebite*. Pero un contemporáneo suyo, el socarrón humanista Francisco López de Villalobos, sostenía que los toledanos "ensucian y ofuscan la polideza y claridad de la lengua castellana" con sus montones de arabismos. Es probable que *alcrebite* se haya olvidado por resultar voz muy ajena al vocabulario internacional; pero otros olvidos parecen explicarse por la mencionada reacción de vergüenza. Puede ser que en cierto momento la palabra *alfajeme* se haya sentido demasiado morisca, demasiado degradante, y entonces los alfajemes españoles prefirieron llamarse *barberos,* tal como hay ahora barberos y peluqueros que prefieren llamarse "profesores de estética masculina". Así también, dos palabras advenedizas, *sastre* y *mariscal,* dejaron en el olvido o en el limbo de lo rústico los arabismos *alfayate* y *albéitar,* tan arraigados antes en la lengua, o sea tan castizos. (La designación normal del sastre sigue siendo *alfaiate* en portugués.)

Salvo muy contadas excepciones —los moros *latiníes,* las granadas *zafaríes,* etc.—, los arabismos hasta aquí mencionados son sustantivos. De igual manera son sustantivos, en su gran mayoría, los nahuatlismos del español de México. Es lo normal en toda historia de "préstamos" lingüísticos. Tanto más interesante resulta, por ello, el caso de los adjetivos y de los verbos tomados directamente del árabe (directamente: sin contar *algebraico, alcohólico,* etc., ni *alfombrar, alambicar,* etc.; sin contar tampoco *azul, escarlata,* etc., pues los nombres de colores lo mismo pueden ser sustantivos que adjetivos). He aquí los únicos que recoge Rafael Lapesa:

Adjetivos: *1) baldío* significó 'inútil', 'sin valor', y de ahí 'ocioso'; *2) rahez* significó originalmente 'barato', y pasó a 'vil, despreciable'; *3) baladí* es hoy sinónimo del galicismo *banal;* el significado primario puede verse en las "doblas baladíes" acuñadas por los reyes moros de Granada, de mucha circulación en los reinos cristianos, pero muy inferiores a las espléndidas doblas marroquíes: *baladí* era 'local', 'de la tierra', y, en este caso, 'de segunda clase'; *4) jarifo* era, por el contrario, 'de primera clase', 'noble', y vino a significar 'vistoso', 'gallardo'; *5) zahareño,* que significa 'arisco', era el halcón nacido en libertad (en los riscos), apresado ya adulto, difícil de domesticar, pero estimado por su bravura; *6) gandul,* que hoy significa 'vago' y 'bueno para nada', no era originalmente adjetivo sino sustantivo, y además significaba muy otra cosa: Alonso de Palencia, en su *Vocabulario* de 1490 (poco anterior a la toma de Granada), dice que *gandul* es "garçón que se quiere casar [que está en edad de casarse], barragán valiente, allegado en vando, rofián"; o sea: muchachón arrojado, de armas tomar —*barragán* es elogioso—, amigo de formar pandilla con otros de su edad y condición; no muchos años después, los españoles se topaban aquí y allá, en tierras de América, con grupos de indios jóvenes, fuertes, belicosos, y apropiadamente los llamaron "indios *gandules";* *7) horro* significaba 'de condición libre', 'no sujeto a obligaciones'; "esclavo horro" era el emancipado, y *8) mezquino* era el 'indigente', el 'desnudo' (con matiz compasivo), pero acabó por significar (con otro matiz) 'miserable', 'avaro'. Algo en común tienen estos ocho adjetivos: todos ellos son enérgicamente valorativos.

Verbos: *1) recamar* era 'tejer rayas en un paño' (se entiende que era un quehacer muy especializado); *2) acicalar* era 'pulir', y *3) halagar* era también 'pulir', 'alisar'. Los tres verbos se referían, pues, al acabado perfecto de una obra de artesanía; pero *halagar* se trasladó por completo a la esfera moral: 'tratar a alguien con delicadeza, con cariño' (alisarle el cabello), y de ahí, por corrupción, 'adular', 'engatusar'. (Se puede añadir un cuarto verbo, el arcaico *margomar,* sinónimo de *recamar.)*

También proceden del árabe los pronombres indefinidos *fulano* y *mengano,* la expresión *de balde* o *en balde* (del mismo origen que *baldío*), la partícula demostrativa *he* de "he aquí", "he allí", el importantísimo nexo sintáctico *hasta* (cada vez que decimos "desde... hasta...") hacemos funcionar una estructura gramatical "mestiza"), y algunas interjecciones, como el arcaico *¡ya!,* muy frecuente en el *Poema del Cid* (se puede "traducir" por *¡oh!),* y sobre todo el frecuentísimo *¡ojalá!* ('¡tal sea la voluntad de Alá!'), que en la Europa renacentista pudo prestarse al chiste de que los españoles adoraban al Dios islámico.

No menos interesantes son los arabismos "semánticos", los que no pasaron al español con su materia lingüística, sino sólo con su espíritu. La costumbre, por ejemplo, de decir "si Dios quiere", o "que Dios te ampare", o "don Alonso, a quien Dios guarde", o "bendita la madre que te parió", es herencia de los árabes. A comienzos del siglo XIII, el traductor toledano del *Fuero Juzgo,* en vez de designar con el latinismo "el *demandante"* a quien presentaba una demanda, se sirvió con toda naturalidad del término usado en los alegatos orales, "el *dueño de la razón",* calco lingüístico del árabe. (Recuérdese el caso análogo de *companionem,* pág. 90). Estos arabismos espirituales o semánticos revelan una comunión especialmente íntima entre las dos lenguas. Palabras tan españolas y de etimología tan latina como *fijo de algo* (> *hidalgo)* y como *infante/infanta* 'hijos del rey' son arabismos semánticos.

En cambio, la influencia del árabe en la morfología de nuestra lengua es muy tenue: el único caso seguro es el sufijo *-í* de *marroquí, alfonsí, sefardí,* etc.* En cuanto a la pronunciación, la huella del árabe es nula. A fines del siglo XV, Nebrija creía que tres sonidos del español, la *h* de *herir* (JERIR), la *x* de *dexar* (DESHAR) y la *ç* de *fuerça* (FUERTSA), sonidos inexistentes en latín, eran herencia de los moros, y en nuestros días

---

* La leccioncita de Don Quijote sobre arabismos acaba así: "...y solos tres [nombres] tiene nuestra lengua que son moriscos y acaban en *í,* y son *borceguí, zaquizamí* y *maravedí".* Basta un somero repaso a los arabismos que aquí he mencionado, comenzando con el *baharí,* el *borní* y el *neblí,* para reconocer que Don Quijote estaba distraído, trastornado quizá por su reciente derrota a manos del Caballero de la Blanca Luna, al hablar de "solos tres" (es verdad que luego añade *alhelí* y *alfaquí,* nombres arábigos "tanto por el *al* primero como por el *í* en que acaban"). Lo notable del sufijo *-í* es que no se quedó fosilizado en voces arcaicas, sino que sigue siendo productivo: sirve para formar gentilicios: *israelí, pakistaní, kuwaití...*

todavía se oye decir que la *j* española de *ajo* y de *juerga,* inexistente en francés y en italiano, se nos pegó del árabe. No es verdad. A esos cuatro sonidos se llegó por una evolución plenamente románica, y su parecido con otros tantos fonemas árabes es mera coincidencia. Todos los arabismos de nuestra lengua se pronunciaron con fonética hispánica. (Un ejemplo moderno ayudará a explicarlo: la palabra *overol* es anglicismo, pero todos sus fonemas son españoles; ninguno coincide realmente con los de la palabra inglesa *overalls.*)

LA LENGUA DE LOS MOZÁRABES

El alud de arabismos, que no afectó la estructura fonética ni sintáctica de las lenguas iberorromances, y que ni siquiera en cuanto al vocabulario las volvió "irreconocibles" como hijas del latín, dejó también a salvo la estructura del romance hablado por los mozárabes, y de ninguna manera eliminó su fondo patrimonial. La fonética, la gramática y el léxico básico de los mozárabes son continuación del latín visigótico, de la lengua "general" de Hispania a comienzos del siglo VIII, en el momento de la invasión de los moros. Indirectamente, sin embargo, el dominio musulmán influyó en las peculiaridades del habla mozárabe.

Consideremos lo que ocurría en el siglo XI. La mitad sur de la península seguía siendo árabe y, por consiguiente, no había comunicación entre los hispanohablantes del sur y los del norte. A semejanza de las hablas romances del norte, también las hablas mozárabes mostraban seguramente diferencias dialectales (no ya entre Évora y Zaragoza, sino entre Évora y Toledo, entre Córdoba y Murcia, entre Zaragoza y Valencia), pero, en comparación con las del norte, eran más conservadoras, a causa justamente de su aislamiento. Justamente en el siglo XI, como se verá (pp. 135-136), se inició en los reinos del norte la reforma cluniacense, que europeizó y modernizó la liturgia. A los mozárabes no les llegó esa reforma: en sus iglesias había ritos, ornamentos, ceremonias, textos y melodías que venían de los tiempos visigóticos, y era tal el amor a ese rito mozárabe que, al ser reconquistada Toledo por los castellanos, la población consiguió que no se le cambiara por el rito romano. El mismo "instinto de conservación" operaba evidentemente en el habla mozárabe cada vez que había un primer contacto con las otras hablas romances. (No de otra manera, el español que hasta mediados del siglo xx hablaban los sefardíes en Salónica, en Constantinopla, en Esmirna, tenía rasgos de pronunciación y de vocabulario que lo particularizaban y lo hacían único. La gran diferencia es que el sefardí estuvo siempre aislado, mientras que el mozárabe, al entrar gradualmente en relación con las hablas conquistadoras del norte, acabó por diluirse en ellas.) Por lo demás, los mozárabes nunca llevaron a la escritura sus modos de hablar. La lengua en que escribieron fue al principio el latín, y después, sensatamente, el árabe. Sin embargo, la falta de textos escritos en mozárabe está compensada de varias maneras.

En primer lugar, los escritores hispanoárabes usan buen número de voces romances sueltas, ya porque ellos las hubieran injertado en su lengua árabe —en la obra poética de Ben Qusmán hay alrededor de 200 hispanismos mozárabes—, ya porque estuvieran refiriéndose a sucesos o particularidades de la tierra, y así un tratadista de botánica dice que los cristianos llaman *yeneshta* a lo que los árabes llaman *retáma,* y cierto historiador, por afán de precisión, cita literalmente la palabra ofensiva que alguien soltó: *boyata* —o sea *boyada* 'hato de bueyes'.

En segundo lugar, muchas voces romances han quedado como engastadas en los arabismos: en *alcandor* 'afeite para blanquear la cara' está bien visible la palabra latina *candor,* manteniendo su significado concreto de 'blancura'. Más aún: los arabismos nos instruyen acerca de la pronunciación mozárabe. La palabra latina *matricem* ('matriz', y de ahí 'cauce') se pronunciaba MATRICHE, pues existe el arabismo *almatriche* (cierta especie de acequia). La palabra latina *concilium* se reconoce en el topónimo *Alconchel.* El nombre de Cicerón se pronunciaba CHICHERONE. (Las palabras *chícharo* y *chicharra* son tan típicamente mozárabes, que hasta la fecha no se usan en la mitad norte de España.) Los mozárabes no habían convertido aún en *d* la *t* de las terminaciones latinas *-atus, -ata,* como se ve en el insulto *boyata,* y como lo muestra la voz *alcayata,* que seguramente significó al principio lo mismo que su correspondiente castellano, *cayada* ('bastón con el extremo superior en forma de gancho'). En lugar de la palabra clásica *quercus* 'encina' se usaba la forma tardía *quernus,* según lo revela la voz *alcornoque.* Y, como vimos (p. 104, nota), la palabra clásica *papaver* 'amapola' se había convertido en *papaura* o algo semejante.

En tercer lugar, gracias a cierto refinado artificio practicado por los poetas hispanoárabes de los siglos XI-XIII, se nos han conservado unos cincuenta pequeños textos mozárabes. En una época en que la distancia entre el árabe literario y el árabe vulgar era enorme, el artificio consistía en rematar sorpresivamente un poema "clásico" por su léxico, su sintaxis y sus imágenes, llamado *muwashaja,* con una cancioncita callejera, hecha en el lenguaje de la gente común. Para el juguetón artificio, lo mismo daba el árabe vulgar andalusí que el habla romí de los mozárabes. Este ingenioso remate se llamaba *jarcha.* Las jarchas mozárabes, aparte de ser la "primavera de la lírica romance" (pues las más antiguas son anteriores a la lírica provenzal, tenida tradicionalmente por la primera del mundo románico), son los únicos textos en que hay algo más que palabras aisladas. Están puestas casi todas en boca de muchachas que llaman a su enamorado con una voz árabe, *habib* 'querido' (o *habibi* 'querido mío'). He aquí tres ejemplos:

> ¿Qué faréi, mamma?
> Meu al-habib est ad yana.

(¿Qué haré, mamá? Mi querido está a la puerta.)

> Garid vos, ay yermanellas,
> ¿cóm' contener a meu male?
> Sin el habib non vivreyo:
> ¿ad ob l'iréi demandare?

(Decidme, hermanitas, ¿cómo soportaré mis penas? Sin el amado no podré vivir: ¿adónde iré a buscarlo?)

¿Qué fareyo, ou qué serad de mibi?
Habibi,
non te tuelgas de mibi.*

(¿Qué haré, o qué será de mí? Querido mío, no te apartes de mí.)
Gracias a estas fuentes es posible tener una idea sumaria del mozárabe. Podemos llamarlo "arcaico", podemos decir que se quedó "estancado" en su evolución fonética, pero sólo si usamos como término de comparación el castellano, o sea el dialecto que en los siglos XI y XII se
estaba imponiendo en el norte. El castellano, desde luego, estaba muchísimo más lejos del latín que el mozárabe (el mozárabe siguió siendo
el latín vulgar visigótico, con los rasgos que ya se han visto: *eglesia,
nohte, orella, llengua,* etc.). Pero si en vez de usar el término de comparación del castellano —cuyo territorio era hace 1 001 años tan insignificante en comparación con el del mozárabe—, vemos en todo su conjunto el protorromance de la era de los godos, cuando aún había relación
con el protorromance italiano, el mozárabe no puede llamarse dialecto
arcaico o estancado. Hay en él, sí, cosas curiosas, como los futuros *vi-
vreyo* y *fareyo* (latín vulgar *vivire habeo, fare habeo),* como el verbo *garir*
'decir' (latín vulgar *garrire)* o como el pronombre *mibi* (el *mihi* clásico
se convirtió en *mibi* por contagio con el pronombre de segunda persona,

* En contraste con la ingenuidad y delgadez de las jarchas romances, he aquí una
muestra de lo que escribían los refinados poetas árabes en la España de esos siglos (y tén-
gase en cuenta que, como ocurre en toda traducción de poesía de una lengua a otra, en
esta versión española moderna se han perdido, evidentemente, cosas tan esenciales como
la sonoridad, el ritmo, la hechura íntima del poema árabe): "¡Qué bello el surtidor que
apedrea el cielo con estrellas errantes, que saltan como ágiles acróbatas! / De él se desli-
zan, a borbotones, sierpes de agua que corren hacia la taza como amedrentadas víboras. /
Y es que el agua, acostumbrada a correr furtivamente debajo de la tierra, al ver un espacio
abierto aprieta a huir. / Mas luego, al reposarse, satisfecha de su nueva morada, sonríe
orgullosamente mostrando sus dientes de burbujas. / Y entonces, cuando la sonrisa ha
descubierto su deliciosa dentadura, inclínanse las ramas enamoradas a besarla". — La
invención del juego de las jarchas se atribuye a Mucádam de Cabra el Ciego, poeta del
siglo IX/X. Pero las que se conservan —y que se descubrieron muy recientemente, poco
antes de 1950— no son tan antiguas. El juego fue imitado, en muwashajas hebreas, por
poetas judíos tan famosos como Moshé ben Ezra, Yehudá Haleví y Abraham ben Ezra. Es
bueno subrayar el hecho de que las jarchas están escritas en caracteres árabes o hebreos
(escritura *aljamiada),* y que su transliteración, su traslación a nuestro alfabeto, no siempre
es segura.

tibi); pero otros fenómenos, como *ob* 'dónde' (latín *ubi)* o como la *-d* de *serad* 'será' (latín vulgar *sere habet),* no son tan raros en esta época, y se encuentran también en los dialectos del norte. La palabra *yana* 'puerta' es el único ejemplo de supervivencia del latín *janua,* expulsado de las demás variedades del latín vulgar por la palabra *porta;* pero en portugués subsiste un descendiente de *janua,* el diminutivo *janela* 'puertecita' (o sea 'ventana').

Más que descubrir fáciles analogías entre el mozárabe y el portugués *(nohte,* por ejemplo, pronunciado NOJTE, está más cerca de *noite* que de *noche)* o con el catalán (la pronunciación *llengua,* por ejemplo), ¿por qué no ver los "arcaísmos" del mozárabe como testimonios del parentesco profundo de todo un racimo de lenguas? Ciertamente, un portugués que lea la jarcha "¿Qué faréi, mamma?", podrá decir: "Esto no está escrito en castellano, sino en *mi* lengua, tal como era hace ocho o nueve siglos". A los hablantes de castellano tiene que resultarnos arcaico (graciosamente arcaico, habrá que decir tal vez) todo eso que se lee en las jarchas: *fillolo* 'hijito', *yermanellas* 'hermanitas', *dolche* 'dulce', *amare, bechare* 'besar', *rayo de sole, corachón, bono* 'bueno', *adormes* 'duermes', *ollos* 'ojos', *nomne* 'nombre', *fache* 'faz', 'cara', etc. Pero pronunciemos, basados en los datos conocidos, la frase mozárabe *bechare la dolche fache del fillolo,* y después la frase italiana (de hoy) *baciare la dolce faccia del figliolo,* y entonces el mozárabe habrá quedado situado de otra manera, limpio de arcaísmo.

VI. EL NACIMIENTO DEL CASTELLANO

LOS REINOS CRISTIANOS DEL NORTE

Los árabes cambiaron en muy poco tiempo el rostro de España; pero los parientes del rey Rodrigo, y los miembros de la nobleza visigoda, partidarios suyos, que precipitadamente huyeron a las montañas de Asturias, muy cerca del Cantábrico, no vieron con agrado ese cambio de rostro. Los siglos en que brilló el genio constructor de los musulmanes fueron, para los escritores de los reinos cristianos en la Edad Media española, los de "la destruyción de España".

El primer nombre que se destaca en el puñado de magnates que huyeron al norte es el del semilegendario Pelayo, triunfador de los moros en la batalla de Covadonga, al este de Oviedo, el año 722 (por cierto que uno de los cabecillas del ejército derrotado por Pelayo era el arzobispo don Oppas, ya mencionado en la p. 91). Debe haber sido una acción bélica de poca importancia, pues los árabes, desdeñando esa faja cantábrica en que no había ciudades que valieran la pena, continuaron su avance y penetraron en Francia, hasta que fueron detenidos por Charles Martel (batalla de Poitiers, 732). A Pelayo se le tiene por fundador del reino astur-leonés. Su yerno Alfonso (Alfonso I, rey de Asturias de 739 a 757), sacando partido de ciertos pleitos que estallaron entre árabes y bereberes, lanzó una acometida que abarcó la cuenca del Duero y la del alto Ebro, exterminó las escasas guarniciones enemigas, quemó las siembras, arrasó los poblados y regresó a la zona de Oviedo llevándose a los habitantes cristianos, que habían empezado a arabizarse.*

* Esta "despoblación" de la tierra fue una táctica militar que se practicó mucho. Servía para crear un "desierto estratégico", una tierra yerma, sin gentes y sin cultivos, incapaz de mantener a nadie. La suerte de la "población civil", durante largos siglos, no es difícil de imaginar. La mayor parte de los mozárabes eran cristianos, pero estaban de tal modo integrados a la vida árabe, que la reconquista de cada ciudad por los cristianos del norte venía

En el siglo siguiente, Ordoño I (850-866), cuya corte estaba en Oviedo, pudo reconquistar de manera más firme los territorios situados al sur mediante una "repoblación" sistemática. Repobló así la ciudad de León, como dice una de las primitivas crónicas latinas, "en parte con sus gentes y en parte con gentes traídas de España": sus gentes eran los habitantes de Asturias y de la vecina Galicia, regiones en que casi no estuvieron los moros; y las gentes "traídas de España" eran simplemente los mozárabes, los cristianos a quienes poco a poco se iba "rescatando": para esos reyes primitivos, "España" era un país extranjero. La corte asturiana acabó por trasladarse a León hacia el año 920. Pero en 988 las murallas de la ciudad fueron arrasadas por Almanzor, cuya contraofensiva llegó poco después, con fuerza abrumadora, hasta Santiago de Compostela. La segunda y definitiva "repoblación" de León tuvo lugar en 1017.

Este reino de León se consideró siempre no ya el continuador, sino el heredero directo del visigótico. Nunca dejó de regirse por las leyes del *Fuero Juzgo,* y sus monarcas —a algunos de los cuales les dio por lla-

a ser tan desastrosa casi para ellos como para los moros. Fueron tiempos atroces. En 776 un monje asturiano, llamado "el Beato de Liébana", escribió unos comentarios sobre el Apocalipsis, libro en que se pintan las luchas de la iglesia primitiva contra sus enemigos de dentro y de fuera mediante visiones, imágenes y escenas fantásticas y, con el mismo lenguaje simbólico, se anuncian luchas aún más terribles, pero también el triunfo final. Para el Beato de Liébana, hombre de su tiempo, la lucha apocalíptica era imagen de las batallas muy concretas contra los moros "infieles". Durante los siglos siguientes se hicieron copias de esos comentarios, sobre todo en el reino de León: son "los Beatos", manuscritos adornados con miniaturas desaforadas y espléndidas, generalmente obra de artistas mozárabes. Dentro de la tradición europea medieval, los Beatos ofrecen, entre otras anomalías, la elección misma del Apocalipsis; en contraste con los concilios carolingios que declararon apócrifo este libro final del Nuevo Testamento, la iglesia española había afirmado su autenticidad ya en el siglo VII. La perduración de los Beatos es muy significativa. La historia de la reconquista cristiana está entreverada de visiones apocalípticas, de cabalgatas misteriosas en las nubes, de guerreros celestiales que acuden a socorrer a los cristianos. Santiago se aparece en un caballo blanquísimo y personalmente mata infinidad de moros en la batalla de Clavijo (844). Por esos mismos años, el obispo de Iria Flavia (la actual Padrón, cerca de La Coruña) encuentra a la orilla del mar el sepulcro pétreo del Apóstol, milagrosamente llegado desde Jerusalén. — También hay que tener en cuenta el marco europeo de las Cruzadas, que tuvieron lugar durante casi dos siglos a partir de 1096, y cuyo objeto era arrebatarle al Islam el sepulcro de Cristo. Los españoles no participaron en ellas, pero vivieron en esos siglos una especie de cruzada permanente. La presencia inmediata de los moros es tema frecuente en la literatura medieval de la península. (Hay, por ejemplo, un nutrido grupo de romances llamados "fronterizos" porque narran escaramuzas o incidentes ocurridos en la cambiante frontera entre moros y cristianos.)

marse "emperadores"— se esforzaron por reproducir en León algo de la añorada grandeza de aquella Toledo adonde nunca regresó el rey Rodrigo. (Ya en Oviedo, según dice una noticia, los sucesores de Alfonso I habían engrandecido su corte "con basílicas, palacios, baños y triclinios", o sea edificios nobles, como los que los reyes godos habían heredado de los tiempos romanos.) No es extraño que el reino de León haya sido lingüísticamente conservador. Los documentos que nos han llegado de los primeros siglos están escritos en un latín "de notario" bastante irreal, pero permiten entrever ese carácter conservador de la lengua vulgar. Puede decirse que en el León repoblado por Ordoño I con su gente y con gallegos y mozárabes no hubo problemas de comprensión: la lengua que hablaban todos ellos era prácticamente la misma.

Navarra, el otro reino cristiano de los tiempos primitivos, tiene orígenes un tanto más oscuros. Había sido desde la época romana un territorio de lengua vasca, donde el único enclave de romanidad era la modesta ciudad de Pampelone (Pamplona). No muy solicitada por los moros, esta región llegó a constituir en el siglo IX un reino embrionario que abarcaba también la vertiente pirenaica francesa, algo más romanizada. El reino de Navarra comenzó a sobresalir en el siglo X gracias a la anexión de La Rioja, reconquistada de manos de los árabes. Entre los reyes navarros se señala Sancho el Mayor (1027-1035) por sus esfuerzos de consolidación.

Mientras tanto, al este, en otra franja pirenaica asimismo poco romanizada, se había constituido el pequeño reino de Aragón, subordinado a Navarra. Los reyes primitivos de Aragón reconquistaron a su vez algunas tierras, y uno de ellos, Sancho Ramírez († 1094), rompió la subordinación a Navarra. Las importantes reconquistas de Huesca (1096), Barbastro (1100) y Zaragoza (1118) fueron ya empresa del reino de Aragón, aun cuando entre los reconquistadores siguiera habiendo gentes navarras. Se puede decir que la lengua de estos reconquistadores era más "ruda" que la de los leoneses, ya que León había sido más romanizada. Pero, de hecho, el aragonés antiguo se parece bastante al leonés antiguo: ninguno de los dos dialectos se ha alejado mucho del latín vulgar visigótico. Tampoco debe haber habido muchas diferencias entre el habla de los navarro-aragoneses y la de los mozárabes con quienes se iban topando.

Antes de evocar los orígenes del reino de Castilla, conviene decir unas palabras sobre Cataluña y Portugal. Cataluña tuvo, desde el principio, una suerte aparte. La reconquista no fue emprendida por ningún "rey" catalán, sino por Ludovico Pío, hijo del emperador Carlomagno (comienzos del siglo IX). Cataluña quedó dividida en "condados" dependientes de Francia, pero que fueron emancipándose poco a poco. Se incorporó al reino de Aragón en 1137, pero todavía en el siglo XII los condes de Barcelona intervenían en la política francesa. En ese mismo siglo XII se creó el reino de Portugal, que anteriormente había sido un "condado" subordinado a los reyes de León. Afonso Henriques (Alfonso I de Portugal), hijo del último conde, que por cierto era de origen francés, se coronó rey en 1139. En su reconquista de Lisboa (1147) le ayudaron, no leoneses ni gallegos, sino cruzados ingleses en su camino a Tierra Santa.

El reino de Castilla

La palabra *Castilla* viene de *castella*, plural de *castellum*, que en tiempos visigóticos no significaba 'castillo', sino 'pequeño campamento militar' (diminutivo de *castrum)*, o sea un campamento rudimentario, un cuartel, o hasta la finca de algún colono arriesgado (en mozárabe, el sentido de *castil* es completamente pacífico: 'casita de campo'). Así como el nombre de León recuerda el acuartelamiento permanente de una legión *(Legionem)* encargada de controlar a los insumisos cántabros, así el nombre de Castilla recuerda las pequeñas fortificaciones que los romanos mismos, y luego los visigodos, y más tarde los leoneses, construyeron para tener a raya a los descendientes de esos cántabros tan rudos como orgullosos. Cualquier idea de castillos monumentales está excluida en estos tiempos primitivos.

En la época visigótica, la región de Cantabria no había sido literalmente *nada* más que el punto de confluencia de tres de las viejas provincias o divisiones administrativas romanas: la Galecia, la Tarraconense y la Cartaginense. En los primeros tiempos de la reconquista, los reyes astur-leoneses no vieron en esa zona sino su frontera oriental, dividida en unos cuantos "condados" que les estaban sujetos. (Precisamente, la designación colectiva *Castella* aparece por vez primera en un documento leonés del siglo ix.) Puede decirse que los condes castellanos del siglo x reprodujeron la actitud que sus antepasados cántabros habían tenido diez siglos antes: pelearon contra los habitantes de la antigua Galecia, ya entonces reino de León; contra los de la antigua Cartaginense, o sea el territorio ocupado por los moros y los mozárabes, y contra los de la antigua Tarraconense, o sea el reino navarro-aragonés. Contra todo el mundo pelearon. Por lo demás, rechazaban tercamente el *Fuero Juzgo* (que seguía rigiendo no sólo en León, Aragón y Cataluña, sino también entre los mozárabes), y se aferraban a su costumbre de resolver los conflictos judiciales mediante "albedríos" o arbitrajes. Se dice que a fines del siglo x los castellanos quemaron en Burgos todos los libros que contenían el *Fuero Juzgo*. La única ayuda que buscaron fue la de los vascos, dueños a la sazón de un territorio mucho más extenso que el actual. (Los habitantes del país vasco y del primitivo condado de Castilla vieron siempre muy por encima del hombro a los demás españoles.)

Refiriéndose a los tiempos de Fernán González († 970), el más famoso de los condes de Castilla, dice a mediados del siglo xiii el *Poema* en que se exaltan sus hazañas:

> Entonçe era Castiella un pequeño rincón:
> era de castellanos Montes d'Oca mojón...

Por cuenta propia, aunque reforzado por los vascos, Fernán González expulsó de Burgos a los moros, avanzó un poco más por el sur, y llegó por el este hasta los no muy altos montes de Oca, "mojón" o límite entre sus conquistas y La Rioja recién adquirida por Navarra. Era en verdad "un pequeño rincón", pero ya era *algo*. Desde Burgos, esos castellanos que "durante siglos fueron unos revoltosos" —como dice, en latín, un anónimo cronista hacia 1150— se dedicaron sobre todo a destruir sus lazos de obediencia con los reyes de León.* No descuidaron ningún

---

* Los siglos posteriores mantuvieron vivo el recuerdo de esos pleitos. He aquí el comienzo de un romance juglaresco:

medio, pero los medios sangrientos parecen haber sido los predilectos. Las traiciones, muertes y venganzas de esos tiempos, arregladas y debidamente hermoseadas, dieron materia para los primeros poemas épicos de Castilla. El trato con los moros era otra cosa: en este caso sí se valieron los castellanos de recursos diplomáticos: uno de los condes, Sancho García († 1017), recibía a los embajadores de Almanzor en un salón amueblado con alfombras y almohadones árabes —señal visible, por otra parte, de un repudio al arcaizante ceremonial visigótico practicado por la corte leonesa.

Tras la muerte (violenta) del último de los condes (1029), Castilla recayó en Sancho el Mayor de Navarra, que se la dejó en herencia a su hijo Fernando al mismo tiempo que le dejaba Navarra al otro hijo, García. Fernando no fue ya conde, sino "rey" de Castilla (Fernando I). Los leoneses, naturalmente, no lo reconocieron como tal, y el conflicto se resolvió por las armas. Fernando derrotó en 1037 al rey de León (cuñado suyo), y así pasó a ser rey de Castilla *y de León;* años después asesinó a su hermano García y anexó La Rioja a Castilla (batalla de Atapuerca, 1054).

Tal fue el comienzo de la hegemonía de Castilla. Pero la unión de León y Castilla no fue definitiva hasta 1230. Fernando I, por ejemplo, le dejó Castilla al hijo mayor y León al segundo (1064). Entre tanto hubo otros Fernandos, y Alfonsos, y Sanchos, que prosiguieron la doble lucha de los orígenes: contra los vecinos cristianos del este y el oeste, y contra los opulentos moros del sur. En tiempos de Alfonso VI (1072-1109), Rodrigo Díaz de Vivar, experto en el arte de pelear (que eso significa *Campea-*

Castellanos y leoneses	tienen grandes divisiones.
El conde Fernán González	y el buen rey don Sancho Ordóñez
sobre el partir de las tierras	ahí pasan malas razones.
Trátanse de hideputas,	hijos de padres traidores;
echan mano a las espadas,	derriban ricos mantones.
Non les pueden poner treguas	cuantos en la corte sone;
pónenselas dos hermanos,	aquellos benditos monjes:
el uno es tío del rey;	el otro, hermano del conde.
Pónenlas por quince días,	que no pueden por más, none.
Que se vayan a los prados	que dicen de Carrione.
Si mucho madruga el rey,	el conde non dormía, none.
El conde partió de Burgos	y el rey partió de Leone;
venido se han a juntar	al vado de Carrione...

dor: campi-doctor 'doctor en materia de campos de batalla'), tuvo entre sus tareas la de expulsar navarros de las tierras castellanas. Este mismo Rodrigo Díaz, llamado *mio Cid* o quizá más bien *meu Cid* por los mozárabes —*sidi*, en árabe, significa 'mi señor'—, les quitó Valencia a los moros en 1094; pero, muerto cinco años después, su viuda Jimena tuvo que devolverla a sus antiguos ocupantes.* Muchas de las empresas militares de estos tiempos no buscaban la reconquista, sino el saqueo. Alfonso VII (1125-1157) llegó a emprender incursiones depredatorias en ciudades árabes tan meridionales como Cádiz y Almería. El hecho es que los castellanos vinieron a ser, poco a poco, los reconquistadores por excelencia: en 1085 Alfonso VI se adueñó de la gran ciudad de Toledo, y en 1212 Alfonso VIII, ayudado por franceses y navarro-aragoneses, abrió para Castilla las puertas de la riquísima Andalucía derrotando a los almohades en la batalla de las Navas de Tolosa (Jaén).

Toledo, capital de Castilla a partir de 1087, fue durante mucho tiempo una ciudad eminentemente mozárabe, tan bilingüe como Córdoba o Jaén, donde continuó rigiendo el *Fuero Juzgo* y donde los documentos notariales continuaron escribiéndose en árabe, no por un permiso especial, sino por la simple fuerza de las cosas. El uso del romance en esa clase

---

* El Cid histórico no es un personaje tan intachable como el del *Cantar*. Tomándole la delantera a su rey y señor Alfonso VI, comenzó a incursionar por su cuenta en la región de Toledo hacia 1081, y en castigo fue desterrado de Castilla. Se puso entonces al servicio del rey moro de Zaragoza, el cual lo aprovechó para su guerra contra el rey moro de Tortosa y contra dos señores cristianos: el rey de Aragón y el conde de Barcelona. A raíz de la reconquista de Toledo se reconciliaron Alfonso VI y el Cid, pero volvieron a tener conflictos. En 1088 se alió el Cid con el rey moro de Valencia en contra del de Zaragoza, su antiguo "jefe", y se hizo "protector" de los taifas de la región valenciana a cambio del pago de "parias" (tributos); quedó finalmente dueño de Valencia, en 1094, al derrotar a los almorávides que querían poner nuevo rey. Hizo entonces consagrar obispo de Valencia a un compañero de armas, don Jerome, monje francés; los administradores del gobierno siguieron siendo moros, y el Cid se mantuvo de las "parias" que le pagaban los taifas de la zona. Hay en el *Cantar del Cid*, puestas en boca del héroe, unas palabras que bien pueden haberse pronunciado en la realidad (las traduzco a español moderno): "Primero fui pobre *(minguado)*, ahora soy rico; soy dueño de propiedades, de tierras, de oro, de feudos; me tienen mucho miedo *(grant pavor)* lo mismo los moros que los cristianos; allá en Marruecos, tierra de mezquitas [de donde venían los almorávides], temen que los asalte *(que abrán de mí salto)* una noche de éstas, cosa que no pienso hacer: no necesito salir de Valencia; si Dios me ayuda como hasta hoy, ellos seguirán pagando parias a mí o a quien yo quiera".

de documentos comenzó en tiempos de Fernando III (1217-1252). Aprovechando el debilitamiento de la España andalusí tras la batalla de las Navas de Tolosa, Fernando ocupó Úbeda (1233) y la próspera y opulenta Córdoba (1236),* y años después Jaén (1246) y Sevilla (1248). A su muerte, casi no les quedaba a los moros sino el reino de Granada, con Málaga y Almería. Hacia esos años, por cierto, estaba en construcción la Alhambra. (Fernando III es santo de la iglesia católica por razones muy distintas de las que llevaron a los altares a su casi contemporáneo Francisco de Asís.)

La historia de la lengua castellana no puede entenderse bien sin el esbozo de historia política que precede. Las acciones bélicas de Castilla han sido comparadas con una cuña que, martillada desde el norte (Amaya, y luego Burgos), fue penetrando más y más en el sur (Segovia, Ávila, Toledo, etc.), empujando a la vez hacia este y oeste. Los años que van del conde Fernán González al rey Fernando III alteraron radicalmente el mapa político de España, y alteraron también en forma casi paralela su mapa lingüístico. El engrandecimiento territorial de Castilla se hizo a expensas de Asturias-León y de Navarra-Aragón, y sobre todo a base de las tierras quitadas a los moros. La expansión de la modalidad lingüística castellana significó la ruina del leonés y del aragonés y la absorción del mozárabe. También desde el punto de vista lingüístico fue el

---

* La *Primera crónica general*, obra de Alfonso X (hijo de Fernando III), cuenta la recuperación de Córdoba con acentos triunfales. En 997, como parte del botín ganado en Santiago de Compostela, Almanzor se había llevado las campanas de la iglesia "por deshonra del pueblo cristiano, e estuvieron en la mezquita de Córdoba e sirvieron í [allí] en lugar de lámparas"; pero dos siglos y medio después, en cuanto se adueñó de Córdoba, el rey Fernando "fizo tornar aquellas campanas mismas e llevarlas a la iglesia de Santiago de Galicia; e la iglesia de Santiago, revestida dellas, fue muy alegre; e ayuntaron otras esquiliellas que sonavan muy bien, e los romeros que venían e las oían, e sabían la razón dellas, alabavan por ende en sus voluntades a Dios". (El muchacho que narra la historia de Don Gaiferos mientras los títeres de Maese Pedro la van representando, dice que el rey moro de Sansueña, al saber que Don Gaiferos se llevaba a Melisendra, "mandó luego tocar alarma, y miren con qué priesa, que ya la ciudad se hunde con el son de las campanas que en todas las torres de las mezquitas suenan" [y aquí Maese Pedro hace sonar en efecto unas campanas]. "—¡Eso no! —dijo a esta sazón Don Quijote—: en esto de las campanas anda muy impropio Maese Pedro, porque entre moros no se usan campanas, sino atabales y un género de dulzainas que parecen nuestras chirimías, y esto de sonar campanas en Sansueña sin duda que es un gran disparate.")

castellano una cuña que empujó con fuerza hacia abajo y a los lados, hasta crearse un espacio anchísimo, totalmente desproporcionado a su inicial insignificancia.

ADVERTENCIAS SOBRE PRONUNCIACIÓN

Antes de mencionar las peculiaridades del castellano frente a las demás hablas iberorromances, será útil hacer algunas observaciones en cuanto a la pronunciación de ciertos sonidos que existieron en la Edad Media y que han dejado de existir o han sufrido alteraciones en español moderno, debido a cambios que ocurrieron sobre todo entre la segunda mitad del siglo xv y los comienzos del xvii. (De manera excepcional, y como simple curiosidad, se ponen aquí los modernos signos fonéticos de esos sonidos.)

h: actualmente la *h* de *herir* y de *alhelí* es muda, equivale a cero; en castellano antiguo era un sonido en toda regla: esas palabras se pronunciaban JERIR y ALJELÍ, aunque no con la *j* "dura" del centro y norte de España, que se articula con el velo del paladar, sino con la *j* "suave" de gran parte del mundo actual de habla española, más o menos equivalente a la *h* del inglés *house*, o sea con el sonido del jadeo *(h* aspirada, signo fonético [h]).

x: las palabras *xabón* 'jabón', *quexa* 'queja' y *box* 'boj' se pronunciaban SHABÓN, KESHA y BOSH, con *sh* inglesa (signo fonético [š]), igual a la *ch* francesa moderna (la antigua *ch* francesa era como la nuestra). El sonido SH no se ha perdido en el español de los judíos sefardíes. También la *x* de muchos indigenismos mexicanos —aunque no la *x* de *México*— sigue pronunciándose SH: *Uxmal, Xalitla,* etcétera.

g (ante *e, i*) y *j:* las palabras *gentes* y *consejo* se pronunciaron en un primer momento DŶENTES, CONSEDŶO (la D forma un solo sonido con la Y: signo fonético [ǧ]); pero ya en la Edad Media comenzó a desaparecer el elemento D, quedando sólo una Y reforzada o prolongada, semejante a la que se les oye a argentinos y uruguayos cuando dicen *yo* o *yegua* (signo fonético [ž]). En castellano medieval se escribía *yentes* y *conseio* además de *gentes* y *consejo.* La diferencia entre [ǧ] y [ž] es la que hay entre el inglés *John, gentle* y el francés *Jean, gentil.* La palabra *hijo* [hižo] no rimaba con *dixo* [dišo].

ç (y también *c* ante *e, i): braço, çerca, Çid* (o simplemente *cerca, Cid)* se pronunciaban BRATŜO, TŜERCA, TŜID (la T forma un solo sonido con la s: signo fonético [ŝ]).

z: la pronunciación de *azada* era ADŜADA (signo fonético [ẑ]). El elemento D indica que la *z* de *azada* es la contraparte sonora de la *c* sorda de *cerca:* al pronunciar la *d,* la laringe vibra, como puede comprobarse tocando con los dedos la garganta; esta vibración produce "sonoridad", cosa que no ocurre al pronunciar la *t.* (En italiano actual hay casos de una sola grafía para los dos sonidos: *pazzo* se pronuncia PATSO, pero *azzurro* se pronuncia ADSURRO.)

s y *ss,* entre vocales, eran originalmente sonidos distintos (y contrapuestos): no era lo mismo *oso* (del verbo *osar)* que *osso* (el animal, latín *ursus): oso* y *rosa* no se pronunciaban con la *s* actual (la *s* de *saber),* sino con la sonoridad que hoy tiene la *s* de *rosa* en italiano y de *rose* en francés y en inglés. Esta *s* sonora (signo fonético [ż]) no se oye en español actual sino "por accidente", en voces como *rasgo* y *desde.* En cambio, *osso, fuesse* y *assí* se pronunciaban con nuestra *s* actual (signo fonético [ṡ]). La *s* de *oso* era zumbante, la *ss* de *osso* era silbante.

ll: esta doble letra es el signo que se adoptó desde muy pronto en nuestra lengua para representar el sonido romance cuya historia ha quedado esbozada en la p. 65. (En otras lenguas se adoptaron otros signos: lo que en castellano es *-alla,* es *-aglia* en italiano, *-alha* en portugués, *-aille* en francés.) Aunque hay indicios de que ya en la Edad Media se decía a veces *yama* en vez de *llama,* lo mejor será leer sistemáticamente la *ll* medieval con el sonido de la elle "española" que sigue oyéndose en el norte de España y en zonas de Sudamérica (signo fonético [ḻ]).

v: en el auténtico romance castellano, esta letra nunca representó el sonido labiodental que se oye en el italiano *vívere* y el francés *vivre* (sonido realizado entre los dientes superiores y el labio inferior, signo fonético [v]).* Ciertamente abunda la *v* en los textos antiguos, pero lo

---

* La *v* del latín clásico era como la actual *w* inglesa: *vívere* se pronunciaba WÍWERE.

que representa es una "variedad" de la *b*. En efecto, el sonido labial *b* tiene dos realizaciones: cuando va al comienzo de palabra o en contacto con ciertas consonantes se pronuncia con los labios bien cerrados, por ejemplo en *boda* y en *tromba (b* "oclusiva" signo fonético [b]), y cuando va entre vocales se pronuncia con los labios flojos o semiabiertos, por ejemplo en *caballo (b* "fricativa", signo fonético [ƀ]). En la escritura medieval, que se mantuvo en parte hasta bien entrada la época moderna, la *b* corresponde a la primera realización *(bailar, bellota, ambos...* y también *baho* 'vaho', *boz* 'voz', *bolar, combidar,* etc.), y la *v* corresponde a la segunda realización *(ave, avía* 'había', *cantava, nuevo, cavar, cavallo...* o, como solía escribirse más a menudo, *aue, auia, cantaua,* etc.). Así, pues, las antiguas grafías *bivir, bolver* y *bever* son más coherentes, más "lógicas" que las modernas *vivir, volver* y *beber,* donde académicamente se han copiado el *vívere,* el *vólvere* y el *bíbere* latinos.

LA "CUÑA" CASTELLANA

Hace 1 001 años Castilla era un "pequeño rincón". El castellano era un pequeño dialecto arrinconado en la mal romanizada Cantabria. La mayor parte de la península, sin excluir la porción que seguía en poder de los árabes, hablaba fundamentalmente una misma lengua. Existían, por supuesto, diferencias dialectales (los catalanes decían ya muchas cosas de manera distinta de como las decían los asturianos), pero en todas

Pero tanto esa *v* como la *b* intervocálica de *caballus, cantabam,* etc., se hicieron *v* labiodental en el latín vulgar de todo el imperio romano, salvo en la mal romanizada zona pirenaico-cantábrica: el castellano y su vecino dialectal del otro lado de los Pirineos, o sea el gascón, la sustituyeron por *b* labial. (Hay que observar que también el gascón sustituyó por *h* aspirada la *f* de *ferire, filius,* etc. En los dos casos, y en los dos rincones geográficos, influyó evidentemente el mismo sustrato prerromano: véase antes, p. 30.) Se equivocan, pues, quienes creen que en nuestra lengua hay una *"v de vaca"* distinta de la *"b de burro".* Ni siquiera los humanistas españoles del siglo XVI, al hablar latín, pronunciaban *vívere* con *v* labiodental, sino que lo hacían a la española, lo cual dio pie para que sus colegas europeos les tomaran el pelo: "Beati Hispani, quorum *vívere* est *bíbere"* ('Dichosos los españoles, cuyo *vivir* es *beber').* Para un italiano, para un francés, etc., la diferencia entre *vívere* y *bíbere* es tan clara como la que hay entre *tardo* y *dardo;* los hispanohablantes, en cambio, no hacemos diferencia de pronunciación entre *vasto* y *basto.*

partes, desde la Évora mozárabe hasta La Coruña, Gerona y Alicante, se decía *ferir*. Sólo en el rincón dialectal de Cantabria la gente decía *herir*. No sabemos si la pronunciación "incorrecta" y "salvaje" de *ferir* como *herir* era la de todos aquellos que constituyeron el núcleo inicial de Castilla, pero ciertamente era la pronunciación de los menos cultos, la de la gente apenas semi-romanizada a quien se le dificultaba esa pronunciación que la inmensa mayoría de la población peninsular había hecho suya desde hacía muchísimo. (De manera análoga, los filipinos nunca pudieron pronunciar la *f* española, sonido que en los hispanismos del tagalo se sustituye por *p:* el nombre oficial de Filipinas es *Pilipinas.*) Quienes dicen hoy *cairá* en vez de *caerá, tasi* en vez de *taxi, güélvamos* en vez de *volvamos* o *refalar* en vez de *resbalar,* dan muestras de algo que se llama "incultura lingüística". (Y los lingüistas, a diferencia de los profesores empeñados en civilizar a sus alumnos, no ponen la menor inflexión de desprecio al emplear ese concepto técnico.) Pues bien: los compatriotas del conde Fernán González eran hombres de una incultura lingüística en verdad notable.

La pronunciación de la *f* como *h* no era sino una de las "incorrecciones" del dialecto castellano.* Todos los hispanos, incluyendo a los mozárabes, pronunciaban la *g* de *genesta* y la *j* de *januarius* (que dieron en gallego-portugués *giesta* y *janeiro;* en leonés y aragonés *genesta/giniesta* y *genero;* en catalán *ginesta* y *giner;* en mozárabe *yenesta* y *yenair*): sólo esos incultos castellanos la perdían y decían, descuidadamente, *iniesta* y *enero.* Todos habían convertido en sh el grupo intervocálico *-sc-* de palabras latinas como *piscem* 'pez' y *crescit* 'crece' (portugués *peixe,*

---

* Este rasgo, el filo más saliente o "típico" de la cuña castellana, debe haber sido sumamente "inculto", puesto que quienes ponían la lengua por escrito siguieron aferrados a la *f* "culta" durante siglos, aun cuando la pronunciación fuera de *h* aspirada. Después, el norte, o sea Castilla la Vieja, dejó de aspirar esa *h* (o sea que la suprimió), mientras el sur, la zona de reconquista castellana más reciente, seguía aspirándola. En el siglo XVI, Burgos y Valladolid pronunciaban *embra* y *umo,* y Toledo y Córdoba *jembra* y *jumo.* Hoy, *jembra* y *jumo* se dicen en Andalucía y en el español rural de gran parte de América, y la vieja sustitución sigue funcionando hasta en *juerte* y en *perjume.* Hoy, sin embargo, de nada le sirve a la aspiración de la *h* su castellanísimo abolengo: la Academia española no admitirá en su Diccionario semejantes "vulgarismos" sino cuando no haya más remedio, porque *jalar* acaba por no ser lo mismo que *(h)alar,* ni *juerga* lo mismo que *(h)uelga.*

aragonés *pexe*, leonés *crexe*, catalán *creix*, mozárabe *créshed); sólo los castellanos decían ̂ts: *peçe, creçe*. Todos habían llegado a resultados como *ollo, olho, uello, ull* (latín *óculus*, latín vulgar *oc'lu), o como *vello, velho, viello, vell* (latín *vétulus*, latín vulgar *vet'lu* o *vec'lu), o como *fillo, filho, fill* (latín *filius): sólo los castellanos decían *ojo, viejo, hijo.* Todos conservaban la *t* de palabras latinas como *noctem* (gallego *noite*, leonés *nueite*, catalán *nit*, mozárabe *nohte), como *factum* (gallego *feito*, aragonés *feito/feto*, catalán *fet), o como *multum* (portugués *muito*, catalán *molt);* sólo los castellanos decían *noche, hecho* y *mucho.*

En la siguiente lista, que prescinde del gallego-portugués, del catalán y del mozárabe para sólo tomar en cuenta el leonés y el aragonés, los vecinos inmediatos al oeste y al este (a la izquierda y a la derecha), puede verse "gráficamente" cómo un leonés y un aragonés platicaban mejor entre sí que con un castellano interpuesto entre ellos:

farina, ferir, foz	*harina, herir, hoz*	farina, ferir, falz
genero/yenero, yermano ..	*enero, ermano*	genero, germano
crexe, pexe	*creçe, peçe*	crexe, pexe
exada	*azada*	axada
muller, ovella	*muger, oveja*	muller, ovella
espello	*espejo*	espillo
chamar/xamar	*llamar*	clamar
chama/xama	*llama*	flama
chorar	*llorar*	plorar
palomba	*paloma*	paloma/palomba
peito, feito	*pecho, hecho*	peito, feito/feto
ariesta, Iéñego	*arista, Íñigo*	ariesta, Iéñego
pueyo, uello	*poyo, ojo*	pueyo, ollo/uello
carraira/carreira	*carrera*	carrera
vello	*viejo*	viello
mallolo	*majuelo*	malluolo
Cuonca	*Cuenca, Huesca*	Uosca

Salta a la vista esa "singularidad" del castellano, esa como "voluntad de llevarle la contra" al habla de los vecinos de izquierda y derecha. Claro que hay coincidencias (contaminaciones tal vez): el castellano coincide con el aragonés en el caso de *carrera*, y también en el caso de *paloma;* pero si la *b* leonesa de *palomba* y de *lombo* no existe en castellano, sí existe la *b* leonesa de *ambos* (aunque en los orígenes se dijo igualmente *amos*, como en aragonés); la forma *lamer* predominó sobre *lamber*, pero *lamber* se sigue diciendo en muchas zonas de habla castellana. En el caso de *llamar, llama* y *llorar*, el castellano se parece al leonés (y al gallego-portugués) por haber reducido a uno solo los sonidos latinos *cl-*, *fl-* y *pl-* (que el aragonés dejó intactos); pero la solución no fue la misma. A propósito de *arista* (en contraste con la *ariesta* leonesa y aragonesa), conviene observar que en textos castellanos viejos suelen encontrarse formas como *siella* y *castiello*, eliminadas muy pronto por *silla* y *castillo*. Por otra parte, a diferencia del leonés y del aragonés, que vacilan entre *puorta, puerta* y *puarta*, entre *amariello* y *amariallo*, el castellano prefiere muy decididamente *puerta* y *amarillo*. En leonés y aragonés hay cosas como *tiampo, piadra, duano/duaño* 'dueño' y *cuamo* 'como' (en castellano llegó a decirse *cuemo*).

El dialecto castellano fue, en verdad, una cuña que escindió lo que había sido una masa bastante compacta de madera (materia) lingüística. Y, si se tiene en cuenta que en los siglos x y xi el mozárabe era el romance hablado por el mayor número de españoles, se comprenderá mejor la trascendencia lingüística de la reconquista castellana.

Podemos seguir el avance de esa cuña viendo el mapa adjunto. La variedad específicamente castellana del iberorromance sólo existía hace 1 001 años (aunque muy soterrada) en la zona marcada con el número I. La zona II representa el avance conseguido por esa variedad castellana hasta fines del siglo xii. No es que en *toda* la zona II se hubiera impuesto ya entonces el castellano sobre el leonés, el aragonés y el mozárabe (ni que hubiera habido una literatura escrita inconfundiblemente en castellano), pero la castellanización se hallaba más o menos adelantada. La zona III es la del avance de los castellanos y de su idioma durante el siglo xiii, el siglo del gran reconquistador Fernando III. El reino de Granada, árabe todavía, ha quedado en blanco, al igual que los territorios del gallego-portugués al oeste, del vasco al norte y del catalán-valenciano-balear al este. Las zonas marcadas con el número IV son las que el

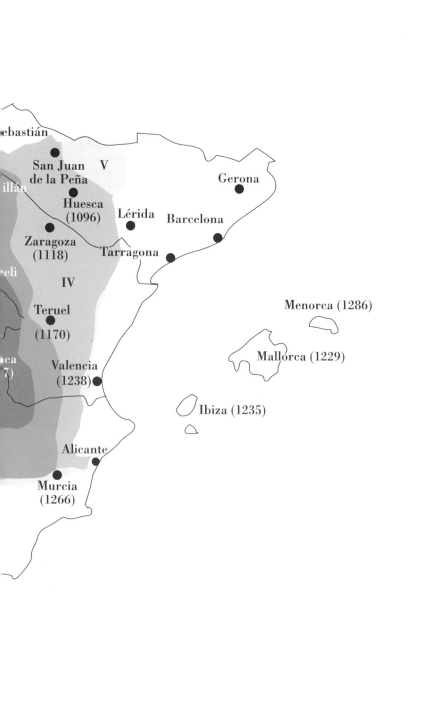

bastián

San Juan V
de la Peña

illán

Gerona

Huesca
(1096)

Lérida

Barcelona

Zaragoza
(1118)

Tarragona

eli

IV

Menorca (1286)

Teruel
(1170)

Mallorca (1229)

ca
7)

Valencia
(1238)

Ibiza (1235)

Alicante

Murcia
(1266)

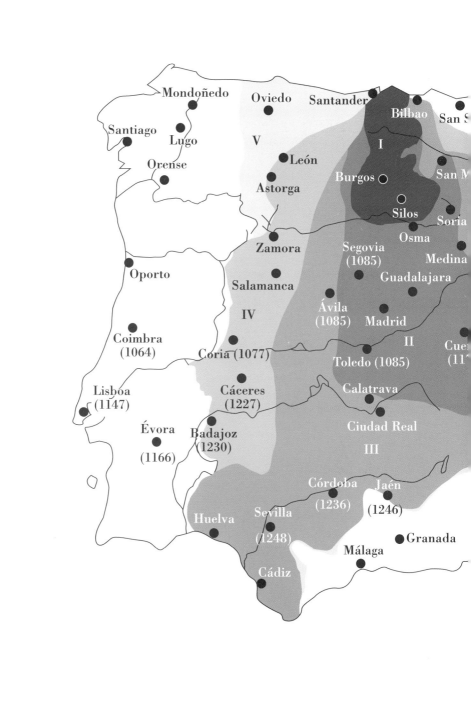

Mondoñedo Oviedo Santander Bilbao San S

Santiago Lugo V I San M

Orense León

Burgos ○

Astorga Silos

Soria

Zamora Segovia Osma

(1085) Medina

Oporto Salamanca Guadalajara

Ávila

IV (1085) Madrid

Coimbra Coria (1077) II Cue

(1064) Toledo (1085) (11

Lisboa Cáceres Calatrava

(1147) (1227)

Évora Badajoz Ciudad Real

(1166) (1230) III

Córdoba Jaén

(1236) (1246)

Huelva Sevilla

(1248) Granada

Málaga

Cádiz

castellano les "comió" al leonés, al aragonés y al mozárabe durante los siglos xiv y xv. Las que tienen el número V son las que todavía hoy conservan el dialecto asturiano-leonés y el aragonés, o vestigios al menos. La fecha que llevan algunas ciudades es la de su reconquista por los cristianos. Tracemos una línea de Astorga a Huesca (pasando por Burgos), y después otra de Zamora a Zaragoza (pasando por Osma), y luego otras, cada vez más al sur, y veamos (imaginando una película en cámara lenta) cómo el núcleo original, el de gris más oscuro, se va extendiendo de arriba abajo y ensanchándose a la vez a izquierda y derecha: así fue la reconquista, y así fue la expansión del castellano.

La recuperación de un lugar no significaba, por supuesto, su castellanización instantánea. Los habitantes de Medinaceli, de Calatrava o de Jaén podrán haber pasado del dominio musulmán al cristiano en cuestión de semanas o de días, pero no anochecían hablando mozárabe para amanecer hablando castellano. La cuña lingüística no pudo tener la violencia de la cuña política. Así, por ejemplo, hacia el año 1200, en el "fuero" o estatuto municipal de una población situada al norte de Toledo se leen cosas como *tella* en vez de *teja*, y *cutello* en vez de *cuchillo*. Parecen voces leonesas y aun portuguesas, pero no son sino voces mozárabes que no se habían "puesto al día" en más de un siglo. Si la reconquista militar pudo ser rápida en muchos casos, la castellanización no lo fue de ninguna manera.

Las "glosas" de San Millán y de Silos

Las muchas personas que hoy, en todas partes, tienen la buena (o a veces mala) costumbre de leer con lápiz o pluma en mano, y de vez en cuando, además de subrayar cosas, escriben algo al margen o al pie de la página, continúan una práctica que parece existir desde que hubo escritura y lectura. Naturalmente, el contenido de las anotaciones variará de anotador a anotador. En la Edad Media se practicó asiduamente esta costumbre. Muchas de las copias manuscritas de clásicos latinos se nos han conservado con "glosas" o "escolios" (el manuscrito podrá ser del siglo ɪx, y las glosas del xɪɪ). Pero en esos tiempos, debido al estado de la cultura, y muy especialmente a la desproporción entre el pequeño número de letrados y la gran masa de iletrados —y es bueno recordar que en esa Europa no había más "letras" que las latinas—, los glosadores y escoliastas hacían en todas partes más o menos la misma cosa, la más elemental, la más urgente: las glosas que más abundan son las que explican una alusión, o traducen una frase complicada a latín más sencillo, o aclaran una significación que ha ido volviéndose oscura. Los manuscritos medievales proceden en su inmensa mayoría de monasterios, donde al lado de un *scriptorium* (monjes que copian o redactan cosas) hay un *studium* (alumnos o novicios a quienes se adiestra).

Las glosas se escribían en la lengua del pasaje glosado, o sea en latín. Pero en España hubo, además, otra cosa. De varios lugares de León —de la propia ciudad de León, y de Carrión, Sahagún y Zamora— nos han llegado documentos latinos con glosas en árabe: evidentemente, los interesados en leerlos y entenderlos bien eran mozárabes bilingües. Y, sobre todo, de dos lugares cercanos a Burgos, el monasterio de San Millán y el de Santo Domingo de Silos, nos han llegado sendos manuscritos cuyas glosas, caso extraordinario, están en español. Las de Silos se llaman "glosas silenses" y las de San Millán "glosas emilianenses" *(Aemilianus > Emiliano > Millán)*. El manuscrito de San Millán contiene sobre todo unas homilías o sermones pseudoagustinianos, y el de Silos un Penitencial, especie de "recetario" de penitencias para los distintos pecados o los distintos grados de maldad de un pecado. (Es curioso observar que el capítulo más abundante en glosas es el que trata "de las diversas clases de fornicación". Se ha sugerido que el glosador era un estudiante de latín, no precisamente un monje; bien podemos imaginar que era un novicio joven.) Las glosas emilianenses y silenses datan más o menos de hace "1 001" años, y dieron así pretexto para la hechura del presente libro.*

* Según Menéndez Pidal y Corominas, las glosas emilianenses son de mediados del siglo x y las silenses de la segunda mitad del mismo siglo. Según Lapesa, las dos series "datan del siglo x o comienzos del xɪ". Ahora parece demostrado que unas y otras datan de la primera mitad del xɪ. El manuscrito de San Millán está en Madrid (Real Academia de la Historia) y el de Silos en Londres (British Library). Se conocen otros manuscritos riojanos

Veamos un ejemplo característico de glosa. En el manuscrito de Silos, el texto latino prescribe en cierto lugar que algo se lave con un poco de agua. Si el texto hubiera dicho *pauca lavetur aqua,* no habría habido ninguna necesidad de glosa: cualquiera habría entendido esas tres palabras; pero el latín es allí un tanto artificioso, y las tres palabras son "refinadas": *modica abluatur limpha* (como si dijéramos "sea abluido con una módica linfa"). Entonces, el glosador pone debajo de cada una su respectiva traducción: *poca, labatu siegat,* y *agua.* Descontando las peculiaridades de la escritura, estas palabras permiten formar la frase *sieyat labado con poca agua (sieyat* es 'sea').

Hay ciertos indicios de que los glosadores de San Millán y de Silos contaron con la ayuda de un diccionario ya existente. En todo caso, poniendo en orden alfabético las glosas se obtiene un pequeño vocabulario latín-romance, del cual vale la pena ver unas muestras. (Pongo primero las palabras latinas, con su traducción a español actual, y después las glosas, con algunos comentarios; E es glosa emilianense; S, glosa silense.)

abducta 'raptada, llevada': *levata* S (seguramente hay que leer *levada; levar,* antepasado de *llevar,* es normal en castellano antiguo).

alicotiens 'algunas veces': *alquandas beces* E.

bárbari 'bárbaros': *gentiles, paganos, mozlemos* S (tres traducciones de una palabra en una sola glosa; para el glosador, *bárbaros* son los 'ajenos al cristianismo').

beneficia 'los favores', 'los servicios': *elos serbicios* E (el artículo *los* está todavía muy cerca del latín *illos).*

caracterem 'marca, señal': *seingnale* E (evidentemente hay que leer *señale:* aún no se ha inventado la ñ, y el glosador se ingenia para poner por escrito ese sonido, desconocido en latín).

comburátur 'sea quemado': *kematu siegat* S (como el *labatu siegat* que antes vimos).

commotiones 'conmociones', 'movimientos': *moveturas* E (seguramente *moveduras).*

damnétur 'sea condenado': *desonoratu siegat* S.

y leoneses de los siglos x y xi en que hay glosas romances al lado de una gran mayoría de glosas latinas. (En el manuscrito de San Millán hay, además, dos glosas en vascuence.)

divident se 'se separarán el uno del otro': *partirsan* E ("partirse han").

effúnditur 'se derrama, se vierte': *verterán* E.

erubescere 'avergonzarse'] non erubescunt: *non se bergu[n]dian* E (en la escritura está muy cerca el latín *verecundia;* la pronunciación sería "non se bergonzan", o quizá "non se bergoñan"; una glosa de Silos dice *uergoina,* o sea *vergoña).*

exclúdere 'excluir', 'separar', 'dejar': *separare, laiscare* S (aún no se ha adoptado la escritura *laixare,* con *x* = SH, sonido inexistente en latín; *laixare* se hizo *lexar,* y luego *dexar).*

exteriores 'exteriores': *de fueras* E.

fémora 'muslos': *campas* S (hay que leer seguramente *cambas,* palabra afín a *gambas* y a *jambas;* en castellano antiguo se dijo *camas,* tal como se dijo *amos* por *ambos).*

fenum 'heno, hierba': *jerba* E (es seguro que la pronunciación es *ierba* y no *yerba,* pues en este segundo caso el glosador hubiera escrito *gerba).*

ignorans 'ignorando': *non sapiendo* S (escritura latinizante; el glosador dice *sabiendo,* pero "no se atreve" a escribirlo).

inváüdi 'débiles', 'enfermos': *débiles, aflitos* S (latín *afflictus* 'afligido').

inveniebit 'hallará': *aflarat* E (sobre *aflar* véase antes, p. 68).

ínvicem 'de uno a otro': *uno con altro* S.

justificare] non justificabuntur 'no se justificarán': *non se endrezarán* E.

lapsus 'caído': *cadutu* S (se usó, en efecto, la terminación -*udo* en vez de -*ido* para participios de verbos de la segunda conjugación).

libenter 'de buen grado': *uoluntaria* E (habrá que entender *voluntariamientre:* véase la última palabra de esta lista).

negare] si quis negat 'si alguien niega': *[si alguien] non quisiéret dare* S.

paupéribus 'a los pobres': *a los misquinos* S.

periurium 'perjurio': *mentira* S.

póculum 'la copa', 'la bebida': *la bebetura* S (o sea *la bebedura).*

praecipitare] non praecipitemur 'no seamos derribados': *nos non kaigamus* E.

puniuntur 'sufren pena [de muerte]': *muertos fuerent* S.

revértere 'revertir', 'volver': *retornare* S.

sollíciti simus 'estemos preocupados': *ansiosu segamus* E (o sea *seyamos ansiosos).*

sponte 'voluntariamente': *de voluntate* S.

stérilis 'estéril': *infecunda, sine fruitu* S.

terríbilem 'terrible': *paboroso, temeroso* E.

violenter 'violentamente': *fuertemientre* S (es el adverbio que se lee en el primer verso del *Cantar del Cid).*

En cierto lugar, el texto latino de San Millán refiere cómo se van presentando ante el príncipe del infierno diversos diablos que le dan cuenta de las fechorías que han perpetrado. El primero dice: "Yo provoqué *(suscitavi)* guerras y derramamientos de sangre…"; y el segundo: "Yo provoqué *(suscitavi)* tempestades, hundí *(submersi)* embarcaciones…" Pues bien, el glosador emplea tres formas distintas del pretérito, y traduce respectivamente *lebantai, lebantaui* y *trastorné.* Es claro que esta multiplicidad de formas no corresponde a la realidad; y, puesto que el glosador ya sabe escribir *trastorné,* bien hubiera podido escribir asimismo *lebanté* (la forma *lebantaui* está calcada del latín, y *lebantai* es más latín vulgar que romance). Esta vacilación es significativa. Una y otra vez hay que tomar en cuenta la atracción irresistible que sobre el glosador ejercía el imán de la lengua escrita: de ahí sus formas latinizantes. Al escribir *siéculos* tenía en mente la palabra *saecula (sécula),* tan repetida al final de las oraciones litúrgicas; de haber habido una tradición de escritura en lengua vulgar, seguramente habría escrito *sieglos,* como también habría escrito *las bodas* en vez de *las votas* (latín *vota:* véase antes, p. 67). La escritura de los glosadores es de algún modo comparable con la de los anglohablantes y francohablantes escolarizados que automáticamente utilizan una ortografía "histórica" muy alejada a menudo de la realidad actual de la lengua. (Si se atendiera a la pronunciación real, no se escribiría en inglés *knight* ni *sword,* sino *nite* y *sord.* Y, de hecho, hay ya modernizadores que se atreven a escribir *tonite* en vez de *tonight,* y *thru* en vez de *through.)*

¿Están escritas en "nuestra lengua" estas glosas? No, evidentemente. Las gentes de Fernán González —salvo los aliados vascos— hablaban el rudo dialecto castellano, pero no lo escribían porque no sabían escribir. Sólo en los monasterios se escribía. Ahora bien, el de San Millán estaba a fines del siglo x en territorio navarro, y el de Silos estaba en territorio recién reconquistado y dependía culturalmente del de San Millán. La lengua de las glosas silenses es la misma que la de las emilianenses: es la lengua navarro-aragonesa en su etapa arcaica, una lengua muy afín a la mozárabe. Ni siquiera las formas *de fueras, muertos* y *fuerte* pueden tomarse como típicamente castellanas, puesto que la diptongación en *ue* se da también en navarro-aragonés al lado de *uo* y *ua*, y en las glosas mismas se lee *uamne* al lado de *uemne* 'hombre'. Otras formas típicamente aragonesas (además de *uamne/uemne*) son *clamar, aflar, aplecar* 'allegar' (conservación de los grupos latinos *cl, fl, pl*), *laixar, cambas, fruito, muito, sieglo, feito, spillo* y *conceillo*.

Merece destacarse una de las glosas emilianenses a causa de su extensión y de su carácter, por así decir, "gratuito". Uno de los textos pseudoagustinianos termina con la breve doxología habitual: se pide el auxilio de Jesucristo, a quien pertenece "honor et imperium cum Patre et Spiritu Sancto per saécula saeculorum, Amen". La única palabra necesitada de glosa sería *imperium;* pero el glosador, en vez de limitarse a poner aquí *ela mandatione* ("la mandación"), acudió a una doxología más amplia (procedente de una homilía de san Cesáreo de Arles) y la tradujo entera:

… cono ajutorio de nuestro dueno, dueno Christo, dueno Salbatore, qual dueno yet ena honore, e qual duenno tiénet ela mandatjone cono Patre, cono Spíritu Sancto, enos siéculos delosiéculos. Fácanos Deus omnípote[n]s tal serbitjo fere ke denante ela sua face gaudioso[s] segamus. Amén.

(O sea: "con el auxilio de nuestro señor, el señor Cristo, el señor Salvador, el cual señor está en el honor, y el cual señor tiene el imperio con el Padre y con el Espíritu Santo en los siglos de los siglos. Háganos Dios omnipotente tal servicio hacer, que delante de su faz gozosos seamos". O, simplificando esto último, tan torpemente dicho, "Que Dios nos conceda gozar de su rostro".)*

En resumen, las glosas silenses y emilianenses "hermosean", por un

---

* *Cono = con elo; ena = en ela; enos = en elos* (contracciones de preposición y artículo, como las modernas *al* y *del); —ajutorio* es latinismo casi crudo *(adjutorium* 'ayuda', 'auxilio'); —*dueno* ha de leerse *dueño* (no había *ñ*); —*yet* significa 'es' (< latín *est*, con la *e* diptongada); —*honore* es voz femenina, como *calore, colore* y otras (la *h*- es latinismo de escritura; la pronunciación real era *onore); —Deus omnípote[n]s* está completamente en latín; — la escritura de *gaudioso[s]* es latina; hay que pronunciar seguramente *gozosos,* con *z* = ɖž. —Dámaso Alonso, autor de un breve artículo sobre este "primer vagido" de nuestra lengua, encuentra significativo el hecho de que, mientras el primer texto escrito en francés es de carácter diplomático y el primero en italiano de carácter mercantil, el primero en español sea esta oración piadosa.

lado, la lengua vulgar de la cual pretenden ser expresión; y, por otro lado, de ninguna manera pretenden ser expresión del dialecto de Castilla, el más arrinconado y minoritario a fines del siglo x, el más cerril, el que menos tratos podía tener con la escritura. Los verdaderos castellanos no hablaban ese romance "decente" o "presentable" de las glosas, con su *clamar,* su *feito* y su *conceillo:* hablaban bastante "peor". O, si se cambia de punto de vista, el castellano de esta época —no representado, sino apenas implicado en las glosas— era ya mucho "mejor" que esa lengua arcaica y vacilante. La difusión del castellano estaba empezando apenas. Mal hubiera podido escribirse lo que todavía no se había impuesto sobre la lengua romance de la inmensa mayoría. Los caracteres del castellano no comenzaron a registrarse por escrito sino en la segunda mitad del siglo xi. Lo cual no quiere decir que la antigua lengua se hubiera resignado ya a morir: todavía en 1200, como se ha visto, los toledanos decían *tella* y no *teja, cutello* y no *cuchillo;* no habían asimilado aún nuestra lengua.

Nuestra lengua, hace 1 001 años, era una de las variedades dialectales del romance hispano que se hablaban en el norte cristiano, desde La Coruña hasta Lérida. Para ponerla en su lugar, o en su contexto, hay que acudir a los estudios que varias generaciones de lingüistas han consagrado a ese norte peninsular, paraíso de dialectólogos —Galicia, Asturias, Zamora, León, la Montaña, La Rioja, los valles pirenaicos de Aragón y Navarra—, donde suelen encontrarse todavía diferencias de habla no ya entre región y región, sino entre aldea y aldea, por poco que las separe una montaña o un río. El castellano, por decirlo así, "se salió de su lugar" y se derramó por España. A eso se debe que tres cuartas partes de la península carezcan del variado dialectalismo del norte, parecido al de ciertas zonas de Francia y de Italia. Los dialectos septentrionales de España, contemporáneos del castellano, miembros de la misma familia, y más prestigiosos que él hace 1 001 años, son ahora sus parientes pobres.

El camino francés

La "invención" o "hallazgo" del sepulcro de Santiago en el siglo IX tuvo consecuencias importantes. La ciudad de Compostela se convirtió muy pronto en lugar de peregrinación al que acudían grandes multitudes procedentes de la Europa occidental. Durante siglos, el sepulcro del Apóstol rivalizó con el de Cristo. (Es verdad que la peregrinación a Tierra Santa no era fácil.) La fama de Santiago de Compostela está atestiguada por Dante en el canto XXV del *Paradiso* y por Chaucer en el prólogo de los *Cuentos de Canterbury*. Después de trasponer los Pirineos, los peregrinos seguían por San Sebastián, Guernica, Bilbao, Laredo, Santander y Oviedo hasta la punta de Galicia —camino arduo por montañoso, pero el único posible si se querían evitar encuentros desagradables con los moros. Acudían peregrinos de todas partes, pero, como es natural, predominaban los franceses, y por eso el camino de Santiago vino a llamarse "el camino francés".

A fines del siglo X, poco antes de que se escribieran las glosas de San Millán y Silos, el aguerrido Almanzor les había demostrado a los reyes cristianos del norte que el dueño de la situación era el califa de Córdoba, y su mejor demostración había sido la toma y saqueo de Compostela. Como el atractivo de estas peregrinaciones religioso-turístico-comerciales era enorme para la Europa de entonces, la ocupación del sepulcro de Santiago por los "infieles" bien hubiera justificado una "intervención" de las incipientes potencias europeas, o sea una cruzada como las que empezaron a lanzarse contra Jerusalén en el siglo XI. Pero no fue necesario. Los resultados de las deslumbrantes campañas de Almanzor fueron efímeros. Unos cuantos años después, la reconquista cristiana avanzaba a grandes pasos; León volvía a ser zona segura, y el rey de Navarra, Sancho el Mayor, con los "averes monedados" de los moros (dinero arrebatado como botín de guerra), decidió construir puentes para un nuevo "camino francés", más al sur, no sólo garantizado contra percances funestos, sino también más ameno y descansado, por Pamplona, Logroño, Burgos, León y Astorga.

España, parte de Europa en cuanto provincia del imperio romano, siguió siéndolo durante la época visigótica, pero quedó aislada al ser ocupada por el Islam. Fue gracias a las peregrinaciones compostelanas como empezó a reintegrarse a esa Europa que entre tanto había cambiado mucho de rostro. Y el contacto con la Europa cristiana se hizo sobre todo a través de Francia. Sancho el Mayor fue el primer "afrancesado". Desde el punto de vista religioso-político, la institución más avanzada y dinámica de Europa era la orden cluniacense, fundada en Cluny (Borgoña) el año 910. Los monjes cluniacenses, que dependían directamente del papa, iban a ser más tarde el instrumento ideal del enérgico Gregorio VII (1073-1080) para su empresa reformadora, modernizadora y unificadora. Ya en 1022, poco antes de que Sancho ascendiera al trono, los cluniacenses habían fundado un primer monasterio en Leyre, cerca de Pamplona, donde estaban las tumbas de los reyes de Navarra; pero fue Sancho quien les abrió las puertas de España, y Navarra la primera región española en que se sustituyó la arcaica liturgia visigótica por la liturgia romana, o europea, difundida por los cluniacenses. Sancho empleó buena parte de sus botines de guerra en la fundación de monasterios. Fernando I de Castilla, hijo suyo, siguió el ejemplo, y con la misma clase de "averes monedados" pagó nuevas fundaciones. Alfonso VI, hijo de Fernando, impuso el rito romano en León y Castilla, y colocó en la sede arzobispal de Toledo a un monje francés. (Sin embargo, como hemos visto, el rito visigótico no pudo ser desterrado de Toledo en muchísimo tiempo.) La España cristiana se llenó de obispos provenzales y franceses, uno de los cuales, Jérôme de Périgord, gran bebedor, fue amigo y compañero de armas del Cid.

La influencia francesa, visible ya a fines del siglo XI, se ejerció vigorosamente durante los dos siglos siguientes en muchos aspectos de la vida, aparte del estrictamente religioso. Se construyeron iglesias espléndidas, de estilo románico, sobre todo en las ciudades por donde pasaba el camino de Santiago. Cada monasterio era un centro de cultura, y en las fundaciones cluniacenses se daba gran importancia al *scriptorium* y al *studium*. Navarra fue el primer reino español en que se europeizó la escritura: se abandonó la letra visigótica —la letra en que están escritas las glosas emilianenses y silenses— y se adoptó la gótica francesa. (La letra *ch* es galicismo. Antes de la influencia francesa, los notarios no sabían cómo escribir el apellido Sánchez, y escribían cosas extrañas, como *Sangiz* o *Sanggeç.*) Todo el norte de España cayó bajo la seducción de Francia. Los muchos "francos" (franceses y provenzales) que entraron no tuvieron que adaptarse penosamente a España. Formaron a menudo verdaderas "colonias" a lo largo del camino de Santiago, y en la Navarra del siglo XIV aún conservaban su lengua. Más aún: hay documentos en lengua vulgar, escritos en regiones tan meridionales como Guadalajara, que están llenos de palabras y giros provenzales. Los "francos" pudieron exhibir ostentosamente sus gustos, sus costumbres, sus modas y su lengua, y en todo fueron imitados. Muchas veces la influencia francesa se confunde con una influencia catalana: Cataluña había estado siempre más orientada hacia Europa; su arquitectura románica es muy anterior a la del resto de España.

Desde el punto de vista lingüístico, las peregrinaciones de Compostela y la entrada de los cluniacenses trajeron varios resultados. El más importante fue que se depuró la latinidad de los documentos españoles, con lo cual se derribó el puente cada vez más falso que el degenerado latín de notarios y de clérigos ignorantes tendía entre la lengua culta y la vulgar. Al poner de manifiesto la distancia que había entre el latín de los letrados y el romance de los iletrados, y al requerir estudios serios para dominar el primero, los cluniacenses vinieron a fomentar, de rebote, la práctica de poner por escrito también el segundo.

Otro resultado fue la entrada al castellano de muchas voces extranjeras, procedentes del francés propiamente dicho (lengua de oil), del provenzal (lengua de oc) y del catalán. Estos extranjerismos constituyen un grupo parecido al de los germanismos (pp. 88-90), pero mucho más nutrido, y más variado también. Hay, por una parte, un número notable de términos referentes al mundo eclesiástico, como *preste* 'sacerdote' y *arcipreste, calonje* y *canonge* (de donde viene *canonjía), deán, monje, fraire* (después *fraile)* y *hereje.* Otros se refieren al mundo feudal y caballeresco: *linaje, homenaje, usaje, mensaje, ardiment* 'ánimo, valor', *barnax* 'hazaña' (francés antiguo *barnage), coraje* 'valor' y *corajoso (courageux), lisonja, tacha, fonta,* o sea *honta* con *h* aspirada (francés *honte* 'deshonor'), *duc* y *duque,* y *palafré* o *palafrén.* Otros —comenzando con las palabras *jornada, viaje, hostal, mesón* y *argén* o *argent* 'dinero', flagrantes galicismos— reflejan el contacto cotidiano de las dos culturas: los españoles dejaron de decir *lunada* o *pernil* y comenzaron a decir *jamón;* dejaron de decir *acedo* y lo cambiaron por *vinagre.* Son galicismos las palabras *vianda* 'comida', *pitanza* y *manjar,* al igual que *jardín, vergel* y *ruiseñor* (y *jaula);* también lo son *doncel* y *doncella, bajel, fol* 'loco', *follía* 'locura', *salvaje, jayán* 'gigante' (francés *géant), matino* 'mañana', el adjetivo *ligero,* el verbo *trovar* (en sus dos sentidos: 'encontrar' y 'hacer versos') y los adverbios *tost* 'en seguida' y *de volonter* 'de buen grado'. Si los galicismos de origen latino se hubieran romanceado en España directamente del latín, los resultados habrían sido muy distintos: por ejemplo, *vascellum* no habría dado *baxel (bajel),* sino *baciello* y *bacillo; viáticum* no habría dado *viaje,* sino *viazgo; mónachus* no habría dado *monje,* sino *mongo,* o tal vez *muengo,* o quizá *muénago.* (Paradójicamente, la palabra *español,* o sea el nombre mismo de nuestra lengua, es un extranjerismo. La explicación de la paradoja no es difícil. Eran los extranjeros quienes veían a España como un todo. En España misma no había "consciencia de España": se decía "soy navarro", "soy leonés", etc., pero no "soy español". Además, como vimos en la p. 114, "España" era para los reinos cristianos una nación ajena. Si la palabra *Hispaniolus* se hubiera usado, habría dado como resultado *españuelo.* La palabra *español* es un provenzalismo.)

Hubo todavía un tercer resultado: la impresionante pérdida de la *e* final de muchas voces, que quedaron, de golpe, igualadas a las francesas o a las catalanas respectivas: *val* 'valle', *mont, grand, part,* etc. El español de los siglos XI a XIII da la impresión de haberse catalanizado: abundan formas como *huest, noch, deleit, aduxist* 'adujiste, condujiste', *com* 'come', *dix* 'dije', *diz* 'dice'. A causa de la pérdida de la *e, nave* se hizo *naf, nueve* se hizo *nuef* y *todo* se hizo *tot* (como *nef, neuf* y *tout* en francés). En un texto del siglo XIII se leen cosas como *af* 'ave', *bef* 'bebe' y "non *ris,* ca miedo *of* '' 'no reí, porque tuve miedo' *(of* es *ove* 'hube'). Por la pérdida de la *e,* los pronombres enclíticos quedaron reducidos a los sonidos *m, t, s, l: nom dixo* 'no me dijo', *ques pone* 'que se pone', *una ferídal dava* 'le daba'. Peor aún: de *nim'la dan* 'ni me la dan' se pasó a *nimbla dan,* y de *yot'lo do* 'yo te lo doy' se pasó a *yollo do.*

Finalmente, la influencia francesa parece haber fortalecido ciertos rasgos morfológicos propios del español medieval; así el uso del auxiliar *ser* con verbos intransitivos: *es nacido* (ha nacido), *eran idos* (se habían ido), *serán entrados* (habrán entrado); así también el empleo "fraseológico" del participio activo, por ejemplo "todos sus *conocientes*" (todos los que lo conocían') y *"merezientes* érades de seer enforcados" ('merecíais ser ahorcados').

VII. LA CONSOLIDACIÓN DEL CASTELLANO

El mester de juglaría

La literatura castellana se inicia con el *Cantar de mio Cid,* que refleja, entre tantas otras cosas, las luchas de Castilla contra leoneses y aragoneses por un lado, y contra los almorávides por el otro. El *Cantar* no nos ha llegado completo. Se inicia en el momento en que el Cid, desterrado de Castilla por Alfonso VI, abandona "sus palacios" (su casa) de Vivar, y a la salida del pueblo se vuelve a "catarlos" (a mirarlos) y llora ante el espectáculo de la desolación: los *uços* (las hojas de las puertas, del latín *ostium)* sin *cañados* (sin candados); las alcándaras o perchas, desnudas de las prendas que de ellas se colgaban y de los halcones y *adtores* (azores) que sobre ellas dormían:

> De los sos ojos   tan fuertemientre llorando
> tornava la cabeça   y estávalos catando.
> Vío puertas abiertas   e uços sin cañados,
> alcándaras vázias   sin pielles e sin mantos
> e sin falcones   e sin adtores mudados.
> Sospiró mio Çid   ca mucho avié grandes cuidados...

Sesenta fieles guerreros (60 pendones, o sea lanzas) han decidido acompañarlo en el destierro, y la primera jornada de camino ha llevado a estos hombres, cansados, a la vista de la ciudad de Burgos. Los vecinos, hombres y mujeres, salen a la calle o se asoman a las ventanas *(finiestras)* para ver el espectáculo, y llorando de compasión se dicen unos a otros: "¡Qué lástima que el rey no esté a la altura del vasallo!" Bien quisieran ofrecerle alojamiento, pero la cólera del rey los tiene agarrotados: han recibido de él una carta archi-auténtica en que les prohíbe todo gesto de hospitalidad para con Ruy Díaz: quien desobedezca perderá sus

posesiones *(averes)*, perderá los ojos de la cara, perderá ignominiosa-
mente la vida. Se esconden, pues. No tienen valor para mirar al Cid cara
a cara. El Campeador se encamina *(adeliña)* a la posada. Los dueños
han atrancado la puerta: han tenido que hacerlo *(assí lo pararan)*, pues
temen al rey. ¿Se atreverá el Cid a quebrantar esa puerta? En vano sus
hombres dan voces a los posaderos. Ruy Díaz avanza entonces en su
caballo y, sacando un pie del estribo —sus hombres lo estarán obser-
vando en silencio—, asesta una "herida", un golpe fuerte y sonoro, a la
puerta cerrada. En eso aparece una muchachita como de nueve años,
que con intrépido candor se dirige al Cid —"¡Oh tú, que en buena hora
ceñiste espada!"— para explicarle lo que pasa. Imposible abrirle;
imposible darle acogida: las órdenes del rey Alfonso no son ninguna
broma. ¿Qué ganaría mio Cid con la ruina de los honrados vecinos de
Burgos? Siga, pues, su camino. Tiene a Dios de su parte: Él no lo aban-
donará…

Pero el texto original no es difícil, y vale la pena leerlo, porque es
bellísimo:

> Mio Çid Roy Díaz   por Burgos entróve,
> en sue conpaña   sessaenta pendones.
> Exién lo veer   mugieres e varones,
> burgeses e burgesas   por las finiestras sone.
> Plorando de los ojos   —tanto avién el dolore—,
> de las sus bocas   todos dizían una razone:
> "¡Dios, qué buen vassallo!   ¡Sí oviesse buen señore!"
> Conbidar le ien de grado,   mas ninguno non osava:
> el rey don Alfonsso   tanto avié le grand saña.
> Antes de la noche   en Burgos dél entró su carta
> con gran recabdo   e fuertemientre seellada:
> que a mio Çid Roy Díaz   que nadi nol diessen posada,
> e aquel que gela diesse,   sopiesse (vera palabra)
> que perderié los averes   e más los ojos de la cara,
> e aun demás   los cuerpos e las almas.
> Grande duelo avién   las yentes cristianas;
> ascóndense de mio Çid,   ca nol osan dezir nada.
> El Campeador   adeliñó a su posada.

Así como llegó a la puorta,   fallóla bien çerrada,
por miedo del rey Alfons,   que assí lo pararan:
que si non la quebrantás,   que non gela abriessen por nada.
Los de mio Çid   a altas vozes llaman;
los de dentro   non les querién tornar palabra.
Aguijó mio Çid,   a la puerta se llegava,
sacó el pie del estribera,   una ferídal dava:
non se abre la puerta,   ca bien era çerrada.
Una niña de nuef años   a ojo se parava:
"Ya Campeador   —¡en buena çinxiestes espada!—,
el rey lo ha vedado: anoch dél entró su carta
con grant recabdo   e fuertemientre seellada.
Non vos osariemos   abrir nin coger por nada;
si non, perderiemos   los averes e las casas,
e aun demás   los ojos de las caras.
Çid, en el nuestro mal   vos non ganades nada;
mas el Criador vos vala   con todas sus vertudes santas".
Esto la niña dixo   e tornós pora su casa...

Estos versos nos dicen ya mucho, así por el lado de la representación de las cosas como por el lado de la emoción humana: muestran a la vez un estado lingüístico y un ideal poético. Y, lo que es más importante, están escritos en español. El hispanohablante que se ponga a leer el *Cantar* va a necesitar explicaciones, por supuesto, pero no va a tener grandes dificultades para entenderlo —y para gozarlo, porque en sus casi 4000 versos hay no pocas bellezas. Se comprende el entusiasmo de quienes han visto en él uno de los grandes monumentos literarios de la Edad Media europea.

En una segunda lectura, un verso como "De los sos ojos tan fuerte-mientre llorando" nos dice algo que no carece de importancia: que el héroe de un poema épico llore con tales extremos, *fuertemientre*, es una "costumbre literaria" tomada de Francia; esos paroxismos de llanto son los del héroe de la *Chanson de Roland*. Más aún: la expresión "llorar de los ojos" no pertenecía a la lengua hablada, sino que es traducción del giro épico francés *plorer des oilz*, o sea un puro galicismo literario. Los poemas épicos franceses —la *Chanson de Roland* y otras *chansons* posteriores— influyeron decisivamente en la concepción y en la expresión del *Cantar de mio Cid.* Es inimaginable qué pudo haber sido éste de no haber existido tan aventajados modelos.

Seguramente ya en vida del Cid había empezado a difundirse —y no sólo en los reinos cristianos del norte, sino también entre los mozárabes— la noticia de sus trabajos y cuitas, de sus empresas y triunfos, o sea su "leyenda". (Personajes tan modernos como Pancho Villa y el Che Guevara también comienzan a ser "leyenda" en vida.) Los difundidores por excelencia de la leyenda del Cid fueron los juglares, especie de artistas ambulantes, o "de feria", que, entre otras habilidades para interesar o divertir a la gente (tocar un instrumento, cantar, hacer juegos de manos, decir chistes), tenían la de contar, en verso, toda clase de *nuevas,* noticias estupendas nunca antes oídas por el público. Si las noticias eran ya conocidas, los juglares tenían que buscar la "novedad" por otros medios, digamos el agrandamiento de la realidad, la adición de nuevas proezas, un mayor refinamiento de estilo. Estos relatos en verso, estos "cantares", no eran cosa inmóvil, de una pieza. Pasaban por constantes "refundiciones". No se escribían, sino que se recitaban (o seguramente se canturreaban) de memoria. No estaban destinados a un público "culto" o "cortesano" —puesto que no lo había—, pero sí a un público "señorial", el más interesado en los temas políticos, y el que mejor podía apreciar y pagar el arte de los juglares, el "mester de juglaría". (Cuanto mejor fuera el juglar, tanto mejor comía.)

Se sabe que hubo cantares juglarescos sobre las agitadas pendencias de castellanos y leoneses, y en especial sobre Fernán González, pero seguramente nunca se pusieron por escrito. De los cantares sobre el épico cerco de Zamora y sobre los desventurados Infantes de Lara no quedan sino vestigios, gracias a que en el siglo XIII fueron prosificados por escritores que ingenuamente los vieron como documentos históricos y los incorporaron a las crónicas. Uno de los cantares así prosificados fue justamente el del Cid, pero éste tiene la singularidad de habernos llegado, además, en su forma poética juglaresca. También se nos conserva fragmentariamente un cantar de *Roncesvalles,* del siglo XII, adaptación castellana de alguna de las refundiciones de la *Chanson de Roland* que por entonces corrían en Francia, y que constituye la primera muestra de la gran boga española de los temas carolingios (Carlomagno, Roldán y los Doce Pares, etc.).

El muy hazañoso Rodrigo (Ruy) Díaz de Vivar murió en 1099. Menéndez Pidal creía que el *Cantar* se compuso unos cuarenta años después (hacia 1140), pero casi todos los críticos actuales coinciden en asignarle una fecha más tardía: finales del siglo XII (digamos hacia 1180).* El *Cantar* nos presenta un Cid bastante novelado. (En las *Mocedades del Cid*, cantar de mediados del siglo XIV, es personaje ya totalmente novelesco, y bastante alocado por cierto.)

El verso en que se compuso el poema es de tamaño variable y, como se habrá observado en los pasajes que copio, va dividido en dos porciones no simétricas. A imitación de los poemas épicos franceses, las rimas son asonantes y van cambiando a intervalos irregulares, formando así "tiradas" *(laisses* en francés) de distinto tamaño, desde las de tres o cuatro versos hasta una de casi doscientos. Los versos que he copiado pertenecen a tres tiradas, cuyas asonancias son, respectivamente, *á-o* ("De los sos ojos tan fuertemientre llorando...""), *ó-e* ("Mio Çid Roy Díaz por Burgos entróve..."") y *á-a* ("Combidar le ien de grado, mas ninguno non osava..."").

Menéndez Pidal tuvo que enmendar en su edición gran cantidad de pasajes, a causa de que el anónimo copista del siglo XIV no respetó siempre el lenguaje original, sino que lo ajustó al de sus tiempos: omitió, por ejemplo, la *-e* final de palabras como *dolore, razone* y *señore* (asonantes de *pendones);* y, sobre todo, estropeó muchas rimas. Hay, por ejemplo, una tirada que parece tener cuatro asonancias distintas: en *é (fuert, fuent, alén),* en *ó (Carrión, noch),* en *ú-e (nubes)* y en *ó-e (Corpes).* La reconstrucción del original es obvia, y nos hace ver una rima uniforme en *ó-e (fuorte, fuonte, aluonde, Carrione, noite, nuoves, Corpes).*

* La letra del manuscrito único (conservado en la Biblioteca Nacional de Madrid) es del siglo XIV. De una anotación final se deduce que es copia de una copia hecha en 1207 por un tal Per Abbat (Pedro Abad). En su edición del *Cantar* (1985), el hispanista inglés Colin Smith expone y defiende la tesis de que 1207 es la fecha de composición del poema, y que Per Abbat es su autor (e "iniciador de todo un género"). La tesis no es del todo improbable, pero los demás especialistas no parecen aceptarla.

No en balde habían pasado casi dos siglos: la lengua del poeta original tenía todavía muchos rasgos afines a los del aragonés.

EL MESTER DE CLERECÍA

Al mester de juglaría se contrapone, a partir más o menos del año 1230, el "mester de clerecía", 'oficio de clérigos', arte de hombres que tienen trato con libros. En el siglo XIII se compusieron el *Libro de Apolonio*, el *Libro de Alexandre* y el *Poema de Fernán González*, anónimos los tres. En el siglo XIII floreció Gonzalo de Berceo, el primer poeta español de nombre conocido. El autor del *Alexandre* pregona, al comienzo del poema, la superioridad de su mester sobre el mester de los juglares:

> Mester trago fremoso, non es de joglaría,
> mester es sen peccado, ca es de clerezía,
> fablar curso rimado por la quaderna vía
> a síllavas cuntadas, ca es grant maestría.

Mester "sin pecado" quiere decir 'sin defecto', sin las torpezas de los juglares (los cuales seguramente ignoraban qué cosa es *sílaba).* Ahora hay verdaderas rimas (consonantes); ahora hay estrofitas regulares, de cuatro versos cada una, que eso es *quaderna vía;* ahora los versos tienen sus sílabas bien "cuntadas": catorce exactamente, siete en cada mitad del verso; es el verso "alejandrino", el empleado en el *Roman d'Alexandre* francés. (Uno de los versos que cité del *Poema del Cid,* "tornava la cabeça —y estávalos catando", es alejandrino perfecto, pero por pura casualidad.)

El *Poema de Fernán González* debe haber tomado su materia del viejo cantar juglaresco, pero también deja ver la influencia de varias *chansons* francesas. El *Alexandre* —el producto más largo del mester de clerecía: diez mil versos— es traducción y adaptación de dos poemas franceses sobre ese personaje. La fuente inmediata del *Apolonio,* que cuenta las azarosas aventuras de Apolonio rey de Tiro, parece ser también francesa.

Las fuentes de los poemas de Berceo son siempre latinas, algunas procedentes de Francia, sobre todo para los *Milagros de Nuestra Señora* —su obra más extensa—, y otras procedentes de España, sobre todo para sus poemas hagiográficos.*

Más modesto que el poeta del *Alexandre,* Berceo no hace alarde de su "maestría". Por el contrario, al comienzo de la *Vida de santo Domingo de Silos* anuncia:

> Quiero fer una prosa en román paladino,
> en qual suele el pueblo fablar a su vezino;
> ca non so tan letrado por fer otro latino,
> bien valdrá, commo creo, un vaso de bon vino.

Al comienzo del *Martirio de san Lorenzo* dice también: "Quiero fer la passión de señor sant Laurent / en romanz, que la pueda saber toda la gent". Escribe en romance y no en latín porque quiere que toda la gente lo entienda, sí, pero también porque se sabe incapaz de hacer lo que tantos clérigos, y sobre todo monjes, habían hecho en la Europa del siglo XII y seguían haciendo en el XIII: espléndidos poemas en latín culto. Frente a esos "letrados", el clérigo Berceo se siente un simple juglar. Hay al final del manuscrito del *Cantar del Cid* unos versitos que empiezan: "El romanz es leído, / dadnos del vino...": pedir vino era la fórmula juglaresca para solicitar paga (no sólo de vino vive el hombre). Eso que él hace —piensa Berceo— bien valdrá un vaso de buen vino.

Por momentos parece que nos llega en sus versos la imagen auténtica de la lengua en que el pueblo hablaba con el vecino. Para decir que algo no vale *nada,* los mexicanos decimos, entre otras cosas, que no vale *un*

---

*Gonzalo de Berceo celebró a dos santos españoles antiguos, san Lorenzo y santa Oria, y a dos más modernos, san Millán, fundador del monasterio en que él residía —aunque él no era monje, sino simple clérigo—, y santo Domingo, fundador del no muy lejano monasterio de Silos. La primera cuarteta de la *Vida de san Millán de la Cogolla* (san Emiliano "el de la Cogulla") dice que el lector, en ese poema, "verá a dó envían los pueblos su aver", o sea a qué monasterio tan ilustre mandan los cristianos sus tributos y sus limosnas —manera discreta de solicitar fondos. (Entre Berceo y las glosas de San Millán y de Silos hay apenas poco más de un siglo de distancia, pero ¡cómo ha cambiado el cuadro lingüístico en tan corto lapso!)

cacahuate. Siempre han existido expresiones de este tipo, y quizá en todas las lenguas. Una muy usada en España es "no valer *un higo*". Berceo debe haber tomado de labios del pueblo giros pintorescos como "non valié [no valía] *una hava*", "non li valió todo *una nuez foradada*", "non lo preçiava todo quanto *tres cherevías*" (la chirivía es un nabo de calidad inferior), y "non valién *sendos rabos de malos gavilanes*". Él y los otros poetas del mester de clerecía despliegan todo un abanico de designaciones populares del desdichado, del miserable, del pobrecillo: *aciago, aojado, astroso, malastrugo, malfadado, fadamaliento, fadeduro, mesquino, mesiello* (< latín *misellus,* diminutivo de *miser* 'miserable') y otras más, inclusive la palabra *pobre,* tenida por muy vulgar, impropia del lenguaje heroico (el Cid no dice "Antes fui pobre", sino "Antes fui minguado", o sea *menguado,* 'disminuido'). A diferencia de los juglares, que tratan de levantar el tono de voz, los clérigos tratan de acercarse al pueblo, y, puesto que es la primera vez que hay en romance un lenguaje poético *escrito,* tienen que haber sido conscientes de que esas palabras eran propias del lenguaje hablado.

Pero este "popularismo" tiene un amplio reverso. En la introducción de los *Milagros de Nuestra Señora* cuenta Berceo cómo se encontró de repente ("yo, maestro Gonçalvo de Berceo nomnado") en un prado lleno de árboles —"milgranos e figueras, peros e mançanedas"—, donde había "fuentes claras corrientes, / en verano bien frías, en ivierno calientes", y flores y canto de aves, tan delicioso todo que, aligerándose de ropa ("de ropiella" dice él), se tendió "a la sombra de un árbol fermoso"; y prosigue:

> El prado que vos digo avié otra bondat:
> por calor nin por frío non perdié su beltat;
> siempre estava verde en su entegredat,
> non perdié la verdura por nulla tempestat...

Estas últimas palabras, *nulla tempestat,* no estaban ciertamente en labios de cualquier hijo de vecino: son un latinismo puro; significan que el prado no dejaba de estar verde en 'ningún tiempo (del año)'. Berceo latiniza copiosamente su expresión: dice *flumen, leticia* y *exaudir,* pala bras que necesitan traducción ('río', 'alegría', 'escuchar'); dice cosas como *convivio, exilio, ileso* y *tributario,* que hoy no necesitan traducción, pero que para el vulgo de entonces eran tan incomprensibles como las otras; llega a meter en uno de sus poemas el superlativo *dulcíssimo,* forma que ya el latín vulgar de todas partes había abandonado (y que apenas en el siglo XVI se reintegraría verdaderamente a nuestra lengua), y no vacila en decir *"plus* blanco" en lugar de *"más* blanco". Cierto que este *plus* lo mismo puede ser latinismo que galicismo, pues Berceo imita no sólo el vocabulario latino, sino también el francés. En el segundo verso de la cuarteta que acaba de leerse, la palabra *beltat* es galicismo (lo español era *hermosura);* Berceo no dice *joglaría* o *juglaría,* sino *jonglería,* a la francesa. La palabra *entegredat,* en el tercer verso, tampoco era la del pueblo: es un semicultismo, a medio camino entre *integridad (integritatem)* y *enteridad* o *entereza;* así también, aunque la gente decía ya *vengar,* Berceo, dice *vendegar,* donde se transparenta claramente el *vindicare* latino.

Hay que tener en cuenta que los poemas del mester de clerecía, destinados a la lectura, suponían lectores que *algo* entendían de latín (pues ¿dónde, si no en textos latinos, podía la gente enseñarse a leer?). En el momento de circular entre sus no muy numerosos lectores, estos poemas remediaban de algún modo la escisión entre "cultura superior" y cultura del pueblo (recuérdese lo dicho en la p. 75). Había ya una pequeña clase "media": gente capaz de leer, no en latín, pero sí en romance.

España fue ajena al florecimiento literario latino de la Europa medieval, que tuvo su máximo esplendor en el siglo XII, sobre todo en Francia, Inglaterra y los países germánicos (y en ese florecimiento hay que incluir la poesía latina de los bulliciosos goliardos, sólo posible en países en que empezaba a haber una "población estudiantil", de lo cual España estaba lejos aún). Por otra parte, el siglo XII español se nos muestra prácticamente desnudo de obras literarias escritas en lengua vulgar (los poemas juglarescos no eran literatura escrita), mientras que la literatura en lengua vulgar era ya muy rica al otro lado de los Pirineos. Los dos "retrasos" españoles son resultado indirecto de la invasión musulmana.

Cataluña fue la primera región peninsular en que hubo literatura, porque fue la que menos tuvo que lidiar con los moros y la que más en contacto había estado con Europa, y en particular con Provenza. A Cataluña
siguió la zona de Navarra-Aragón, que alcanzó cierta estabilidad social
antes que León-Castilla, y que desde el siglo XI, con Sancho el Mayor,
había venido europeizándose gracias a sus estrechos contactos con Francia. Las hablas españolas, como hemos visto, se tiñeron de colores franceses y provenzales en los siglos XI-XIII. La "tarea" que se imponía a los
españoles del XIII era trasplantar a su tierra una literatura europea flore-
ciente, y el modelo más a la mano era el francés. Hacen así su entrada
en España los mitos célticos (el rey Arturo y los caballeros de su Tabla
Redonda, Perceval, Lanzarote, Tristán; la búsqueda o "demanda" del
Santo Grial), la guerra de Troya, la leyenda de Alejandro de Macedonia,
la de Apolonio de Tiro, la de Barlaam y Josafat (cristianización de la de
Buda), la del purgatorio de san Patricio, las muy populares de santa
María Egipcíaca y san Alejo, los milagros de la Virgen, la Danza de la
Muerte, las "disputas" del agua y el vino, del clérigo y el caballero, del
alma y el cuerpo. La mayor parte de estos variados "temas" tuvieron su
plasmación literaria española en el siglo XIII. Si hacia el año 1200 no
había prácticamente nada que leer, hacia el año 1300 los lectores
hubieran podido tener acceso a una pequeña biblioteca. A fines del
siglo XIII había ya una literatura escrita en nuestra lengua, así en verso
como en prosa. A la variedad de temas se añadía la de "géneros"; por
ejemplo, se hacían ya obras de teatro —que se han perdido, salvo un
fragmento de *Auto de los Reyes Magos*. Siguió habiendo poesía juglaresca, pero la mayor parte de lo que se escribió en adelante fue "mester de
clerecía", aunque no estuviera en verso, o aunque el verso no fuera el
alejandrino ni estuviera dispuesto "por la quaderna vía". Lo que se escribió fue sobre todo obra de "letrados", de hombres ya alimentados de
literatura.

A comienzos del siglo XII, la gente se sobrecogía al escuchar la muy
cruenta historia de los Infantes de Lara, o se entusiasmaba con las hazañas del Cid y su mesnada (con la escena, por ejemplo, en que Álvar
Fáñez mata a treinta y cuatro moros, y la sangre, corriendo a chorros por

la espada y por el brazo, cae del codo al suelo: "...por el cobdo ayuso la sangre destellando", o sea 'destilando'). A comienzos del siglo XIII se oye una voz muy distinta, la de un "escolar", un joven amigo de los libros, que gusta de los viajes y de las mujeres (las "dueñas"), que sabe lo que es una forma poética refinada ("acabada") y que alegremente quiere que otros oigan sus ideales de cultura *(odrá* es 'oirá'; *razón* es 'discurso'):

> Qui triste tien su coraçón,
> benga oír esta razón:
> odrá razón acabada,
> feita d'amor, bien rimada.
> Un escolar la rimó
> que siempre dueñas amó;
> mas siempre ovo criança
> en Alemania y en Francia;
> moró mucho en Lombardía
> pora aprender cortesía...

(en realidad, la palabra *cortesía* no nos vino de Milán, sino de Provenza).

El mismo español anónimo que hacia 1150 dijo que los castellanos fueron siempre unos revoltosos ("Castellae viri per sécula fuere rebelles"), dijo también que el dialecto hablado por ellos resonaba como trompeta con acompañamiento de tambor ("illorum lingua resonat quasi tympano tuba"). Los versos que acaban de leerse, iniciales del poemita llamado *Razón de amor,* no corresponden ciertamente a esa descripción. El dialecto primitivo se está amansando y civilizando; no es ya un hablar desaforado y estentóreo, sino una lengua apta para la expresión pausada y la reflexión serena. El castellano se dispone a ser el idioma de la mayor parte de España.

El hecho de que el castellano haya pasado de la condición de dialecto a la de lengua (y lengua literaria) va asociado con un fenómeno igualmente importante: los castellanos viejos, los de Burgos y la Bureba, dejaron de ser los "dueños" exclusivos de *su* lengua. De los muchos españoles que la hablaban en el siglo XIII, sólo un pequeño porcentaje descendía de los antiguos y "auténticos" castellanos. Y aquí entra majestuosamente en escena Alfonso X el Sabio, rey de León y Castilla de 1252 a 1284.

La obra de Alfonso el Sabio

Hijo y sucesor de Fernando III, el que unió definitivamente las coronas de León y Castilla, el que llevó la reconquista cristiana hasta la frontera misma del reino de Granada, Alfonso X careció de acometividad guerrera y de astucia diplomática. Vio frustradas sus aspiraciones al trono imperial germánico y sufrió sublevaciones hasta de su propio hijo, Sancho "el Bravo". Se dijo que, de tanto observar los movimientos de la bóveda estrellada, no pudo ver bien las cosas que sucedían en la tierra. Nadie se acordaría de él si no fuera por el papel decisivo que tuvo en la evolución de la lengua y de la cultura.

La ciudad de Toledo no fue ya, en sus tiempos, una "base militar", un punto de partida para las correrías contra los moros: fue una "corte" estable, que da la impresión de haber estado formada, no por militares y políticos, sino por jurisconsultos, historiadores, hombres de ciencia y poetas, presidida por un monarca pacífico y amante del derecho, de la historia, de la ciencia y de la poesía.

La antigua sede de los reyes visigodos, reconquistada en 1085, había quedado convertida dos años después en capital de Castilla; pero el prestigio de que gozó a partir de entonces —y durante siglos— no le vino de eso, sino que fue continuación del estado de cosas anterior a la reconquista. La cultura de Toledo, fruto de una ejemplar convivencia de moros, judíos y mozárabes cristianos, fue aprovechada sistemáticamente por los reconquistadores. Ese Toledo, al que acudían sabios y estudiosos de toda Europa para aprender de los árabes, dio su prestigio a la monarquía castellana, y no viceversa. Entre el saber oriental y el ansia occidental de saber se crearon entonces canales de transmisión, el más importante de los cuales fue la "escuela de traductores" fundada por Raimundo, arzobispo de Toledo de 1125 a 1152. En esta escuela o taller, mientras unos traducían, quizá oralmente, del árabe y del hebreo al romance, otros se encargaban de poner esas traducciones en el latín internacional de la época, pues las obras traducidas se destinaban a una clientela europea, ávida de leerlas y muy dispuesta a pagarlas.

Andando el tiempo, otro arzobispo de Toledo, Rodrigo Ximénez de Rada, llamado "el Toledano", dio un paso más: con ayuda de los colaboradores y traductores del taller, escribió una historia de España en la que aprovechó, al lado de las fuentes tradicionales (san Isidoro, por ejemplo), las obras de varios historiadores árabes. Esta compilación, redactada también en latín e intitulada *Historia gothica* (1243), había sido precedida por varias otras crónicas de España, escritas igualmente en latín; pero ninguno de sus predecesores había enriquecido el relato con la visión, tan importante, de los historiadores musulmanes. Al lado del Toledano hay que mencionar a Lucas de Tuy, llamado "el Tudense", que escribió en latín una historia "universal", *Chronicon mundi* (1236).

Alfonso X aprovechó sabiamente tan buenos ejemplos. A semejanza del arzobispo Raimundo, supo rodearse de un nutrido grupo de colaboradores, y no únicamente españoles (moros, cristianos y judíos), sino también franceses e italianos; a semejanza del Toledano, que hacia 1235 había sido preceptor suyo y de su hermano el príncipe Fadrique, emprendió la composición de una historia de España, la *Primera crónica general;* y a semejanza del Tudense, se echó a cuestas la tarea de escribir una historia universal, la *General estoria.* Pero Alfonso comprendió que los tiempos estaban maduros para una innovación trascendental. El "romanceamiento", que desde la época del arzobispo Raimundo había venido siendo mero suministro de materiales para los redactores de la prosa latina, se convirtió ahora en un fin: la lengua romance dejó de ser andamio para convertirse en edificio. Y aunque todavía siguieron escribiéndose libros en latín, los escritos en romance adquirieron, gracias a él, su carta definitiva de ciudadanía. Alfonso X fue el creador de la prosa española.*

* Esta última frase admite toda suerte de matizaciones. En primer lugar, el rey no tomó personalmente la pluma para escribir los miles y miles de páginas de que consta "su" obra. Él fue patrocinador, coordinador, supervisor y prologador (lo cual hay que tener presente cada vez que se hable de los libros *de* Alfonso el Sabio). En segundo lugar, la "escuela de traductores" había estado siempre activa, y es natural que a lo largo de un

Detengámonos, para comenzar, en el *Libro de Calila e Dimna*. A comienzos del siglo anterior, el instrumento para la difusión de los "cuentos árabes" había sido el latín (recuérdese lo dicho en la p. 95 sobre Pedro Alfonso). Ahora, el instrumento es el castellano. El *Calila* es traducción de la traducción árabe (siglo VIII) de una vasta colección de "ejemplos" (anécdotas, cuentos o apólogos seguidos de moralejas) de origen hindú. Al mismo tiempo que Alfonso —aún no rey— se encargaba de esta tarea, su hermano el infante Fadrique hacía otro tanto con un libro análogo, el *Sendebar*, igualmente de origen hindú (la traducción se llamó *Libro de los engaños e los assayamientos* [perversidades] *de las mugeres)*. Vale la pena leer uno de los cuentos del *Calila*, no por ser raro —es el antepasado de la fábula de la lechera—, sino por la simple satisfacción de encontrar tan "hecha" la prosa española en 1251. (El "héroe" del cuento no es un fraile, sino un "santón" oriental; ahora diríamos un derviche.)

Dizen que un religioso avía cada día limosna de casa de un mercader rico: pan e miel e manteca e otras cosas de comer. E comía el pan e los otros comeres, e guardava la miel e la manteca en una jarra, e colgólo a la cabeçera de su cama, fasta que se finchó la jarra. E acaesçió que encaresçió la miel e la manteca, e estando una vegada [una vez] ascutado en su cama, començó a fablar entre sí e dixo assí: "Venderé lo que está en esta jarra por

siglo haya perfeccionado técnicas tan básicas para la obra alfonsí como la compilación, la traducción y la redacción. En tercer lugar, de esa "escuela" estaban saliendo ya, sin intervención del monarca, libros redactados en español: dos traducciones de la Biblia (una, directamente del hebreo; otra, de la Vulgata latina, que siempre fue la "oficial" de la Iglesia romana) y también varias compilaciones de sentencias morales traducidas del árabe, con títulos como *Libro de la nobleza e lealtad, Libro de los cien capítulos* (o *Dichos de sabios), Flores de sabiduría, Bonium* (o *Bocados de oro)* y *Poridat de las poridades* ('Secreto de los secretos'). Varios de estos tratadillos, aunque no tienen fecha exacta, pueden ser anteriores a los primeros libros de Alfonso, que son el *Lapidario* (1250) y el *Libro de Calila e Dimna* (1251). Anteriores a 1250 son los rudos *Anales toledanos*, un "cronicón" navarro llamado *Liber regum* ('Libro de los reyes') y un manual de confesores, *Los diez mandamientos,* escrito en aragonés. Por esos mismos años se tradujo, con el título *La fazienda de Ultramar,* una larguísima descripción del itinerario de Tierra Santa, encargada en el siglo anterior por el arzobispo Raimundo a un tal Almerich y escrita originalmente en provenzal. (Gran parte de las cosas aquí mencionadas se han editado por primera vez en la segunda mitad del siglo XX. La edición de la *General estoria* de Alfonso el Sabio no está terminada aún.)

tantos maravedís, e compraré por ellos diez cabras, e enpreñar se han, e parirán a cabo de cinco meses". E fizo cuenta de esta guisa, e falló que fasta cinco años montavan bien quatrocientas cabras. Desí [después] dixo: "Vender las he e compraré por lo que valieren cient vacas, por cada quatro cabras una vaca o un toro, e avré simiente, e sembraré con los bueyes, e aprovechar me he de los bezerros e de las fembras e de la leche, e antes de los cinco años passados avré dellas e de la leche e de las mieses algo grande [algo = riqueza], e labraré muy noble casa, e compraré esclavos e esclavas. E esto fecho, casar me he con una muger muy fermosa e de grant linage e noble, e enpreñar se ha de un fijo varón, conplido [robusto] de sus miembros, e poner lo he muy buen hombre, e enseñar le he buenas costumbres, e castigar lo he [lo educaré] de los castigos [enseñanzas] de los reyes e de los sabios, e si el castigo e el enseñamiento non resçibiere, ferir lo he con esta vara que tengo en la mano muy mal". E alzó la mano e la vara en diziendo esto, e dio con ella en la jarra que tenía en la cabeçera de la cama, e quebróse, e derramóse la miel e la manteca sobre su cabeça.

No estará de más advertir que, para Alfonso X y su época, el *Calila e Dimna* no era un libro de simple pasatiempo, sino una obra tan sólida, tan útil (a su manera) como el *Lapidario* o tratado de mineralogía traducido un año antes. Las ciencias árabes que más parecen haber interesado al rey son la cosmografía *(Libros del saber de astronomía)* y la astrología *(Libro de las cruzes)*. Traducción del árabe es también el maravilloso *Libro del axedrez, de los dados e de las tablas,* tan arcaico y a la vez tan moderno, con esas descripciones exactas de las distintas maneras de dar jaque —"El noveno juego, dar la xaque con el cavallo blanco en la tercera casa del alfil prieto, e entrará el rey prieto en la tercera casa del roque blanco. El dezeno juego, dar la xaque con el roque blanco en su casa, e entrará el rey prieto en la segunda casa del cavallo blanco...", etc.—, y sobre todo con esas ilustraciones que, a la manera de los manuales de hoy, muestran la posición de las piezas en el tablero. (Sólo que, en el *Libro del axedrez,* las ilustraciones añaden a la representación del tablero toda una colorida escena con personajes, muebles y arquitectura. Los miniaturistas, en el taller alfonsí, no eran menos importantes que los traductores y redactores.)

Las tres grandes compilaciones de Alfonso X cubren el campo del derecho y el de la historia. Sus *Siete partidas* son un código de derecho civil, pero no escueto, sino razonado y comentado. La *General estoria,* su empresa más enciclopédica y más ambiciosa, aprovecha toda clase de fuentes: la Biblia, desde luego (en una de las traducciones españolas recién hechas), y comentaristas de la Biblia como san Agustín, Orígenes y Beda el Venerable; escritores latinos clásicos, sobre todo Plinio el Viejo, Ovidio y Lucano; historiadores árabes como ibn-Wasif y el Bacrí, y escritores latino-medievales como Pedro Comestor y el ya mencionado Tudense (el autor del *Chronicon mundi);* aprovecha también, como si fueran documentos históricos, el *Libro de Alexandre* y varias obras francesas, en particular las versiones poético-novelescas de la guerra de Troya y de la guerra de Tebas *(Roman de Troie, Roman de Thèbes),* y sobre todo el *Ovide moralisé,* que enseñaba a leer las *Metamorfosis* de Ovidio no como obra de pura fantasía, sino como documento "sabio". La *Primera crónica general* reúne asimismo datos de muchas fuentes: la Biblia, autores clásicos —pues se trataba de hacer una historia de España desde los orígenes—, historiadores hispanoárabes e hispanolatinos (entre éstos Paulo Orosio, san Isidoro y, naturalmente, el Toledano), y también cantares juglarescos como los antes mencionados del cerco de Zamora y de los Infantes de Lara.*

Otro gran producto del taller alfonsí son las *Cantigas de Santa María,* colección de 420 poemas religiosos, embellecida con miniaturas (representaciones, sobre todo, de instrumentos musicales en manos de músicos

---

* Para Alfonso el Sabio, los cantares juglarescos tenían el mismo valor que los libros. En un lugar de las *Siete partidas* dice que "los antiguos", atentos a la formación intelectual y moral de los caballeros, "ordenaron que, assí como en tiempo de guerra aprendían fecho d'armas por vista e por prueva [por experiencia directa], que otrosí en tiempo de paz lo aprisiessen por oída e por entendimiento. E por esso acostumbravan los cavalleros, quando comién, que les leyessen las estorias de los grandes fechos d'armas que los otros fezieran, e los sesos [la inteligencia] e los esfuerços que ovieron para saber vençer e acabar lo que querién. E allí do non avién [cuando no tenían] tales escripturas, faziénselo retraer [referir] a los cavalleros buenos e ançianos que se en ello açertaron. E sin todo esto, aún fazién más: que los juglares non dixiessen ant ellos otros cantares sinon de gesta, o que fablassen de fecho d'armas; e esso mesmo [asimismo] fazién que quando non podiessen dormir, cada uno en su posada se fazié leer e retraer estas cosas sobredichas, e esto era porque oyéndolas les cresçién los coraçones e esforçávanse faziendo bien, queriendo llegar a lo que los otros fezieran o passara por ellos".

de variada indumentaria, unos cristianos y otros moros) tan valiosas como las del *Libro del axedrez*. Pero están escritas en lengua gallego-portuguesa —en el siglo XIII el gallego y el portugués eran prácticamente lo mismo—, de manera que, en sentido estricto, no pertenecen a la historia de nuestra lengua. Lo que hacen es poner de manifiesto un hueco en esa historia. En tiempos de Alfonso X había en Portugal, y siguió habiendo hasta entrado el siglo XIV, algo que no había en Castilla: una "escuela" de poesía lírica. Los portugueses, a imitación de los provenzales, cultivaban esa poesía lírica, poesía para cantar, ligada a la música, cuyos productos se llamaban, por ello, *cantigas*. Había cantigas "de amigo" (donde una muchacha habla de su amante o se dirige a él), cantigas "de amor" (donde canta una voz masculina), muy refinadas unas y otras, y también cantigas "de escarnio e maldizer", sartas de insultos y aun de obscenidades de hechura igualmente refinada (lo cual es curioso, pues hay épocas y lugares en que las groserías no se escriben, o, si se escriben, se consideran "sub-literatura"). Don Dinís, o sea don Dionisio, nieto de Alfonso el Sabio y rey de Portugal de 1279 a 1325, encontró ya constituida esa "escuela" y no sólo la patrocinó, sino que fue miembro activo de ella. A su mano se deben no pocas de las cantigas "de amigo", continuadoras ya "cultas" de las viejas *jarchas* romances (véase antes, pp. 110-111), donde también hablaba una muchacha enamorada. Algunas de las cantigas de don Dinís son bellísimas, como la que empieza:

> Ay flores, ay flores do verde pino,
> se sabedes novas do meu amigo.
> Ay Deus, e hu é?
> Ay flores, ay flores do verde ramo,
> se sabedes novas do meu amado.
> Ay Deus, e hu é?...

(*hu é?* '¿dónde está?'; *do verde ramo* 'de la verde rama'; *se sabedes*... 'si sabéis...'; equivale a una interrogación: '¿qué noticias me dais de...?') . Ese tesoro poético, gloria de la lengua portuguesa, nos ha llegado en varios *cancioneiros*. También la Cataluña de tiempos de Alfonso X tenía ya su "escuela" de poesía lírica; pero allí los poetas formaban parte del movimiento trovadoresco del sur de Francia, al grado de que no escribían en catalán, sino en provenzal. La poesía provenzal fue, en efecto, la primera que se escribió en lengua vulgar dentro del dominio románico. Y ese gran momento de la historia de la poesía es también un gran momento de la historia de la música. Comenzaba a haber poesía y música "cultas" a pesar de haberse separado del monopolio latino-eclesiástico.

Nada de esto había llegado al Toledo de Alfonso X, y mucho menos a Sevilla y Córdoba (donde poco antes, en cambio, había florecido una gran poesía lírica en árabe). Así, pues, cuando Alfonso decidió cantar los loores y celebrar los milagros de la Virgen María, tuvo que acudir, como Gonzalo de Berceo, a modelos europeos. El culto a la Virgen era un fenómeno reciente, relacionado con el surgimiento de la lírica trovadoresca, si bien la poesía mariana se escribía sobre todo en latín —*Laudes* (o *Mirácula) Mariae Vírginis*—, y su música era prolongación del "canto gregoriano". Al imitar esos modelos, Alfonso prescindió naturalmente del latín, pero la lengua que se le impuso no fue la castellana, sino la portuguesa. Dentro de la tradición castellana pudo Alfonso dar sustancia y estabilidad al lenguaje narrativo, al lenguaje jurídico y al lenguaje expositivo o científico, porque había aprovechado experiencias anteriores, y éstas faltaban en el caso del lenguaje poético. La experiencia que aprovechó fue, pues, la portuguesa. (No hay señales de que Alfonso haya conocido la *Razón de amor,* tan aislada, ni los poemas de Berceo, escritos en un rincón tan alejado de Toledo y de Sevilla. Si el tema de algunas *Cantigas de Santa María* coincide con el de ciertos *Milagros de Nuestra Señora,* es porque Berceo y Alfonso X acudieron a fuentes latinas parecidas). El rey sintió, por así decir, que el castellano era bueno para todo, menos para esos delicados vuelos poéticos.* Y él

---

*He aquí el comienzo de una de las *Cantigas* de Alfonso X:

> Ben veñas, mayo, e con alegría;
> por én roguemos a Santa María
> que a seu Filho rogue todavía
> que él nos guarde d'err e de folía.
> Ben veñas, mayo, con pan e con viño,
> e nós roguemos á que Deus miniño

no fue el único: en los *cancioneiros* portugueses de los siglos XIII y XIV no son raros los nombres de poetas castellanos, y sobre todo andaluces, que evidentemente seguían hablando mozárabe, o sea una lengua mucho más cercana al portugués que al castellano. Así, pues, las *Cantigas* constituyen un importante testimonio histórico "negativo": en el campo de la poesía lírica, el portugués y el catalán estaban más avanzados que el castellano. (Hay que añadir que son pocas las cantigas portuguesas y las composiciones trovadorescas catalanas que nos han llegado con su música, mientras que las *Cantigas* de Alfonso X llevan todas su notación musical, espléndidamente caligrafiada.)

La literatura de los siglos XIV y XV

Al morir Alfonso el Sabio, la literatura escrita en nuestra lengua era ya una criatura robusta. Todo lo que vino después puede verse como "continuación". Sancho IV, hijo de Alfonso, se encargó de continuar la *Primera crónica general*, y el taller toledano siguió algún tiempo en actividad. De él salió la *Gran conquista de Ultramar*, historia de las primeras Cruzadas, traducida de fuentes francesas. (El extenso relato se demora sobre todo en la conquista de Jerusalén y en las hazañas de Godofredo de Bullón, pero incluye muchos otros materiales: noticias sobre el califa Omar, creación de las primeras órdenes militares, expediciones de los cruzados en Túnez, Trípoli y Egipto, etc. Hay intercalaciones novelescas de origen alemán y francés, como las leyendas de Mainete, Baldovinos y la Sierpe, Berta la del Pie Grande, y sobre todo la del Caballero del Cisne, que corresponde a la leyenda germánica de Lohengrin.) Pero "continuación" significa también aparición de nuevas expresiones literarias.

> troux em seus braços, que nos dé camiño
> por que seyamos com ela festiño.
>   Ben veñas, mayo, con muitas requezas...

(ben veñas 'bien vengas'; *por én* 'por lo tanto'; *todavía* 'todo el tiempo'; *d'err e de folía* 'de yerro y de locura'; *á que Deus miniño...* 'a la que trajo en sus brazos a Dios niño'; *festiño* 'pronto').

En el siglo XIV surgieron varias figuras de vigorosa individualidad, que merecen ser mencionadas.

Don Juan Manuel (1283-1348), sobrino de Alfonso el Sabio, cultivó la prosa castellana con una alta consciencia del oficio. *El conde Lucanor* o *Libro de Patronio,* su obra maestra, consta de cincuenta *enxiemplos* (cuentos con moraleja) de origen a veces oriental, a veces europeo, a veces concretamente español. El de Doña Truhana es reelaboración del cuento de *Calila e Dimna* que se ha leído antes (y es de notar qué primitiva resulta la sintaxis de Alfonso en comparación con la de su sobrino); el cuento de Don Illán de Toledo, de fuente árabe, inspiró una de las comedias de Ruiz de Alarcón, *La prueba de las promesas;* y el del "mancebo que casó con una muger muy fuerte e muy brava e llegó a domarla" es antecedente de *The Taming of the Shrew* de Shakespeare.

El judío Sem Tom, rabino de Carrión, le dedicó al rey Pedro I, en 1350, unos *Proverbios morales* (máximas didácticas) notables por su tono reflexivo y por la extraña economía de su hechura:

> Por nasçer en espino non val la rosa cierto
> menos, nin el buen vino por salir del sarmiento.
> Non val el açor menos por nasçer del mal nido,
> nin los exemplos buenos por los dezir judío…

Son versos alejandrinos, como los del mester de clerecía, pero ordenados de dos en dos. Y, además de la rima final —que en estos dos "proverbios" es asonante—, hay otra rima a medio verso *(vino/espino* y *buenos/menos),* de manera que es posible esta otra escritura:

> Non val el açor menos
> por nasçer del mal nido,
> nin los exemplos buenos
> por los dezir judío,

donde cada verso de 14 sílabas se convierte en dos de siete. Sea como sea, la forma métrica de los *Proverbios morales* no tuvo imitadores. Y es curioso cómo Sem Tob, al mismo tiempo que reconoce su "mala" cuna (los judíos ya eran discriminados), afirma serenamente la bondad de los versos que escribe. Su poesía, para decirlo con sus propias palabras, es como la esencia aromática de la rosa que permanece, por obra de los perfumistas y sus alambiques, cuando la rosa misma ha muerto:

> Quando se seca la rosa, que ya su sazón sale,
> queda el agua olorosa, rosada, que más vale.

Juan Ruiz, arcipreste de Hita (en la zona central de España), es autor de una obra mucho más voluminosa y exuberante que la del rabino de Carrión. Casi nada se sabe de su vida, pero pocas obras hay en la Edad Media europea comparables en vitalidad y humorismo con su *Libro de buen amor*. Escrito en su mayor parte según las reglas del mester de clerecía —versos alejandrinos dispuestos por "cuaderna vía"—, el *Libro* del Arcipreste es una animada miscelánea de cuentos, de fábulas como la del ratón de ciudad y el ratón de campo (el *mur* de Guadalajara y el *mur* de Monferrado), de descripciones alegóricas como la batalla de Doña Cuaresma contra Don Carnal (o sea el Carnaval) y, sobre todo, de amenos y variados episodios eróticos. A semejanza del *Conde Lucanor*, el *Libro* del Arcipreste ha tenido muchas ediciones en los tiempos modernos. Más de un lector del presente libro recordará haber leído cuartetas como:

> El Amor faz sutil al ombre que es rudo,
> fazle fablar fermoso al que antes es mudo,
> al ombre que es cobarde fázelo atrevudo,
> al pereçoso faze ser presto e agudo;
> al mançebo mantiene mucho en mançebez,
> al viejo faz perder muy mucho la vejez;
> faze blanco e fermoso del negro como pez;
> lo que non val una nuez, Amor le da grand prez...

Pero el Arcipreste introdujo varias novedades métricas. Algunos pasajes del *Libro* están en versos de 16 sílabas, o sea la suma de dos octosílabos; y en octosílabos están varios de los fragmentos líricos que rompen el fluir de las cuartetas de alejandrinos. Otros fragmentos líricos emplean versos de siete, seis, cinco y cuatro sílabas, pero es el de ocho el que con mayor tenacidad ha estado trabado con la poesía de nuestra lengua, desde los días del Arcipreste hasta hoy. Quizá no se componían aún romances a mediados del siglo XIV, pero leer un verso del Arcipreste como "Por vos dar solaz a todos fablévos en joglaría" es ya como leer dos octosílabos de romance: "Por daros solaz a todos / os he hablado en juglaría". (A diferencia de don Juan Manuel, tan cuidadoso de la integridad de su escritura que ordenó que toda copia de sus obras se confrontara con un manuscrito autorizado por él y confiado al convento dominico de Peñafiel, el Arcipreste legó su *Libro* a todos los juglares que quisieran recitarlo, permitiéndoles expresamente cortar y añadir a su antojo.)

Juan Fernández de Heredia (1310-1396) fue un alto personaje de la corte de Aragón cuando este reino, en plena expansión política, intervenía en los asuntos europeos y mantenía fuerzas de ocupación en el Mediterráneo oriental. Él mismo llegó a ser gran maestre de la orden militar de San Juan de Jerusalén. Al final de su vida se dedicó a la literatura. Puso en marcha, a semejanza de Alfonso X, un taller de traductores y redactores del cual salieron una extensa *Crónica de Espanya* y una *Gran crónica de conqueridores,* o sea conquistadores (desde Marco Antonio y Octavio hasta Fernando III de Castilla y Jaime I de Aragón), adornadas una y otra con hermosas miniaturas, así como varias traducciones: el *Libro de Marco Polo,* una *Flor de historias de Orient* y sobre todo las *Vidas paralelas* de Plutarco y los discursos más memorables de la *Historia* de Tucídides (primera vez que se tradujo a autores griegos directamente a una lengua europea moderna). La modalidad aragonesa de la lengua española tiene en la obra de Fernández de Heredia su monumento más insigne. Pero el aragonés del siglo XIV estaba ya muy castellanizado.

Pero (= Pedro) López de Ayala (1332-1407), canciller de Castilla, fue figura política prominente y a la vez escritor muy fecundo. Redactó las crónicas de varios reyes de Castilla, la más importante de las cuales es la de don Pedro I, llamado "el Cruel". Se ocupó de poner en castellano la *Historia romana* de Tito Livio (a través de una traducción francesa), la

Consolación de la Filosofía de Boecio, los comentarios de san Gregorio sobre el libro de Job y el tratado *Del sumo bien* de san Isidoro. También tradujo del latín dos libros escritos por italianos modernos: la *Caída de príncipes* de Giovanni Boccaccio y la *Crónica troyana* de Guido de Colonna.* Además, fue poeta notable. Su *Rimado de palacio,* vasta miscelánea político-moral y último producto del mester de clerecía (con intercalaciones líricas, como el *Libro* del Arcipreste), tiene el mismo tono severo y reflexivo de su obra en prosa. La meditación de la muerte —"Assí como la sombra nuestra vida se va..."— anuncia ya las *Coplas* de Jorge Manrique:

> ¿Qué fue entonces del rico e de su poderío,
> de la su vana gloria e el orgulloso brío?
> Todo es ya passado e corrió como río,
> de todo el su passar fincó el mucho frío...

(*fincó* es 'quedó').

Hacia 1400, en el tránsito del siglo xiv al xv, viviendo todavía el canciller, se escribió un poema anónimo famoso, la *Danza de la Muerte.* El tema de la danza "macabra" —el de la Muerte democrática para quien el Papa y el Emperador valen lo mismo que el último mendigo— había tenido ya muchas expresiones en Europa, sobre todo a partir de la gran peste que a mediados del siglo xiv mató a más de la mitad de la población. Los modelos de la *Danza* española son franceses. Pero su hechura métrica es española. Vale la pena leer, como muestra, las palabras que dice el Condestable cuando después del Papa y el Emperador le llega el turno, y la Muerte, tañendo su *charambela* ('caramillo' o 'chirimía'), lo "invita" a entrar en la danza:

---

* Al igual que las crónicas de los reyes de Castilla, la *Crónica troyana* conoció los honores de la imprenta a fines del siglo xv. (El libro de Guido de Colonna se tradujo también al catalán en el siglo xiv.) Las traducciones de Homero se hicieron esperar mucho en Europa, pero la historia de la guerra de Troya, transmitida por fuentes secundarias, tuvo en todas partes un prestigio inmenso. Ocupa gran número de cuartetas del *Libro de Alexandre* y gran número de capítulos de la *General estoria.* Hacia 1270 se compuso una *Historia troyana* en prosa y verso, y en tiempos del canciller López de Ayala se escribieron unas *Sumas de historia troyana,* atribuidas a un fabuloso "Leomarte".

Yo vi muchas danças de lindas donzellas,
de dueñas fermosas de alto linage;
mas, según me paresçe, no es ésta de ellas,
ca el tañedor trae feo visage.
¡Venid, camarero! Dezid a mi page
que traiga el cavallo, que quiero fuir,
que ésta es la dança que dizen morir:
si della escapo, tener m'han por sage.

(Obsérvense de paso los galicismos *linage, page, visage* 'rostro' y *sage* 'sabio'.) Estos nuevos versos son casi todos de 12 sílabas (6 + 6), pero uno de ellos, el tercero, es de 13 (7 + 6), y también los puede haber de 11 y aun de 10 sílabas. Semejante anarquía pudiera parecer una rebelión contra las "sílabas cuntadas" del mester de clerecía y una vuelta a la libertad del de juglaría. Pero no. Lo que sucede es que los nuevos versos se miden, y muy estrictamente, por acentos, no por sílabas. Lo que cuenta es el ritmo regular, el contraste continuo entre sílabas con acento y sílabas sin acento. El esquema de "yo vi muchas danças de lindas donzellas" es ta*tán*tara *tán*ta / ta*tán*tara *tán*ta, y el de "mas según me paresçe no es ésta de ellas" es tara*tán*tara *tán*ta /ta*tán*tara *tán*ta (13 sílabas), y también puede haber esquemas como *tán*tara *tán*ta / ta*tán*tara *tán*ta (11 sílabas) y aun *tán*tara *tán*ta / *tán*tara *tán*ta (10 sílabas). Lo indispensable, en cada mitad de verso, son las dos sílabas sin acento intercaladas entre *tán* y *tán*. Este verso fuertemente rítmico se llamó "de arte mayor".*

---

* Hay un antecedente del verso de 12 sílabas (6 + 6) en el impresionante poema *¡Ay Iherusalem!*, de hacia 1280, escrito en cuartetas como la siguiente: "De Iherusalem vos querría contar, / del Sepulcro Santo que es allende el mar: / moros lo çercaron / e lo derribaron" (pero aquí falta el característico sonsonete *tántara tanta).* El verso de arte mayor comenzó a caer en desuso hacia 1550. Los poetas renacentistas deben haberlo sentido demasiado rígido y monótono, demasiado "medieval". Sobrevive, sin embargo, en el folklore de todas partes ("Tanto bailé con el ama del cura, / tanto bailé, que me dio calentura"; "Ese retrato de Santa Teresa / que sólo le queda la pura cabeza"; "De una, de dola, de tela canela, / zumbaca tabaca de vira virón"). En tiempos modernos fue desempolvado y redignificado por poetas como José Zorrilla y Rubén Darío ("Yo tengo en mi guzla de son berberisco…"; "El mar, como un vasto cristal azogado…"). También el octosílabo es verso popular ("Aquí me pongo a cantar / al compás de la vigüela…"; "Guadalajara en un llano, / México en una laguna…"), y lo ha sido desde sus orígenes medievales. La gran diferencia es que el octosílabo *nunca* ha dejado de ser, además, vehículo de poesía culta.

La disposición de las rimas, en estrofas o "coplas" de ocho versos (como la copiada), se llamó asimismo "de arte mayor". Fue, por así decir, un gran ejercicio de gimnasia para el idioma. A lo largo del siglo XV, y hasta entrado el XVI, prácticamente toda la poesía "seria" de nuestra lengua va a estar escrita, o en ese verso de arte mayor, o en el "de arte menor", o sea el de ocho sílabas, de tradición más antigua (pues, como hemos visto, está ya bien estabilizado en algunas porciones del *Libro* del Arcipreste de Hita).

Francisco Imperial, genovés establecido en Sevilla, compuso en coplas de arte mayor, a fines del siglo XIV, un raro poema alegórico, *Dezir de las siete virtudes,* donde por primera vez se escuchan en nuestra lengua los ecos de la *Divina Commedia.* Imperial puede haber visto en el nuevo verso algo parecido a los endecasílabos de Dante. En todo caso, él y otro poeta, Alonso Álvarez de Villasandino, son los pioneros de una verdadera "escuela" poética. En tiempos de Juan II, rey de Castilla de 1406 a 1454, esta "escuela" se consolidó con la abundante obra poética de Íñigo López de Mendoza, marqués de Santillana (1398-1458), y de su amigo Juan de Mena (1411-1456). Un aficionado al nuevo estilo, Juan Alfonso de Baena, podía coleccionar en 1445 cerca de 600 composiciones, obra de más de 50 poetas, y copiarlas, con algunas indicaciones sobre los autores, en un volumen llamado *Cancionero de Baena. (Cancionero* significa simplemente 'colección de poesías', y son poesías para leerse, no para cantarse; también la colección de poesías de Petrarca se llama *Canzoniere.)*

Ahora, por fin, había en castellano aquello que Alfonso X había echado de menos: un cultivo asiduo, plural y "profesional" del lenguaje lírico. Lo dijo ya, con explicable orgullo, el marqués de Santillana en el *Prohemio o carta* que escribió para don Pedro, condestable de Portugal, al mandarle un manuscrito de sus poesías (y que es a la vez una declaración de altos ideales estéticos y el primer esbozo de historia literaria hecho en español): "Non ha mucho tiempo, qualesquier dezidores e trovadores destas partes, agora fuessen castellanos o andaluzes de la Extremadura, todas sus obras componían en lengua gallega y portuguesa". Pero ahora es distinto. Ahora el gallego Juan Rodríguez del Padrón escribe en castellano, y si en el *Cancionero de Baena* hay todavía una que otra composición en gallego, residuo de la época anterior, muy pronto va a ocurrir lo contrario: Portugal imitará los estilos desarrollados en Castilla, y en los *cancioneiros* portugueses tardíos habrá poesías compuestas "em lingoagem de Castela". (Por lo demás, también los poetas valencianos del siglo xv, y hasta los catalanes como Pere Torroella y Pere Moner, sin abandonar del todo su lengua, comienzan a preferir la castellana. En el siglo xvi casi no habrá poesía en catalán.)

Los temas, las técnicas, los ideales y la retórica de esta poesía castellana del siglo xv se llaman "cancioneriles" a causa de toda una serie de cancioneros manuscritos que se compilaron como continuación y actualización del *Cancionero de Baena*. El último eslabón de la cadena es un libro impreso a comienzos del siglo xvi, el *Cancionero general* de Hernando del Castillo, que contiene cerca de un millar de composiciones escritas por unos 200 poetas. Es notable la perduración de esta "poesía de cancionero" en el gusto de los lectores. Y no menos notable es este otro hecho: para un moderno, la poesía del siglo xv resulta menos atractiva que la de siglos anteriores (el *Cantar de mio Cid,* Berceo, el Arcipreste de Hita). La poesía del siglo xv se lee poco. Las excepciones son apenas dos: una de las serranillas del marqués de Santillana ("Moça tan fermosa / no vi en la frontera…") y, naturalmente, las *Coplas* de Jorge Manrique (1440-1479) a la muerte de su padre, cuyos versos, después de más de cinco siglos, siguen cantando gravemente en la memoria de todos ("Nuestras vidas son los ríos…", "¿Qué se hizo el rey don Juan…?", "¿Qué se hizo aquel trovar…?"). Las *Coplas* de Manrique, como también las obras más famosas de Mena y Santillana, tuvieron ediciones impresas ya a fines del siglo xv.

Mena y Santillana, discípulos de Imperial y de Álvarez de Villasandino, lo fueron también de un alto personaje aragonés, don Enrique de Villena (1384-1434), hombre extraño que llegó a hacerse sospechoso de brujería a causa de su desmesurada curiosidad intelectual.* Villena,

---

* Resultado de estas sospechas fue que algunos de sus libros (por ejemplo sobre los sueños y sobre la adivinación) fueron quemados por fray Lope de Barrientos, confesor de Juan II. De hecho, las obras que se conocen de Villena nos hacen ver en él un "escritor

traductor de la *Divina Commedia,* de la *Eneida* de Virgilio y de uno de
los tratados retóricos de Cicerón, gran europeizador de la cultura castellana, influyó sin duda en los entusiasmos de sus discípulos. El "agudo
e discreto" Santillana, según el cronista Hernando del Pulgar, "tenía
grand copia de libros" en italiano, francés, castellano, catalán, portugués
y latín (aunque no sabía latín). Sus poemas más ambiciosos son la *Co-
medieta de Ponça* y el *Infierno de los enamorados,* títulos que rinden
homenaje a la *Divina Commedia* y al *Inferno.** El poema más exquisito
de Mena es el *Laberinto de Fortuna,* llamado también *Las trescientas* por
ser casi 300 las coplas de arte mayor que lo constituyen (fue deporte de
varios poetas posteriores añadir a sus 297 coplas las tres faltantes). El
tema de la diosa Fortuna que juega caprichosamente con nuestras vidas
fue muy de la Europa medieval, pero el *Laberinto* no se limita a desarro-
llarlo: es una visión poética de destinos humanos concretos, muy influi-
da por la visión de Dante, y expuesta en un lenguaje refinadísimo. Lo mis-

para minorías", atraído por saberes recónditos como la astrología y la *fascinología* (maneras de fascinar, de "aojar", de afectar al prójimo con la mirada) y por formas de vida seño-
riales. Sus *Doze trabajos de Hércules,* "aplicados a los doce estados del mundo", no son un
relato populachero, sino una exaltación de los ideales aristocráticos, en la línea del *Libro
del caballero y el escudero* de don Juan Manuel (Hércules viene a ser el paradigma del
caballero). Su *Arte cisoria* enumera manjares exquisitos y enseña el "arte de cortar" con
diferentes cuchillos (que eso significa *cisoria*) las diferentes carnes: aves, terneras, jaba-
líes, pescados, etc. A un moderno le parecerá pueril escribir sobre eso, pero hay que trasladarse a los tiempos de Villena: alguien tenía que decirles a los grandes señores que no
era correcto agarrar una pierna de vaca y comérsela a mordiscos (en público). Además,
¿dónde está el límite entre lo serio y lo frívolo, entre lo sustancioso para todos y lo "elitis-
ta"? Sería absurdo decir que los tratados de cacería, deporte aristocrático por excelencia
(el *Libro de montería* de Alfonso XI, el *Libro de la caza* de don Juan Manuel, el *Libro de
cetrería* del canciller López de Ayala), o el *Libro del axedrez* de Alfonso X, son obras frívolas. Por otra parte, Villena no hacía diferencia entre la aristocracia de la sangre y del dinero y la aristocracia del saber: su *Arte de trovar* (reglas de la composición poética) estaba
destinado también a una minoría.
    * Santillana se nos muestra como *aficionado,* en los dos sentidos de la palabra: su len-
guaje poético suele ser torpe, pero ¡con qué entusiasmo pondera el arte versificatorio! En
esto sigue a Villena, que en su *Arte de trobar* se hace lenguas de los consistorios provenzales de "gaya ciencia". El impulso poético, dice Santillana, es "un çelo çeleste, una afec-
ción divina, un insaciable çibo del ánimo" (*çibo* es *cebo,* latín *cibum* 'alimento'), en una
palabra, la tarea más noble, la más sublime: "assí como la materia busca la forma y lo
imperfecto la perfección, [así también] nunca esta sciençia de poesía o gaya ciencia se
fallaron sinon en los ánimos gentiles y elevados espíritus".

mo cabe decir de los otros poemas importantes de Mena, la *Coronación del marqués de Santillana* y las *Coplas contra los pecados mortales:* medievales por su concepción, anuncian la modernidad por sus innovaciones de vocabulario, sus imitaciones de los clásicos latinos y su consciencia de la dignidad del poeta.

No se puede hablar todavía de Renacimiento. Don Enrique de Villena es figura insignificante, en una perspectiva europea, al lado de su contemporáneo italiano Lorenzo Valla. El siglo xv italiano es ya de pleno Renacimiento. Mejor dicho: el Renacimiento, ese fenómeno decisivo en la historia de la cultura occidental, fue obra de los italianos. Hablar de Renacimiento en Europa equivale a hablar de "italianización". Esta italianización se sentía como luz, en contraste con la cual la cultura anteriormente vigente se sentía como tiniebla. Los humanistas del Renacimiento se opusieron con toda consciencia a los "varones oscuros", a los de mentalidad medieval. (El medievalismo de Juan de Mena hacía sonreír a los humanistas italianos.) Por razones histórico-políticas, Cataluña y Aragón estaban más italianizadas que Castilla, aparte de que en Aragón hubo un pionero del Renacimiento tan importante como Fernández de Heredia. Los primeros traductores e imitadores de la poesía de Petrarca fueron los catalanes Bernat Metge, Jordi de Sant Jordi y Ausiàs March, de la misma manera que tiempo después sería el barcelonés Juan Boscán, y no el toledano Garcilaso de la Vega, el primero que supo reproducir en castellano la música del verso italiano. La obra maestra de Boccaccio, el *Decamerone,* se tradujo al catalán antes que al castellano. Característicamente, los castellanos se mostraron más atraídos por las obras aún "medievales" de Petrarca y Boccaccio, escritas en latín y no en italiano, como el *De remediis utriusque fortunae* del primero (remedios para las dos fortunas, la próspera y la adversa), del cual hay ecos en la España del siglo xv, y el tratado *De claris muliéribus* del segundo, imitado por don Álvaro de Luna, personaje de la corte de Juan II, en su *Libro de las claras e virtuosas mugeres.*

En resumen: España estaba muy retrasada respecto de Italia. Los humanistas italianos, comenzando con Petrarca, redescubrían autores clásicos olvidados en los siglos oscuros, y leían a los nunca olvidados

—como Virgilio y Ovidio— sin las estrecheces e incomprensiones de la Edad Media. Fue Italia la primera nación que abandonó las prosaicas "historias troyanas" para beber directamente en la poesía de Homero. España estaba muy mal preparada. Santillana adoraba a Ovidio, pero no sabía latín. Mena calificaba a la *Ilíada* de "sancta e seráphica obra", pero lo único que conoció —y que además tradujo en prosa castellana— fue la *Ilias Latina,* un viejo compendio en verso latino. El siglo XV castellano puede verse como un gran esfuerzo de imitación de la cultura italiana, como la antesala del Renacimiento.

El retraso o medievalismo de Castilla tuvo, sin embargo, algunas consecuencias positivas. Gracias a él surgió un género literario característicamente español: los "libros de caballerías". Éstos existían ya en tiempos del marqués de Santillana, aunque él no los menciona en su *Prohemio,* quizá porque su interés era la poesía. Los libros de caballerías tuvieron un origen aristocrático, pero en el siglo XV sus lectores eran ya, proporcionalmente, tan numerosos como los que hoy se deleitan con las hazañas de "Superman". Los pasajes de historia troyana sobre Héctor, Aquiles y Briseida se convirtieron en relatos populares de los fechos de don Hector y de los amores de don Archiles con la fermosa Breçaida, entreverados de mil incidentes novelescos. Las noticias históricas o pseudo-históricas de Carlomagno y los Doce Pares de Francia dieron materia para cuentos estupendos. Se escriben así el *Noble cuento del emperador Carlos Maynes de Roma e de la buena emperatriz Sevilla su muger,* el *Cuento de la carreta* (cuyo héroe es Lanzarote del Lago, o sea el Lancelot francés), el *Cuento del emperador don Ottas,* la *Historia de la linda Melusina, muger de Remondín,* el *Baladro del sabio Merlín con sus prophecías,* etc. Aunque, desde otro punto de vista, la literatura caballeresca es producto de una época abundante en hazañas tan reales como las Cruzadas —una de las obras que influyeron en su creación es la ya mencionada *Gran conquista de Ultramar*—, los héroes de estos libros son absolutamente fantásticos. Los dos primeros que se escribieron en España son *El caballero Cifar* y el *Amadís de Gaula.* Este último, leído ya por el canciller López de Ayala en su juventud (o sea hacia 1350), fue el más popular de todos: copiado primero a mano, luego editado y reeditado, ampliado y continuado, traducido a otras lenguas, dio también la pauta para gran número de imitaciones. (El más entusiasta de los lectores del *Amadís* fue, como todos sabemos, Don Quijote de la Mancha.)

Si el proceso de la literatura castellana se puede seguir paso a paso a lo largo del siglo xiii y aun del xiv, esto es ya imposible en el xv, sobre todo en su segunda mitad, la época de Enrique IV y de los Reyes Católicos. La sola lista de los escritores activos entre 1450 y 1500, con enumeración de sus obras, llenaría muchas páginas. La literatura se diversifica y se enriquece más y más. Los continuadores de Juan de Mena son legión, y los poetas de fuerte individualidad —un Rodrigo Cota, un Garcisánchez de Badajoz, un Juan Álvarez Gato— son cada vez más numerosos. Se multiplican las crónicas generales y sobre todo las crónicas particulares (historias de un reinado o biografías de un personaje). De la segunda mitad del siglo xv son las *Generaciones y semblanzas* de Fernán Pérez de Guzmán y los *Claros varones de Castilla* de Hernando del Pulgar. De la misma época es la *Gaya* (= la "gaya ciencia") de Pero Guillén de Segovia, especie de continuación del *Arte de trovar* de Villena, enriquecida con un diccionario de rimas para auxilio de versificadores. La prosa didáctica tiene manifestaciones tan extraordinarias, y tan distintas entre sí, como la *Visión delectable* de Alfonso de la Torre, gran enciclopedia de filosofía y de moral, y el libro de Alfonso Martínez de Toledo, arcipreste de Talavera, sobre "los vicios de las malas mugeres y complexiones de los hombres", que por deseo del autor se quedó sin título ("sin baptismo sea por nombre llamado Arcipreste de Talavera"; más tarde lo llamaron *Corbacho:* su feroz misoginia hacía pensar en el *Corbaccio* de Boccaccio). Al lado de las novelas de caballerías aparecen las novelas "sentimentales" escritas por Juan Rodríguez del Padrón, Juan de Flores y Diego de San Pedro, imitadores todos de la *Fiammetta* de Boccaccio. Y si cada vez son más los poetas y prosistas, también son cada vez más los lectores. Al final del siglo xv abundan ya las ciudades españolas que cuentan con talleres de imprenta. (Las que primero tuvieron imprenta son Barcelona, Zaragoza, Valencia y Sevilla. Madrid no la tuvo hasta

1566, más de treinta años después que México, y más de noventa después que Barcelona.)

De fines del siglo xv es *La Celestina,* la mejor obra de entretenimiento escrita en nuestra lengua antes del *Quijote.* El joven Fernando de Rojas era, al parecer, estudiante en Salamanca cuando cayó en sus manos una comedia inconclusa, en prosa, atribuida por él a Juan de Mena o a Rodrigo Cota, y la encontró tan bien hecha y tan interesante, que resolvió terminarla. Al *auto* o acto único que tenía le añadió él otros quince, y dio a imprimir la obra en 1499. Si el siglo xv español es la antesala del Renacimiento, *La Celestina* es ya la entrada en él. Tanto Rojas como el autor del primer auto habían leído las "comedias humanísticas" que se componían en Italia (en latín) a imitación de las de los clásicos Plauto y Terencio. *La Celestina* es comedia humanística en castellano.

Unos cuantos años antes, en 1492, el humanista Antonio de Nebrija había celebrado los progresos de nuestra lengua a lo largo de los siglos. Tras su "niñez" en la época de Fernán González y de los primeros reyes de Castilla, el castellano "començó a mostrar sus fuerças en tiempo del muy esclarecido e digno de toda la eternidad el rey don Alonso el Sabio, por cuyo mandado se escrivieron las *Siete partidas* e la *General istoria,* e fueron trasladados muchos libros de latín e arávigo"; ahora, en estos años finales del siglo xv, el castellano ha llegado a tales cumbres, "que más se puede temer el descendimiento que esperar la subida".

La lengua en los siglos XIII, XIV y XV

El español tiene sobre una lengua romance como el francés, y sobre lenguas no romances como el inglés, una gran ventaja: que textos escritos hace siete y aun ocho siglos son casi totalmente comprensibles para el lector moderno. Si la literatura medieval tiene pocos lectores no es porque sea difícil de entender, sino porque sus temas, o su visión, o sus técnicas, tienen sustitutos mejores en tiempos más cercanos a nosotros. No hace falta ser un especialista para entender el *Libro de Calila e Dimna;* lo que sucede es que sólo los especialistas —filólogos, historiadores de la literatura y de las ideas, arabistas, etc.— lo suelen leer. (A un lector ordinario podrá sorprenderle que existan lectores especializados en "cuentística medieval de origen árabe" y a lo mejor totalmente ignorantes de la "cuentística" de nuestros tiempos.) Por otra parte, hay en la Edad Media obras que sí son leídas actualmente por lectores "ordinarios": quienes compran, en una buena librería de cualquier ciudad del mundo de habla española, una edición del *Cantar de mio Cid* o del *Libro de buen amor*, no son necesariamente personas que hacen una carrera universitaria de Letras. En cambio, los lectores ordinarios de habla francesa y de habla inglesa encuentran tan difícil la lectura de la *Chanson de Roland* y de los poemas de Chaucer, que necesitan traducción a la respectiva lengua moderna.

Sin embargo, un lector "ordinario" de textos españoles arcaicos deberá estar preparado para muchas sorpresas. Están, por ejemplo, esos extraños galicismos que pronto dejaron de usarse, como *barnax, ardiment, tost*, etc. —tan "innecesarios" además, pues para cada uno de esos conceptos había ya una palabra "castiza". Hasta voces tan arraigadas y de tanto uso como *pierna* y *cabeza* tuvieron competidoras de origen francés o catalán *(camba, tiesta)*. Y si algunos galicismos desaparecieron, desaparecieron también muchísimas palabras castellanas que en los primeros tiempos tenían una vida completamente sana: *poridad* 'secreto', *fiuza* 'confianza', *finiestra* 'ventana', *ál* 'otra cosa' (que sobrevivió en el refrán "Debajo del sayal hay ál", con alusión a los frailes hipócritas), *asmar* 'pensar', *lazrar* 'sufrir', *aína* 'pronto', *cras* 'mañana', *suso* 'arriba' (que sobrevive en "el *suso*dicho"), *ayuso* 'abajo', *maguer* 'aunque' y muchas más. Otras tenían un sentido distinto del actual: *castigo* 'consejo', *fincar* 'quedar', *cuidar* 'pensar, juzgar', *me aguardan* 'me acompañan, me cuidan', etc. Había partículas que cambiaban de forma según que la palabra acompañada por ellas comenzara o no con vocal: *santa* María, pero *sant* Olalla; *doña* Sol, pero *don* Elvira; *muy* fuerte, pero *much* estraño; *la* ciudad, *la* puerta, pero *ell* alegría, *ell* espada (vestigio de este fenómeno es el artículo pseudo-masculino de los sustantivos femeninos que comienzan con *a* acentuada: *el* agua, *el* águila, *el* hambre). Los pretéritos "fuertes" —llamados también "irregulares", del tipo *pudo, puso, cupo,* en vez de *podió, ponió* y *cabió,* que serían los "regulares"— eran muy abundantes: *nasco* 'nació', *cinxo* 'ciñó', *miso* 'metió', *priso* 'prendió, cogió', *escriso* 'escribió', *fuxo* 'huyó'. También abundaban los futuros "contractos" —o "irregulares", del tipo *querrá, pondrá, saldrá,* en vez de *quererá, ponerá, salirá*—, por ejemplo *ferrá (fer'rá)* 'herirá', *morrá (mor'rá)* 'morirá', *verná (ven'rá)* 'vendrá', *terná (ten'rá)* 'tendrá', *combrá (com'rá)* 'comerá'. Por último, a menudo coexistían dos normas: al lado de *cinxo* y *nasco* se puede leer *ciñó* y *nasçió;* se lee *perdudo* y *vençudo,* pero también *perdido* y *vencido; son entrados* y también *han entrado; nos hallarán* y *hallar nos han; cogido han la tienda* y *cogida han la tienda; ser en peligro* y *estar en peligro;* la forma *nadie* alternaba con *nadi,* y además de *otri* 'otra persona' se decía *otre* y *otrie.* Pero la lengua escrita es siempre más conservadora que la hablada. Todavía en el siglo XIII los copistas y notarios podían escribir formas como *otorigar, semedero* y *setmana,* parecidas a las voces latino-vulgares *autoricare, semitariu(m)* y *septimana,* pero cuya "realización" hablada era ya, evidentemente, *otorgar, sendero* y *semana.*

A partir de Alfonso X no sólo crece la masa de los textos escritos en nuestra lengua, sino que los rasgos de esta lengua, a causa del hábito mismo de la escritura, adquieren rápidamente una notable fijeza. Las vacilaciones entre varias formas evolutivamente alejadas entre sí se hacen más y más raras. Es como si Alfonso X les hubiera dicho a sus colaboradores: "Puesto que decimos *otorgar* y *vengar,* no hay razón para escribir *otorigar* y *vendegar".* En muchas de las glosas emilianenses y silenses hay que distinguir entre la forma escrita y lo que la gente pronunciaba realmente; pero podemos estar seguros de que las formas usadas en la literatura alfonsí correspondían a la realidad.* Su escritura es

---

* Tomemos como ejemplo la palabra *lindo* (que en el siglo XVI será elogiada por Fernando de Herrera: "ninguna lengua hay que pueda alabarse de otra palabra mejor que ella"). La palabra *lindo* procede de *legítimus,* que en latín clásico se pronunciaba LEGUÍTIMUS y en latín vulgar LEYÍTIMU, y que sobrevivió en el latín notarial de la Edad Media (hijo legítimo, mujer legítima, señor legítimo). En portugués antiguo se pasó de LEYÍTIMU a *leídimo* (*lídimo* en portugués moderno). En español antiguo se dijo quizá *leídimo,* o *lídimo,* o *leídmo,* antes de que se dijera *lidmo* y luego, por "metátesis", *limdo* y finalmente *lindo.* Pues bien, a diferencia del redactor de las glosas emilianenses, que aún se aferra al hábito latino y a la hora de escribir *sieglo* escribe *siéculo,* el redactor de la *General estoria* se

la "moderna", la de los tiempos que entonces corrían. Así, es seguro que las formas verbales *cantades, cantábades, cantaredes,* etc., que son las empleadas en los escritos alfonsíes, correspondían a la realidad de la lengua hablada, aunque podamos sospechar que esa *-d-,* procedente de la *-t-* latina de *cantatis,* etc., estaba debilitándose (pronto debió decirse ya *cantáes,* forma antecesora de las actuales *cantáis* y *cantás,* bien arraigadas desde el siglo XV).

En muchos aspectos, el castellano de Alfonso X es casi tan "arcaico" como el de Berceo; esto es, abunda en formas que más tarde se sustituyeron por otras que, naturalmente, sentimos más evolucionadas, más actuales. Alfonso X todavía dice, por ejemplo, *í* 'allí' y *o* 'donde'. Dice también *mont, trist,* "*marid* e muger" y *dim* 'dime', porque esas formas acortadas eran las aceptadas en sus tiempos (véase antes, pp. 137-138). Las formas enteras, *monte, triste,* etc., habían quedado atrás; se sentirían "arcaicas". Pero en este caso hubo luego una reacción, un regreso al estado anterior. El Arcipreste de Hita dice todavía *muert* y hasta *nief* 'nieve', pero a fines del siglo XIV la reacción contra las formas acortadas es fuerte, y a fines del XV no quedan sino muy pocas de ellas, como *tien* 'tiene', *faz* 'hace', *diz* 'dice' y *quier* 'quiera' (sobrevivientes las dos últimas en *dizque* y en *cualquier).* A fines del siglo XV las formas *avía* y *sería* han suplantado ya a *avié* y *serié* (el momento de transición está en el Arcipreste de Hita, que usa las formas arcaicas al lado de las modernas). Nebrija no dice ya *aína, maguer* ni *fruente* 'frente', formas que apenas medio siglo antes empleaba el refinado Juan de Mena.

Por lo demás, el castellano alfonsí no adquirió su "fijeza" de un golpe y desde el principio. Hubo tanteos. La lengua de la *Primera crónica*

olvida por completo de la forma latina, se libera también de las formas intermedias (reconstruidas por la filología moderna) y escribe únicamente *lindo:* Juno por ejemplo, es la "muger *linda*" de Júpiter (a diferencia de sus muchas amantes ocasionales). En la traducción del *Fuero Juzgo,* "cristianos *lindos*" son los legítimos, en el sentido de 'auténticos', 'puros'. Juan de Mena dice todavía que Juan II es "rey de los godos magnífico, *lindo*". Pero ya Cervantes se acerca al sentido actual cuando habla de un "fácil y *lindo* ingenio". (Puede añadirse que el semicultismo *lídimo* sigue significando 'legítimo' o 'auténtico' en portugués; si portugueses y brasileños dicen también *lindo* en el sentido de 'hermoso', es porque la palabra les ha gustado y la han tomado del castellano. También puede añadirse que *lindo* se emplea hoy muchísimo más en la Argentina o en México que en España.)

general, en los capítulos que estaban escribiéndose al morir Alfonso X, es más segura que la del *Lapidario.* Y hay que tener en cuenta que, como los redactores provenían de distintos lugares, sus ideales lingüísticos no siempre coincidían con los del rey. Según se ve por algunos de sus prólogos, el rey no era tan afecto como sus colaboradores a las formas acortadas *mont, trist,* etc. El hecho es que en cierto momento Alfonso X decidió intervenir más personalmente en la redacción. En una de las obras de astronomía, el *Libro de la ochava espera* ('de la octava esfera'), escrito en 1276, se hace constar ese paso importante: el rey Alfonso

> tolló las razones que entendió eran sobejanas e dobladas e que non eran en castellano drecho, e puso las otras que entendió que complían; e quanto en el lenguaje, endreçólo él por sise.

O sea: "enderezó" por sí mismo *(por sise)* la redacción del libro; quitó *(tolló)* las palabras o frases inadecuadas, por no derechas o por redundantes y duplicadas *(sobejanas e dobladas),* y puso las que venían al caso *(las que complían);* lo dejó todo derecho *(castellano drecho).*

Estas palabras, que ninguna historia de la lengua española puede dejar de citar, expresan de manera muy clara un hecho importantísimo: en tiempos de Alfonso no sólo es hablada la lengua castellana por un número cada vez mayor de españoles, sino que hay quienes tienen consciencia de ello, y sacan de ello ciertas consecuencias; del vaivén de lo inconsciente se ha pasado a la "consciencia lingüística".* La conscien-

---

* El lenguaje, por supuesto, es siempre un hecho inconsciente, pero cualquier hablante puede, según sus capacidades, llevarlo al nivel de la consciencia. Propongámosle a una persona de habla española estas expresiones: "hace mucha calor"; "discutiré las disgresiones en tanto que tales"; "en su narrativa ocurren flash-backs"; "que púberes canéforas te ofrenden el acanto", y preguntémosle si las siente propias de su lengua. Las respuestas nos darán una medida de sus posibilidades de consciencia lingüística. No habrá un solo hispanohablante que admita la expresión "este cigarro estar mucho buena", pero sí hay los que carecen de la *capacidad de "entender"* que la expresión "Voy a *alimentar* al perro", oída en un doblaje de televisión, no es propia del español, sino mala traducción del inglés *"to feed* the dog", que hubiera *debido* traducirse *"dar de comer* al perro". Nuestras inseguridades, nuestras ignorancias mismas, pueden ser llevadas a ese nivel de consciencia. ¿Sabemos, por ejemplo, conjugar en presente de indicativo los verbos *soldar* y *abolir?* ¿Sabemos si la r de *abrogar* es como la de *abrojo* o más bien como la de *rogar* y de *subrayar?* ¿Estamos contentos con la palabra *computadora,* traducción del *computer* inglés, o preferiríamos decir

cia lingüística de Alfonso se expresa no sólo en las palabras que se han leído, verdadero programa de política idiomática, sino en el conjunto de su obra, realización de ese programa. La masa del idioma era ya algo establecido, algo *hecho;* pero hacía falta añadir voces antes no usadas, y decidir en qué forma debían entrar. Alfonso eligió las que, a su "entender", daban la medida, y sus decisiones revelan el ideal que tuvo de un castellano hecho *y derecho:* heredado de tiempos anteriores, desde luego, y provisto, además, de direcciones adecuadas para su ulterior desarrollo.

Un hecho visible a lo largo de los siglos XIII, XIV y XV es la gradual "retirada" del navarro-aragonés y del leonés ante el empuje del castellano. El castellanismo de la *Razón de amor,* evidente en palabras como *ojos* y *orejas* (y no *uellos* y *orellas),* está muy opacado por los aragonesismos. En Berceo abundan formas aragonesas como *ropiella, nomnado, palomba, esti;* el aragonesismo del *Libro de Apolonio* es abrumador, y en la *Vida de Santa María Egipcíaca* se lee todavía *peyor* 'peor' y *aparellar* 'aparejar'. Pero muy pronto se hacen raras estas "intromisiones" y sucede más bien lo contrario: a fines del siglo XIV, el aragonés de Fernández de Heredia abunda en castellanismos; Villena, en la primera mitad del XV, escribe en castellano, aunque no renuncia a ciertas formas aragonesas; y en tiempos de Fernando de Aragón, marido de Isabel de Castilla y León, el aragonés ha desaparecido ya de la literatura. Con el leonés ocurrió más o menos lo mismo. Algo curioso en cuanto al *Libro de Alexandre* es que no se sabe en qué lengua se escribió: de las dos copias en que se transmitió, una está llena de aragonesismos, y de leonesismos la otra. En el *Auto de los Reyes Magos,* compuesto en Toledo, hay formas como *muorto, porto* y *clamar,* mozárabes más que leonesas. La traducción del *Fuero Juzgo* (hacia 1260) está en leonés, porque fue realizada en León. También son notables los leonesismos de la disputa del clérigo y el caballero *(Elena y María)* y de la *Demanda del Santo Grial.* Hacia 1360,

---

computador, tal como el *commuter* inglés se tradujo *conmutador?* Los primeros que trasladaron al español el útil verbo latino *interrúmpere,* en el siglo XVI, vacilaron entre *interrumpir* e *interromper* (en tiempos anteriores, seguramente se hubiera preferido *entrerromper,* a semejanza de *entremeter, entreverar,* etc.). Si triunfó la forma *interrumpir,* fue a causa de una como consciencia colectiva capaz de formularse en ciertos "principios" para la transmisión de los cultismos a la lengua general.

el autor del *Poema de Alfonso Onceno* pretende escribir "en lenguaje castellano", y lo que escribe es un leonés muy contaminado de gallego-portugués. Pero a fines del siglo xv, la única huella escrita del viejo dialecto es el lenguaje sumamente rústico, aunque también muy artísticamente elaborado, que se lee en villancicos y obras teatrales de poetas como Juan del Enzina, y que suele llamarse *sayagués* (de Sayago, lugar de la provincia de Zamora; véase un ejemplo en la p. 300).

Aunque la lengua de Alfonso X es básicamente el castellano viejo de Burgos, hay en él ciertas "concesiones" a los usos de León y sobre todo de Toledo, donde se hallaba la corte. En León y en Toledo, ciudades de castellanización reciente, debía ser malsonante todavía la terminación *-illo* en vez de *-iello (castiello, siella)*, e hiriente la *h* de *herir, hazer* y *hablar* en vez de *ferir, fazer* y *fablar*. Por el "decoro" general de la lengua, que era lo que él buscaba, Alfonso decidió cerrar la puerta a esos rasgos menos "derechos". (La terminación *-illo* entró en la literatura castellana casi un siglo después, con el Arcipreste de Hita. La *h* tardó más en pasar a la escritura, aunque es seguro que, en los siglos xiv y xv, muchas grafías con *f* correspondían a pronunciaciones con *h* aspirada. El primero que escribe sistemáticamente *herir* y *hablar* es Nebrija. Cuando Don Quijote dice *ferir* y "non *fuyades*", no está hablando como los españoles de 1605, sino como Amadís de Gaula. Don Quijote, nutrido de literatura antigua, dice también *sobejano, yantar* y *maguer.*)

Pero si el concepto de "derechura" del castellano suponía el rechazo de los vulgarismos, también suponía cierta vigilancia para no caer en el otro extremo: el de un cultismo excesivo. Berceo, pese a sus buenos propósitos de escribir "en román paladino", prodigó de tal manera los cultismos (véase antes, pp. 146-147), que su lectura era, a menudo, más difícil que ahora; y, de hecho, se lee más a Berceo hoy que en sus tiempos. Alfonso X, en cambio, se abstuvo en lo posible de emplear voces que sólo unos cuantos hubieran podido entender; su concepto del "castellano drecho", en vez de marcar una escisión entre las dos culturas, era una auténtica oferta de cultura superior a la gran masa; y, en efecto, obras como la *Primera crónica general* y las *Siete partidas*, lectura hoy de especialistas, fueron leídas y releídas en el mundo de habla española durante siglos.

Mucho de lo que dicen las obras alfonsíes, por ejemplo el *Libro de la ochava espera,* no se había expresado antes sino en lenguas cultas como el árabe y el latín. Alfonso fue seguramente el primero que usó el cultismo *esfera,* en su variante *espera* (la palabra grecolatina original es *sphaera* y también *spaera); pero,* ya que existía en castellano el ordinal *ochavo,* de él se sirvió, renunciando, por así decir, al latinismo *octavo,* que no entró en la lengua sino más tarde. Si Alfonso se hubiera inclinado del lado culto, habría tomado directamente del latín las palabras *longitud* y *latitud* en lugar de servirse de las muy castellanas *longueza* y *ladeza.* No tenía por qué adoptar la palabra *multiplicar,* si existía *amuchiguar;* ni *verificar,* si existía *averiguar;* ni *astrólogo,* si eso se podía decir con la muy descriptiva palabra *estrellero.*

Y cuando no había más remedio que emplear un cultismo, se preocupaba de explicarlo: "un corral grand redondo a que llamavan en latín *teatro"; "tirano* tanto quiere dezir como 'señor cruel', que es apoderado en algún regno o tierra por fuerça o por engaño o por traición, e estos tales son de tal natura que, después que son bien apoderados en la tierra, aman más de fazer su pro, maguer sea a daño de la tierra, que la pro comunal de todos" (admirable explicación, por cierto); *"rector,* que quier tanto dezir como regidor del estudio", o sea de la universidad. (A veces evita la palabra rara y se limita a explicar el concepto: no habla de las *Euménides,* sino de "las endicheras dell infierno, a que llaman los gentiles deessas raviosas porque fazen los coraçones de los homnes raviar de duelo": *endicheras,* o *endecheras,* son las que entonan endechas lúgubres, las 'plañideras'.) Su sobrino don Juan Manuel hizo lo mismo. "Usad —le aconseja a un amigo— de las viandas que llaman en latín *licores,* assí como miel e azeite e vino e sidra de mançanas" (o sea, alimentos líquidos).

Los cultismos son el reflejo lingüístico de una nueva adquisición cultural, de un reforzamiento de la cultura "superior", destinado o no a influir en la cultura general (algunos se quedan, arraigan en el idioma; otros no). En el momento de entrar, lo mismo da hablar de "cultismos" que de "extranjerismos", pues son productos importados de fuera, traídos de otro mundo. La palabra *alcora,* tomada del árabe, y las palabras *perpendicle* y *horizón,* tomadas del provenzal, eran en el castellano de Alfonso X extranjerismos cultos. En el siglo XV, los galicismos *page, gala, galán* y *corcel* y los italianismos *bonanza, piloto, embaxada* y *soneto* fueron propios de gente educada; y fueron cortesanos los que dejaron de llamar *dueña* a la mujer galanteada para llamarla *dama* y *donna,* como en Francia y en Italia, y al galicismo *beldad* añadieron el italianismo *belleza.* El fenómeno es de siempre. Así como el latín antiguo tomó del griego gran cantidad de voces (véase antes, p. 53), así en la prosa y aun en la poesía de nuestros tiempos no es raro encontrar palabras o giros tomados del francés *(chic, déjà vu),* del italiano *(allegro, dolce far niente),* del inglés *(compact, gin and tonic),* del alemán *(Weltanschauung),* etc., expresiones que nunca llegan a pertenecer realmente a la lengua. Son cultismos. Tradicionalmente, sin embargo, la palabra *cultismo* se aplica sobre todo a las voces tomadas del griego y del latín, como *nictálope* y *dehiscente* (que quizá algunos lectores de este libro no entenderán sin la ayuda del diccionario). En concreto, la gran mayoría de los abundantísimos cultismos que aparecen en los tres primeros siglos de literatura española —reflejo lingüístico de tres siglos de europeización progresiva— son voces de origen latino, incluyendo los helenismos latinizados, como *teatro* y *esfera.*

Los cultismos sirven a veces a la expresión técnica, científica o filosófica, y a veces tienen un propósito puramente ornamental. En un hombre como Juan de Mena, el regodeo natural que le producen al artista las palabras se funde con el entusiasmo del erudito que apresa, primero que nadie, las venerables voces latinas y les da vida nueva:

> E toda la otra vezina planura
> estava çercada de nítido muro,
> assí trasparente, clarífico, puro,
> que mármol de Paro pareçe en albura;
> tanto, que el viso de la crïatura,
> por la diafana claror de los cantos,
> pudiera traer objetos atantos
> quantos çelava so sí la clausura.

Cada verso encierra —*çela,* diría Mena— por lo menos un cultismo, comenzando con *planura* 'llanura'. La primera mitad de la copla no es difícil de entender, y además termina con el verso más hermoso de todos, el más "musical", a la vez que el más culto (muy pocos contemporáneos de Mena conocerían la fama del mármol de Paros). Pero la segunda parte requiere glosa: "era tal el muro, que la mirada humana, a causa de la diáfana claridad de los bloques de mármol, hubiera podido atraer de golpe hacia sí, una a una, todas las cosas que encerraba ese recinto". (Traduzco *viso de la criatura* por 'mirada humana'; obsérvese que Mena acentúa "mal" el adjetivo *diáfano,* rarísimo en su tiempo: hay que leer "por la diafána" [*tántara tánta*] para que conste el verso; el verbo *traer,* en el penúltimo verso, no es menos cultismo que *çelava* 'encerraba' y *clausura* 'recinto cerrado': Mena lo usa como si fuera el verbo latino *tráhere* 'arrastrar'; *los cantos* son 'las piedras', como en la expresión "de cal y canto".) Casi no hay copla del *Laberinto de Fortuna* que no exhiba estas voces exquisitas: *nitente* (además de *nítido), fulgente* y *fúlgido, fuscado* 'oscuro', *crinado, superno, corusco, penatígero* y *lucífero, lúrido* y *tábido, piramidal* y *angelical, vipéreo* y *ebúrneo* y muchos otros adjetivos en combinaciones suntuosas, *nubíferas glebas* 'jirones de nubes' (*gleba* es propiamente 'terrón'), *fúlmina espada* 'espada que hiere como rayo'; y también sustantivos y verbos: *pluvia, flama, múrice, nequicia* 'maldad', *áncora, cárbasos* 'velas', *nauta* 'marinero', *belo* 'guerra', *punir* 'castigar', *fruir* 'gozar'...

Los críticos que deploran semejante "exceso" de voces latinas cometen un anacronismo. Juan de Mena fue el poeta más celebrado entre los muchos de *su tiempo.* Esto quiere decir que también los lectores tenían una como hambre de ese elevado vocabulario. Además, el prestigio de Mena llegó hasta bien entrado el siglo XVI.* Y por último, no todas esas

---

* A comienzos del siglo XVI, la fama de Juan de Mena no había sufrido el menor eclipse. Es curioso ver cómo Martín Fernández de Enciso habla en su *Suma de geographía* (1519) de una fuente que no sólo apaga las antorchas que en ella se meten encendidas, sino que *además* enciende las que se meten apagadas. Fernández de Enciso es uno de los primeros geógrafos "modernos" (y uno de los primeros en dar noticias "científicas" sobre el Nuevo Mundo), pero respeta ciegamente a Mena, en cuyo *Laberinto* ha leído él esa extraña conseja: "...Epiro e su fuente la muy singular, / en la qual si fachas queriendo

voces son antiguallas: Mena introdujo palabras como *turbulento* y *enorme* (en el sentido de 'extraordinario', 'fuera de norma') y muchos otros adjetivos, sustantivos y verbos perfectamente asimilados por nuestra lengua: *longevo, innumerable, senectud, elocuencia, convocar, exhortar*... Pero, naturalmente, ni él ni sus lectores (ni los poetas que lo imitaron y sus respectivos lectores) podían hacer diferencia entre los cultismos que iban a seguir vivos y los que quedaron como piezas un tanto melancólicas de museo. Sería más justo decir que muchas de las palabras de Mena fueron puramente poéticas, "innecesarias" salvo para él mismo o para alguno de sus fieles imitadores, cosa que ha sucedido y sucede con el vocabulario de muchos otros escritores. Enrique de Villena, en su traducción de Virgilio, había trasladado del latín al español buen número de expresiones, pero explicándolas siempre, tal como había hecho Alfonso X: *paluda* ("lago non corriente", o sea 'pantano'), *asilo* ("templo de refugio"), *monstro* ("cosa vista no acostumbrada de ver"), *aras* ("altares"), *fundar nuevos muros* ("fazer nueva población"), etc. Mena, en cambio, rara vez explica sus cultismos: parece confiar en que el lector, si es que no sabe latín, entenderá la nueva palabra por el sentido de toda la frase poética que él le está proponiendo. En verdad, su conducta lingüística revela la enorme confianza que los tiempos de Juan II tenían en el castellano (sobre todo si se recuerda que Alfonso X había escrito las *Cantigas* en portugués).

Juan de Mena es una figura paradigmática. Representa un afán de cultura que es de todos los tiempos. Así como él "restauró" la palabra *epitafio*, que en el español popular (del Arcipreste de Hita, por ejemplo) se

provar / muertas metieren, se ençienden de fuego; / si vivas las meten, amátanse luego, / ca puede dar fuegos e fuegos robar". El lenguaje del *Retablo de la vida de Cristo* (1516) y los *Doze triumphos de los Apóstoles* (1521), larguísimos poemas de Juan de Padilla, llamado "el Cartujano", es imitación casi literal del de Mena. Juan del Enzina siente que no puede escribir la *Trivagia*, última de sus obras (1521), sino "en arte mayor, que más alto suena", y rinde homenaje a su modelo: "...pues llevan en todo la flor las *Trescientas*, / ninguno se iguale con su Joan de Mena". Todavía después de 1550 hay piezas teatrales compuestas en el metro del *Laberinto*. Otra expresión de la popularidad de este poema son las parodias, como la *Carajicomedia*, bastante obscena (y bastante divertida). A mediados del siglo XVI sigue habiendo lectores para los cuales el endecasílabo italiano es un verso sin ritmo y sin sal en comparación con el verso retumbante de Juan de Mena.

había hecho *petafio* o *pitafio*, así muchos millones de hispanohablantes rechazan las formas *mesmo* y *escuro* (normales en el siglo XVI) y prefieren decir *mismo* y *oscuro*, o, los aún más "cultos", *obscuro*, con la *b* que tiene esta palabra en latín. Muchos hispanohablantes han dicho *mesmo* y *escuro* durante una niñez "rústica", y *mismo* y *oscuro* al adquirir cierta "educación". La diferencia que hay entre *escuro* y *obscuro*, entre *dotor* y *doctor*, etc., es la misma que hay entre *llama* y *flama*, entre *lluvia* y *pluvia* (Góngora dirá *lilio* en vez de *lirio*). Y, por lo demás, siendo la lengua castellana una de las hijas de la latina, los latinismos no son difíciles de asimilar en ella: la palabra *magnánimo* no ofrece para los hispanohablantes el mismo aire de extrañeza que tiene *magnanimous* para la gente de habla inglesa.

Además de los cultismos de vocabulario hay que mencionar los de sintaxis. De manera más o menos remota, es un modelo latino lo que se perfila tras muchos períodos y construcciones que se leen en la poesía y sobre todo en la prosa del siglo XV. Cuando Villena escribe "en pocas le respondió palabras" en vez de "le respondió en pocas palabras", trasplanta directamente al castellano el hipérbaton latino; y cuando Mena dice "e vimos las yslas Eolias *estar*" en vez de "y vimos *que estaban* las islas Eolias", reconstruye en español la llamada oración de infinitivo, que ya el latín vulgar había dejado de usar.

La prosa culta del siglo XV muestra una fuerte afición a la duplicación, al paralelismo, a la sonoridad, a la elocuencia. He aquí cómo comienza el Arcipreste de Talavera uno de los capítulos de su libro:

> Por quanto las mugeres que malas son, viciosas e desonestas o infamadas, non puede ser de ellas escrito ni dicho la mitad de lo que dezir se podría, e por quanto la verdad dezir non es pecado, mas virtud, por ende digo primeramente que las mugeres comúnmente por la mayor parte de avaricia son dotadas.

Todo esto —la manera elaborada y alargada de afirmar algo muy simple (que, por regla general, las mujeres son malas, y en primer lugar avaras); la colocación del verbo al final ('lo que de ellas dezir se po*dría"* en vez de "lo que podría decirse de ellas", "la verdad *dezir"* en vez de "decir la verdad"), etc.— es imitación latina, cultismo sintáctico. Esta prosa "artística", que tan atrás ha dejado la de Alfonso X y la de don Juan Manuel, se encuentra no sólo en obras didácticas u oratorias (incluyendo el prólogo de Nebrija a su *Gramática),* sino en obras de amena literatura; es la prosa de muchos pasajes de *La Celestina,* comenzando con el primer parlamento de Calixto a Melibea; es la prosa de las novelas de Diego de San Pedro, anteriores a *La Celestina.* En una de ellas, la *Cárcel de Amor,* el Autor —que es uno de los personajes— llega a una torre altísima, la cárcel de Amor donde está preso Leriano, locamente enamorado de Laureola; y he aquí una muestra de lo que el desventurado Leriano le dice al Autor (obsérvense los artificios retóricos, las simetrías, los nexos, las amplificaciones):

> El que viste traer preso yo soy. Con la turbación que tienes, no has podido conocerme. Torna en ti, ten reposo, sossiega tu juizio por que estés atento a lo que te quiero dezir... Quién yo soy quiero dezirte. De los misterios que ves quiero informarte. La causa de mi prisión quiero que sepas. Que me delibres quiero pedirte, si por bien lo tuvieres... Si te parece que soy bien servido [o sea: correspondido por Laureola], tú lo juzga. Si remedio he menester, tú lo ves. Ruégote mucho, pues en esta tierra eres venido, que tú me lo busques y te duelas de mí...*

Al igual que en el caso de los cultismos léxicos, es anacrónico hablar aquí de "exceso". Obras como éstas fueron admiradas y leídas durante generaciones. Además, así como el vocabulario de las *Coplas* de Jorge

---

* Una buena parte de la novela está escrita en forma de cartas intercambiadas entre Leriano y Laureola. (El estilo epistolar se presta especialmente para estos despliegues de retórica.) Antes de la *Cárcel de Amor* (1492), Diego de San Pedro había publicado otra novela, *Tratado de amores de Arnalte y Lucenda* (1491). Las dos, pero sobre todo la *Cárcel de Amor,* se reeditaron gran número de veces en el siglo XVI y aun en el XVII, y fueron traducidas a las principales lenguas europeas. Son los primeros *best sellers* de lengua española (muy pronto los seguiría *La Celestina).* La *Cárcel de Amor* es una verdadera "anatomía" de la pasión amorosa. Un crítico ha observado que, para la Europa de la época, fue lo que el *Werther* de Goethe para la de tres siglos más tarde. Al igual que el *Werther,* la *Cárcel de Amor* termina con el suicidio del protagonista. (El llanto de la madre de Leriano, al final, es uno de los modelos seguidos por Fernando de Rojas en *La Celestina.)* Curiosamente, no se tiene casi ninguna noticia acerca de Diego de San Pedro.

Manrique, sin dejar de ser culto, se anticuó menos que el de Santillana y Mena, así también la prosa de fines del siglo xv, sin abandonar un punto el ideal de refinamiento, está más cerca que la de Villena de cierta prosa seria y expositiva que aún se emplea en nuestros días. Más que "exceso", la latinización de la sintaxis fue un adiestramiento, un típico fenómeno prerrenacentista.

Por otra parte, desde muy pronto se juntaron en España la corriente culta y la popular. Al lado de la refinadísima poesía del *Cancionero de Baena* se componían más y más romances, muchos de ellos no derivados ya de los viejos poemas épicos, y más y más cantares que corrían en boca del pueblo. La antipática actitud de Santillana, según el cual esos romances y cantares no deleitaban sino a la gente "de baxa e servil condición" (los palurdos, los criados), es verdaderamente excepcional. El primer romance no anónimo es obra de un contemporáneo del marqués, llamado Carvajales, y en manos de fray Ambrosio Montesino y Juan del Enzina, poetas cultísimos del tiempo de los Reyes Católicos, que adoptaron e imitaron los cantares y villancicos del pueblo, el romance es ya una forma plenamente artística.

Así como el Arcipreste de Hita había unido lo clerical y lo juglaresco, lo letrado y lo popular, así también el de Talavera, después de la introducción retórica y latinizante que se ha leído ("Por quanto las mugeres..."), abre de par en par la puerta al lenguaje concreto de la mujer avariciosa que "por una nada" (un miserable huevo) arma el gran escándalo:

¿Qué se fizo este huevo? ¿Quién lo tomó? ¿quién lo llevó?... Puta, fija de puta, dime, ¿quién tomó este huevo? ¡Ay, huevo mío de dos yemas, que para echar vos guardava yo! ¡Ay, huevo! ¡Ay, qué gallo e qué gallina salieran de vos! Del gallo fiziera capón que me valiera veynte maravedís, e la gallina catorze. Ahora estar me he como desventurada, pobre como solía... ¡Ay, huevo mío! ¿Y qué será de mí? ¡Ay triste, desconsolada! ¡Non ser en mi casa señora de un huevo! ¡Maldita sea mi vida!...

Este popularismo, este gusto por lo concreto, por los decires del pueblo, por los refranes —"Mal de cada rato non lo sufre perro ni gato"; "¿Cómo te feziste calvo? Pelo a pelillo el pelo llevando"—, son rasgos que culminan de manera inolvidable en Fernando de Rojas. Si *La Celestina* es la obra más bella que se escribió antes del *Quijote*, la prosa del Arcipreste de Talavera es, en conjunto, la más amena que se compuso antes de *La Celestina*.

El ideal de un castellano *drecho*, o sea equilibrado, seguro de su masa estable o patrimonial, y atento a la vez a esa izquierda y a esa derecha que son el habla del "vulgo" y el habla de los "exquisitos", se ha mantenido desde Alfonso X y don Juan Manuel hasta nuestros días. Con todas las inclinaciones habidas a la izquierda y a la derecha, hacia lo popular y hacia lo culto, hacia lo regional y hacia lo supranacional, el español de hoy, o sea el castellano, goza de buen equilibrio y de buena salud. Los desniveles culturales del mundo hispanohablante (muchísimo mayores, sin duda, que los del mundo francoparlante) no obstan para la existencia de ese "español general" en que está escrito el presente libro, la lengua común a unos 400 millones de seres humanos.

VIII. EL APOGEO DEL CASTELLANO
Primera Parte

EL MARCO POLÍTICO

En 1479, diez años después de haber contraído matrimonio, Isabel I de Castilla y Fernando II de Aragón resolvieron unir dinásticamente sus reinos, de manera que sus sucesores se llamaran reyes de Castilla, León *y Aragón*. La amalgama fue aceptada gozosamente por los españoles, que la emblematizaron con el dibujo de una ramita de hinojo y esta letra explicativa:

> Llámala Castilla *inojo*,
> que es su letra de *I*sabel;
> llámala Aragón *finojo*,
> que es su letra de *F*ernando,

y acuñaron el dicho "Tanto monta, monta tanto / Isabel como Fernando". (Sin embargo, Isabel no intervenía en los negocios italianos de Aragón, y en cambio el descubrimiento y población de América fue empresa sólo de León y Castilla. Casi no pasaron aragoneses al Nuevo Mundo. No hay aragonesismos en el español americano, y sí ciertos leonesismos u "occidentalismos", indistinguibles a veces de los mozarabismos.)

En 1504, al morir Isabel, el único descendiente de los Reyes Católicos era la princesa Juana, que residía en Flandes con su marido Felipe el Hermoso, duque de Borgoña e hijo del emperador Maximiliano. Pero Juana, que ya en 1503 había dado indicios de locura, quedó incapacitada a raíz de la muerte prematura de su marido en 1506. Quien se hizo cargo de los asuntos de Castilla fue el cardenal arzobispo de Toledo, fray Francisco Jiménez de Cisneros. Al morir Fernando el Católico (1516), el mismo cardenal pasó a ser regente de todo el reino en nombre de Carlos, hijo de Juana y Felipe. Nacido en Gante en 1500, Carlos no pisó suelo español hasta 1518, siendo ya soberano de Flandes (la Bélgica y la Holanda actuales) y de Borgoña, y en vísperas de heredar la jefatura del Sacro Imperio Romano Germánico por muerte de su abuelo paterno.

Con este Carlos, primero de su nombre en la lista de reyes de España y quinto en la de emperadores, España vino a ser la primera potencia de Europa. De sus abuelos maternos recibió Carlos no sólo una España unificada, sino también el reino de Nápoles y de las dos Sicilias (Sicilia y Cerdeña) y una porción del norte de Italia, además de las tierras que se estaban descubriendo en el Nuevo Mundo. A comienzos del siglo, Fernando el Católico se había adueñado de Nápoles destronando a su rey legítimo, y había anexado a España una porción de Navarra ocupada antes por Francia. En tiempos de Carlos V fue cuando se llevaron a cabo las grandes conquistas americanas, sobre todo la de México y el Perú, de donde se sacaron los metales preciosos con que se financiaron las guerras de Carlos contra sus numerosos enemigos. Fue entonces cuando una nave española, *La Victoria,* dio por primera vez la vuelta al mundo. El imperio de Carlos V fue el más vasto que hasta entonces habían contemplado los siglos.

Paralelamente a España, también Portugal, tierra de navegantes, había estado haciéndose de un imperio colonial en África, Asia y América. En el caso de América hubo conflicto con España (resuelto por arbitraje del papa, que dijo qué tierras podía ocupar cada uno de los dos reinos); pero, en general, españoles y portugueses se entendieron bien en los primeros tiempos: Magallanes (Magalhães), portugués, descubrió para España las islas Filipinas; y san Francisco Javier, español, contribuyó a consolidar las "bases" portuguesas de la India. Los informes de los primeros contactos europeos con China y el Japón —prescindiendo del *Libro de Marco Polo*— están escritos en español y en portugués. Desde muy temprano, los portugueses se dedicaron a capturar africanos en gran escala y a venderlos como esclavos, y su primer cliente fue España. Finalmente, en tiempos de Felipe II, Portugal y sus dominios pasaron a ser parte del imperio español. (Esta fusión, que duró de 1580 a 1640, fue muy mortificante para los portugueses.)

Como todos los demás imperios, anteriores y posteriores, el español costó ríos de sangre. Muchos hombres, en el Viejo Mundo y en el Nuevo, murieron a manos de españoles, y muchos españoles murieron a manos de sus enemigos. Francia e Inglaterra nunca vieron con buenos ojos la hegemonía española, y los Países Bajos nunca aceptaron su dependencia. En las guerras contra los turcos, los motivos políticos se mezclaron con los religiosos, como ocurrió también en el caso de la Alemania luterana y de la Holanda calvinista. Sin embargo, esta España "campeona de la fe verdadera" —y que afirmaba haber recibido el Nuevo Mundo de manos de Dios para llenarlo de católicos, en compensación de los millones que en Europa dejaban de serlo y se pasaban a la "herejía"— peleó con el mismo denuedo contra enemigos católicos: en 1525 Carlos V hizo prisionero al rey de Francia, Francisco I, en la batalla de Pavía; y en 1527, para vengarse del papa, que favorecía a los franceses, las tropas españolas tomaron y saquearon a fondo la ciudad de Roma.

Felipe II, hijo y sucesor de Carlos V, llamado "el Prudente" por sus admiradores y de otras varias maneras por sus no admiradores, unió en un solo empeño la consolidación del poder español en Europa y la defensa de la forma católica de cristianismo contra todos los cristianismos divergentes (el luterano, el calvinista, el anglicano, el anabaptista, etc., y también, muy sañudamente, el erasmiano). La forma católica se definió y asentó en el Concilio de Trento, apadrinado por él, y donde los teólogos españoles llevaron a menudo la voz cantante. En sus tiempos hubo todavía victorias españolas, como la de Saint-Quentin (San Quintín) contra los franceses en 1557 * y la de Lepanto contra los turcos en 1571. Pero

---

* La no muy grave derrota de los franceses en Saint-Quentin fue motivo para que Felipe II mandara construir un monumento perdurable a la gloria de España y a la suya propia. Este monumento, levantado en El Escorial, no lejos de Madrid, es el monasterio de San Lorenzo el Real, llamado así porque la batalla ocurrió el 10 de agosto, fiesta de San Lorenzo. La construcción duró de 1563 a 1584. El arquitecto que la inició, Juan Bautista de Toledo, diseñó la planta en forma de parrilla (pues el santo, según la leyenda, murió asado en una parrilla). El que la terminó, Juan de Herrera, dio su nombre al estilo "herreriano". Felipe II fue un gran coleccionista de pinturas y de libros. La biblioteca del Escorial, que es, de todo el monasterio, lo que más significa en la historia de la cultura occi-

las derrotas, que tampoco habían faltado en tiempos del emperador, comenzaron a ser más y más frecuentes. España reconoció tardíamente, en la Paz de Westfalia (1648), la independencia de Holanda, cuando Holanda no sólo había dejado de ser española desde 1579, sino que entre tanto se había unido a Francia e Inglaterra en su lucha más y más victoriosa contra la hegemonía española. Las actividades de los corsarios, así como la ocupación inglesa, francesa y holandesa de tierras americanas quitadas a los españoles, se iniciaron en el siglo XVI. En 1587 los ingleses bombardearon el puerto de Cádiz. En represalia, Felipe II mandó contra Inglaterra, en 1588, la famosa Armada Invencible, cuya suerte fue desastrosa. Los ingleses, que ya habían puesto los cimientos de su imperio en la América septentrional, prodigaron entonces las señales de su superioridad bombardeando La Coruña y Lisboa (1589), y después otra vez Cádiz (1596) y las islas Canarias (1599). Durante el largo reinado de Felipe II (1556-1598) se hizo una especie de censo detallado de todas las poblaciones que le estaban sujetas, así en España como en el Nuevo Mundo. Felipe II fue, sin duda, un gobernante muy atento a los aspectos administrativos, pero también el prototipo del monarca autoritario, intolerante y represivo.

Durante los reinados de Felipe III, Felipe IV y Carlos II, que cubren el siglo XVII (Carlos II murió en 1700), la gran porción americana del imperio se consolidó y prosperó, pero la lucha de los "tercios" o regimientos en Europa se hizo cada vez más dura y desesperada, al paso que los reyes y sus cortesanos se hacían cada vez más ineptos y dados al lujo. El Tratado de Utrecht (1713) le quitó finalmente a España no sólo todos sus dominios europeos, sino además Gibraltar y Menorca. (En la segunda mitad del siglo XVIII, estando ya en la órbita de Francia, reactivó España las empresas expansionistas, y se crearon compañías de capital privado para el tráfico colonial, a imitación de las prósperas compañías inglesas y holandesas. Fue entonces, por cierto, cuando empezó a usarse en español la palabra *colonia* en su sentido actual.)

dental, posee unos 5 000 manuscritos (hebreos, griegos, siríacos, árabes, italianos, españoles, etc.), muchos de ellos únicos, y más de 40 000 volúmenes impresos.

La literatura

El siglo del primer Carlos y de Felipe II, y el siglo de los otros Felipes y del segundo Carlos, son los "siglos de oro" de la literatura española. El período de culminación va más o menos de 1580 a 1640, o sea que coincide con los años en que la corona portuguesa estuvo enlazada con la española (aunque no parece haber relación entre lo uno y lo otro). Son los años de Cervantes, Góngora, Lope de Vega, Quevedo. En el panorama europeo hay cumbres, como Montaigne y Shakespeare, frente a las cuales nuestra lengua se queda casi muda. Pero, si se atiende a la totalidad del campo de las letras, no es exagerado decir que en esos años son los territorios de habla española los que, dentro de la cultura occidental, llevan la voz cantante. En ninguna otra zona hay tanta creatividad, tanta vida, tanta búsqueda de nuevas rutas, y tal número de producciones excelentes. La hegemonía política de hacia 1530 se ha transformado, un siglo después, en una especie de hegemonía literaria.

Nebrija, en 1492, se sentía muy ufano de los progresos de nuestra lengua: según él, más se podía temer un "descendimiento" que esperar mayores alturas (véase antes, p. 169). Muy poco después, en 1499, los españoles tenían en sus manos *La Celestina,* cuyo lenguaje, tan rico, tan complejo, tan lleno de matices, venía a ser una tranquila y sonriente réplica a los temores de Nebrija. Y *La Celestina* marca apenas el comienzo de los siglos de oro. (En 1692, doscientos años después de publicadas las palabras de Nebrija, sor Juana Inés de la Cruz daba su adiós a las letras. Bien podemos decir que los siglos de oro terminan en 1692. El "descendimiento" tardó mucho en ocurrir.)

Hacia 1535, dos lectores exigentes, Juan de Valdés y Garcilaso de la Vega, se mostraban muy escépticos en cuanto al valor de lo publicado hasta entonces en nuestra lengua, o sea muy ajenos al prematuro entusiasmo de Nebrija. Decía Valdés: "Veo que [la lengua italiana] está ilustrada y enriquecida por un Bocacio y un Petrarca", mientras que "la lengua castellana nunca ha tenido quien escriva en ella con tanto cuidado y miramiento quanto sería menester". Y Garcilaso: "Yo no sé qué desventura ha sido siempre la nuestra, que apenas ha nadie escrito sino lo que se pudiera muy bien excusar" (esto es, lo que sería mejor no haber escrito). Valdés elogiaba, aunque con reservas, el arte de *La Celestina,* de la cual se habían hecho ya unas treinta ediciones (impresas en varias ciudades de España, y además en Venecia), y que había sido traducida al italiano, al francés y al alemán. Pero, evidentemente, tanto él como Garcilaso sentían que las poesías del *Cancionero,* los libros de caballerías, las novelas sentimentales, etc., eran cosas "que se pudieran muy bien excusar".

La literatura es el documento por excelencia de la historia de una lengua. Leer obras de los siglos XVI y XVII es como palpar el pulso de la vida de nuestro idioma durante una época excepcionalmente rica. Hay libros que nos dan una imagen casi gráfica de la lengua hablada en la "realidad", y hay, por el contrario, libros escritos en un lenguaje que parece empeñado en remontarse muy por encima de lo cotidiano y callejero. Pero *todos* ellos son documento, *todos* nos cuentan "aventuras" de nuestra lengua. Ya hemos visto (pp. 177-180) lo que sucede con Juan de Mena: es claro que nadie, ni él mismo, hablaba con el vocabulario y la sintaxis de su *Laberinto;* pero Mena documenta fielmente un notable deseo de cultura, de "elevación", que nuestra lengua experimentó en el siglo XV, y que la moldeó o adiestró para lo que luego iba a venir.

Además, la literatura de los siglos de oro, desde *La Celestina* hasta sor Juana, está al alcance de cualquier lector del presente libro. Es absurdo pensar que un lector ordinario podría interesarse en leer documentos notariales leoneses del siglo XII, pero no es nada absurdo suponer que ha leído el *Quijote* (¡y qué luces sobre el lenguaje de su época arroja el *Quijote!*). La documentación de estos dos siglos es infinita. Para leer lo impreso harían falta varias vidas, y otras varias para leer lo manuscrito. Pero es necesario mencionar los hitos de esta literatura, lo cual equivale a presentarle al lector una guía elemental de lecturas. Para poner algo de orden, esta guía distingue cuatro "géneros": el teatro, la poesía, la novela y la prosa no novelesca (o sea la prosa "expositiva" de tratados, ensayos, historias, etcétera).

El teatro

El género literario que más novedades ofrece en los albores del siglo XVI es el teatro. *La Celestina* es ya famosa en 1500, e inmediatamente comienzan a aparecer continuaciones e imitaciones. El primer continuador es el propio Fernando de Rojas: para complacer a los lectores que, fascinados con las peripecias del drama, "querían que se alargasse en el processo de su deleyte", añadió en 1502 cinco actos a los dieciséis originales. Otros escribieron después una *Segunda* y una *Tercera comedia de Celestina*. En esta abundante floración de "teatro para leer" —las comedias *Tebaida* y *Serafina*, la tragedia *Policiana*, la tragicomedia de *Lisandro y Roselia*, etc.— sobresalen dos perlas: *La Lozana andaluza* de Francisco Delicado (1528)* y *La Dorotea*, "acción en prosa" de Lope de Vega (1632).

* El *Retrato de la Loçana andaluza* es uno de los productos más extraños y atractivos de la época de Carlos V. Se imprimió en Venecia en 1528. Su autor, Francisco "Delicado", o sea Delgado, había vivido en Roma hasta 1527, cuando la ciudad papal fue saqueada por las tropas de Carlos V. El libro, según dice la portada, "demuestra lo que en Roma passava, y contiene muchas más cosas que *La Celestina*". Véase una muestra, no sólo de lo que en Roma pasaba, sino también del lenguaje maravillosamente desabrochado que el autor emplea. Lozana, la heroína, es una prostituta andaluza que, recién llegada a Roma, busca, como dice eufemísticamente, un "vivir honesto", y se informa con un valijero acerca de las formas locales del negocio, "para saber escoger lo mejor". Y el valijero resulta un perito. "Quiçá en Roma —le dice a Lozana— no podríades encontrar con hombre que mejor sepa el modo de quantas putas ay, con manta o sin manta. Mirá, ay putas graciosas más que hermosas, y putas que son putas antes que mochachas; ay putas apassionadas, putas entregadas, afeitadas, putas esclarecidas, putas reputadas y re-provadas...; ay putas noturnas y diurnas, putas de cintura y de marca mayor; ay putas orilladas, bigarradas, putas combatidas, vencidas y no acabadas, putas devotas y reprochadas de oriente a poniente y setentrión, putas convertidas, repentidas, putas viejas, lavanderas porfiadas que siempre an [que siempre tienen] quinze años, como Elena...; ay putas trincadas, putas calladas, putas antes de su madre y después de su tía, putas de subientes y descendientes..., putas abispadas, putas terceronas, aseadas, apuradas, gloriosas; putas buenas y putas malas y malas putas...; putas secretas y públicas; putas jubiladas..., putas beatas y beatas putas..., alcagüetas..., putas modernas...", etc., etc. Poco después pregunta Lozana si hay en Roma "casadas que sean buenas" (o sea señoras decentes), y el valijero le contesta: "Quién sí, quién no; y ésse es bocado caro y sabroso y costoso y peligroso..." (Con razón se ha anunciado en la portada que este libro "contiene muchas más cosas que *La Celestina*". Menéndez Pelayo, que era muy católico, se alegraba de que *La Lozana* no haya tenido descendencia en la literatura española.)

Pero ya antes de *La Celestina* se ha iniciado el otro teatro, el representado. Su fundador fue Juan del Enzina, poeta y dramaturgo, y uno de los buenos compositores de música en la Europa de fines del siglo xv y comienzos del xvi. Impregnado de espíritu renacentista gracias a sus largas estancias en Italia, Juan del Enzina emplea, muy estilizado, el lenguaje rústico de Sayago, reliquia del antiguo leonés. Su ejemplo fue imitado inmediatamente por Lucas Fernández, y aparecieron en seguida Bartolomé de Torres Naharro, que vivió también mucho tiempo en Italia, y el portugués Gil Vicente, que leyó a los españoles, escribió en español algunas de sus obras, y es el más genial de estos cuatro patriarcas del teatro. A los cuatro les sirvió de adiestramiento la lectura de *La Celestina*. La vida de este "teatro primitivo", en sus dos vertientes, la religiosa y la profana, se prolonga hasta finales del siglo xvi. Su último representante es Fernán González de Eslava, que escribía en México. Pero, entre tanto, han aparecido otras tendencias. Lope de Rueda, escritor y comediante a quien Cervantes consagró un cariñoso homenaje, es autor de unos innovadores "pasos" (piececitas breves) de muy grata lectura. Juan de la Cueva es el precursor de Lope de Vega en cuanto al gusto por temas "nacionales" (el de los Infantes de Lara, por ejemplo). Y se escribe asimismo un teatro de empaque clásico, a imitación de las tragedias de la antigüedad grecorromana: así la *Nise lastimosa* de fray Jerónimo Bermúdez (no original, sino traducida de la tragedia *Inés de Castro* del portugués António Ferreira); así también *La Numancia* de Cervantes.

Todos estos productos, desde las "églogas" de Enzina hasta *La Numancia,* suelen designarse con el rótulo "teatro anterior a Lope de Vega", y con razón, pues, como dijo Cervantes, "el monstruo de naturaleza, el gran Lope de Vega alzóse con la monarquía cómica", "llenó el mundo de comedias propias, felices y bien razonadas" e impuso su estilo sobre todos los demás. (La "fórmula lopesca" fue razonada por el propio Lope en su *Arte nuevo de hacer comedias,* de 1609.) Es verdad que en Valencia, la más italianizada de las ciudades españolas, empapada de una tradición cultural que faltaba en Madrid, brilló a fines del siglo xvi un grupo de dramaturgos de quienes Lope aprendió mucho. Amigo de Guillén de Castro, el más joven representante de ese teatro valenciano, Lope compuso en Valencia algunas de sus primeras comedias. Pero, por mucho que cuenten todos sus antecedentes, muchísimo más es lo que cuenta el ingenio creativo del "monstruo de naturaleza". "Si es de Lope es bueno", decían sus contemporáneos; y también: "Creo en Lope todopoderoso, poeta del cielo y de la tierra". Sin ser de ninguna manera "realista", el teatro de Lope de Vega es un polifacético espejo de la sociedad y del lenguaje de su época.*

Al morir Lope, en 1635, ya estaba en plena actividad su gran sucesor, Pedro Calderón de la Barca (muerto en 1681), que adoptó, como todos, la fórmula de Lope —su concepción teatral, la estructura de las piezas— y la enriqueció como nadie. *El alcalde de Zalamea* de Lope palidece en comparación con *El alcalde de Zalamea* de Calderón. Las comedias de éste son como una hipérbole de las de aquél. El lector moderno, a quien suele irritar la rigidez ideológica de Calderón, queda siempre seducido por su lenguaje poderosamente inventivo. Calderón llevó a su más alta expresión el "auto sacramental", pieza breve, de tema religioso, género distintivamente español. Destinó casi todas sus obras al teatro del palacio real de Madrid, provisto de máquinas escénicas hechas por ingenieros italianos. Algunas de ellas son piezas de gran espectáculo, con mucho de ópera. (En Lope, y sobre todo en Calderón, están ya los gérmenes de la españolísima *zarzuela.*)

---

* "El espectador español acudía a las representaciones deseoso de verse reflejado en la escena; quería encontrar plasmados en fábula dramática sus sentimientos e ideas, su visión del mundo y de la vida; ansiaba además soñar, calmar su sed de acción intensa. Y Lope de Vega cumplió a la perfección las apetencias de su público. Consagró y consolidó los ideales hispánicos: en sus comedias lo sobrenatural se hizo tan sensible como lo terreno; desfilaron la historia y la epopeya patrias…, el amor…, el honor…: todo un mundo apasionante, hiperbólico e idealizado. A esta concepción del drama correspondía una métrica variada y rica; expresión ingeniosa, engalanada y lozana, llena de lirismo; estilo fácilmente plegable…: tan pronto se amolda al tono brillante y conceptuoso de los galanes como a la ingenuidad del labriego o al desplante socarrón del criado. Hay, además, tipos convencionales de lenguaje, favorecidos por la tradición o la moda literaria: uno es la *fabla* antigua, remedo del español medieval…; otro, el lenguaje villanesco [continuación del sayagués de Juan del Enzina]… No menos estilizada aparece el habla española de vizcaínos, moriscos y negros" (RAFAEL LAPESA). Las "églogas" de Juan del Enzina se habían representado en salas palaciegas; los "pasos" de Lope de Rueda, en las calles y plazas de los pueblos. Las "comedias", a partir de Lope, están destinadas casi todas a verdaderos teatros, o sea a un "gran público" urbano.

En torno a cada uno de estos gigantes hay un revuelo de epígonos. Juan Pérez de Montalbán, secuaz de Lope, dedicó en 1632 tres páginas de un libro a levantar un censo "de los que escriben comedias en Castilla solamente".* Si muchos de esos epígonos carecen de relieve, otros son dramaturgos de muy marcada personalidad, como Tirso de Molina y Juan Ruiz de Alarcón en los tiempos de Lope, o como Francisco de Rojas Zorrilla y Agustín Moreto en los de Calderón. (Fueron Calderón y Moreto los grandes maestros a quienes emuló sor Juana Inés de la Cruz, en 1683, con *Los empeños de una casa*.) Otro fecundo e inconfundible autor teatral es Luis Quiñones de Benavente, discípulo, no de Lope ni de Calderón, sino de Cervantes, en el género "menor" y "populachero" del entremés. (Los *Entremeses* de Cervantes y los de Quiñones de Benavente son una delicia para cualquier lector moderno.)

La comedia de estilo calderoniano llegó, aunque ya muy cansada, hasta bien entrado el siglo XVIII. Al final se introdujeron primores que no había empleado Lope de Vega, por ejemplo formas nuevas de versificación, o bien discursos largos, de varios centenares de versos, escritos para lucimiento de los actores (discursos o "relaciones" que solían imprimirse por separado y recitarse en tertulias domésticas). Pero, en general, puede decirse que la fórmula lopesca siguió vigente hasta que en el siglo XVIII ese teatro fue radicalmente sustituido por otro.

LA POESÍA

A diferencia de lo ocurrido en el campo del teatro durante el primer cuarto del siglo XVI, en el de la poesía no hay en esos años novedad alguna. Sigue imperando el estilo que se ha cultivado durante la segunda mitad del siglo XV. Hacia 1525, el poeta Juan Boscán escribía este villancico dirigido a una dama hermosa y esquiva:

---

* Cayetano Alberto de La Barrera y Leirado, en su *Catálogo bibliográfico del teatro antiguo español desde sus orígenes hasta mediados del siglo XVIII* (Madrid, 1860), enumera a más de mil autores y registra unas 8 000 piezas teatrales plenamente identificadas. Y hay muchos autores y obras que La Barrera no llegó a conocer.

Si no os hubiera mirado
no penara,
pero tampoco os mirara.
Veros harto mal ha sido,
mas no veros peor fuera;
no quedara tan perdido,
pero mucho más perdiera.
¿Qué viera aquel que no os viera?
  ¿Cuál quedara,
señora, si no os mirara?

"Villancico" es originalmente 'cantar de villanos', de gente rústica, o sea lo que hoy llamaríamos "canción folklórica" o "tradicional" (a menudo anónima). Pero "villancico" es también la forma poética (estribillo + copla + estribillo) que solían tener esos cantares. He aquí un ejemplo de villancico "auténtico" (villancico en los dos sentidos):

Tres morillas me enamoran
en Jaén:
Axa y Fátima y Merién.
Tres morillas tan garridas
iban a coger olivas,
y hallábanlas cogidas
  en Jaén,
Axa y Fátima y Merién.

Los poetas del siglo xv habían tomado esta forma y le habían dado un contenido cortesano, en el polo inverso de lo folklórico. Un poeta de fines del siglo xv, por ejemplo, tomó el estribillo de las "Tres morillas" y compuso estrofas cortesanas como ésta (la imagen de la dama que roba el corazón es típica del "amor cortés"):

Díjeles: —¿Quién sois, señoras,
de mi vida robadoras?
—Cristianas que éramos moras
  en Jaén,
Axa y Fátima y Merién.

El villancico "Si no os hubiera mirado...", con su juego conceptual ('adoro las penas causadas por haberte visto'), es completamente cortesano, y muy típico de la poesía cancioneril, tan intelectualizada, tan dada a antítesis y retruécanos. Y tan predominante, además. El villancico de Boscán pudo haber sido escrito por cualquiera de los poetas que vivían en ese primer cuarto del siglo XVI.

Pero apenas ha pasado otro cuarto de siglo, y el cuadro ha cambiado radicalmente. Ha habido una revolución. De manera tan rápida como sonriente, se han impuesto las modas italianas. Sin esa revolución no habría escrito Gutierre de Cetina, hacia 1550, el famoso madrigal que comienza

> Ojos claros, serenos,
> si de un dulce mirar sois alabados,
> ¿por qué, si me miráis, miráis airados?...,

con su inolvidable verso final "ya que así me miráis, miradme al menos". Bien visto, lo que Cetina le dice a la dama no es muy distinto de lo que dice Boscán. Pero lo que va de la muy castellana palabra *villancico* a la muy italiana palabra *madrigal,* eso va del arcaico "Si no os hubiera mirado..." al ya plenamente moderno "Ojos claros, serenos..."

Lo curioso es que el iniciador de esa gran revolución fue el propio Juan Boscán. Él cuenta cómo en 1526, hallándose en Granada entre los cortesanos de Carlos V, el embajador italiano Andrea Navagiero le preguntó por qué los españoles, dueños de una lengua tan parecida a la italiana, no escribían versos como los que venían haciéndose en Italia desde más de dos siglos atrás, versos como los de Dante y Petrarca y la pléyade de los petrarquistas, de once y de siete sílabas. Impresionado por la pregunta, Boscán se puso a contestarla con hechos prácticos, y escribió los primeros sonetos y las primeras canciones italianizantes de nuestra lengua. (Es verdad que ya el marqués de Santillana había escrito sonetos "al ytálico modo"; pero en sus tiempos el abismo entre la cultura italiana y la española era demasiado ancho. Esos sonetos primerizos carecen de lo esencial: el ritmo y la melodía del verso, aquello que Petrarca había llevado a la perfección.)

Por el musical conducto del endecasílabo y del heptasílabo entró a raudales en la poesía española el espíritu italiano. Al lado de un texto de Petrarca podía ponerse uno de Boscán. Dice el primero:

> *Chiare, fresche e dolci acque*
> *ove le belle membra*
> *pose colei che sola a me par donna;*
> *gentil ramo ove piacque,*
> *con sospir mi rimembra,*
> *a lei di fare al bel fianco colonna...,*
> *date udienza insieme*
> *a le dolenti mie parole estreme...*

Y el segundo:

> Claros y frescos ríos
> que mansamente vais
> siguiendo vuestro natural camino;
> desiertos montes míos,
> que en un estado estáis
> de soledad muy triste de contino...,
> oídme juntamente
> mi voz amarga, ronca y muy doliente...

Muy lejos estamos ya del ta*tán*tara *tán*ta / ta*tán*tara *tán*ta de "Yo vi muchas danças de lindas donzellas" y de "E toda la otra vezina planura" (pp. 162 y 177). Los acentos del endecasílabo no tienen, prácticamente, lugar fijo; el endecasílabo es mucho menos rígido, mucho más maleable que el viejo verso de arte mayor. Además, el metro de Juan de Mena, tan monolítico, no se combina con ningún otro, mientras que el endecasílabo convive armoniosamente con el heptasílabo, como se ve —como *se oye*— en la poesía de Petrarca y en la de quien por primera vez la imitó en nuestra lengua.

Para colmo de suerte, Boscán era gran amigo de un joven genial, Garcilaso de la Vega, el cual no sólo lo alentó en la empresa, sino que decidió acometerla él también. Esta decisión, tomada seguramente no mucho después de 1526, tuvo consecuencias trascendentales. Boscán es buen poeta, pero no puede compararse con su amigo. Los versos solos de Boscán no hubieran podido vencer la fuerza de inercia de la larga tradición poética castellana. Quien sedujo a los lectores y a los poetas jóvenes fue Garcilaso. El triunfo de la poesía a la italiana fue rapidísimo gracias a él. El verdadero émulo de Petrarca es él. Garcilaso armonizó maravillosamente, como Petrarca, el "dolorido sentir" con la dulzura del verso. Garcilaso tiene un lugar entre los inmortales.

Hay historiadores que piensan que el Renacimiento, movimiento europeo de ruptura con la Edad Media y de "restauración" de la cultura de la antigüedad clásica, no fue tan vivo en España como en Francia e Inglaterra. Pero la poesía de Garcilaso es plenamente renacentista. A diferencia de Boscán, él no escribió octosílabos sino por pasatiempo. Y varios de sus primeros seguidores, como Hernando de Acuña ("Ya se acerca, señor, o es ya llegada..."), Gutierre de Cetina ("Ojos claros, serenos...") y Francisco de Terrazas ("Dejad las hebras de oro ensortijado..."), casi sólo escribieron versos renacentistas, a la italiana. Estos versos, y en particular el endecasílabo, han estado desde entonces indisolublemente trabados a nuestra lengua.

Boscán veía en el endecasílabo un paradigma de "Renacimiento". Pensaba que los italianos habían tomado ese verso de los poetas latinos, y éstos de los griegos, "como han tomado muchas otras cosas señaladas en diversas artes" (escultura, arquitectura, elocuencia, filosofía...); y continuaba:

> De manera que este género de trobas, y con la authoridad de su valor proprio y con la reputación de los antiguos y modernos que le han usado, es dino, no solamente de ser recebido de una lengua [por una lengua] tan buena como es la castellana, mas aun de ser en ella preferido a todos los versos vulgares. Y assí pienso yo que lleva camino para sello [para serlo], porque ya los buenos ingenios de Castilla... le aman y le siguen y se exercitan en él, tanto, que si los tiempos con sus desasossiegos no lo estorvan, podrá ser que antes de mucho se duelan los italianos de ver lo bueno de su poesía transferido en España. Pero esto aún está lexos, y no es bien que nos fundemos en estas esperanças hasta vellas más çerca.

Lo notable es que los buenos ingenios de Castilla se sumaron a la empresa revolucionaria de Boscán y Garcilaso antes de que se publicara la primera edición de sus *Obras* en 1543 (muertos ya los dos, Garcilaso en 1536 y Boscán en 1542). Y no menos notable es la profecía de Boscán, hecha con tan exquisita cautela. A comienzos del siglo XVII, en efecto, Giambattista Marino, el poeta italiano más ilustre de sus tiempos, admirará y aun imitará a los españoles. Habrá así un pequeño trueque de papeles.

En la segunda mitad del siglo XVI, o sea en tiempos de Felipe II, las "esperanzas" de Boscán se veían ciertamente "más cerca". Es una época de cumbres altas y señeras: Alonso de Ercilla, fray Luis de León, Francisco de Aldana, Fernando de Herrera, Francisco de la Torre, Baltasar del Alcázar. (A diferencia de los poetas de la generación anterior, como Cetina, Acuña y Diego Hurtado de Mendoza, estrechamente relacionados unos con otros, y cuyos versos se parecen mucho entre sí, los poetas de esta generación no constituyen un grupo. Ercilla residía en la corte; fray Luis, en Salamanca; Herrera y Alcázar, en Sevilla; Aldana, en Italia y en Flandes.

Boscán comete en su profecía un error por omisión: no dice nada de los versos octosílabos. Bien podemos imaginar que él se imaginaba una verdadera derrota de los metros castellanos. Si es que llegó a leer las poesías de su contemporáneo Cristóbal de Castillejo, escritas en metros castellanos, debe haberlas sentido anticuadas, destinadas al olvido. Y, vista en su conjunto, la poesía de tiempos de Felipe II parecía estar dándole la razón a Boscán: fray Luis y sus contemporáneos hacen caso omiso no sólo del viejo verso de arte mayor, sino también —salvo ocasionalmente, en piezas breves— del viejo verso de ocho sílabas. El de arte mayor no resistió la competencia del endecasílabo, y, tras algunos estertores, murió en efecto en esta segunda mitad del siglo XVI. Pero el octosílabo, como bien sabemos, se mantuvo con vida. Si Boscán leyó a Castillejo, no se dio cuenta de lo buen poeta que es. En una de sus composiciones intercala Castillejo tres sonetos muy bien hechos, como para mostrar que no es un idiota, y al mismo tiempo se declara convencido de que a la buena poesía no le hacen falta "modas" italianas. El hecho es que tan renacentista, tan hombre de la época de Carlos V es Castillejo como Boscán y Garcilaso. Los clásicos latinos hablan en los versos italianizantes de Garcilaso un español tan "moderno" y tan vivo como en los versos castellanos de Castillejo. Éste, además, es uno de los raros poetas de su época que conocieron a Catulo, poeta latino menos divulgado que Virgilio, Horacio y Ovidio, más "raro", más "renacentista" que ellos. En esta copla castellana de Castillejo sonríe plenamente Catulo y se respira el aire del Renacimiento:

> Dame, amor, besos sin cuento
> asida de mis cabellos,
> un millar y ciento dellos
> y otros mil, y luego ciento,
> y mil y ciento tras ellos;
> y después
> de muchos millares tres,
> por que ninguno lo sienta,
> desbaratemos la cuenta
> y contemos al revés.

Lo que ocurría en tiempos de Felipe II era que el octosílabo andaba, por lo general, en malas manos. Hacia mediados del siglo comenzaron a imprimirse los romances "viejos", romances venerables transmitidos por tradición oral desde el siglo xv y quizá desde antes. La idea fue excelente, pero no una de sus consecuencias: atraídos por lo fácil que es hacer octosílabos asonantados, varios poetas mediocres produjeron enormes cantidades de romances "historiales" a base de cuanto libro tenían a la mano (lo mismo daba Ovidio que Tito Livio o alguna de las derivaciones de la *Primera crónica general*).* El octosílabo acabó por conver-

---

* El *Cancionero de romances* fue publicado por Martín Nucio (Martin Nuyts), impresor de Amberes, poco antes de 1550. Los romances en él incluidos eran casi todos inéditos. Vivían en la memoria colectiva, y cualquiera podía recitarlos (como se ve, por ejemplo, en la historia de los conquistadores del Nuevo Mundo). El hecho de que el *Cancionero* se haya publicado en Amberes parece indicar que los numerosos españoles de Flandes (soldados, desde luego, pero también funcionarios, con sus familias y sus criados) necesitaban, lejos de la patria, una ayuda para su memoria. El *Cancionero de romances* se reeditó varias veces en Amberes, y a partir de 1550 varios impresores españoles publicaron tam-

tirse en un verso "humilde", inutilizable para la poesía seria. Un poeta de tiempos de Felipe II, san Juan de la Cruz, demuestra muy bien esa distancia que hubo entre el octosílabo y los metros italianos. Todo el mundo admira los dos poemas que san Juan hizo en la "lira" introducida por Garcilaso, pero sus romances piadosos son penosamente malos. El único versificador de esos tiempos que mantuvo con vida el octosílabo fue el juguetón Baltasar del Alcázar, poeta de los placeres de Venus y de Baco.

La primera mitad del siglo XVII, o sea la época de Felipe III y Felipe IV, es el momento más brillante de la poesía de los siglos de oro, la sazón de los frutos que ya colgaban del árbol. Los nombres se agolpan en la pluma del historiador: Luis de Góngora, los hermanos Argensola (Lupercio Leonardo de Argensola y Bartolomé Leonardo de Argensola), Lope de Vega, Alonso de Ledesma, Bernardo de Balbuena, Francisco de Quevedo, el conde de Villamediana, Esteban Manuel de Villegas. Y muchos otros. Los cuatro primeros de la lista comenzaron a escribir en las postrimerías del siglo anterior, pero el grueso de la obra de todos se sitúa entre 1600 y 1650. En marcado contraste con los poetas de la generación anterior, casi todos éstos se concentraron en "la corte", o sea en la capital del imperio. La corte, establecida por Felipe II en Madrid en 1561, fue trasladada a Valladolid por Felipe III en los años iniciales del siglo XVII. ¿Necesidad de huir del fantasma paterno, demasiado presente en Madrid y en El Escorial? ¿Simple deseo de hacer algo nuevo y brillante, pues Madrid no podía compararse en prestigio histórico con Valladolid, ciudad de Castilla la Vieja? El caso es que el experimento fracasó, y en 1606 la corte regresó a Madrid. El episodio vallisoletano dejó huellas en la poe-

bién romances viejos. Hubo, pues, una clientela asidua. Y entonces comenzaron a proliferar los pesados romances "historiales". El propio Martín Nucio fue quien lanzó en 1551 el primero de esos productos, los *Romances* de Lorenzo de Sepúlveda. De las imprentas españolas salieron luego el *Romancero* de Pedro de Padilla (1563), las cuatro *Rosas de romances* del librero-editor Joan Timoneda, valenciano (1573), el *Romancero historiado* de Lucas Rodríguez (1581), los *Romances historiales* de Juan de la Cueva (1587) y algunos más. Así como Don Quijote enloquece de tanto leer libros de caballerías, así Bartolo, "héroe" del curioso *Entremés de los romances* (impreso en 1612), se vuelve loco de tanto leer romances y, abandonando su casa, se echa al monte para revivir las hazañas de Durandarte y Montesinos.

sía, sobre todo en la de Góngora y Quevedo. Y en Valladolid, capital momentánea del imperio, se imprimió en 1605 una bellísima antología poética: las *Flores de poetas ilustres de España*, coleccionadas por el poeta Pedro Espinosa. Imitación de las numerosas antologías italianas de poesía italiana y neolatina publicadas en el siglo XVI, las *Flores* de Espinosa fueron un auténtico manifiesto de la nueva poesía de nuestra lengua, una declaración de vida.*

La concentración de la mayor parte de estos poetas en Madrid, concentración casi obligada a causa del centralismo monárquico —es claro, por ejemplo, que Góngora hubiera preferido quedarse en su Córdoba natal—, tuvo consecuencias muy importantes, sobre todo una actividad prodigiosa y una no menos prodigiosa diversificación del oficio poético. A imitación de la Academia de los Nocturnos, activa a fines del siglo XVI en Valencia (e imitación, a su vez, de las prestigiosas academias italianas), se crearon en Madrid varias de estas asociaciones poéticas, patrocinadas a menudo por grandes señores (si bien el mecenazgo no fue en España una institución tan operante como en Italia), de las cuales brotaron ríos de versos. Y el ejemplo madrileño no tardó en ser seguido por otras ciudades del imperio: Barcelona, Granada, Antequera, Lisboa, México, Lima, San Salvador de Bahía... Por otra parte, una gran proporción de la obra de estos poetas se escribió para certámenes públicos, en que había críticos y jueces y premios. Lo que hacían estas academias y estos certámenes era escenificar o dramatizar algo que existe en toda repúbli-

* Tuvieron una segunda parte, las *Flores* coleccionadas por Juan Antonio Calderón en 1611; pero éstas no se imprimieron hasta 1896. Las dos partes se parecen mucho entre sí, quizá porque los gustos de los dos coleccionadores eran parecidos. Por ejemplo, los dos privilegian visiblemente las composiciones hechas en metros italianos (el número de composiciones en octosílabos no llega a 10%). Es notable la presencia de tres damas poetas: doña Hipólita de Narváez, doña Luciana de Narváez y doña Cristobalina de Alarcón. Si se tiene en cuenta que en las *Flores* de Espinosa está la primera edición de poesías de Góngora, Lope, Quevedo, Lupercio de Argensola y muchos otros, y que muy a menudo las obras completas de un poeta no se publicaban en vida suya —como es el caso de Góngora, los Argensola y Quevedo—, es deplorable que no haya habido más antologías impresas. Hay que añadir que en unas y otras *Flores* se conserva lo más importante de la producción de poetas excelentes como Luis Martín de la Plaza, Juan de Arguijo, Luis Barahona de Soto y el propio Pedro Espinosa. En 1611 no se había revelado en toda su grandeza el genio de los futuros gigantes: las poesías de Góngora y Quevedo se miden allí con las de esos poetas menos famosos, sobre todo con las del extraordinario Martín de la Plaza.

ca literaria bien constituida: el espíritu de emulación. Los pleitos prota-
gonizados por Góngora, Lope y Quevedo brillan en la historia de nuestra
lengua.

Hay historiadores y profesores de literatura que dividen el Barroco
español en dos mitades: "culteranismo" y "conceptismo", entendiendo
por "culteranismo" el abundante uso de palabras cultas y de sintaxis latinizante, y por "conceptismo" el uso de agudezas intelectuales y de asociaciones sorpresivas, y hacen caudillo de lo primero a Góngora y de lo
segundo a Quevedo. Pero es una división muy artificial. Casi todos los
poetas de los siglos XVI y XVII, desde Garcilaso hasta sor Juana, incluyendo a Góngora y a Quevedo, son lo uno y lo otro. Quien definió el *concepto* fue el jesuita Baltasar Gracián. Es, dice, "un acto del entendimiento
que expone la correspondencia que se halla entre dos objetos", cuanto
más alejados, tanto mejor. Cuando la corte estaba en Valladolid, y el
Esgueva, que corría por media ciudad, estaba hecho un asco a causa de
la aglomeración humana, Góngora consagró una "letrilla" a este riachue-
lo, tratándolo de Señor Esgueva y metaforizando de muchas maneras sus
inmundicias, no de otra manera que en el famoso soneto de Quevedo,
"Érase un hombre a una nariz pegado", la nariz es toda clase de cosas:
un elefante boca arriba, un peje espada, un espolón de galera, un reloj
de sol, una pirámide de Egipto, una alquitara pensativa, etc. Los dos
poetas son conceptistas. Y si la lengua de la poesía de Góngora es culta,
lo mismo se puede decir a menudo de la de Quevedo. La distinción
entre culteranismo y conceptismo parece haberse hecho para explicar
la diferencia entre Góngora y Quevedo, que son, sin duda, individuali-
dades poéticas muy vigorosas y muy distintas. Los dos han asimilado la
tradición poética grecolatina e italiana, los dos tratan de superar a los
poetas españoles del presente y del pasado, pero son muy diferentes sus
"maneras". Para la comprensión de muchas poesías de uno y otro hacen
falta operaciones interpretativas distintas. Son ellos los poetas más
oscuros y raros de sus tiempos, y, a juzgar por la cantidad de estudios
que los hispanistas les dedican, los más necesitados de interpretación.

En realidad no hubo dos maneras de ser barroco, sino muchas. Cada
gran poeta del siglo XVII —Lope de Vega, los Argensola, Villegas, sor

Juana— tuvo su manera de ser barroco. Claro que también hay semejanzas entre ellos. Casi todos, por ejemplo, abundan en alusiones mitológicas. En estos tiempos, cualquier lector ordinario conocía más o menos directamente las *Metamorfosis* y las *Heroidas* de Ovidio, el gran transmisor de los mitos griegos. Ya en el siglo XVI se habían divulgado las historias ovidianas. En tiempos de Góngora, todo el mundo estaba preparado para entender que "el nieto de la espuma" es Cupido (pues Venus nació de la espuma del mar) y que una "hermana de Faetón, verde el cabello" es un álamo (pues las Helíades, de tanto llorar a su hermano Faetonte, se metamorfosearon en álamos). Para lectores modernos, mucho menos familiarizados con Ovidio, todo esto es causa de dificultad: se necesita a cada paso saber quién es Dafne, quién Anaxárete, quién Adonis, quién Amaltea. (Y sin embargo esa omnipresencia de la mitología en los siglos de oro ha dejado huellas en nuestra lengua: todo el mundo conoce expresiones como "los placeres de Baco", "las flechas de Cupido", "las delicias de Venus", "el carro de Apolo", "el soplo de las Musas", "la lira de Orfeo", unas "fuerzas hercúleas", "ser un sátiro", "ser un Adonis", etc. Algo de Ovidio sigue viviendo, y no sólo en los libros, sino en la lengua hablada.)

Con el *Polifemo*, una de sus obras maestras (escrita en octavas reales, suntuoso metro italiano), Góngora llevó a su perfección la fábula mitológica "seria", pero él fue también el iniciador de la fábula "burlesca", con sus composiciones sobre Hero y Leandro y sobre Píramo y Tisbe, historias lacrimosas narradas por él en tono de farsa (y escritas en castizo metro de romance). Por ejemplo, Leandro muere ahogado, y Hero, al ver su cadáver a la orilla del mar, se arroja a las peñas desde una torre. Murieron como dos huevos, dice Góngora: él pasado por agua y ella estrellada. (Quevedo inicia *La hora de todos* con la descripción de un concilio de dioses en el Olimpo: en el centro está Júpiter, desgañitándose; alrededor de él, Marte, "don Quijote de las deidades"; Baco, "la palabra bebida, el paso trastornado, y todo el celebro en poder de las uvas"; Saturno "engulléndose sus hijos a bocados"; Neptuno "hecho una sopa, oliendo a viernes y vigilias"; Plutón, "bien sahumado con alcrebite y pólvora"; Apolo "con su cara de azófar y sus barbas de oropel"; Diana, o sea la

Luna, "con su cara en rebanadas"; Venus "haciendo rechinar los coluros con el ruedo del guardainfante [como las damas pintadas por Velázquez], empalagando de faldas las cinco zonas, a medio afeitar la jeta, y el moño no bien encasquetado"; y todo el cielo hirviendo "de manes y lémures y penatillos y otros diosecillos bajunos", o sea de poca monta.)

En la primera mitad del siglo XVII, como alguien dijo, "se acicalaron los auditorios". Hubo un público lector que, acostumbrado ya a lo bueno, exigía superación en lo nuevo. En la generación anterior, Herrera se había distinguido por su perfeccionismo. Ahora todos los poetas son perfeccionistas. Lo que queda tras su lectura —de preferencia, lectura prolongada a lo largo de años— es sobre todo una idea de "perfección". Hay hojarasca, como es natural, pero también muchas obras maestras. Borges tomaba a risa la idea de reunir las *cien* mejores poesías de una lengua. Y con razón: las mejores poesías escritas en nuestra lengua durante los siglos de oro son muchos centenares. La hojarasca, en contacto con la tierra, a nivel pedestre, es un abono que produce el humus necesario. "Hay más poetas que estiércol", decía Hernán González de Eslava (refiriéndose, probablemente, a un certamen poético celebrado en México en 1585, al que se presentaron trescientos concursantes); y Cervantes, en el entremés del *Retablo de las maravillas,* hace decir a su personaje Chirinos: "A lo que vuesa merced, señor gobernador, me pregunta de los poetas, no le sabré responder, porque hay tantos, que quitan el sol, y todos piensan que son famosos". Algo que da una idea de la expansión de la poesía en tiempos de Felipe III y Felipe IV es el hecho de que entre las "mejores" poesías de nuestra lengua figuren necesariamente la *Canción a las ruinas de Itálica* de Rodrigo Caro y la *Epístola moral a Fabio* de Andrés Fernández de Andrada (poesías ambas, por cierto, ni muy "cultas" ni especialmente conceptistas, o sea ni gongorinas ni quevedescas): Caro no era poeta de oficio, sino un erudito interesado en antigüedades, y Fernández de Andrada un sujeto común y corriente, poeta ocasional también.*

* Hubo muchos de estos "poetas ocasionales". El más conocido es uno de la generación anterior, san Juan de la Cruz: sus dos bellísimos poemas, el *Cántico espiritual* y la *Noche oscura,* se pierden casi en el volumen de sus obras completas, que contienen trata-

El gusto "acicalado" de los auditorios fue seguramente lo que salvó de la muerte al octosílabo, metro tan entrañablemente unido a nuestra lengua. Lo que estuvo a punto de acabar con él no fue la invasión de los metros italianos, sino el uso a que lo sometieron Sepúlveda y Timoneda y los demás perpetradores de romances "historiales", cuya lectura evidentemente provocaba entonces tantos bostezos como ahora. Pero a fines del siglo XVI el cuadro ya había cambiado, por obra de Góngora, Lope y otros jóvenes de su edad (todos ellos andaban por los veinte años), o sea los poetas del llamado "Romancero nuevo", que cautivaron al público con romances frescos y llenos de vida y de ingenio. Éstos se fueron publicando en distintas ciudades españolas, a partir de 1580, en forma de libros de faltriquera que finalmente se reunieron y formaron un librazo, el *Romancero general* impreso en Madrid en 1600. El arte nuevo de hacer romances perduró, cada vez más refinado, a lo largo del siglo XVII. Y el rescate del romance para la "gran" literatura —Góngora, por ejemplo, estaba tan ufano de sus *Soledades*, escritas en verso italiano, como

dos "técnicos" de teología mística, sumamente farragosos. San Juan de la Cruz se crió en un ambiente morisco (véase adelante, pp. 249-253), y aun hay quienes creen que su ascendencia era morisca. Evidentemente no leyó mucho de poesía castellana. Lo cierto es que en su pensamiento religioso hay buen número de conceptos que no proceden de la "escuela" cristiana de teología, sino de la tradición mística musulmana. Por supuesto que en los siglos de oro ya no se leía árabe (véase adelante, p. 273), pero las doctrinas siempre pueden transmitirse oralmente. Lo mismo sucede con el "Soneto a Cristo crucificado", el más famoso de la literatura española ("No me mueve, mi Dios, para quererte..."), cuya idea central aparece ya en 1556 en un libro de san Juan de Ávila, el apóstol de los moriscos: "Aunque no hubiese infierno que amenazase, ni paraíso que convidase, ni mandamiento que constriñese, obraría el justo por solo el amor de Dios lo que obra". Esta doctrina del "puro amor", mal vista a veces por las autoridades eclesiásticas, es también de origen islámico. El soneto a Cristo crucificado, anónimo, data seguramente de la época de Felipe II. La cultura literaria invadía por entonces de tal manera el ambiente, que todos la respiraban, así que "cualquiera" pudo escribir ese soneto. Varias veces aparece en los siglos de oro la idea de que el que no sabe escribir una poesía es un tonto, y un loco el que escribe dos. O sea: cualquiera sabe hacer versos, pero sólo un loco se dedica a ser poeta. Y si el hacer versos estaba al alcance de todos, el hacerlos buenos estaba al alcance de muchos. En 1588 circularon en Madrid unos romances ingeniosos e insultantes, y el insultado demandó al autor. Un caballero de la corte, llamado a declarar, dijo: "Estos romances pueden ser del abad Salinas, pero está en Sevilla; pueden ser de Pedro Liñán de Riaza, pero está en Aragón; pueden ser de Cervantes, pero anda por Andalucía; pueden ser míos, pero yo no los he escrito, así que pueden ser de Bivar o de Lope". Eran de Lope. El cual fue castigado con destierro de la corte por varios años.

de su romance de Píramo y Tisbe ("La ciudad de Babilonia...")— se llevó a cabo al mismo tiempo que se refinaban las también tradicionales coplas castellanas de octosílabos consonantes, como la redondilla, y se inventaba una copla nueva y reluciente, la décima.* Entre los poetas de la primera mitad del siglo XVII hay algunos, como Balbuena, que sólo emplean metros italianos, y otros, como Ledesma, que prefieren decididamente los castellanos. Pero casi todos los demás se sirven de los unos y de los otros, y en las comedias predominan los castellanos.

La segunda mitad del siglo XVII no es ciertamente tan rica en poesía como la primera, pero tampoco merece el olvido en que se la tiene. Suele decirse que, de la poesía escrita en la época de Carlos II, la única digna de leerse es la de sor Juana Inés de la Cruz. Quienes dicen eso aborrecen tanto la obra de los otros poetas de entonces, que no la leen; sor Juana, dicen, se yergue "como torre en solitario campo". No hay duda de que sor Juana es el poeta más alto de sus tiempos, pero elogiarla en esos términos equivale a desestimarla. Un rasgo muy característico de sor Juana es su afán de emulación, su empeño en medirse, no con nulidades ni con enanos, sino con los mejores ingenios de su época, como José Pérez de Montoro y Manuel de León Marchante, y de la época inme-

---

* A fines del siglo XVI, Pedro Sánchez de Viana, traductor de las *Metamorfosis* de Ovidio, cree que la literatura italiana ha dejado de ser rival digna de la española. "En prosa, negocio es llano": Boccaccio, Pietro Bembo y Sannazaro son chiquitos en comparación de fray Luis de Granada y fray Hernando del Castillo. "Pues en verso no tiene duda, porque ninguna poesía italiana hay que no la imite nuestra lengua tan elegantemente como allá se compone: sonetos, tercetos, octavas rimas, canciones, madrigales... [etc.]; pero las redondillas de la poesía castellana son proprias suyas, y si alguna vez han querido [los italianos] intentar hacerlas, hanlas compuesto tales, que son dignas de risa". (Probablemente pensaba Sánchez de Viana en un poemita de Torquato Tasso, "Amarilli, s'io te miro...", cuyo ritmo acentual tenía que resultar inaguantablemente monótono para un oído hispano.) Se llamaban *redondillas* no sólo las coplas de cuatro octosílabos aconsonantados, como las de sor Juana a los "hombres necios", sino también las de cinco o más versos. La décima merece mención especial, pues, aparte de que siguen practicándola los poetas modernos (por ejemplo, Xavier Villaurrutia y Jorge Guillén), se cultiva en el folklore musical de varios países hispanoamericanos, por ejemplo México. Su invento —como el de la quinta cuerda de la guitarra— fue atribuido por Lope de Vega a Vicente Espinel, que en efecto la emplea una vez en sus *Rimas* (1591). Lope y Góngora, prodigios de oído musical los dos, se encargaron de hacerla aplaudir y de arraigarla en la poesía. En las *Flores* de Calderón, tan italianizantes como se ha visto, hay sólo tres romances (uno de ellos con el metro novedosamente alterado), y en cambio siete composiciones en décimas. La décima era digna de figurar al lado del soneto.

diatamente anterior, como Antonio de Solís y Salvador Jacinto Polo de Medina, "eslabones" entre las dos mitades del siglo. Sor Juana quiso ante todas cosas ser juzgada por sus obras, y la impacientaba mucho que la alabaran porque, *siendo mujer,* escribía buenos versos y, *siendo mujer y monja,* sabía una enormidad de cosas sobre el mundo y la vida y la literatura. Esto último fue lo que más llamó la atención de sus contemporáneos (y ciertamente ella abarca una zona de conocimientos más amplia y diversificada que los demás poetas de entonces). La *Carta* a su confesor y la *Respuesta a Sor Filotea,* documentos de primera importancia en la historia de la cultura, son enérgicas afirmaciones de que todos los seres humanos, no sólo los varones, tienen derecho a ver satisfechas sus ganas de saber. Sor Juana, como alguien ha dicho, se propuso demostrarle al mundo "que el saber todo lo que ella sabía no tenía nada de raro ni de excepcional; y para demostrarlo, no le quedó otro camino que ser rara y excepcional". Ningún contemporáneo suyo hubiera podido escribir el *Primero Sueño,* espléndida culminación de la poesía iniciada con Boscán y Garcilaso.*

LA NOVELA

Si sor Juana hubiera aplicado su genio a la novela, seguramente este género no habría llegado tan exangüe al final del siglo XVII. A comienzos del XVI, en cambio, la actividad novelística es enorme. Es la época de las numerosas imitaciones en prosa de *La Celestina* y de las numerosas

---

* Lo mismo hay que decir del teatro de sor Juana. *Los empeños de una casa* (título muy significativo: Calderón había escrito *Los empeños de un acaso)* son la última gran comedia de los siglos de oro, y *El divino Narciso* (Calderón había escrito *El divino Orfeo)* el último gran auto sacramental. Agustín de Salazar y Torres, uno de los mejores discípulos de Calderón, muerto prematuramente en 1675, dejó inconclusa una comedia llamada *La segunda Celestina,* alias *El hechizo sin hechizo,* alias *El encanto es la hermosura.* Un amigo del autor se encargó de terminarla; pero la condesa de Paredes, la gran protectora de sor Juana, le encargó a ésta una nueva terminación: sabía que, muerto el exquisito Salazar y Torres, su continuador obligado era sor Juana. (Es curioso ver cómo al final de los siglos de oro sigue presente el gran personaje creado por Fernando de Rojas; pero *La segunda Celestina* de Salazar y Torres muestra la inutilidad de la "diabólica" alcahueta cuando hay amor: el verdadero "encanto" es la hermosura; el amor es "el hechizo sin hechizo".) Y sor Juana, en 1683, aceptó el encargo de terminar esa comedia.

derivaciones de la novela sentimental, cuyo mejor representante fue Diego de San Pedro. Y es, sobre todo, la época dorada de las novelas de caballerías, las docenas de continuaciones, imitaciones y derivaciones del *Amadís de Gaula*. El público no se cansaba de leer estas historias de hazañas fantásticas ejecutadas por superhombres llamados Esplandián, Primaleón, Belianís, Claribel, Florisel, Lisuarte, Felixmarte, etc. Y los escritores no se cansaban de satisfacer esa hambre de aventuras ficticias, en una época tan abundante en aventuras reales. El testimonio de santa Teresa representa el de miles de lectores: "Era mi madre aficionada a libros de caballerías...; yo comencé a quedarme en costumbre de leerlos...; si no tenía libro nuevo, no me parecía tener contento". (Como ahora se congregan las familias ante la pantalla de televisión, se congregaban entonces en la cocina, al amor de la lumbre, para oír la lectura de esos libros. Es famosa esta escena: llega un caballero a su casa y encuentra mujer, hijos y criados en la cocina, llorando a lágrima viva; pregunta la causa, y le contestan: "¡Señor, que Amadís es muerto!") Desde que se inició la moda de los *Amadises,* los españoles pensantes, religiosos lo mismo que laicos, condenaron tanta proliferación de mentiras y deploraron tanta pérdida de tiempo. Algunos de ellos consiguieron que se prohibiera la entrada de los libros de caballerías en las regiones americanas del imperio, para que los indios recién bautizados no se aficionaran a semejantes locuras. (En realidad, los indios capaces de leer nunca fueron muchos, y muy pronto dejó de haberlos. Los lectores americanos eran españoles y criollos, más algunos mestizos, y la famosa prohibición casi no tuvo efecto.) La matriz caballeresca fue muy fecunda durante todo el siglo XVI, aunque ya en los últimos años las señales de agotamiento eran demasiado claras.

El inicio de la larga decadencia de la novela de caballerías coincide con la aparición, a mediados del siglo XVI, de tres novelas extraordinarias, tan distintas de los *Amadises* como distintas entre sí: el *Lazarillo de Tormes,* la *Historia del Abencerraje y la hermosa Jarifa* (ambas de corta extensión, y anónimas ambas) y la *Diana* de Jorge de Montemayor.

En el *Lazarillo,* un hombre del pueblo, castigado por la suerte con un origen humildísimo, cuenta las peripecias a través de las cuales, pese a la hostilidad del mundo —y también, más tarde, pese a la pedrada de "deshonra" que le arrojan quienes se creen mejores que él—, llega en la edad adulta a un "puerto": tiene techo y comida, puede vivir. El autor del *Lazarillo*, a todas luces un humanista, parece haber sido un monje de la orden de los jerónimos. Pero, sea quien haya sido, es evidente su simpatía por el personaje: todos los lectores sanos la comparten.

El *Abencerraje* es una exaltación de virtudes caballerescas como la valentía, la veracidad, el "servicio" de la dama, la lealtad, el cumplimiento de la palabra empeñada. Al contrario del pobre Lázaro de Tormes, todos los personajes son aquí "bien nacidos", son nobles. Todos están a la altura de todos. Lo notable es que el personaje central es moro, un joven y apuesto y aguerrido moro, ciertamente idealizado, pero no más que su rival cristiano. La acción está artificiosamente situada en un pasado no muy acorde con la realidad geográfico-histórica, pero el "mensaje" es muy actual: a mediados del siglo xvi España estaba llena de moros no cristianizados, víctimas de la hostilidad de los cristianos.

La *Diana* fue, de estas tres obras del siglo xvi, la más aplaudida y la más reeditada. Cuenta una serie de historias y aventuras amorosas que se desarrollan en un ambiente pastoril estilizado. Su autor fue uno de los muchos portugueses que escribieron en castellano durante los siglos de oro: Jorge de Montemayor (Montemor en portugués), gran poeta, uno de los de la primera generación garcilasiana. Montemayor entretejió el relato con muchas poesías, lo cual, evidentemente, multiplicó el número de los lectores. En la segunda mitad del siglo xvi, y hasta bien entrado el xvii, se escribieron muchas continuaciones, imitaciones y derivaciones de la *Diana* (aunque la lista no es tan nutrida como la de los *Amadises*). Entre los cultivadores de la novela pastoril se cuentan Cervantes *(La Galatea)* y Lope de Vega *(La Arcadia)*.

La difusión del *Abencerraje* se debió principalmente al hecho de haber sido añadido como "fin de fiesta" a la *Diana*, a partir de una de sus primeras reediciones (a pesar de no haber entre las dos novelas más relación que la amenidad de la lectura). El *Abencerraje*, sin embargo, no tuvo secuela sino tardíamente, a fines del siglo: en 1595 publicó Ginés Pérez de Hita su *Historia de los bandos de Zegríes y Abencerrajes, o Guerras* *civiles de Granada,* que pretende contar la historia de todo lo ocurrido en Granada en los decenios anteriores a su conquista por los Reyes Católicos, pero es en realidad un relato de incidentes imaginarios, batallas contra los cristianos, duelos entre un caudillo moro y un caudillo cristiano, amores, intrigas palaciegas, saraos, juegos de toros y cañas, etcétera. Siguiendo hábilmente la costumbre implantada por Montemayor en la novela pastoril, Pérez de Hita entreveró en su relato buen número de versos: las *Guerras de Granada* son todo un repertorio de romances moriscos.*

El *Lazarillo,* en cambio, no tuvo verdadera descendencia. Quedó como la obra única que es. Las dos continuaciones que tuvo, publicadas las dos fuera de España, son absolutamente indignas de él (entre las derivaciones de la *Diana* hay, en cambio, obras muy estimables). El *Lazarillo,* publicado quizá en 1553, aunque sus cuatro primeras ediciones conocidas son de 1554, tiene un "mensaje" demasiado atrevido: el lector que simpatiza con Lázaro de Tormes, o sea el lector sano, el lector sin prejuicios, debe aceptar que la "honra" de Lázaro, aquello que lo hace ser un "hombre honrado" y simpático, no tiene nada que ver con la "honra" oficial, con el prestigio social y externo. Y Lázaro, juzgado "inferior" por el mundo, no sólo resulta moralmente superior al miserable que se da humos de hidalgo, sino también a diversos ministros de la religión oficial. Lázaro ve a todo el mundo con la frente en alto. El *Lazarillo* era

---

* Los moros figuran naturalmente en los "romances fronterizos", parte importante del Romancero viejo, vagamente históricos (un poco como el *Cantar del Cid),* o bien en romances no propiamente fronterizos, como el que comienza "Por Guadalquivir arriba / el buen rey don Juan camina...", donde el rey de Castilla, ansioso de conquistar a Granada, le habla como quien requiebra a una dama hermosísima ("Granada, si tú quisieses, / contigo me casaría..."). Después, Juan del Enzina pone uno de sus más bellos romances (bello por la letra y por la música) en boca del rey Boabdil, de manera que los dos, el poeta y el rey moro, *lloran* la pérdida de Granada, por más que el romance enaltezca a los Reyes Católicos. Los romances "moriscos" pertenecen a una tercera etapa: la del "Romancero nuevo". A casi un siglo de la caída de Granada, los jóvenes poetas —Góngora y Lope entre ellos— se metieron en el pellejo de jóvenes moros de un pasado idealizado y romantizado, se vistieron sus ropajes y sus armas —gran oportunidad para hacer resonar preciosos arabismos en los versos— y gallardamente vencían al rival en guerra (cristiano) y al rival en amores (otro moro), aunque a veces se limitaban a exhalar quejas de amores. (Los romances moriscos tuvieron influencia en la comedia.)

una amenaza para los valores establecidos. El hecho es que muy pronto, en 1559, quedó incluido en el índice o catálogo de libros prohibidos, y los lectores de libros prohibidos incurrían en graves sanciones. Tiempo después comenzaron a aparecer ediciones "expurgadas" de pasajes peligrosos por los calificadores del Santo Oficio. En cambio, de las imprentas extranjeras siguieron saliendo ediciones con el texto íntegro.

Donde influyó el *Lazarillo,* algo tardíamente, a fines del siglo, fue en el nacimiento de todo un nuevo género literario: la novela picaresca. El *Lazarillo* suministró la estructura: relato, en primera persona, de una sarta de aventuras calamitosas. Pero ahí termina la influencia. En el *Lazarillo,* el mundo es cruel, avaro, mendaz, tramposo, etc., pero el individuo Lázaro no es torcido, ni se deja engañar por prestigios de oropel. El héroe de la novela que fundó el género picaresco, o sea el *Guzmán de Alfarache* (1599) de Mateo Alemán, es desde su primera aventura un ser torcido, cuyo lema podría ser "Si el mundo es pillo, yo seré pillo y medio". El pícaro es el anti-héroe por excelencia. Esta palabra, *pícaro,* designaba originalmente al pobre diablo sin oficio ni beneficio que de vez en cuando podía llenar la barriga, y aun ganar unas monedas, *picando* carne o cebollas en una cocina. Era sólo sustantivo. Se decía "pícaro de cocina" tal como hoy se dice "pinche de cocina" (aunque la suerte de los pinches actuales no es tan dura). Pero en tiempos de Mateo Alemán había habido ya un deslizamiento semántico, quizá más normal entonces que ahora: de 'materialmente miserable' (pobre diablo) se pasó a 'moralmente despreciable' (basura social). El pícaro es un maleante. Además, la palabra *pícaro* comenzó a usarse también como adjetivo. Una *vida pícara* era 'vida digna de un pícaro' (arrastrada, ruin, vil). Se decía en el siglo XVII "esos pícaros aduladores", o "esa pícara cama" (una cama de mala muerte), tal como hoy en México se dice "esos pinches aduladores" y "esa pinche cama". Los héroes de las novelas picarescas, comenzando con el propio Guzmán de Alfarache, suelen tener temporadas prósperas, naturalmente con dineros mal habidos: en esos episodios el sentido original de 'pobre diablo' desaparece; portándose como verdaderos "señores", los pícaros derrochan el dinero o lo pierden en el juego. Claro que nunca dejan de ser pícaros en el sentido moral: son siempre trapaceros y cínicos. De hecho, para los lectores del *Guzmán*, lo peor que puede ocurrir es que el héroe se vuelva "gente decente".

El *Guzmán de Alfarache* tuvo muchos descendientes. Baste mencionar *La pícara Justina* (1605) de Francisco López de Úbeda, *Marcos de Obregón* (1618) de Vicente Espinel, *Pedro de Urdemalas* (1620) de Alonso Jerónimo de Salas Barbadillo, *El donado hablador* (1624) de Jerónimo de Alcalá Yáñez, la *Vida del Buscón* (1626) de Quevedo y el *Estebanillo González* de un tal Gabriel de la Vega, publicado en Amberes (1646). La obra maestra del género es sin duda el *Buscón* de Quevedo, libro que despliega, desde el título mismo, una continua innovación lingüística (ya estaba muy dicho *pícaro;* Quevedo inventó el sinónimo *buscón* 'el muerto de hambre que aguza la mirada y el ingenio en *busca* de algo que agarrar'; las pícaras mismas, o sea las mujeres livianas, como Justina, pasaron a llamarse *busconas).* Como Guzmán de Alfarache y como después Estebanillo González, el buscón don Pablos se crió en Sevilla. Desde mediados del siglo XVI era ésta la ciudad más populosa de España, la más cosmopolita, la más espectacular en la exhibición de sedas y diamantes por un lado, y piojos y harapos por otro, "la gran Babilonia de España", como la llamaban, emporio de comerciantes y banqueros, y de pícaros y rameras. Como siempre sucede en los "bajos fondos" de las grandes ciudades, los pícaros tenían su habla propia, su *slang*, su jerga, su caló, llamado *germanía*. La innovación principal de Quevedo —aparte de su bullente ingenio verbal— consiste en que muchas de las páginas del *Buscón* no están escritas en español normal, sino en una mezcla de español normal y germanía.* (El Quevedo de los sonetos

---

* La *germanía* (palabra valenciana, procedente de *germà* 'hermano') era también la 'cofradía' o 'hermandad' de los pícaros, especie de sindicato frente al cual la sociedad no se sentía con la conciencia muy tranquila. La germanía estaba desparramada por toda España. Cervantes enumera estos barrios de ciudades en que la concentración era mayor: "los Percheles de Málaga, Islas de Riarán, Compás de Sevilla, Azoguejo de Segovia, la Olivera de Valencia, Rondilla de Granada, Playa de Sanlúcar, Potro de Córdoba y las Ventanillas de Toledo"; pero su principal centro de operaciones era Sevilla. El habla germanesca atrajo a muchos escritores. Cervantes no resistió la tentación de ponerla en una ocasión en labios del pulcro y mesurado Don Quijote. En 1609, cierto Juan Hidalgo publicó unos *Romances de germanía de varios autores*, que llevaba anexo un *Bocabulario por la orden del a, b, c, para declaración de sus términos y lengua.* El estilo de Quevedo nunca es facilón; pero, de lo mucho que escribió, lo más arduo son ciertas "jácaras" (romances de

amorosos es, con Ronsard y con Shakespeare, una de las cumbres de esa gran exaltación del amor y la belleza que fue el petrarquismo europeo, y *al mismo tiempo* es uno de los escritores que con más cruel escepticismo han considerado el amor humano en su realidad desnuda, y de los que más se han complacido en acumular rasgos y colores para pintar las fealdades de la vida. "Hombre de Dios, hombre del diablo", lo ha llamado uno de sus biógrafos.)

Pero ni el *Buscón* ni ningún otro libro de los siglos de oro puede compararse con el *Quijote* (primera parte, 1605), después del cual ya no fue posible escribir libros de caballerías. Contra lo que podría parecer a primera vista, el propósito íntimo de Cervantes no fue el muy modesto de acabar con el montón de disparates que era ese género. De hecho, el género estaba moribundo. El último libro de la estirpe, pomposamente intitulado *Historia famosa del príncipe don Policisne de Beocia, hijo y único heredero de los reyes de Beocia Minandro y Grumedela, y de sus ilustres hechos y memorables hazañas*, se había publicado en 1602, pero Cervantes no parece haberlo leído (hubiera podido jurar, sin leerlo, que era más disparatado que sus inmediatos antecesores). El propósito íntimo de Cervantes fue decir lo que opinaba y sentía de la vida, del mundo, de la sociedad de su tiempo, del hombre y los ideales humanos, y también del papel de la imaginación y del arte de su tiempo, no en un tratado sesudo, sino en un libro tan de "burlas" como los *Amadises* y los *Palmerines*. El propósito íntimo de Cervantes es tan revolucionario como el del autor del *Lazarillo* o como el de Montaigne. Pero, en general, los contemporáneos de Cervantes no tuvieron ojos para descubrir ese propósito, ni antenas para captar su mensaje. Lope de Vega leyó el *Quijote* y no lo entendió; peor aún, en un rapto de cólera contra Cervantes —por algo que Cervantes no había hecho—, le espetó hacia 1606 un soneto que termina así:

rompe y rasga), no sólo por estar escritas totalmente en germanía, sino también por su clase de humor: hay que *reír*, por ejemplo, de cómo una tal Marica se muere de sífilis en un hospital cochambroso. (La hazaña lingüística del *Buscón* ha sido emulada en nuestros tiempos por Jorge Luis Borges y Adolfo Bioy Casares, que escribieron al alimón varios cuentos en la germanía de Buenos Aires, o sea el lunfardo.)

...y ese tu Don Quijote baladí
de culo en culo por el mundo va
vendiendo especias y azafrán romí,
y al fin en muladares parará.

Y en 1617 un "clérigo presbítero" llamado Juan Valladares de Valdelomar, autor del *Caballero venturoso*, le decía al lector que su libro relataba hechos heroicos auténticos, no "las ridículas y disparatadas fisgas ['burlas'] de *Don Quijote de la Mancha*, que mayor la deja [que mayor fisga deja] en las almas de los que lo leen, con el perdimiento del tiempo".

Quien sí captó el mensaje de Cervantes fue el desconocido autor (fraile, probablemente) que en 1614 publicó, con el pseudónimo Alonso Fernández de Avellaneda, una continuación del *Quijote* para contrarrestar o degradar al menos un pensamiento que él sentía peligroso para las diversas creencias oficiales y sus respectivas instituciones. El *Quijote* de Avellaneda no tuvo, sin embargo, otro resultado que darle bríos a Cervantes para terminar la auténtica —y maravillosa— Segunda parte, publicada en 1615, un año antes de su muerte. El pensamiento de Avellaneda es muy estrecho en comparación con el de Cervantes, y su experiencia de la vida muchísimo más limitada. Por consiguiente, su lenguaje no tiene la riqueza, el espléndido desenfado, la vertiginosa libertad del de Cervantes. (Si en sus tiempos hubiera habido una Academia de la Lengua, los señores académicos no habrían tenido la menor dificultad en exponer a la vergüenza pública las múltiples incorrecciones del lenguaje cervantino: frases torpemente construidas, o construidas a la italiana, italianismos de vocabulario metidos a troche y moche, incongruencias, anacolutos, etc. Los académicos de hoy piensan, por supuesto, de manera distinta. Cervantes es su dios; lo llaman "espejo del idioma"; en cada aniversario de su muerte asisten a una misa conmemorativa, y veneran en la Academia un retrato y un autógrafo de Cervantes, ambos falsos. Pero, colocado en sus tiempos, el *Quijote* es uno de los libros más llenos de "incorrecciones de lenguaje".)

Hubo, naturalmente, otros lectores que sí captaron el mensaje de Cervantes, y que lo amaron como nosotros lo amamos. En el prólogo de *Persiles y Sigismunda,* firmado unos meses antes de su muerte (1616), Cervantes se refiere a uno de ellos. Algún tiempo antes, yendo de camino con dos amigos, notó que un estudiante venía detrás, montado en una borrica, con ganas de emparejarse con ellos; estaba "todo vestido de pardo, antiparras, zapato redondo, espada con contera", y una valona muy estudiantil y muy aparatosa e incómoda, que todo el tiempo "se le venía a un lado, y él traía sumo trabajo y cuenta de enderezarla". Por fin el "estudiante pardal" alcanza a los tres viajeros y oye que uno se dirige a Cervantes por su nombre...

...Apenas hubo oído el estudiante el nombre de Cervantes cuando, apeándose de su cabalgadura, cayéndosele aquí el cojín y allá el portamanteo (que con toda esta autoridad caminaba), arremetió a mí, y acudiendo a asirme de la mano izquierda dijo:

—¡Sí, sí! ¡Éste es el manco sano, el famoso todo, el escritor alegre y, finalmente, el regocijo de las Musas!

Yo, que en tan poco espacio vi el grande encomio de mis alabanzas, parecióme ser descortesía no corresponder a ellas, y así, abrazándole por el cuello (donde le eché a perder de todo punto la valona), le dije:

—Ése es un error donde han caído muchos aficionados ignorantes. Yo, señor, soy Cervantes, pero no el regocijo de las Musas ni ninguna de las demás baratijas que ha dicho vuesa merced. Vuelva a cobrar su burra, y suba, y caminemos en buena conversación lo poco que nos falta de camino...

(Si hubiera habido académicos, ¡cómo se habrían reído de la construcción "Yo me pareció ser descortesía"! ¡Y cómo habrían cerrado los ojos y los oídos a la animación y gracia de esta breve escena!)

La parte nuclear de España, o sea Castilla, con su capital Madrid, estuvo muy por debajo del resto de Europa, durante el siglo XVII y hasta finales del XVIII, en cuanto a interés por el *Quijote.** En una de las pági-

---

* Son apenas unas diez las ediciones del *Quijote* publicadas en Madrid a lo largo del siglo XVII. En cambio, las publicadas *en castellano* durante el mismo lapso en ciudades de habla no castellana —Lisboa, Valencia, Barcelona, Bruselas, Amberes y Milán— son en total unas veinte. Y estas cifras palidecen ante la de las traducciones: los lectores de francés pudieron leer el *Quijote* en su lengua, a lo largo del siglo XVII, en más de veinte edicio-

nas preliminares de la Segunda parte (1615), cierto Francisco Márquez Torres cuenta cómo unos señores franceses, miembros de la embajada de su reino ante Felipe III, "deseosos de saber qué libros de ingenio andaban más validos", habían conversado días antes con algunos españoles (Márquez Torres entre ellos), y en la conversación salió el nombre de Cervantes.

Apenas oyeron el nombre de Miguel de Cervantes, cuando se comenzaron a hacer lenguas, encareciendo la estimación en que así en Francia como en los reinos sus confinantes se tenían sus obras... Preguntáronme muy por menor su edad, su profesión, calidad y cantidad. Halléme obligado a decir que era viejo, soldado, hidalgo y pobre, a que uno respondió estas formales palabras: "Pues ¿a tal hombre no le tiene España muy rico y sustentado del erario público?"...

nes. La primera parte fue traducida al inglés por Thomas Shelton (1612) y al francés por César Oudin (1614), y las dos partes al italiano por Lorenzo Franciosini (1622). Traducciones más tardías —no siempre completas, y hechas a veces no directamente del español— son la alemana (1648), la holandesa (1657), la rusa (1769), la danesa (1776), la polaca (1786), la portuguesa (1794), la sueca (1802), la húngara (1813), la checa (1838), la rumana (1840), la griega (1860), la servia (1862), la turca (1868), la finlandesa (1877), la croata (1879), la búlgara (1882) y la catalana (1882). A fines del siglo XIX comenzaron a aparecer versiones a lenguas más "exóticas": el japonés, el hebreo, el vascuence, el bengalí, el lituano, el árabe, el tagalo, el chino, etc. Los bibliófilos cervantinos, secta parecida a la de los filatelistas, no pueden prescindir de la "Historia dómini Quijoti Manchegui traducta in latinem macarrónicum per Ignatium Calvum, curam missae et ollae" (1905), ni de las traducciones parciales al esperanto (1905, 1915). Hay que añadir que en francés, inglés y otras lenguas las traducciones existentes son varias. Las ediciones españolas de Bruselas en 1671 y de Madrid en 1674 son las primeras que se adornaron con láminas. Pero se adelantaron los editores extranjeros: la traducción alemana de 1648 y la holandesa de 1657 tienen ya estampas. Y, lo que es más, fueron extranjeros quienes primero entendieron que el libro de Cervantes era mucho más que un libro de burlas, los primeros que lo tomaron en serio y se ocuparon en anotarlo y comentarlo. A mediados del siglo XVIII un erudito español, fray Martín Sarmiento, después de expresar el deseo de una edición anotada, añadía: "Dirá alguno que será cosa ridícula un Quijote con comento. Digo que más ridícula cosa será leerle sin entenderle". (No se conocía el Quijote sino superficialmente; las partes sin aventuras risibles no se leían. Para los contemporáneos del P. Sarmiento, "ser un Quijote" era ser un necio atolondrado, un loco a veces peligroso. Estaba bien dedicar un comento a la Divina Commedia, ¡pero no al Quijote!) Los primeros en atender al deseo del P. Sarmiento fueron dos ingleses: Charles Jarvis, que puso notas explicativas en su traducción de 1742, y John Bowle, que en 1777 publicó el primer estudio sobre la inmortal novela.

Cervantes murió en la pobreza. Sin embargo, algún dinero ganó con el *Quijote* de 1605, y así pudo dedicar tiempo a la terminación y publicación de otras obras. Parece, en sus últimos años de vida, un viejo árbol cubierto de retoños verdes. Sus *Novelas ejemplares* aparecieron en 1613, su gracioso *Viaje del Parnaso* (en verso) en 1614, sus *Comedias y entremeses* y su segundo *Quijote* en 1615, y su *Persiles,* póstumamente, en 1617. Siempre tuvo cariño —cariño ciego de padre— por su pastoril *Galatea,* publicada en el lejano año de 1585 a la no tierna edad de 38 años: hasta el fin de sus días estuvo deseando terminarla con una Segunda parte, cosa que no consiguió. También le tuvo un cariño desmedido al *Persiles,* quizá por lo que gozó al escribirlo en su extrema vejez.

"Yo soy el primero que he novelado en lengua castellana", dijo Cervantes refiriéndose a sus preciosas *Novelas ejemplares.* Novelas como ésas, en efecto, sólo las había habido en lengua italiana (la misma palabra *novela* no es sino la palabra italiana *novella):* historias, ni muy largas ni muy breves, que dan 'noticia' de algo atractivo, relacionado por lo general con amores, género abundantemente representado en Italia desde Giovanni Boccaccio hasta Matteo Bandello y otros. Los antecedentes del género en la España del siglo XVI, como los varios libros de cuentos de Joan Timoneda, eran productos tan burdos, tan escuetos, que Cervantes, con toda razón, no los tomó en cuenta. Sus *Novelas* tuvieron imitadores, sobre todo en los *Cigarrales de Toledo* de Tirso de Molina y en las *Novelas a Marcia Leonarda* de Lope de Vega ("Marcia Leonarda" es Marta de Nevares, una de las amantes de Lope, mujer analfabeta por más señas). Y, sin que pueda compararse con la pléyade de *novellieri* italianos, hubo en el siglo XVII un pequeño grupo de "noveleros" españoles, como Alonso de Castillo Solórzano, María de Zayas, Juan de Zabaleta y el ya mencionado Salas Barbadillo. Por diversos que sean los ambientes en que transcurren estas novelas (ciudades italianas, por ejemplo), de hecho son siempre un reflejo del mundillo madrileño. A semejanza de la comedia, la novela es un género urbano y "burgués". Pero no tuvo tan larga vida como la comedia: en tiempos de sor Juana sus venas estaban ya exhaustas.

La "prosa varia"

Si hasta aquí ha sido posible contar con cierto orden la historia literaria de los siglos de oro, al llegar a la "prosa varia" la tarea se vuelve muy ardua. Esta prosa es la de las historias y biografías, la de los manuales que exponen una doctrina, la de los diálogos en que varias voces desarrollan un tema, la de los tratados científicos y filosóficos. En una palabra, la prosa *no novelesca*. Constituyen estos libros una selva tupida en la que es difícil poner orden, pero de la cual es preciso dar una idea. Algunos están escritos en prosa artística. Otros, todo lo contrario. Pero si Bernal Díaz del Castillo y santa Teresa no hicieron "literatura", el tiempo ha convertido sus obras en relucientes joyas literarias. La frontera entre literatura y no literatura jamás es nítida. Hasta un tratado de albeitería puede ser literatura. Y la prosa hecha sin artificios literarios suele darnos, en cuanto al lenguaje "real" de la época, un género de luces que no se hallará en la prosa de las novelas, y mucho menos en el verso de la poesía y del teatro.

En la primera mitad del siglo XVI, dos notables artesanos de la prosa, Pero (= Pedro) Mexía y fray Antonio de Guevara, sacaron partido de las elegancias que ya había introducido Diego de San Pedro. El primero es conocido sobre todo por su *Silva de varia lección*, y el segundo por su *Marco Aurelio* (biografía semi-inventada), su *Menosprecio de corte y alabanza de aldea* y sus *Epístolas familiares*. He aquí una muestra de la prosa de Guevara (pasajes del discurso de un "villano del Danubio" que, desde la bárbara Germania, ha venido a la esplendorosa Roma para exponer ante Marco Aurelio y los senadores los agravios de su tierra, y decirles, de paso, dos o tres verdades):

> ...En las palabras groseras que digo, y en las vestiduras monstruosas que traigo, podréis bien adivinar que soy un rústico villano; pero, con todo eso, no dejo de reconocer quién es, en lo que tiene, justo; y quién es, en lo que tiene, tirano. Porque los rústicos de mi profesión, aunque no sabemos decir lo que queremos por buen estilo, no por eso dejamos de conocer cuál se ha de aprobar por bueno y cuál se ha de condenar por malo...

Felice y bienaventurada república es, no en la que hay muchos tratos ['mucho comercio'], sino do viven muchos virtuosos; no la que es abundante de muchas riquezas, sino la que se precia de muchas virtudes; no do viven muchos bulliciosos, sino do residen hombres pacíficos. De do se sigue que a la policía ['organización social'] de Roma, por ser rica, hemos de tener manzilla ['lástima'], y a la policía de Germania, por ser pobre, habéis de tener envidia...

Es una prosa muy dada a las flores y a las frondas, muy apta para adornar lugares comunes (en este caso, el lugar común 'hasta el más rústico sabe distinguir entre el bien y el mal', y el no menos común 'más vale virtud que riqueza'), cuando no a consideraciones pseudocientíficas, pseudohistóricas y pseudofilosóficas, como ocurre a menudo en Mexía y en Guevara. Pero su prosa satisfacía sabrosamente el gusto de muchos lectores ingenuos y deseosos de saber: los dos fueron popularísimos; la cantidad de reediciones de sus libros es asombrosa.

Una segunda generación de prosistas tomó a burla esas elegancias tan impregnadas de resabios medievales y siguió modelos más sobrios, plenamente renacentistas. De hecho, entre las perlas de la prosa española de la primera mitad del siglo XVI sobresalen la traducción del *Cortesano* de Baldassare Castiglione, buen representante del Renacimiento italiano, y la de varias obras de Erasmo de Rotterdam, representante por excelencia del humanismo nórdico. Castiglione, que residió siete años en España como nuncio papal y murió en Toledo en 1529, no escribió más libro que *El Cortesano*, manual del perfecto caballero, del hombre que piensa bien, habla bien y obra bien. Su traductor fue el mismo Juan Boscán que introdujo en la poesía los metros italianos. He aquí una pequeña muestra de la traducción:

Hay muchos necios que, yendo en compañía del mayor amigo que tienen, luego que topan con otro que trae mayor fausto y es, como dizen, "de los bien vestidos", se pegan con él por mejorarse. [Estos necios] andan siempre tanteando las compañías y escogiéndolas, no por gusto ni virtud, sino por una vanidad miserable, que viendo desde una legua un señor en una plaça o en otro lugar donde haya mucho pueblo, luego se van a él a gran priesa desatinados, rompiendo por la gente, y no paran hasta ponerse al lado [del gran señor], y allí, aunque no tengan qué dezille, buscan qué hablalle, y así dizen cosas escusadas y mil frialdades, acompañándolas con grandes gestos... Pero, pues éstos tales no se precian de hablar sino con señores, así agora nosotros no nos preciemos de hablar con ellos.

Sí, ejemplo perfecto de mala educación. Quienes abandonan al "mayor amigo" para arrimarse al rico y poderoso y lucirse ante él no son "cortesanos", sino individuos despreciables ("lambiscones" decimos en México); "necios", en resumidas cuentas. (Y de éstos hay "muchos".) Castiglione fue un gran civilizador; y la traducción de Boscán transmite excelentemente su mensaje.

Erasmo, otro modernizador del pensamiento europeo, tuvo muchos admiradores españoles: la España de Carlos V fue el país europeo en que se tradujo mayor número de obras suyas. Las que tuvieron mayor difusión por la imprenta fueron los *Coloquios,* ensayos dialogados que tratan de aspectos muy concretos de la vida y que discreta pero eficazmente critican la superstición y la ignorancia, y el *Enquiridion* o *Manual del caballero cristiano,* cuyo mensaje central es que la religión no consiste en gestos o prácticas exteriores —negocio de los frailes—, sino en una disposición interior y voluntaria. A comienzos del reinado de Felipe II conseguirían los frailes la prohibición de todas las obras de Erasmo en que hubiera *ideas,* y el libro que más espanto les produjo fue el *Enquiridion.* Prohibido quedó también otro alarmante libro suyo, *La querella de la Paz.* Reproduzco un pasaje de la traducción, publicada en 1520. Está hablando Erasmo de la insensatez de las guerras en que los "príncipes cristianos" y hasta el papa Julio II meten a la desdichada Europa por "causas tan vergonzosas y frívolas" como éstas:

El uno, o halla un título viejo y podrido, o lo inventa y finge (como si fuese gran cosa quién administra el reino, en tanto que [con tal que] aprovechase al provecho de la república). El otro da causa de no sé qué censo que no le han pagado. Otro es enemigo privadamente de aquél porque le tomó su esposa, o porque dijo algún donaire contra él. Y lo muy peor y más grave de todas las cosas es que hay algunos que con arte de tiranos, porque ven enflaquecer su poder a causa de estar los pueblos en concordia y que con discordia se ha de esforzar, subornan a otros que busquen causas para levantar guerras y discusiones, por que juntamente aparten a los que están en amistad, y con mayor licencia roben y pelen al pueblo desventurado.

Es casi como si estuviéramos leyendo a un pensador de hoy. Las causas de las guerras tendrán hoy otra ejemplificación, pero su insensatez es la misma. Naturalmente, este mensaje tenía que quedar silenciado por la Inquisición. (¿No hay acaso, en nuestra época, movimientos brutalmente reprimidos por la policía a causa de su meta pacifista?) El traductor de *La querella de la Paz* fue un canónigo sevillano, Diego López de Cortegana, que ya en 1513 había traducido con gracia y exactitud el *Asno de oro* de Apuleyo.* Y al lado de él hay que poner al arcediano del Alcor (Alonso Fernández de Madrid), traductor del *Enquiridion,* y a los varios traductores de los *Coloquios,* especialmente al benedictino fray Alonso de Virués. Por el simple y limpio canal de la traducción entró en la prosa española un ideal de eficacia y economía que la apartó de las florituras de fray Antonio de Guevara.

Entre los erasmistas de la primera hora sobresalen los hermanos Alfonso y Juan de Valdés, coetáneos de Mexía y Guevara, pero cuya prosa ha tomado ya el camino erasmiano de la diafanidad y la eficacia. Alfonso escribió dos *Diálogos* tan atrevidos y tan bien cortados como los de Erasmo; Juan publicó una *Doctrina cristiana* tan afín a los ideales de la Reforma, que tuvo que huir de España para no caer en las garras de la Inquisición. Se estableció en Nápoles, donde siguió desarrollando por escrito su innovador pensamiento religioso, y donde murió en 1541. Su obra más conocida es el *Diálogo de la lengua,* en el cual se introduce a sí mismo en plática con unos amigos napolitanos deseosos de informarse sobre cosas de nuestra lengua, por ejemplo sus diferencias con el italiano, y él va contestando de la manera más llana y personal, como cuando dice lo que piensa acerca de la literatura de sus tiempos: aplau-

---

* Este amenísimo libro (famoso sobre todo por los capítulos que cuentan la historia de Psique y Cupido) contiene pasajes muy "subidos de color" que el canónigo sevillano tradujo sin sombra de gazmoñería y que, naturalmente, quedaron luego castigados por la Inquisición. (Bien visto, tampoco en esto hemos presenciado un cambio a fondo. Siguen dándose casos de libros prohibidos y aun quemados por razones de "moral".)

de a Juan de Mena, aunque censura su abuso de latinismos; habla bien de Garcisánchez de Badajoz; elogia sin reservas las *Coplas* de Jorge Manrique; hace reflexiones sobre los dramaturgos Juan del Enzina y Torres Naharro, sobre los libros de caballerías (claro que son mentiras, pero, cuando joven, les hallaba "tanto sabor, que comía las manos tras ellas": durante diez años no leyó otra cosa); finalmente, pone por las nubes a *La Celestina* y dice, curiosamente, que "el ingenio del autor que la comenzó" (sea Juan de Mena, sea Rodrigo Cota) es superior al de Fernando de Rojas, el continuador.

Antes del año 1550 está ya constituida la llamada "prosa clásica" de nuestra lengua, contraparte perfecta de la "poesía clásica", o sea la italianizante. Lo que va de la poesía de fray Ambrosio Montesino a la de Garcilaso, eso va de la prosa de fray Antonio de Guevara a la de los hermanos Valdés. Es la prosa de los humanistas: la de Hernán Pérez de Oliva, la de Francisco López de Villalobos, la de fray Luis de Granada, la de Alejo Vanegas, Cristóbal de Villalón y Andrés Laguna, y, ya en la segunda mitad del siglo, la de fray Luis de León y la de Pedro Simón Abril. Una prosa transparente y precisa, en el "justo medio" entre la desnudez y la ostentación. Generalizando de manera no muy arriesgada, puede decirse que leer *cualquier* prosa escrita en nuestra lengua durante la segunda mitad del siglo XVI es una experiencia grata.

Leer la prosa de la primera mitad del XVII es también experiencia grata, pero por otras razones. La lengua se ha "barroquizado", se ha "amanerado" *(manierismo,* en la práctica, significa lo mismo que *barroquismo).* Lo que va de la poesía de Garcilaso a la de Góngora, eso va de la prosa de Valdés y de los dos fray Luises a la de Quevedo, por ejemplo la de su *España defendida* o la de su *Marco Bruto.* Véanse estas reflexiones sobre la mujer, en uno de los discursos del *Marco Bruto:*

Las mujeres son artífices y oficinas ['talleres'] de la vida, y ocasiones y causas de la muerte. Hanse de tratar como el fuego, pues ellas nos tratan como el fuego. Son nuestro calor, no se puede negar; son hermosas y resplandecientes; vistas, alegran las casas y las ciudades. Mas guárdense con peligro [=con gran precaución], porque encienden cualquier cosa que se les llega: abrasan a lo que se juntan, consumen cualquier espíritu de que se apoderan. Tienen luz —y humo con que hacen llorar su propio resplandor. Fuego y mujer son tan uno, que no les trueca los nombres quien al fuego llama mujer y a la mujer fuego.

La tarea de los contemporáneos y sucesores de Quevedo, como Diego Saavedra Fajardo, Francisco Manuel de Melo y Baltasar Gracián, era superarlo, llegar más lejos que él. Quien mejor lo consiguió fue Gracián, maestro de la prosa "lapidaria", concisa y a la vez, paradójicamente, adornada. Celebra Gracián las cualidades humanas que él considera más altas: el heroísmo, la prudencia, la discreción, la limpieza de juicio, el ingenio (su *Agudeza y arte de ingenio* es, fundamentalmente, una celebración de los aciertos a que ha llegado la poesía española en el siglo XVII). Sus obras son todas ingeniosas. He aquí cómo desarrolla en su *Oráculo manual* la máxima "No estar siempre de burlas":

Conócese la prudencia en lo serio, que está más acreditado que lo ingenioso. El que siempre está de burlas nunca es hombre de veras. Igualámoslos a éstos con los mentirosos en no darles crédito... Nunca se sabe cuándo hablan en juicio, que es tanto como no tenerle. No hay mayor desaire que el continuo donaire. Ganan otros fama de decidores, y pierden el crédito de cuerdos. Su rato ha de tener lo jovial; todos los demás, lo serio.

Y he aquí cómo Luis de Sandoval Zapata, contemporáneo de Gracián pero aún más barroco que él, desarrolla en su largo *Panegírico* o elogio de la paciencia el lugar común que dice: 'Así como el ave nace para volar, así el hombre nace para penar':

Quien ve a un pájaro advertidamente [atentamente], con el timón en la cola, con la proa en el pico, con las velas en las alas, con las áncoras en las uñas, dice: "Plumada nave es ese pájaro para los piélagos del aire, que, haciendo verde ribera en los árboles, echa las áncoras de las uñas al puerto eminente de las ramas". Pero quien mira madrugar [= nacer] en primitivas horruras a un niño desnudo y con lágrimas...., viendo que el primer tributo de la luz de la vida es el padecer, bien dirá: "Hombre destinado para la pena madrugas"...

La gran selva de la "prosa varia" tiene dos zonas que merecen exploración particular, no sólo por su importancia intrínseca, sino también por su enorme extensión: la zona de los relatos históricos y la de los libros de carácter religioso.

A comienzos del siglo XVI hay dos historiadores oficiales que escriben en latín renacentista (no en el viejo latín de las historias medievales anteriores a Alfonso el Sabio). Los dos son italianos: Pedro Mártir de Angleria (no Anglería: *Angléria* corresponde a *Anghiera* o *Angera,* cuna del historiador, cerca de Milán) y Lucio Marineo Sículo (o sea Lucio Marini, natural de Sicilia). Pedro Mártir escribió unas *Epístolas* sobre los sucesos de España y unas *Décadas* sobre los descubrimientos y sucesos del Nuevo Mundo, verdaderos "reportajes" destinados a lectores cultos. Marineo, ya en la época de Carlos V, escribió un *Opus de rebus Hispaniae memorabilibus* que se publicó en 1530 al mismo tiempo que su versión española (cuyo título es calco del título latino: *Obra de las cosas memorables de España).* El editor explica el porqué de la edición del texto latino: "así cognoscerán agora los extranjeros las cosas insignes de España". Muy consciente está España de que las naciones europeas la siguen con la mirada. Desde tiempos del imperio romano, nunca había funcionado tan extensa e intensamente el latín, en su calidad de lengua internacional, como en el siglo XVI (y ahora estaba poderosamente ayudado por la imprenta). Pero ya no volvió a haber en España historiografía oficial en latín. Florián de Ocampo (Florião do Campo), portugués al servicio de Carlos V, era incapaz de hacer lo que Pedro Mártir y Marineo Sículo, y escribió en español una *Crónica* muy endeble. Si merece un recuerdo es por haber dado a la imprenta la *Crónica general* de Alfonso el Sabio, aunque no en su forma original, sino en la de una de sus varias refundiciones.

En seguida entran en escena dos historiadores de estatura colosal: fray Bartolomé de las Casas y Gonzalo Fernández de Oviedo. Las Casas escribió, entre otras obras, una gran *Historia de las Indias* (en la cual, para regalo de todos los historiadores futuros, transcribió el Diario de navegación del Almirante de la Mar Océana) y una *Apologética historia de las Indias;* pero la mayor parte de su fama le viene de su *Brevíssima*

relación de la destruyción de las Indias. * Fernández de Oviedo publicó
una *Historia general de las Indias,* en 1535, como primera parte de una
gran enciclopedia "americanista" (el nombre *América* aún no se había
generalizado) intitulada *Historia natural y general de las Indias y de la
Tierra Firme del Mar Océano;* pero las partes siguientes a la primera
quedaron inéditas hasta mediados del siglo XIX. Por razones políticas
(recelo, por ejemplo, de que las potencias rivales encontraran en ella
demasiadas noticias sobre las riquezas naturales del Nuevo Mundo), las
autoridades españolas detuvieron la publicación de esta *Historia,* tesoro
de noticias no sólo sobre la conquista y ocupación del Nuevo Mundo,
sino también, y sobre todo, sobre el hombre y la naturaleza y las cosas
de "las Indias nuevas". Es una fortuna que Oviedo haya carecido de
educación "formal", o sea académica. Él declara haber compuesto su
Historia en la lengua que aprendió en las mantillas —una lengua "que

---

* Este libro es una enérgica denuncia del proceder de unos conquistadores que se
decían cristianos y españoles y que, lejos de atender al bienestar físico y espiritual de los
indios, nuevos vasallos de Carlos V, le estaban destruyendo al monarca sus "riquezas" más
valiosas, que eran esas vidas humanas. El emperador supo escuchar a Las Casas (y por
orden suya se tomaron medidas para reprimir los abusos); pero Felipe II y sus consejeros,
alarmados al ver que la *Brevíssima relación,* muy difundida en Europa en traducciones al
latín y a lenguas modernas, se había convertido en arma propagandística contra el imperio
español, prohibieron su lectura y fomentaron la de su refutador, el humanista antierasmia-
no Juan Ginés de Sepúlveda, a quien se debe la formulación oficial del derecho de España
a la conquista y la más encendida apología de sus objetivos. Pero el *mal* ya estaba hecho.
Las Casas creó la "leyenda negra", la interpretación de la conquista española de América
como una cadena de atrocidades, como un *genocidio* (si acaso esta palabra, que nos hace
pensar en Hitler, hubiera estado en uso). La leyenda negra les venía hipócritamente de
perlas a los franceses, ingleses y holandeses. Ahora sabemos que los *muchos* millones
de muertes que denuncia Las Casas no son exageración debida a "paranoia" del fraile, como
creyó Menéndez Pidal. Pero la causa de la hecatombe no fueron propiamente las atrocidades españolas —que las hubo—, sino la "impreparación" del sistema inmunológico de los
indios americanos: esos *muchos* millones murieron de enfermedades como el sarampión y
las viruelas. La conquista fue una tragedia biológica (y no sólo para América: Europa, en
correspondencia, recibió el funesto don de la sífilis). Además, hay algo que, siendo parte
de la "leyenda negra" no tiene nada de leyenda: al repudiar a Las Casas, al silenciar a ese
gran defensor del hombre, a ese gran humanista —cuyo análogo no se encontrará en ninguna otra historia de expansiones imperialistas o mercantilistas—, la España oficial lo
puso de golpe en el bando de los enemigos, Inglaterra, Francia y los Países Bajos, las
potencias que están a punto de alzarse como líderes. Y es un hecho que a nuestra lengua
le hizo daño haberse quedado tan aislada del resto de Europa. (El único contacto europeo
que nunca se rompió fue el de Italia.)

sé hablar medianamente"— y no "con otro más alto estilo, de que yo carezco"; ha escrito "sin elegancia ni circunloquios ni afeites ni ornamento de retórica, sino llanamente". Francisco López de Gómara, en cambio, algo menor que Oviedo, era hombre culto y ciertamente hubiera podido escribir su *Historia* en latín. "Hágola de presente en castellano —dice— por que gocen della luego [= cuanto antes] todos nuestros españoles". Gómara no estuvo en México. Escribió en España y para españoles. Es el adorador por excelencia de Hernán Cortés (recibía sueldo de él, pues era su capellán). Su *Historia* es una pieza de propaganda, excelentemente escrita, en favor del marqués del Valle de Oaxaca. Es curioso comparar su visión con la de Oviedo, que dice que Cortés "llegó a ser marqués del Valle" de mala manera, porque fue ladrón, ambicioso, mentiroso y usurpador. (También el otro gran conquistador, Francisco Pizarro, llegó a marqués por sus malas artes. Después de cobrar el fabuloso rescate de Atahualpa y de asesinar cobardemente al desdichado Inca, andaba el muy hipócrita, dice Oviedo, "mostrando mucho sentimiento, con un grand sombrero de fieltro puesto en la cabeza por luto y muy calado sobre los ojos". Además, Pizarro y Almagro se hicieron de riquezas "en tanta cuantidad cuanta nunca hombres hasta hoy, desde que el mundo es mundo, han poseído", y desencadenaron asimismo guerras civiles espantosas, "de forma que leones y tigres y animales fieros podemos tener por más sociables y piadosos y menos crudos [menos feroces] que a los hombres que por acá habemos visto": *por acá*, porque Oviedo escribía en tierra americana.)

En la segunda mitad del siglo XVI y en los primeros decenios del XVII, el arte de escribir historia se impregna más de humanismo, se hace más "clásico", y también más metódico y científico. La *Historia* de fray Bernardino de Sahagún se escribió primero en náhuatl, porque en esta lengua estaban los documentos —orales— que utilizó. Rara vez un hombre perteneciente a las huestes victoriosas nos ha dado una "visión de los vencidos" como ésa. Gloria de España en el concilio de naciones hubiera sido publicar en 1575, en Madrid, este monumento antropológico y humanístico. El propio Sahagún había traducido todo al español, y soñaba con una edición bilingüe. Pero las autoridades mandaron recoger todos los manuscritos, y la *Historia* no se publicó hasta 1829, en México. (Por fortuna, muchos de los datos propiamente históricos recogidos por Sahagún fueron aprovechados por fray Juan de Torquemada en su amena *Monarquía indiana,* ésta sí publicada en 1615, en Sevilla.) Ejemplos insignes de rigor historiográfico son Jerónimo de Zurita, autor de unos *Anales de la corona de Aragón* (1562-1580) para los cuales consultó gran número de documentos viejos, y Ambrosio de Morales, autor de unas *Antigüedades de las ciudades de España* (1575) en las cuales publica y estudia inscripciones de lápidas y monedas antiguas. En este cultivo de lo que hoy se designaría "arqueología como ciencia auxiliar de la historia", el pionero español había sido Nebrija, gracias a la temporada que pasó en Italia; pero los conocimientos de Ambrosio de Morales son más vastos y más metódicos.* También es documental, aunque en otro sentido, la *Historia verdadera* de Bernal Díaz del Castillo. Así como Oviedo esgrime una y otra vez su experiencia americana contra lo que Pedro Mártir dijo "de oídas", así Bernal Díaz está todo el tiempo refutando el desmesurado enaltecimiento de Hernán Cortés, de quien Gómara había dicho: "Su genio, su energía *solos* han llevado a feliz término la gran obra de la conquista de México". (Y, en verdad, la fuerza probatoria del testimonio de Bernal Díaz no se distingue mucho de la del testimonio encerrado en viejos manuscritos y en inscripciones antiguas.)

Entre las historias "clásicas" de fines del siglo XVI y principios del XVII se cuentan no pocas obras maestras. Hay que pensar en la *Historia na-*

---

* Obras como las de Zurita y Morales, que ponían de manifiesto el valor de los documentos del pasado, fueron una novedad muy aplaudida. En estos años a caballo entre el siglo XVI y el XVII, años en que el número de lectores va en aumento y "se acicalan" los auditorios, años en que abundan las imitaciones de la *Diana* y del *Guzmán,* abundan también las "imitaciones" del nuevo arte de historia. Se puso de moda el "hallazgo" de inscripciones y crónicas antiquísimas y estupendas, que demostraban que la ciudad fulana había sido cristiana desde tiempo de los Apóstoles, o que la familia mengana era noble desde épocas remotas. Hubo, naturalmente, quienes combatieron esos fraudulentos testimonios, pero es notable cómo muchos sabios (Rodrigo Caro entre ellos), y durante mucho tiempo, se dejaron engatusar por esos que vinieron a llamarse "falsos cronicones". Todavía en el siglo XVIII era necesario limpiar la historiografía de esa basura. Los verdaderos descendientes de Morales y Zurita fueron los eruditos que se dedicaron a reunir documentos auténticos, por ejemplo Luis de Salazar y Castro (1657-1734) y el americanista Juan Bautista Muñoz (1745-1803), cuyas colecciones son quizá la principal riqueza de la Academia madrileña de la Historia.

tural y moral de las Indias del P. José de Acosta, mucho mejor ordenada que la de Oviedo; en las detalladas *Historias* de los reinados de Carlos V y Felipe II escritas respectivamente por fray Prudencio de Sandoval y Luis Cabrera de Córdoba; en la gran *Historia* de España y Portugal del P. Juan de Mariana, notable esfuerzo de síntesis y armonización de datos (Mariana la escribió primero en latín, pero él mismo la tradujo al castellano); en la vasta *Historia* de América de Antonio de Herrera, cuya visión es la oficial, apologética, enaltecedora y propagandística. El último destello de la historiografía "artística" es la *Historia de la conquista de México* (1685) de Antonio de Solís.

En esta larga enumeración se han omitido las muchas historias "particulares": de una región, de una ciudad (como la historia de Segovia por Diego de Colmenares, o la de Sevilla por Diego Ortiz de Zúñiga), de una familia o de una institución, por ejemplo una orden religiosa, o de alguna de las "provincias" de una orden religiosa. Se han omitido también las biografías de personajes ilustres del mundo y de la religión, que las hubo a centenares. Pero es imposible no mencionar cuatro joyas autobiográficas: los *Naufragios* de Álvar Núñez Cabeza de Vaca, la *Vida* y las *Fundaciones* de santa Teresa y la *Vida* del capitán Alonso de Contreras.

La literatura religiosa de los siglos de oro es, para el común de los lectores de hoy, territorio ignoto por ajeno, por poco atractivo y aun decididamente antipático: ¡esas montañas de meditaciones devotas, de píos afectos, de vidas ejemplares, y no digamos sermones y novenas! Los lectores de Lope no leemos sus *Misterios del Rosario,* y los lectores de Quevedo no leemos su *Vida de Santo Tomás de Villanueva.* Y, sin embargo, la inmensidad misma del territorio nos revela lo importante que fue en esos siglos. (En la bibliografía mexicana del siglo XVII hay años en que no se registran más productos de la imprenta que los religiosos.) Así como la espiritualidad de otras naciones —entendiendo por *espiritualidad* la manera de ver el mundo y de vivir la cultura— tuvo en los siglos XVI y XVII un sello luterano, o calvinista, o puritano, así la espiritualidad hispánica estuvo impregnada de catolicismo romano, y esto a un grado que hoy es difícil de imaginar. Con la "leyenda negra" va trabado el hecho de haber sido España la campeona de la Contrarreforma, o, dicho en términos modernos, la ultraderechista entre todas las potencias europeas, la máxima cultivadora de las ceremonias exteriores, la más fanática, la que juraba defender como dogma, aunque no era dogma, la sutil tesis franciscana de la Inmaculada Concepción. Además, si se tiene en cuenta que las masas populares no poseían otra cultura "superior" que la religiosa, se comprenderá en qué gran medida toda esa producción literaria influyó en el desarrollo de nuestra lengua, no de otra manera que la lectura de la "Authorized Version" de la Biblia en los países anglosajones influyó mucho en el desarrollo del inglés, y la lectura de la traducción de Lutero influyó en el desarrollo del alemán. (La lectura de la Biblia quedó prohibida en el imperio español desde el siglo XVI. Si hubiera sido "autorizada" la hermosa traducción de Casiodoro de Reina y Cipriano de Valera, protestantes españoles del siglo XVI, la historia de nuestra lengua sería sin duda distinta de lo que es.) Por lo demás, no es disparatado declarar que el lector ordinario, el que goza con la lectura del *Lazarillo* y de la *Vida* de Alonso de Contreras, puede encontrar esa clase de gozo, no ciertamente en todo el territorio de la literatura religiosa, pero sí en algunos recodos: no en la *Subida del Monte Carmelo* de san Juan de la Cruz, no en la *Crisis* de sor Juana sobre el Sermón del Mandato del P. António Vieira, no en los muchísimos sermones de Vieira (escritos originalmente en portugués) ni en tantos otros productos arduos y pesados, pero sí en obras como la *Introducción del símbolo de la fe* de fray Luis de Granada, el *Castillo interior* (o las *Moradas*) de santa Teresa, el *Ejercicio de perfección y virtudes cristianas* del P. Alonso Rodríguez, la *Agricultura cristiana* de fray Juan de Pineda, los *Nombres de Cristo* de fray Luis de León, obras que, a semejanza del *Cántico espiritual,* no hablan sólo para cristianos, ni sólo para católicos. Son grandes testimonios humanos, ricos de imágenes, rebosantes de cordura, y a menudo de humor.*

* Es justamente famosa la *Vida* de san Ignacio de Loyola por el P. Pedro de Rivadeneira. Pero las *Vidas* de santos varones y monjas santas se cuentan por centenares, y, si hoy no funciona ya su propósito "edificante" —estimulación del deseo de santidad en el lector—, suelen ser muy amenas como espejos históricos. Y no hay que olvidar el hecho de que muchos de los productos religiosos del Renacimiento y del Barroco hispánicos tuvie-

Esta floración de literatura religiosa tuvo su semilla en las traducciones que desde el siglo XIV venían haciéndose de autores como san Gregorio, san Agustín y san Buenaventura. Es significativo el hecho de que el primer libro impreso en el Nuevo Mundo haya sido la traducción de un libro de san Juan Clímaco, la *Escala espiritual para llegar al cielo* (1532). Lo que fueron las traducciones de Castiglione y de Erasmo para el desarrollo de la prosa profana, lo fueron las de los clásicos del cristianismo para el de la prosa religiosa. Suelen trasladar muy bien a nuestra lengua el flujo de la prosa latina, y algunas son muy hermosas. Véase cómo le habla el hombre a Dios en una versión de fragmentos de san Agustín publicada en 1511 y varias veces reimpresa:

> Tarde te amé, oh hermosura tan antigua y tan nueva; tarde te amé y tú estabas de dentro y yo de fuera, y aquí te buscaba... Rodeaba [= recorría] todas las cosas buscándote... Pregunté a la tierra si era mi Dios y díjome que no, y todas las cosas que en ella estaban confesaron lo mesmo. Pregunté al mar y a los abismos y a los animales réptiles que en ellos son, y respondiéronme: "No somos tu Dios...", y dije a todas las cosas que están fuera, alrededor de mi carne: "Decidme nuevas de mi Dios, si algo sabéis", y todas alzaron gran voz y dijeron: "Él nos crió"...

Las figuras centrales de esta literatura, las que tradicionalmente se tienen por las más representativas, son santa Teresa y san Juan de la Cruz (lectores, por cierto, de los pasajes de san Agustín que acabo de citar). Pero, si un día aumenta el número de lectores de estos escritos ascéticomísticos, también algunos predecesores y modelos recobrarán su brillo original, por ejemplo Alonso de Madrid, Francisco de Osuna, Bernardino de Laredo y Diego de Estella, y no pocos de sus contemporáneos y sucesores, como Luis de Granada y Pedro Malón de Chaide, o, ya en el siglo XVII, Hortensio Félix Paravicino, que trasladó a sus sermones los primores lingüísticos de Góngora.

---

ron no sólo gran número de reediciones, sino también gran número de traducciones a las demás lenguas europeas. Al lector de hoy nada le dicen las *Meditaciones devotíssimas del amor de Dios* de fray Diego de Estella, pero fueron un *best seller* europeo durante no poco tiempo.

A diferencia de la literatura histórica, que siempre está en prosa (una historia en verso siempre producirá desconfianza), gran parte de la literatura religiosa está en verso. Casi no hay poeta del siglo XVII que no tenga entre sus obras una sección más o menos amplia de versos religiosos. Los libros de poesía exclusivamente religiosa, que comienzan a fines del siglo XVI, se multiplican en el XVII. Es la época del *Isidro* de Lope de Vega (versificación, hermosísima a veces, de la leyenda de san Isidro) y de otros mil productos, a veces ñoños, a veces notables, bien por su ingenio (Alonso de Ledesma, Jerónimo Cáncer), bien por su delicada sencillez (Alonso de Bonilla). En las iglesias ricas del imperio —Sevilla, Zaragoza, Madrid, México, Lima, etc.— había, a lo largo del año, celebraciones literario-musicales: unos "maitines" no litúrgicos, series de villancicos (que ya no se parecen mucho a los de la p. 194, sino que han tomado formas variadas y complicadas) a los cuales ponía música un maestro de capilla. España y su imperio no tuvieron parte en el nacimiento y expansión del oratorio, hermano de la ópera, pero en cambio mostraron gran afición a este género de *concerti sacri*. Imprimir en pliegos sueltos las letras de los villancicos cantados tal día en tal lugar, era negocio. Góngora compuso muchas letras "sacras" por encargo (seguramente bien pagado) de distintas iglesias. Hubo después "villanciqueros" de profesión (sor Juana lo fue). La mezcla de lo profano y lo religioso —una mezcla que puede calificarse de típicamente barroca— se había iniciado en 1575 con unas *Obras* de Boscán y Garcilaso contrahechas a lo divino por Sebastián de Córdoba. "Contrahacer a lo divino" una poesía profana era conservar de ésta lo más posible y sustituir sólo lo necesario para que el significado se volviera religioso. El mundo erótico y pagano de Garcilaso quedó convertido, por obra de Sebastián de Córdoba, en una serie de estampitas pías (según él, había metamorfoseado el plomo en oro). San Juan de la Cruz, al escribir su *Noche oscura*, tenía en la cabeza la fábula ovidiana de Píramo y Tisbe, en la que Tisbe, doncella enamorada, sale de casa en la noche, cuando todos duermen, para acudir a la cita amorosa. (En el siglo XV se cantaba una graciosa canción que ponderaba la precocidad de ciertas muchachitas: "Eres niña y has amor: / ¿qué harás cuando mayor?", y un fraile poeta, cambiando una sola vocal, la convirtió en un piadoso canto a Jesús recién nacido: "Eres Niño y has amor: / ¿qué harás cuando mayor?")

La costumbre de cristianizar lo pagano no era nueva. Ya en el *Ovide moralisé* (poema del siglo XIII, utilizado por Alfonso el Sabio en su *General estoria*), la ninfa Dafne, amorosamente perseguida por Apolo, queda elevada a imagen de la castidad cristiana. Pero en ningún otro lugar de Europa hubo tanto juguetear "a lo divino" como en España y su imperio durante el siglo XVII. Alonso de Ledesma, admirado por Lope de Vega, se pasó la vida publicando libro tras libro de poesías religiosas en forma de "conceptos", o sea juegos de palabras, chistes, comparaciones inesperadas, rayanas a veces en lo irreverente. (Sus *Juegos de Noche Buena* son juegos de verdad: charadas, adivinanzas, adaptaciones a lo divino de lo que cantan o gritan o actúan los muchachos al jugar.) Los villancicos barrocos, y entre ellos los de sor Juana, están llenos de verdaderos chistes. Jugando con la palabra *cardenal* en su doble sentido de 'moretón' y 'personaje de la Iglesia romana', un poeta dice que Cristo, a consecuencia de los azotes que le dieron antes de crucificarlo, quedó convertido en papa, y "desde el sacro cabello hasta la planta / llamó a congregación de cardenales".*

CONSIDERACIONES FINALES

El erudito Nicolás Antonio (uno de los refutadores de los "falsos cronicones") hizo en la segunda mitad del siglo XVII una gran bibliografía de

---

* En todo esto tuvo mucho que ver el ejemplo de Góngora. En unos versos en honor de santa Teresa de Ávila, llamada en el siglo Teresa de Cepeda y Ahumada, recuerda Góngora al famoso obispo de Ávila Alfonso de Madrigal, escritor fecundísimo (en latín) del siglo XV, conocido con el sobrenombre de "el Tostado", y reflexiona, muy serio, que de los grandes escritores de Ávila uno es *tostado* y la otra sólo *ahumada*. Dando nuevo giro al chiste de Góngora sobre Hero y Leandro (véase antes, p. 203), el ingenioso Jerónimo Cáncer, en una vida "burlesca" de santo Domingo de Guzmán, a propósito de la estrella milagrosa que se dejó ver en la frente del santo cuando fue bautizado, dice que "al irlo a pasar por agua / vieron que estaba estrellado". Obviamente, estos chistes eran muy aplaudidos. Pero en el siglo XVIII los hombres "ilustrados" los sintieron como una vergüenza nacional, lo mismo que los autos sacramentales. La nueva estética condenaba el maridaje de lo sagrado y lo profano.

toda la literatura española. La primera parte, llamada *Bibliotheca Hispana Vetus,* abarca desde la era de Augusto hasta el año 1500 (o sea que incluye a los hispanorromanos, a los visigodos, a los árabes y judíos y a los cristianos medievales); la segunda parte, *Bibliotheca Hispana Nova,* abarca sólo los siglos de oro (hasta el año 1670), pero ocupa mucho más espacio que la primera. Como otras obras técnicas (de medicina, de derecho, etc.), ésta se escribió en la lengua internacional, el latín. También fray Luis de Granada escribió en latín una *Rhetorica ecclesiastica* (sobre el arte de predicar); fray Luis de León acudió al latín para sus comentarios bíblicos y sus tratados teológicos, y el P. Mariana compuso en la misma lengua no sólo su *Historia,* sino varios tratados de economía, de política y de lo que hoy llamamos sociología.

La división de la literatura de los siglos de oro en cuatro grupos (teatro, poesía, novela y "prosa varia") es bastante forzada. Ciertamente Calderón no escribió casi otra cosa que teatro, Garcilaso no escribió sino poesía y Gracián no escribió sino prosa; pero Montemayor, el novelista de la *Diana,* es también un gran poeta, así profano como religioso; las poesías de fray Luis de León ocupan apenas unas cuantas páginas de sus obras completas (esas poesías, dice él, no son sino unas "obrecillas" que "entre las ocupaciones de mis estudios en mi mocedad, y casi en mi niñez, se me cayeron como de entre las manos"); el poeta Herrera escribió, entre otras obras en prosa, unas *Anotaciones* a las obras de Garcilaso (que son el más hermoso homenaje que se les hizo); Cervantes no fue sólo novelista, sino también poeta y dramaturgo; Lupercio de Argensola escribió tragedias según moldes clásicos, y su hermano Bartolomé continuó los *Anales de Aragón* de Zurita e historió la conquista de las islas Malucas; Tirso de Molina, autor de comedias, lo fue también de novelas a la italiana y de una historia de la orden de la Merced, a la que él pertenecía. Nadie podrá precisar cuántos son los "géneros literarios" (¿son las cartas personales un género? ¿y los prólogos?), pero hay escritores del siglo de oro que parecen haber probado la mano en todos ellos. Puede casi decirse que lo único que *no* escribió Lope de Vega fue una novela picaresca, y lo único que *no* escribió Quevedo, una novela pastoril.

La extraordinaria expansión de la literatura en los siglos de oro tiene mucho que ver con la expansión geográfica de nuestra lengua. España y su imperio forman en estos siglos una unidad indivisa. Tan trabado a la literatura "española" está el Inca Garcilaso, nacido en el Perú, como Ruiz de Alarcón, nacido en México. En el Nuevo Mundo viven durante cierto lapso no pocos escritores españoles, como Gutierre de Cetina, Juan de la Cueva y Mateo Alemán en México, Tirso de Molina en Santo Domingo, Bernardo de Balbuena en México y en Puerto Rico. (Además de escribir la hiperbólica *Grandeza mexicana*, Balbuena insertó episodios americanos en su españolísimo poema épico *El Bernardo*.) El comediógrafo Luis de Belmonte Bermúdez y los poetas Diego Mexía de Fernangil y Mateo Rosas de Oquendo peregrinaron por México y el Perú. Los siete años que Alonso de Ercilla pasó en las guerras de Chile fueron el alimento de *La Araucana*. En el Perú escribió su *Cristíada* el sevillano fray Diego de Hojeda. En México escribió toda su obra el toledano Hernán González de Eslava, último representante del teatro pre-lopesco. En Madrid escribió sus comedias el mexicano Juan Ruiz de Alarcón, seguidor de la fórmula de Lope.* Andrés Fernández de Andrada, el autor de la *Epístola moral a Fabio*, vino a parar en México (donde murió, bastante pobre). Otro poeta, Francisco de Borja, príncipe de Esquilache, fue a parar durante un tiempo en el Perú (pero él como virrey). Pedro de Oña, el mejor discípulo de Ercilla, es ya nacido en Chile. Cuando alguien, en

---

* Pérez de Montalbán, en el censo de autores castellanos mencionado antes (p. 193), dice que Alarcón escribe "con tal novedad, ingenio y extrañeza, que no hay comedia suya que no tenga mucho que admirar y nada que reprender". Algunos críticos pensaron que con la palabra *extrañeza* quiso decir Montalbán que a Alarcón se le consideraba en Madrid un extraño, un extranjero, un mexicano. Pero *extrañeza* no significa en ese texto sino 'calidad extraordinaria' (Boscán, en *El Cortesano*, traducía *gran desiderio* por *extraño deseo*, esto es, 'deseo extraordinario, fuera de lo común'). Alarcón sufrió vejaciones en Madrid, pero no por su mexicanidad, sino por su deformidad física: era corcovado de pecho y espaldas, y los ingenios de la corte se divirtieron lanzándole epigramas ofensivos, algunos de ellos muy ingeniosos. Pero también en México había sufrido Alarcón; sus corcovas le habían impedido hacer carrera aquí, y ciertamente tuvo razón en trasladarse a España. (Fuera de un elogio de las obras de desagüe del Valle de México, o más bien del virrey que las emprendió, no hay en la obra de Alarcón ningún colorido mexicano. En cambio, Lope y Tirso de Molina muestran verdadero gusto por las palabras indígenas de América, y "el precïosamente Inca desnudo / y el vestido de plumas Mexicano" aparecen de manera fugaz, pero bella, en las *Soledades* de Góngora.)

1577, colecciona en México unas *Flores de baria poesía* —antología poética como las muchas que se hacían en todas partes, y que no se destinaban a la imprenta—, incluye a un poeta nacido ya en México, Francisco de Terrazas. Hernán Domínguez Camargo, uno de los más brillantes imitadores de Góngora, era bogotano; Diego Dávalos y Figueroa, poeta petrarquista, era peruano; Sandoval Zapata, el del *Panegírico a la paciencia,* era mexicano.

Pero mexicanos, bogotanos y peruanos no competían con sus respectivos paisanos, sino con los escritores del ancho mundo hispánico. Salazar y Torres, el discípulo de Calderón, vino a México a los tres años y se fue de aquí a los dieciocho, hecho ya un poeta. Es natural que uno de los primeros testimonios escritos del soneto "No me mueve, mi Dios, para quererte..." sea mexicano: hubo una constante "importación" de poesía impresa y manuscrita. Y también es natural que las obras de sor Juana no se hayan impreso en México, sino en ciudades españolas; sólo así podían llegar a todo el mundo.

Cabe muy bien hablar de "literatura imperial", sin que esto signifique de ninguna manera que los escritores de los siglos de oro sean fiel espejo de la política del imperio. Garcilaso cantó hazañas guerreras y sor Juana Inés de la Cruz puso por las nubes a Carlos II, pero no son éstos los temas que nos vienen a la cabeza cuando evocamos a Garcilaso y a sor Juana. Las expresiones de "consciencia del imperio" fueron, por lo general, mucho menos directas, mucho más ambiguas. El imperio español fue toda una forma de vida. (Cuando Quevedo, en su "Epístola al Conde-Duque de Olivares", habla expresamente de la forma de vida en tiempo de los Felipes, contrastándola con la de los rudos e inocentes tiempos antiguos, dice lo mismo que había dicho fray Luis de León al condenar, en un plano intemporal, la ambición y el lujo.)

La riqueza y prosperidad del imperio se hace sentir, bajo muchas formas, en toda la literatura. En primer lugar, la riqueza es engendradora de ocio, en el nivel individual lo mismo que en el colectivo. Este ocio puede ser estéril —las fiestas palaciegas y las partidas de caza, por ejemplo—, pero también fecundo y creativo. Por ser un verdadero imperio, el mundo de habla española tuvo, en la época de los Felipes y de Carlos II, una "clase ociosa" numerosísima: diplomáticos, funcionarios, rentistas, cortesanos, clérigos, y sobre todo frailes y monjas. La mayor parte de los escritores de entonces pertenecieron a ese mundo. Santa Teresa y sor Juana no fueron las únicas monjas escritoras, y el número de frailes que manejaron la pluma es abrumador. Donde mejor se observa el fenómeno es, por supuesto, en la metrópoli. Lope de Vega fue clérigo, y funcionario del Santo Oficio, y secretario particular o alcahuete de un gran señor; Villamediana fue un señorito despilfarrador; Góngora y Ruiz de Alarcón se las arreglaron para tener coche. (Cervantes, pobre, fue un burócrata siempre en aprietos.) "Literatura imperial" significa, así, literatura de una época de auge y expansión. Con todo lo que tuvo que sufrir de cortapisas ideológicas, la de los siglos de oro fue una literatura expansiva, dinámica. Y su máximo florecimiento ocurrió, no bajo Carlos V (época de adquisición de la riqueza y de búsqueda del ocio), sino bajo los tres Felipes (época de disfrute).

La fecundidad de Lope, "monstruo de naturaleza", no se explica sólo por su genio personal: Lope dependió sobreabundantemente de la clase también ociosa que acudía a los teatros para aplaudir sus comedias. Su teatro y el de sus incontables seguidores no fue, por otra parte, entretenimiento puro, sino también cátedra de historia, de mitología, de ciencias y artes, y hasta de abstrusas nociones teológicas y filosóficas, como el problema de la libertad humana. Fue un fenómeno multitudinario. Y había representaciones de este teatro no sólo en Madrid, sino en toda ciudad de alguna importancia, a uno y otro lado del Atlántico. En México llegaron a traducirse obras de Lope y Calderón al náhuatl. Después de 1609, los moriscos desterrados en Marruecos todavía recitaban de memoria pasajes de comedias que habían visto en España. Sin la clase ociosa de los lectores, de los aplaudidores del ingenio, de los necesitados de alimento espiritual, esa literatura no habría sido lo que fue. Cabe hablar de una verdadera "burguesía" deseosa de leer —o, a juzgar por las sátiras de un Góngora y un Quevedo, amiga de aparentar gran afición a la lectura.

La literatura de los siglos XVI y XVII es "imperial" también en el sentido de que en todo el imperio se hicieron cosas sustancialmente semejantes. No hubo una poesía "mexicana", ni una novela "andaluza", ni un teatro "peruano", ni una historiografía "leonesa". La distinción entre una escuela "salmantina" y una escuela "sevillana" de poesía es bastante ficticia. Hubo una sola literatura. La catalana desapareció casi por completo, de Boscán en adelante. Durante los años de anexión de Portugal, gran parte de la literatura portuguesa se escribió en nuestra lengua. (Ya antes de la anexión, el español había sido cultivado en el siglo xv por el condestable de Portugal, amigo de Santillana, y en el xvi por Gil Vicente y por Montemayor.) La patria chica, el lugar de nacimiento, no significaba mucho en comparación con la patria grande. En verdad, todos los hispanohablantes de hoy podemos decir que la literatura de los siglos de oro es *"nuestra* literatura".

La primera visión histórica del conjunto de nuestra literatura se debe al norteamericano George Ticknor. En su *History of Spanish Literature* (1849), fruto de más de treinta años de lectura y estudio, al hacer un balance de lo que fueron los siglos de oro, concluye que durante ellos brilló España a causa de tres "géneros" en que fue única entre las naciones europeas: la comedia, la novela picaresca y la literatura ascético-mística. Es una opinión muy del siglo xix. Los hispanistas franceses de entonces la hubieran suscrito. De la manera como se arman estereotipos en cuanto a aspectos humanos de los pueblos hispánicos, y así en la Argentina abundan los gauchos con chiripá y boleadoras, y en México hay balazos y charros cantores y mordidas, y en España castañuelas y toros y Semanas Santas, de esa misma manera se arman estereotipos en cuanto a sus literaturas, y así puede leerse que "lo mejor del Uruguay es la poesía lírica", o "lo mejor de México es la novela de la Revolución", etc., entendiendo por *mejor* lo más valioso, lo más representativo, casi "lo específico". Son conclusiones a que algunos llegan, pero que no duran, o no son tomadas en cuenta por otros. Lo curioso de la opinión de Ticknor —que lo mejor de los siglos de oro está en Lope de Vega y su descendencia, en el *Guzmán de Alfarache* y las demás novelas de pícaros, y finalmente en las *Moradas* y en la *Guía de pecadores*— es que ha sido aceptada por otros, y llevada casi al nivel de un dogma, de tal modo que en el siglo xx fue necesario levantar la voz para hacer ver que se trataba de una categorización arbitraria. (El autor del presente libro le da el "primer lugar" a la poesía; pero, aunque no es el único que así siente, se guarda de elevar su sentir al nivel de opinión establecida.)*

* En las universidades norteamericanas de tiempos de Ticknor era más *chic* estudiar literatura francesa que literatura española. Pero Ticknor, desde 1819 catedrático de Harvard encargado de enseñar las dos, mostró una decidida preferencia por la "segundona". Fue el primer norteamericano que hizo viajes a un país hispánico —España en su caso— con los bolsillos llenos de dólares para comprar, no libros, sino bibliotecas. (La Ticknor Spanish Collection, que se conserva en la Biblioteca Pública de Boston, es fabulosamente rica.) Desde luego, en la preferencia de Ticknor por la comedia, la picaresca y la literatura religiosa entraban también razones personales: para él, bostoniano protestante y aristócrata, esos campos eran los más "exóticos", los que más sorpresas le reservaban, y no hay que olvidar que él es un descubridor, un pionero. Cabe añadir que su *Historia*, muy voluminosa, se tradujo inmediatamente no sólo al español, sino también al alemán y al francés: también en Alemania y Francia se estaba desarrollando en nivel académico el interés por las cosas de nuestra lengua, o sea el "hispanismo", y la *Historia* de Ticknor venía a ser indispensable. La opinión de Ticknor fue perpetuada por los historiadores que vinieron después de él. (Pero si a Arthur Schopenhauer, contemporáneo de Ticknor, le hubieran preguntado qué consideraba lo mejor de la literatura española, lo más señalado, lo "único", habría contestado que las obras de Baltasar Gracián.)

IX. EL APOGEO DEL CASTELLANO
Segunda Parte

La gramática de nuestro idioma, o sea la descripción sistemática de su estructura y funcionamiento, pudo haberse escrito ya en tiempos de Alfonso el Sabio. Pero en esos tiempos la palabra *gramática* significaba únicamente 'conocimiento del latín'. En cierto lugar usa Alfonso el Sabio la expresión "nuestro latín" para referirse a la lengua en que escribía; como si dijera: "la clase de latín (evolucionado, simplificado, sembrado de arabismos, etc.) que hablamos en esta segunda mitad del siglo XIII en estos nuestros reinos de León y Castilla". Pero el conocimiento de este "latín" no tenía nada en común con el del verdadero latín, el de Ovidio, el de san Isidoro, el del Tudense. La primera gramática de nuestra lengua —de hecho, la primera auténtica gramática de una lengua "vulgar", o sea moderna— es la *Gramática castellana* que, con dedicatoria a Isabel la Católica, hizo imprimir en 1492 Antonio de Nebrija.

Hombre de humilde origen, Nebrija se educó en Italia, particularmente en la universidad de Bolonia, donde asimiló las nuevas concepciones de la filología y las nuevas técnicas de enseñanza que él implantó luego en su patria, declarando la guerra a los métodos anticuados que anquilosaban la inteligencia de los estudiantes. (Fue a Italia, dice en uno de sus prólogos, no a lo que suelen ir sus compatriotas, que es "ganar rentas de iglesia, traer fórmulas del derecho, trocar mercaderías", sino a impregnarse de cultura y traer a España los estudios humanísticos.) Entusiasta de todo lo relacionado con la antigüedad clásica, exploró con espíritu de arqueólogo las ruinas de la Mérida romana y, junto con el portugués Aires Barbosa, implantó en la península los estudios helénicos. Nebrija desarrolló su labor pedagógica en las universidades de Salamanca y de

Alcalá. Fue él quien dio el paso que jamás hubiera soñado dar el medieval rey de León y Castilla. El conocimiento del castellano era ciertamente comparable con el del latín; si el conocimiento del latín era expresable en una gramática, no tenía por qué no serlo también el del castellano. La idea rectora de Nebrija parece haber sido: "El latín es de esta manera, muy bien; y el castellano es de esta otra manera". Verdad es que en algunos casos sus explicaciones de fenómenos castellanos no son correctas, por referirse en realidad a fenómenos latinos; pero esto debe perdonársele en razón de su formación humanística, ya que esa formación tan seria, tan moderna, fue justamente la que lo llevó a plantarse frente a su propia lengua en la forma en que lo hizo. La importancia de Nebrija es mucho mayor que la de un simple gramático. Junto con los sabios italianos residentes en España y Portugal, él sentó en el mundo hispánico las bases del humanismo, movimiento paneuropeo, búsqueda colectiva del saber emprendida por un grupo numeroso de personas a quienes unía el conocimiento de las dos lenguas internacionales, el griego y el latín, de tal manera que entre el andaluz Nebrija *(Aelius Antonius Nebrissensis)* y el holandés Erasmo *(Desiderius Erasmus Roterodamus)* no había ninguna barrera idiomática.

Las gramáticas griegas y latinas eran, en verdad, el principio y fundamento de toda cultura. Quienes habían expresado en reglas el funcionamiento de las lenguas sabias habían asegurado su permanencia "por toda la duración de los tiempos". Eso mismo, "reduzir en artificio", "poner debaxo de arte", era lo que convenía hacer con la lengua de España; y así, dice Nebrija en el prólogo de su *Gramática,*

acordé ante todas las otras cosas reduzir en artificio este nuestro lenguaje castellano, para que lo que agora i de aquí adelante en él se escriviere, pueda quedar en un tenor i estenderse por toda la duración de los tiempos que están por venir, como vemos que se ha hecho en la lengua griega i latina, las quales por aver estado debaxo de arte, aunque sobre ellas han passado muchos siglos, toda vía quedan en una uniformidad.

La gramática en que Nebrija puso debajo de arte la lengua castellana acabó de imprimirse en Salamanca el 18 de agosto de 1492, cuando

Cristóbal Colón navegaba hacia lo aún desconocido. Tanto más notable es la insistencia con que subraya el humanista, en el prólogo, la idea —tomada de Lorenzo Valla— de que "siempre la lengua fue compañera del imperio". Era imposible que le pasara por la imaginación lo que el genovés iba a encontrar. En realidad, Nebrija pensaba en cosas más concretas: en los primeros días de ese mismo año de 1492, los Reyes Católicos, pareja guerrera, habían recibido de manos del rey Boabdil las llaves de la ciudad de Granada, último reducto de los moros en España, y en la corte se hablaba de la necesidad de continuar la lucha, quitándoles tierra a los musulmanes en el norte de África, al otro lado de Gibraltar, y seguir, ¿por qué no?, hasta arrebatarles el sepulcro de Cristo, en Jerusalén, sueño que ya había soñado Alfonso el Sabio.

Éste fue justamente el sueño del cardenal Francisco Jiménez de Cisneros, consejero de los Reyes Católicos y gran amigo de Nebrija. Detrás de la difusión mundial del griego y del latín habían estado las figuras imponentes de Alejandro Magno y de Julio César. Sintiéndose honda y auténticamente en los comienzos de una era que contemplaría la difusión mundial del castellano, Nebrija piensa que Alejandro y César han reencarnado en los reyes de España, y que va a ser necesaria la lucha armada. Cuando aún estaba manuscrita la *Gramática,* Nebrija se la mostró a la reina Isabel, y ésta, después de hojearla —según cuenta el autor en el prólogo—, le preguntó "que para qué podía aprovechar". Y entonces

el mui reverendo obispo de Ávila me arrebató la respuesta, i respondiendo por mí dixo que después que Vuestra Alteza metiesse debaxo de su iugo muchos pueblos bárbaros i naciones de peregrinas lenguas, i con el vencimiento aquéllos ternían necessidad de recebir las leies que el vencedor pone al vencido i con ellas nuestra lengua, entonces por este mi *Arte* podrían venir en el conocimiento della,

tal como los ejércitos romanos impusieron el latín a una España bárbara en que se hablaban peregrinas lenguas, y tal como aún hoy "nosotros deprendemos el arte de la gramática latina para deprender el latín".*

Extrañamente, a pesar de que la vaga "profecía" imperial de Nebrija se convirtió muy poco después en inesperada y esplendorosa realidad, su *Gramática* no tuvo nunca el provecho que dijo el obispo de Ávila. En efecto, después de 1492 no volvió a imprimirse más (y cuando se reeditó, muy entrado el siglo xviii, lo fue por razones de mera curiosidad o erudición).** Extrañamente también, a lo largo de los tres siglos que duró el imperio español fueron poquísimas las gramáticas que se compusieron e imprimieron en España. Como después se verá, las publicadas en el extranjero y destinadas a extranjeros fueron muchas, pero puede decirse que, durante los tres siglos del imperio, los pobladores del mundo hispánico hablaron y escribieron la lengua castellana sin ninguna necesidad de gramática impresa.

De los escritos referentes al romance castellano que se compusieron en España en los siglos xvi y xvii, los más notables no son precisamente gramáticas, sino elogios de la lengua y sobre todo estudios de tipo histórico, como las *Antigüedades* de Ambrosio de Morales y el libro de Bernardo de Aldrete *Del origen y principio de la lengua castellana o romance que oi se usa en España,* ampliación de un tema tratado de manera elemental por Nebrija. El libro de Aldrete se imprimió en Italia en 1606, y fue también en Italia donde, unos setenta años antes, se había compuesto —aunque no se publicó hasta dos siglos después— el más atractivo de estos escritos, el *Diálogo de la lengua* de Juan de Valdés,

---

* De hecho, el cardenal Cisneros se puso al frente de un ejército en 1509, y logró quitarles a los moros el puerto africano de Orán. La reconquista del Santo Sepulcro fue un sueño mesiánico que reapareció en 1571 a raíz de la victoria cristiana contra los turcos en Lepanto, acción ensalzada por Fernando de Herrera y sublimada por Cervantes, que salió de ella con el brazo izquierdo lisiado (y por eso en estilo retórico se le llama el Manco de Lepanto). Gracias a tal victoria, decía Francisco de Medina, amigo de Herrera, "veremos extenderse la majestad del lenguaje español, adornada de nueva y admirable pompa, hasta las últimas provincias donde vitoriosamente penetraren las banderas de nuestros ejércitos". (¡Ya se imaginaba el buen Medina a bereberes, egipcios, palestinos, sirios, turcos y armenios hablando español!)

** En cambio, otras dos obras de Nebrija, su gramática latina *(Introductiones latinae)* y su diccionario latino-español, les fueron utilísimas a los "conquistadores espirituales" de México y el Perú para la confección de "artes" y vocabularios de lenguas indígenas.

especie de introducción general al idioma castellano: su origen latino, las influencias que ha sufrido (Valdés exagera, por cierto, la del griego), sus diferencias con el catalán y el portugués, sus refranes, su literatura. A las preguntas que le hacen contesta según su leal saber y entender, confesando en más de un caso su ignorancia. Este tono personal es uno de sus mayores encantos: "Diréos, no lo que sé de cierta ciencia (porque no sé nada desta manera), sino lo que por conjeturas alcanço y lo que saco por discreción..."

Las gramáticas españolas para hispanohablantes son muy escasas en los siglos de oro. Bartolomé Ximénez Patón publicó unas *Instituciones de la gramática española* hacia 1606; pero es mucho más importante la gramática de Gonzalo Correas, catedrático de Salamanca, escrita no para que "naciones de peregrinas lenguas" aprendieran el castellano, sino para que los hablantes de castellano se enteraran de sus "reglas". Esta gramática (*Arte de la lengua española castellana*, 1626) es muchísimo mejor que la de Nebrija; y el *Arte de la lengua española* de Juan Villar (1651) es muy elogiada por los estudiosos modernos. Nuestra lengua cubría ahora una gran parte del mundo. "Su extensión —dice Correas— es sin comparación más que la latina, porque fue y es común nuestra castellana española a toda España, que es mayor que un tercio que Italia, y hase extendido sumamente en estos 120 años por aquellas muy grandes provincias del nuevo mundo de las Indias occidentales y orientales adonde dominan los españoles, que casi no queda nada del orbe universo donde no haya llegado la noticia de la lengua y gente españolas". Por desgracia, el gran libro de Correas quedó manuscrito, y no se publicó hasta 1903. (O *tal vez* sea una fortuna, y no una desgracia, que haya quedado inédito: no es aventurado decir que la libertad y creatividad de los siglos de oro se habría visto coartada por la existencia de "reglas" normativas, o sea por gramáticas impresas de tipo académico; la consolidación de nuestra lengua, su fijación, la fuerza cohesiva que impidió su fragmentación, fue en buena parte obra de la literatura, entendiendo por tal todo lo difundido mediante la letra impresa. Sin necesidad de Academia, los hispanohablantes hicieron espontáneamente sus normas gramaticales.)

Lo que sí abunda son las gramáticas del lenguaje poético. Ya Enrique de Villena, en la primera mitad del siglo xv, había sentido la necesidad de escribir un *Arte de trovar*. La *Gramática* de Nebrija —imitada en esto por el *Arte* de Gonzalo Correas— toma constantemente en cuenta los usos de los poetas españoles. El poeta y músico Juan del Enzina, discípulo de Nebrija, compuso un *Arte de la poesía castellana*, impreso en 1496.* El erudito Gonzalo Argote de Molina escribió un *Discurso sobre la poesía castellana* y lo incluyó en su edición del *Conde Lucanor* de don Juan Manuel, publicada en 1575 (honor excepcional para un libro de la Edad Media). A comienzos del siglo xvii corrían no pocos tratados descriptivos, o preceptivos, o históricos, como el *Arte poética en romance castellano* de Miguel Sánchez de Lima (1580), el *Arte poética* (1592) de Juan Díaz Rengifo, la *Filosofía antigua poética* (1596) de Alonso López Pinciano, el *Cisne de Apolo* (1602) de Luis Alfonso de Carvallo, el *Ejemplar poético* (1606, en verso) de Juan de la Cueva, el *Libro de la erudición poética* (1610) de Luis Carrillo Sotomayor y las *Tablas poéticas* (1617) de Francisco Cascales, que aprovecha copiosamente la doctrina "clásica" de los italianos Francesco Robortello y Antonio Minturno.

El más hermoso de estos tratados, escrito en forma de *Anotaciones* a las poesías de Garcilaso, es el de Fernando de Herrera, que no se imprimió sino una sola vez (en 1580), mientras que el *Arte poética* de Rengifo fue muy reeditada, no por su doctrina (cada vez más trasnochada), sino por su prolija "Silva de consonantes" o diccionario de la rima, que ayudaba a los poetastros (poetas de escaso ingenio) a encontrar rimas para *ojos* y para *labios*.

Hay, finalmente, lo que podríamos llamar "gramática del bien escribir", o sea la ortografía. Los siglos xvi y xvii, como veremos en las páginas 303-316, marcan el tránsito de la pronunciación medieval a la

---

* Enzina cita las palabras de Nebrija sobre los logros literarios de España: "más se puede temer el descendimiento que esperar la subida" (véase antes, p. 169), y añade: "Assí yo, por esta mesma razón, creyendo nunca aver estado tan puesta en la cumbre nuestra poesía e manera de trobar, parecióme ser cosa muy provechosa ponerla en arte e encerrarla debaxo de ciertas leyes e reglas".

moderna. La abundancia de tratados y manuales de ortografía en estos siglos se explica en buena medida por esa revolución fonética que está llevándose a cabo. La primera *Ortografía* es la de Nebrija, publicada en 1517. A ella siguieron la de Alejo Vanegas (1531), la de Antonio de Torquemada (1552, pero editada apenas en 1970), la de Pedro de Madariaga (1565), la de Fernando de Herrera, puesta en práctica en sus *Anotaciones* a Garcilaso (1580), la de Juan López de Velasco (1582), la de Benito Ruiz (1587), la de Francisco Pérez de·Nájera (1604), la de Mateo Alemán, impresa en México (1609), la de Lorenzo de Ayala (1611), la de Bartolomé Ximénez Patón (1614), la de Juan Bautista de Morales (1623) y la de Gonzalo Correas (1630). El más revolucionario de estos tratadistas es, con mucho, Gonzalo Correas. Su *Ortografía kastellana* hace tábula rasa de muchas formas que venían usándose desde la Edad Media, pero que ya no correspondían a la realidad de 1630. Correas ("Korreas" según su sistema) escribió su libro para que la ortografía de la lengua "salga de la esklavitud en ke la tienen los ke estudiaron latín". La *h* de *honor* corresponde a un sonido en latín clásico, pero sale sobrando en castellano; en latín, la *h* de *Christus,* de *theatrum* y de *geographia* afectaba la pronunciación de la consonante anterior, cosa que en español no ocurre; la *u* se pronuncia en la palabra latina *quinta,* pero no en la palabra española *quinta.* Eliminemos, pues, las letras inútiles "para ke eskrivamos komo se pronunzia i pronunziemos komo se eskrive, kon deskanso i fazilidad, sonando kada letra un sonido no más". No escribamos *honor, Christo, theatro, geographía, quinta,* sino *onor, Kristo, teatro, xeografía, kinta.* No escribamos *hazer* (o *haçer), cielo, querer, guerra, guía, hijo* y *gentil,* sino *azer, zielo, kerer, gerra, gía, ixo* y *xentil.* La reforma de Correas hubiera requerido fundir matrices especiales para las letras simples que él inventó en sustitución de las dobles *ll* y *rr.* (Los sistemas de Herrera y de Mateo Alemán, menos innovadores en conjunto, acarreaban también ciertos problemas tipográficos.) En 1629, antes de la publicación del libro de Correas, el licenciado Juan de Robles publicó una "Censura" en que rechazaba tamañas innovaciones, y poco después, en *El culto sevillano* (terminado en 1631, pero publicado en 1883), volvió a expresar su rechazo y expuso argumentos en favor de las formas escritas tradicionales (y, de hecho, su ortografía no difiere gran cosa de la de Nebrija). Vale la pena notar que las mencionadas ortografías se concentran sobre todo en los treinta y cinco años que van de 1580 a 1614. Estos años son el momento culminante de la revolución fonética de nuestra lengua. Es entonces, por ejemplo, cuando desaparece la diferencia entre la *z* de *dezir* y la *ç* de *fuerça*, y en consecuencia los hispanohablantes, escritores profesionales o no, cometen "faltas de ortografía" como *decir* y *fuerza*, y los gramáticos sienten la imperiosa necesidad de poner orden en el caos.

De hecho, quienes se encargaron de la unificación y conservación de la ortografía fueron los impresores. En 1580 se imprimió una *Institución y origen del arte de la imprenta y reglas generales para los componedores* (los oficiales de la imprenta que luego se llamaron "cajistas"), escrita por cierto Alonso Víctor de Paredes, "profesor del mismo arte", y "compuesto" con sus propias manos. Eso mismo parece haber hecho en 1593 un impresor de Salamanca llamado Guillermo Foquel *(Suma de la ortografía castellana)*. También el futuro primer impresor del *Quijote*, Juan de la Cuesta, parece haber "compuesto" personalmente, en 1589, su *Libro y tratado para enseñar leer y escrivir con reta pronunciación y verdadera ortografía todo romance castellano*. Se conocen, sin embargo, casos de escritores que adrede se apartaron de las normas. Así el impresor madrileño Alonso Martín, al comienzo de las *Obras* de Cristóbal de Virués, advierte: "La ortografía que lleua este libro se puso a persuasión del autor dél, y no como en la imprenta se vsa". (Seguramente a imitación de Herrera, Virués suprime, por ejemplo, la *h* en *ermano, umano, oy*, etcétera.)

Del mismo año 1492 en que se publicó la *Gramática* de Nebrija data la primera parte (latín-español) de su gran *Diccionario*, impresa asimismo en Salamanca. En este caso había el precedente del *Universal vocabulario en latín y en romance*, o sea latín-español solamente (1490), de Alonso de Palencia; pero Nebrija no sólo procedió con más método, sino que añadió una segunda parte, español-latín, impresa hacia 1495. A diferencia de la *Gramática castellana*, el *Diccionario* de Nebrija fue reeditado innumerables veces, con arreglos y adiciones. Su función, por lo demás, fue ayudar a traducir del latín al español y viceversa, y sólo por eso se siguió reeditando. Sin afán de exhaustividad, ni de suplantar a Nebrija, el valenciano Juan Lorenzo Palmireno publicó una *Silva de vocablos y frases de monedas y medidas, comprar y vender* (1563), un *Vocabulario del humanista,* o sea del 'estudiante de letras' (1569) y otro intitulado *El estudioso cortesano* (1573). Cierto humanista de apellido *Turrecremata,* o sea Torquemada, siguió el ejemplo de Palmireno y, con el pseudónimo de Alonso Sánchez de la Ballesta, dio a la imprenta un *Diccionario de vocablos castellanos aplicados a la propriedad latina* (1587). La finalidad de estas compilaciones era ayudar a los estudiantes a traducir "con propiedad" del español al latín (y en este sentido son mucho más refinadas que el diccionario español-latín de Nebrija). Lo que faltaba era un diccionario en que cualquier persona necesitada de saber qué cosa era *albalá,* o qué cosa era *cilla,* encontrara su definición o su descripción en lengua castellana, y no su traducción al latín. Fue ésa la laguna que vino a colmar, y abundantemente, el *Tesoro de la lengua castellana o española* de Sebastián de Covarrubias Orozco (1611). Este inestimable *Tesoro,* que haría bien en tener al alcance de la mano todo lector de literatura de los siglos de oro, es ya un diccionario moderno, abundante en detalles, en ejemplos, y aun en información enciclopédica. Covarrubias se atuvo fundamentalmente a la lengua castellana hablada en sus tiempos, sin ocuparse gran cosa de la traducción de las voces al latín, pero prestando, en cambio, mucha atención a la etimología. (La segunda edición del *Tesoro,* 1673, fue adicionada por un autor de obras religiosas, Benito Remigio Noydens.)

Tanto Palmireno y "Sánchez de la Ballesta" como Sebastián de Covarrubias dieron en sus diccionarios amplio lugar a los refranes. Ya en el siglo XV —el siglo del libro del Arcipreste de Talavera y de la *Celestina,* tan abundantes en ellos—, un anónimo, a quien suele identificarse falsamente con el marqués de Santillana, había recogido un puñado de *Refranes que dizen las viejas tras el huego* ('tras el fuego', o sea en la cocina). El número de refraneros publicados en los siglos XVI y XVII excede al de gramáticas y de diccionarios. En 1549 se imprimió uno intitulado *Libro de refranes copilado por el orden del a, b, c, en el qual se* *contienen quatro mil y trezientos refranes, el más copioso que hasta oy ha salido impresso.* El compilador, Pero Vallés, natural de Aragón, define el refrán como "un dicho antiguo, usado, breve, sotil y gracioso, obscuro por alguna manera de hablar figurado" (muchos necesitan glosa o explicación), y refuta cumplidamente a quienes dicen "que es cosa de poco tono haber copilado dichos de viejas". La colección reunida por "el comendador griego" Hernán Núñez (colega de Nebrija) contiene más de 8 000 y se imprimió póstumamente en 1555 con el título de *Refranes o proverbios en romance.* La publicada en 1568 por el erasmista Juan de Mal Lara se llama, significativamente, *La philosofía vulgar.* En su "Discurso" preliminar, Mal Lara no sólo pone por encima de la sabiduría libresca la "filosofía vulgar" de estas breves sentencias, que es la más alta, la que vive en el corazón y en la lengua del pueblo, sino que llega a afirmar que "antes que oviesse philósophos en Grecia, tenía España fundada la antigüedad de sus refranes". Ya otro erasmista, Juan de Valdés, había dicho que en los refranes "se vee mucho bien la puridad de la lengua castellana". Es en verdad notable el cariño que los españoles de esta época mostraron por los refranes. Varias de las recopilaciones quedaron inéditas y apenas en el siglo xx se han impreso, como los *Refranes glosados* de Sebastián de Horozco (o *Teatro universal de proverbios, adagios o refranes*) y, sobre todo, el *Vocabulario de refranes y frases proverbiales* del ya mencionado Gonzalo Correas, que es sin duda la joya de todos los refraneros españoles.*

---

* En el afán recolector de refranes debe haber pesado el ejemplo de Erasmo, recopilador y comentador de "adagios" de la antigüedad clásica. (La primera edición de sus *Adagios* contiene 800; pero Erasmo, infatigable, fue aumentando el número en las sucesivas ediciones hasta llegar a 3 800.) Además de los *Adagios,* Erasmo recopiló los *Apotegmas* de la antigüedad (dichos memorables, frases sentenciosas o agudas que alguien dijo en tal o cual ocasión, por ejemplo éste, sumamente vulgarizado: "Plinio solía decir que no había libro tan malo que no tuviera algo de bueno"). Apotegmas y adagios tienen en común el servir como de esmalte de la lengua en la conversación. Hubo también muchas colecciones de apotegmas españoles. La más famosa es la de Melchor de Santa Cruz, *Floresta española de apothegmas, o Sentencias sabia y graciosamente dichas de algunos españoles,* publicada en 1574, y muy reeditada e imitada. Los apotegmas llevan casi siempre una explicación, cosa que suele suceder también con los refranes (refranes "glosados"); pero éstos pueden presentarse "por el orden del a, b, c", o sea en orden alfabético, cosa imposible en el caso de los apotegmas, que se agrupan más bien por materia o por tema.

MOROS Y MORISCOS

El último rey moro salió de Granada, rumbo al destierro de África, en el año de 1492, con su familia y su séquito. Los centenares de miles de pobladores de la ciudad y del reino se quedaron en sus casas, a merced de los vencedores ciertamente, pero haciendo lo que habían estado haciendo, y hablando la lengua que habían estado hablando, o sea el árabe. En Granada no había cristianos, y del romance mozárabe no quedaban más huellas que las voces adoptadas por el árabe. No había habido en Granada el fenómeno de convivencia de cristianos, musulmanes y judíos que hizo la grandeza de ciudades como León en el siglo X y Toledo en el XII.

Desde mucho antes de 1492 la cultura cristiana española se había divorciado de la árabe. Cuando aún existía el flujo de ésta a aquélla, la suerte de los cristianos que vivían entre los moros (es decir, los mozárabes) había sido tolerable. Ahora que se había cortado ese flujo, la suerte de los moros que vivían en tierras cristianas (es decir, los mudéjares) era muy dura. El cristianismo español se había ido haciendo más y más reacio a la tolerancia y a la convivencia. Por razones religiosas y políticas a la vez, lo árabe había dejado de ser admirable para hacerse despreciable y odioso. Es notable cómo Juan de Mena, en su empeño de dignificar la lengua, la cargaba de latinismos al mismo tiempo que la "limpiaba" cuidadosamente de arabismos. (La idealización del moro, como vimos en las pp. 209-210, es un fenómeno tardío.)

No sólo el reino de Granada, sino casi todo el territorio de la península, estaba en 1492 lleno de moros poco o nada cristianizados, a quienes comenzó a aplicarse la designación de *moriscos*. ¿Qué hacer con ellos? La respuesta de quienes se ocuparon del problema fue: primero, convertirlos al cristianismo, y segundo, presionarlos para que aprendieran la lengua castellana. Y a la doble tarea se dedicaron de lleno no pocos frailes, comenzando precisamente con aquel obispo de Ávila que le quitó la palabra a Nebrija cuando la reina Isabel preguntó para qué serviría su *Gramática*. Ese obispo de Ávila, llamado fray Hernando de Talavera, fue nombrado poco después primer obispo de Granada; y él, que en su famosa respuesta había hablado de "las leyes que el vencedor pone al vencido", no tardó en ver que la *Gramática* de Nebrija no le servía de nada. Lo único que cabía hacer, y rápidamente, era aprender la lengua del vencido. Él mismo, hombre ya viejo, "decía que daría de buena voluntad un ojo por saber la dicha lengua" (alguna vez hizo intentos de predicar en árabe); y uno de sus colaboradores, fray Pedro de Alcalá, publicó en la misma ciudad de Granada, en 1505, o sea en un lapso extraordinariamente breve, un *Arte para ligeramente saber la lengua aráviga*, junto con un *Vocabulista arávigo en letra castellana*, obra para la cual no existía precedente alguno.*

Las condiciones de la rendición de Granada habían sido relativamente benignas. Reflejaban el espíritu de tolerancia de fray Hernando de Talavera, hombre sensato (y venerado por los humanistas españoles, como Juan de Valdés, el del *Diálogo de la lengua*). En un primer momento la situación parecía tan propicia, que muchos de los moros expulsados de Portugal en 1497 se refugiaron en España. Pero los que aceptaron el

---

* Nótese la aclaración *en letra castellana*. Quiere decir que los vocablos árabes se han transcrito en caracteres latinos. El *Vocabulista* se dirige a personas que apenas comienzan a saber árabe y que van a estar en contacto, no con la lengua escrita, sino con la hablada. La idea era que los evangelizadores acudieran a él cuando oían una palabra desconocida, y la buscaran en el orden alfabético familiar para ellos. También en el título del *Arte* hay una aclaración: es una gramática "para *ligeramente* saber la lengua aráviga": para saberla de oídas, no por escrito; una gramática muy elemental, pero urgente. Desde la toma de Toledo, en 1085, la corona de Castilla había estado en contra de la conversión forzada de los moros. Pero a fines del siglo xv esto había cambiado, y fray Hernando de Talavera, antes de la toma de Granada, se había visto obligado a protestar, en su *Cathólica impugnación*, contra la conversión forzada, contra los procedimientos inquisitoriales de que eran víctimas los moros y contra la discriminación que los conversos, españoles nuevos, sufrían de parte de los españoles viejos. Talavera fue un apóstol de la conversión por la razón, no por la fuerza. En 1496 publicó una *Breve doctrina* que contenía lo esencial del cristianismo, y después auspició la traducción de un libro escrito en latín que, con argumentos, "convencía" de la falsedad del Corán *(Reprobación del Alcorán*, 1501). En Granada organizó cursos de árabe, destinados a los predicadores. Hasta hizo imprimir libritos con algunas misas y algunos pasajes de los evangelios en traducción árabe. Es difícil saber qué logros obtuvo. Pero, si el contacto lingüístico hubiera abarcado el árabe escrito (y el mahometismo es una "religión del Libro"), su empresa habría tenido mucho mejor éxito. Desgraciadamente no había aún tipografía árabe. En todo caso, muy pronto cambió el viento: se decretó la conversión forzada, y libros como la *Cathólica impugnación* quedaron prohibidos. Hay que observar que el cardenal Cisneros mandó quemar en una plaza de Granada miles de libros árabes.

bautismo no lo hicieron de buena gana. Pronto comenzó a estallar el descontento, y entonces sí hubo mano fuerte: la Inquisición vigiló la conducta de los nuevos cristianos, y en 1502 se decretó la expulsión para todos los que no aceptaban el bautismo. Durante sesenta años hubo pequeñas revueltas en distintos lugares, preludios de la gran rebelión de las Alpujarras (entre Granada y Almería). Esta protesta desesperada por la gran cantidad de abusos más y más institucionalizados fue sofocada con lujo de fuerza por don Juan de Austria, bastardo de Carlos V, en 1569. (Felipe II veía a los moriscos como una "quinta columna" de los turcos, que por esos años andaban conquistando puestos españoles en el norte de África. Y los moriscos eran muchos.)

La acción militar de las Alpujarras fue un horrible castigo no sólo para los moriscos a medio asimilar, sino también para los ya cristianizados e hispanizados (pues en cualquier morisco se veía un rebelde en potencia). De estos moriscos ya plenamente convertidos en españoles habla con no poca simpatía Bernardo de Aldrete en sus *Varias antigüedades de España,* publicadas después de la expulsión. Muchos moriscos —dice Aldrete— hablaban la lengua castellana "como los que más bien la hablan de los nuestros", salpicándola de "refranes y agudezas" y "alcançando cosas escondidas y estraordinarias mucho mejor que muchos de los naturales" (del habla de uno de ellos dice: "me causó admiración, que nunca creí llegaran a tanto"). En otro libro, publicado *antes* de la expulsión, el mismo Aldrete había dado estos detalles en cuanto a los moriscos de las distintas regiones:

Los que quedaron en lugares apartados, con poco trato y comunicación con los cristianos, conservavan su lengua aráviga sin aprender la nuestra; mas los que de veras abraçaron la fe y emparentaron con cristianos viejos, la perdieron. Los que después de la rebelión del año 1569 fueron repartidos en Castilla y Andaluzía, mezclados con los demás vezinos, an recibido nuestra lengua, que en público no hablan otra, ni se atreven (sólo algunos pocos que biven, de los que se hallaron en aquella guerra, hablan la suia en secreto). Los hijos y nietos déstos hablan la castellana, tan cortada [= tan bien cortada] como el que mejor, si bien otros de los más endurecidos no dexan de bolver a la lengua aráviga. Lo mismo es en Aragón: los que no los conocen en particular no diferencian esta gente de la natural. En el reino de Valencia, porque viven en lugares de por sí, conservan la lengua aráviga. Bien clara es y manifiesta la causa por que se an aplicado tan mal a nuestra lengua, que es la aversión que casi les es natural que nos tienen, —y no digo más; pero creo que ésta se perderá con el tiempo. Júntase a su voluntad [= la mala voluntad que nos tienen a nosotros y a nuestra lengua] el estar excluidos en las honrras y cargos públicos...

Estas palabras se imprimieron en 1606. Pero el "problema morisco" llevaba tan pocos visos de resolverse, que en 1609 Felipe III adoptó la "solución final" de la expulsión en masa, censurada en silencio (pues eran tiempos de callar y obedecer) por muchos ilustres españoles, y llorada por esos hombres, llamados Abd al-Kárim Pérez, Bencácim Bejarano, Francisco Núñez Muley o Juan Pérez Ibrahím Taibilí, que, tan españoles "como el que mejor", se veían arrancados de su tierra y de su cultura. Fueron más de 300 000 los expulsados entre 1609 y 1614. (Uno de ellos, retratado con mucha simpatía por Cervantes, es el morisco Ricote, que, "sin tropezar nada en su lengua morisca", sabe expresarse muy bien "en la pura castellana".)

Sólo en los últimos tiempos ha comenzado a estudiarse la abundante literatura morisca escrita en castellano, a veces en "aljamía", o sea en escritura árabe, y a veces en letra europea normal. En dos manuscritos aljamiados, y también en uno normal, nos ha llegado un curioso cuento cuyo héroe, Ibrahím o Ibrahem (o sea el patriarca Abraham), va topándose con diversos personajes, entre ellos una rana que, "sobre una piedra de la mar", se queja lastimeramente,

...y laora ['entonces'] acercóse Ibrahem enta la rana y dixo: "Azalén alaika, ya rana". Y dixo la rana: "Sobre ti sea el azalén, ya amigo del Piadoso". Y laora dixo Ibrahem: "¿Quién te ha hecho a saber que yo soy amigo del Piadoso?" Dixo la rana: "Hame venido revelación de partes de mi Señor que no me vería nenguno en aqueste lugar sino tú". Dixo Ibrahím: "¿Cuánto tiempo ha que estás en este lugar?" Dixo la rana: "Mil años"...*

* En el manuscrito "normal" hay, además del cuento de Ibrahím, un calendario de las fiestas islámicas y un texto religioso. Estaba escondido en la alacena de una casa de Arcos (provincia de Soria), donde en 1568 —un año antes de la represión de las Alpujarras— lo encontró un posadero, el cual lo entregó a los inquisidores. En uno de los manuscritos

(El arabismo *ya*, que significa 'oh', no es raro en la Edad Media; aparece varias veces en el *Poema del Cid.*) Hay en esta literatura tratados notables de polémica anticristiana, sonetos en loor de Mahoma, novelas ejemplares, poesías en el estilo de Garcilaso y Lope de Vega, etc., compuesto todo ello no sólo antes de 1609, sino también después, en el destierro de Túnez y Marruecos. (La muestra más rara de esta literatura es un tratado erótico, un verdadero *Kamasutra* escrito en nuestra lengua.)

Judíos y sefardíes

Los judíos habían sido expulsados de España más de un siglo antes que los moriscos, o sea, justamente, en ese año de 1492 tan preñado de acontecimientos. Por cualquier lado que se la mire, la decisión de los Reyes Católicos fue un acto de antisemitismo puro. La hostilidad contra los judíos había venido fomentándose "desde arriba". Los Reyes Católicos vieron a muy buena hora la conveniencia de incorporar la Inquisición (creada por bula papal en 1478, y activa ya en 1481) a las instituciones del Estado, y así la mayor ocupación de los inquisidores vino a ser la persecución de las ideas y prácticas "judaizantes".

Los judíos españoles, llamados luego *sefaradíes* o *sefardíes* (de *Sefarad*, el nombre hebreo de España), habían escrito en lengua castellana desde que hubo literatura. Los redactores de buena parte de la prosa alfonsí fueron con toda probabilidad judíos. Y desde el sereno y maduro Sem Tob de Carrión hasta el genial Fernando de Rojas, el de la *Celestina*, la nómina de escritores españoles de ascendencia hebrea era ya muy nutrida en 1492. De hecho, la lengua materna de todos los judíos de España, desde hacía largo tiempo, era el español, aunque nunca dejó de haber entre ellos un uso restringido, sinagogal, de la lengua hebrea, ni tampoco dejó de haber estudiosos profundos del idioma de Isaías y del Talmud.

aljamiados se lee esta cuarteta: "En Alah creo y estribo; / cuerpo y alma le encomiendo, / pues sin Él todo es perdido; / yo lo digo, y es muy cierto". —Es fácil advertir que la lengua de este documento del siglo xvi no es tan "pura" como la que Aldrete y Cervantes les oyeron a los moriscos. Escrito, además, en Soria, el texto tiene aragonesismos como *plorar* 'llorar' y *plegar* 'llegar'.

Si fueron muchísimos los expulsados, quizá 200 000, muchos fueron también los que pudieron quedarse en España, o porque ya habían aceptado la fe cristiana o porque en ese mismo año de 1492 decidieron someterse al bautismo. Pero quienes se quedaron no estuvieron nunca a salvo de la sospecha de criptojudaísmo. Por lo demás, en todos los lugares en que la Inquisición española pudo establecer "sucursales" —no en Bruselas ni en Amberes, pero sí en México y en Lima— abundan los procesos contra quienes conservaban aunque sólo fuera un mínimo vestigio externo de la religión de Moisés. Los empecinados en la antigua fe eran quemados vivos; y los demás, aunque nunca hubieran tenido problemas con el Santo Oficio, vivieron una vida ensombrecida por la discriminación racial. Si los moriscos, como dijo Aldrete, estaban "excluidos de las honras y cargos públicos", también muchos sabios y artistas y poetas de ascendencia hebraica, aunque fuera sólo parcial, no pudieron ya tener acceso a dignidades civiles ni eclesiásticas. En la primera mitad del siglo xv habían sido obispos de la prestigiosa Burgos dos judíos, padre e hijo, Pablo de Santa María y Alonso de Cartagena, grandes escritores ambos. Pero fray Luis de León, que conoció las cárceles inquisitoriales debido en buena parte a su ascendencia hebrea, nunca hubiera podido ser obispo, ni siquiera superior de su orden (aunque fuera infinitamente superior a sus colegas).* Otro de los grandes judíos españoles, Juan Luis Vives (1492-1540), amigo de Erasmo, salió de España a los diecisiete años y nunca volvió a pisar la tierra en que varios de sus antepasados habían sido quemados vivos.

Quizá nunca se dudó en serio de la sinceridad de conversos como Pablo de Santa María, o de descendientes de judíos como los ya mencionados, o como santa Teresa y Mateo Alemán, para recordar dos casos más. Pero el hecho es que la palabra misma *converso* acabó por ser, en la lengua castellana, un verdadero insulto, al igual que sus equivalentes *confeso* y *cristiano nuevo* (cuya carga negativa consistía en el contraste

---

* Uno de los cargos contra fray Luis era haber traducido el Cantar de los cantares: estaba prohibido romancear la Biblia y, además, esa traducción se había hecho directamente ¡del hebreo! Una muestra del exquisito "celo" de los inquisidores en materia de judaísmo es que en 1575 hayan mandado someter a interrogatorio a un fraile agustino del Cuzco, que poseía copia de la traducción de fray Luis.

con su antónimo, el orgulloso *cristiano viejo:* cualquier cristiano viejo, y no se diga si era montañés o vizcaíno, se creía un hidalgo o un noble frente al "vil" judío). En el imperio español de los siglos XVI y XVII suena todo el tiempo la palabra *judaizante* y resuenan las palabras *mancha* y *tacha,* contrapuestas a *limpieza* (de sangre). La voz *marrano* es la muestra más famosa de este vocabulario. Procede del árabe vulgar *mahrán* 'cosa prohibida'; siendo la carne de cerdo la "cosa prohibida" por excelencia, así para los musulmanes como para los judíos, *marrano* pasó a significar esa carne: el 'cerdo bueno para la matanza', y de ahí el 'musulmán' y sobre todo el 'judío'. En el sentido concreto de 'criptojudío', la palabra tuvo difusión europea y acabó por perder su atroz carga insultante. (En las riñas de hombres de habla española, los insultos preferidos eran *cornudo, puto* y *judío;* Juan Ruiz de Alarcón tachó de las tres cosas a Quevedo; Quevedo tachó sólo de judío a Góngora. En el *Diccionario* académico de la lengua figura la palabra *judiada* 'acción cruel e inhumana', que algunos quisieran borrar de allí, pero sin razón, puesto que sigue usándose en España.)

Un país cristiano, Portugal, y dos islámicos, Marruecos y Turquía, acogieron a los desterrados de 1492. Pero en 1497 la Corona portuguesa decretó "o bautismo o expulsión", con un refinamiento de crueldad: los expulsados no podían llevarse a sus hijos pequeños. Hubo así gran número de "conversiones". Los sabios y literatos, muchos de los cuales acabaron por trasladarse a ambientes más europeos —Inglaterra, Bohemia, algunos estados italianos y sobre todo los Países Bajos—, escribieron de preferencia en español. Varios judíos españoles, nacidos ya en Portugal, se establecieron a mediados del siglo XVI en el ducado de Ferrara. Protegidos por un duque humanista, estos judíos publicaron allí en 1553 la llamada *Biblia de Ferrara,* primera de las Biblias impresas en nuestra lengua,* muy aprovechada luego por Casiodoro de Reina, el

---

* Poco antes, en 1547, los sefardíes de Turquía habían impreso en Estambul una traducción de la Torah o Pentateuco (los cinco primeros libros de la Biblia), que comienza así: "En prencipio creó el Dio a los cielos y a la tierra. Y la tierra era vaga y vazía, y escuridad sovre faces de abismo, y viento de el Dio esmoviéndose sovre faces de las aguas. Y dixo el Dio 'Sea luz', y fue luz". Todas las rarezas lingüísticas se deben a que la traducción del hebreo es literalísima.

primer traductor protestante (1569); también publicaron, entre otros libros, la *Visión delectable* de Alfonso de la Torre, filósofo del siglo xv; uno de ellos, Salomón Usque, cuyo nombre "cristiano" parece haber sido Duarte Gómez, emprendió la primera traducción sistemática de la obra poética de Petrarca (Venecia, 1567). En la primera mitad del siglo xvii, o sea durante el período más brillante de la literatura española, florecen en Francia y en Holanda tres auténticos clásicos de nuestra lengua: João Pinto Delgado, Antonio Enríquez Gómez y Miguel de Barrios.* A ellos pudiera agregarse Benedicto (Baruch) Spinoza, descendiente de marranos hispano-portugueses, nacido en Amsterdam. Ni cristiano ni judío, ni español ni holandés, Spinoza escribió en latín una de las obras capitales de la filosofía moderna. No cabe duda de que la expulsión de los judíos significó una gran pérdida para la cultura hispánica.

Los innumerables judíos que se establecieron en el norte de África y en el vasto imperio otomano (Turquía, los Balcanes, el Asia Menor) no olvidaron nunca el idioma que habían mamado, aunque era el mismo de quienes los expulsaron. Este extraordinario caso de supervivencia, unido al hecho de que el judeoespañol (o sefardí, o ladino) conserva mejor que ninguna otra modalidad actual del castellano los rasgos que nuestra lengua tenía en tiempos de Nebrija, ha llamado mucho la atención de los estudiosos modernos. El judeoespañol del norte de África ha sufrido influencias del árabe y del español moderno. Por su parte, el sefardí oriental abunda en palabras turcas y griegas y aun eslavas, pero su fo-

* Pinto Delgado nació en Portugal, de donde salió en 1624 (a los 44 años) para establecerse en Rouen y luego en Amsterdam; aquí adoptó el nombre de Moseh; escribió su obra en español. Enríquez Gómez, nacido en Cuenca, huyó a Burdeos en 1635 (a los 35 años) y de allí se trasladó a Rouen; fue agente del antiespañol cardenal Richelieu e hizo propaganda a favor de la independencia de Portugal; en 1649 regresó a España; se estableció en Sevilla y se dedicó tranquilamente a escribir comedias haciéndose llamar Fernando de Zárate; en 1660 la Inquisición, ignorante de su paradero, lo quemó "en efigie" (esto es, quemó un monigote que lo representaba), pero en 1661 fue identificado y encarcelado; en la cárcel murió, en 1663. Barrios, nacido en Montilla (Córdoba), huyó a Italia en 1650 (a los 15 años) y de allí siguió a los Países Bajos; pudo vivir sin problemas en Bruselas como miembro de la comunidad española, pero su actividad se desarrolló sobre todo entre la numerosa comunidad judía de Amsterdam, donde sí tuvo problemas; adoptó el nombre de Daniel Leví y se esforzó en ser un buen judío, pero no pudo serlo del todo, y los rabinos censuraron varias de sus obras. Ni él ni Enríquez Gómez pudieron borrar la cultura cristiana de sus años mozos.

nética y su vocabulario han resistido en lo básico. El folklore de los
sefardíes es básicamente español. Hay en él romances conservados por
tradición oral desde el siglo xv; hay canciones a veces muy lindas, como
la que empieza

> Morenica a mí me llaman,
>   yo blanca nací;
> el sol del enverano
>   me hizo a mí ansí:
> morenica y graciosica
>   y *mavromatianí*

(palabra griega esta última, que significa 'ojinegra'); hay también gran
cantidad de refranes, antiguos o derivados de los antiguos: "El ojo
come más muncho que la boca", "Arremenda tu paño, que te ture un
año; arreméndalo otruna vez, que te ture un mes", "Café sin tutún, hamam sin sapún" ('café sin cigarrillo es como baño sin jabón': *hamam*
es el baño turco); "Todo tenía Salomonico: sarna y lepra y sarampio-
nico"...

Hasta antes de 1939, había en ciudades como Estambul, Bucarest y
Salónica imprentas de donde salían, en caracteres a veces hebreos, a
veces latinos, libros y folletos populares en lengua española, y almanaques, y periódicos comunes y corrientes, con sus secciones de noticias,
artículos de fondo y anuncios, todo en español (un español ajustado a
las necesidades modernas mediante préstamos, no del español actual,
sino del rumano, del italiano y sobre todo del francés). He aquí, como
ejemplo, un editorial "aljamiado" (escrito en caracteres hebreos) de *El
Telégrafo* de Estambul, en 1894:

> ...Por lo que es de nos, nosotros nos aplicaremos a ser antes de todo enten-
> didos de nuestro público en empleando siempre palavras españoles y dando
> a nuestras frases la construcción español. No tenemos la pretensión de pue-
> der ansí arrivar a escribir con perfección la lengua de Cervantes, de Calde-
> rón y de Lope de Vega. Nuestras intenciones son más modestas. Nuestro
> propósito es de emplearnos a purificar nuestro jerigonza en españolizándolo
> de más en más.

Conmovedor esfuerzo. Pero el editorialista, estorbado por su modestia, no se da cuenta del valor de *ese* periodismo: la lengua de *El Telégrafo* tenía que ser la de sus lectores, ¡no la de Cervantes! Si esa lengua no se españolizó "de más en más" fue, en buena medida, porque España, hasta tiempos muy modernos, no tuvo el menor gesto de acercamiento al mundo sefardí.*

Las comunidades sefardíes de Turquía, Grecia, Rumania y Bulgaria quedaron aplastadas por los nazis. Más que en la América hispánica o en España, donde la absorción por el español moderno es inevitable, la lengua de los sefardíes que escaparon del holocausto se conserva en el moderno estado de Israel y en muchas ciudades de los Estados Unidos, pero parece destinada a desaparecer, a causa de la presión del hebreo y del inglés.

El Nuevo Mundo

El otro acontecimiento importante del año 1492 fue el hallazgo del Nuevo Mundo. Es probable que fray Hernando de Talavera, en su ya citada respuesta a la reina Isabel, haya pensado en el viaje de Colón, cuyas posibilidades de ejecución estarían siendo sopesadas por entonces. Pero, entre la gente de las tres carabelas, Colón hubiera sido el menos indicado para propagar la lengua entre los "pueblos bárbaros y naciones de

---

* Salomón Gaón, presidente de la Federación Safaradí Mundial, recibió en 1990 el premio Príncipe de Asturias, y escribió para la ocasión un discurso en que dice: "Ay historianos que demandan porké los Djidiós refugiados in Espania nunka olvidaron de su vieyo país y nunka desharon de tener un amor filial para Espania. Ay solamente una respuesta: de todas las diásporas en kualas bivían dispersos el puevlo de Israel, solamente in Espania se kreó una époka de oro. No komo in las otras diásporas, in Espania los Djidiós no eran konsiderados komo una menoría estranjera, pero komo una parte integral i buen integrada en el país iberiano. Por esto se sintieron muy dolorozos kuando los izieron salir de la tierra onde bevían kasi dos mil anios... Para mozotros los Djidiós, Sefarad mos aze rekodrar el tiempo kuando nuestros padres bevían in Espania, en la kuala ombres i muyeres praktikando kultos diferentes, djidió, kristiano i musulmán, formavan una komunitá, en dando un eshemplo de ermandad i konkordia..." (Exagera el señor Gaón, pero es cosa propia de las ceremonias oficiales.) La escritura del discurso, casi completamente fonética, permite ver cómo los sefardíes conservan intactos los sonidos antiguos de la *j* ("*dj*idiós" es 'judíos'), de la *x* ("*esh*emplo"), de la *s* sonora y de *j/g* (ğ).

peregrinas lenguas" con que se topó. Hablaba mejor el portugués que el castellano. Y es curioso pensar que el primer contacto lingüístico entre el Almirante y el indio americano —contacto frustrado, por supuesto— haya sido ¡en árabe! En efecto, Colón, esperando que su navegación hacia occidente culminaría en las Islas de las Especias (la actual Indonesia), adonde los portugueses llegaban después de dar la vuelta a África y seguir hacia oriente, y sabiendo que había trato comercial asiduo entre el Islam y ese extremo oriente, trajo en el primer viaje entre sus hombres a un intérprete de árabe.*

En todo caso, la respuesta de Talavera anuncia ya de alguna manera a Cortés y a Pizarro. El fraile-obispo decía que los pueblos conquistados tendrían "necesidad de recibir" las leyes del conquistador, y "con ellas" su lengua. Sólo que los conquistadores españoles, ávidos e impacientes, no esperaban a que los conquistados sintieran esa necesidad, sino que, adelantándose a ella, hablaban mejor del "derecho" absoluto que tenían de imponer sus leyes. Los cronistas españoles refieren cómo Pedrarias

---

* El *Diario* del primer viaje registra lo que el Almirante iba pensando y sintiendo a partir del 12 de octubre: su tristeza por no hallar especias ni metales preciosos (que era lo más importante); su esperanza de hallarlos más tarde; su extrañeza e incomprensión frente a los seres humanos que ningún europeo había visto; y, sobre todo, su asombro ante la naturaleza de las nuevas islas: "muchos árboles muy disformes de los nuestros" (*muy disformes:* nada parecidos), "tan disformes de los nuestros como el día de la noche, y assí las frutas, y assí las yerbas y las piedras y todas las cosas", sin olvidar los "peces tan disformes de los nuestros que es maravilla", jaspeados y pintados como gallos, y de tan hermosos colores "que no ay hombre que no se maraville y no tome gran descanso a verlos". En cambio, Hernán Cortés se complacerá, después, en subrayar las *semejanzas* entre España y las nuevas tierras en que él ha penetrado: el cacique de Iztapalapa tiene "unas casas nuevas, que son tan buenas como las mejores de España"; en Cozalá hay "tales y tan buenos edificios, que dizen que en España no podían ser mejores", entre ellos "una casa de aposentamiento y fortaleza que es mejor y más fuerte y más bien edificada que el castillo de Burgos"; México-Tenochtitlán "es tan grande como Sevilla", y tiene una plaza "tan grande como dos vezes la de la ciudad de Salamanca"; Tlaxcala "es muy mayor que Granada y muy más fuerte"; en México "hay a vender muchas maneras de filado de algodón…, que parece propriamente alcaicería de Granada en las sedas, aunque esto otro es en mucha mayor quantidad"; también "venden colores para pintores quantos se pueden hallar en España"; "hay frutas de muchas maneras, en que hay cerezas y ciruelas que son semejables a las de España"; "hay hombres como los que llaman en Castilla ganapanes, para traer cargas"; y el colmo: en Cholula hay "mucha gente pobre… que piden como hazen los pobres en España". Era, pues, natural que los territorios por él conquistados se llamaran *la Nueva España*.

(Pedro Arias) Dávila solía "aperrear" a los indios con "lebreles e alanos diestros": al indio que cogían —y nunca fallaban— "lo desollavan e destripavan, e comían dél lo que querían". Alexander von Humboldt lamentó en uno de sus libros que la vida y las hazañas de alguno de esos perros (de nombre famoso, como "el Becerrillo" y su hijo y sucesor "el Leoncico") estuvieran mejor documentadas que la vida de Colón, en la cual hay tantas zonas oscuras. Esa atroz manera de imponer leyes estaba siendo practicada en las islas Canarias; quienes la introdujeron en el Nuevo Mundo fueron los compañeros de Colón, en el segundo viaje; para ellos, y para muchos que los siguieron, los indios no fueron hombres con quienes se combate, sino bestias a quienes se caza.

Fue también Pedrarias Dávila, hacia 1514, uno de los primeros que pusieron en práctica el "requerimiento", solemne fórmula jurídica recién redactada por un doctor Juan López de Palacios Rubios. Cada vez que Pedrarias llegaba a un poblado les lanzaba a los habitantes una intimación para que reconocieran, en ese preciso momento, la naturaleza de la Santísima Trinidad y los derechos del rey de España, otorgados por el papa, representante del dueño del mundo, o sea Dios mismo. La no aceptación de este requerimiento confería automáticamente carácter de "justa guerra" a la matanza y al saqueo:

> ...Si no lo hiciéredes, o en ello dilación maliciosamente pusiéredes, certifícoos que, con la ayuda de Dios, yo entraré poderosamente contra vosotros y vos faré guerra por todas partes y maneras que yo pudiere..., y tomaré vuestras mugeres y hijos y los faré esclavos..., y vos tomaré vuestros bienes, y vos faré todos los males y daño que pudiere... Y protesto que las muertes y daños que de ello se recrecieren sean a vuestra culpa, y no de Su Majestad ni nuestra, ni de estos cavalleros que conmigo vinieron.

Claro que los indios, ante semejante primer contacto con la lengua castellana, no se apresuraban a dar señales de aceptación. ¿Cómo iban a entender el requerimiento si, como dijo Fernández de Oviedo en 1524, "ni aun lo entendían los que lo leían"?

Estas dos estampas, la de los perros y la del requerimiento, corresponden ciertamente a uno de los lados de la conquista, el lado siniestro. En el lado derecho está, en primer lugar, la estampa de quienes se opusieron a esa violencia y a esa farsa. El propio Oviedo protestó ante Carlos V contra ambos abusos, con tanta mayor convicción cuanto que a él le tocó alguna vez la vergüenza de espetarles el requerimiento a unos indios en nombre de Pedrarias. (Él mismo cuenta qué informe le dio luego a Pedrarias: "Señor, parésçeme que estos indios no quieren escuchar la teología deste requerimiento, ni vos tenéis quien se lo dé a entender. Mande vuestra merced guardalle hasta que tengamos algún indio déstos en una jaula, para que despacio lo aprenda, e el señor obispo se lo dé a entender".) Y con Oviedo están no sólo Las Casas y los muchos españoles que defendieron a los indios, afirmando categóricamente, por principio de cuentas, su dignidad de seres humanos contra quienes encontraban más expedito tratarlos como animales, sino también los muchos frailes que, casi desde el primer momento, se pusieron a hacer aquello que fray Hernando de Talavera había sentido como la tarea humana más urgente de todas, en vista de los hechos consumados: aprender la lengua de los vencidos y así comunicarse con ellos para enseñarles el cristianismo. A esta tarea se dedicaron en especial los franciscanos y los dominicos, y más tarde también los agustinos y los jesuitas.

El iniciador fue el franciscano Pedro de Gante, no sólo nacido en Gante, cuna de Carlos V, sino ligado con el emperador por "estrecho parentesco" (fray Pedro fue hijo ilegítimo). A mediados del siglo XVI, la verdadera catedral de México no era la de los españoles, "pequeña, fea, pobre y desmantelada", sino la iglesia de San José de los Naturales, hecha de siete naves que, sin paredes intermedias, comunicaban con un inmenso atrio (en las naves cabían 10000 personas, y en el atrio 70000). Fray Juan de Zumárraga, primer obispo de México e introductor de la imprenta en el Nuevo Mundo (1532), publicó varias *Doctrinas* en español, para que los evangelizadores tuvieran a la mano una exposición clara de lo esencial del cristianismo y en ella se basaran a la hora de predicar en la lengua de los indios. (Estas *Doctrinas cristianas* de Zumárraga son notables por su acentuado erasmismo.) La mitad de la abundante producción bibliográfica de México durante el primer siglo de la hispanización consiste en *Artes* (gramáticas) de diversas lenguas,

Vocabularios para traducir de esas lenguas al español y viceversa, y *Doctrinas cristianas* compuestas en esas mismas lenguas, sin contar los confesionarios (manuales para los confesores de indios), los devocionarios, las cartillas para niños y otras cosas menores. Los franciscanos Alonso de Molina y Maturino Gilberti, especializados respectivamente en la lengua "mexicana" y en la "mechuacana", escribieron gramáticas, diccionarios y doctrinas. En ninguna otra región americana hubo tamaña actividad. (Las artes, los vocabularios y las doctrinas que se hicieron en el Perú se imprimieron al principio en España, pues la imprenta no llegó a Lima hasta 1582.)

En el lado luminoso de la conquista hay todo un álbum de estampas que no hace falta desplegar aquí, como tampoco hace falta recalcar el lado sombrío. El bien medido endecasílabo que resume la respuesta de los españoles patriotas, "Crímenes son del tiempo y no de España", merece ciertamente ser escuchado. Pero importaba subrayar la calidad dual de la conquista de América, que es también la calidad dual de la concepción española de la vida, bárbara y estrecha por un lado, sobre todo en contraste con la concepción italiana, pero impregnada por otro lado de un humanismo que, justamente en el primer siglo de la conquista, se tradujo no sólo en humanitarismo compasivo, sino también en deseo de compartir y comunicar. Al lado de los brutos primitivos, como Pedrarias, hubo desde un principio los civilizados y civilizadores, como Vasco de Quiroga; al lado de los destructores ciegos, como Pedro de Alvarado, los preocupados por el bien público, como Antonio de Mendoza; al lado de los frailes que por celo religioso quemaron gran cantidad de códices (imitadores en esto de Cisneros), los frailes conservadores y estudiosos del vivir prehispánico, como Bernardino de Sahagún; y al lado de conquistadores como Cortés y los Pizarro, los maestros y defensores, como Pedro de Gante, Motolinía y Las Casas. El "requerimiento" a que sí contestaron los pobladores de América fue el que sí entendieron: no la intimación, sino la invitación.

La hispanización del Nuevo Mundo ofrece ciertas semejanzas con la romanización de Hispania y con la arabización de España. Al igual que los romanos y los árabes (y a diferencia no sólo de los visigodos, sino también de los ingleses, franceses y holandeses que colonizaron otras regiones de América), los conquistadores y pobladores españoles se mezclaron racialmente desde un principio con los conquistados, y este mestizaje de sangre fue, desde luego, el factor que más contribuyó a la difusión de la lengua y cultura de España. Los romanos latinizaron con pasmosa rapidez toda la península (salvo el territorio vasco), y el latín de los escritores hispanos de los primeros siglos de nuestra era no tenía ya nada que pedirle al de los italianos. Los moros arabizaron profundamente a España, y a partir del siglo VIII no pocos españoles, además de adoptar la religión de los conquistadores, se enseñaron a hablar y escribir un árabe tan bueno como el de Bagdad o del Cairo. En la historia americana, particularmente en la de México y del Perú, abundan los testimonios de la facilidad y la gracia con que los niños indios, en escuelas fundadas para ellos, aprendían la lengua española. El primer siglo de la conquista ofrece nombres de escritores de sangre americana como los peruanos Felipe Guamán Poma de Ayala y Garcilaso Inca de la Vega y como los mexicanos Hernando de Alvarado Tezozómoc, Fernando de Alva Ixtlilxóchitl y fray Diego Valadés.* A fines del siglo XVI ya estaban echadas en todo el nuevo continente las raíces de la lengua nacional de los países hispanoamericanos.

Esto, sin embargo, no duró mucho tiempo. A mediados del XVII la cultura no estaba ya al alcance de los mestizos, y los indios vivían en el desamparo. Ni la cristianización ni la hispanización del Nuevo Mundo fueron nunca completas. En España, la tarea de fray Hernando de Tala-

---

* El caso de fray Diego es asombroso. Hijo de madre india y padre español, se crió en un hogar perfectamente cristiano y profesó en la orden de san Francisco. Su calidad de mestizo le hizo sentir con fuerza especial la urgencia de cristianizar a los indios con las armas de la persuasión, y para ello compuso un "arte de predicar"; y, como el método persuasivo es de validez universal, lo escribió en la lengua universal, o sea en latín. Se llama *Rhetorica christiana* y se imprimió en Perugia (Italia) en 1579. En la portada se anuncian muchos ejemplos, "quae quidem ex Indorum maxime deprompta sunt historiis; unde, praeter doctrinam, summa quoque delectatio comparabitur". O sea: "los ejemplos están tomados sobre todo de las historias de los indios, de manera que el lector habrá comprado no sólo doctrina, sino también un enorme deleite". Al igual que el Inca Garcilaso, fray Diego traía en la cabeza y en el corazón las historias que le contaba su madre. (Este curioso libro sufre bien la comparación con la *Rhetorica ecclesiastica* de fray Luis de Granada, también en latín, publicada en Lisboa en 1576.)

vera y sus colaboradores no fue fácil, y eso que se trataba de aprender una sola lengua, el árabe. Pero las lenguas americanas se contaban por centenares y, desgraciadamente, el afán evangelizador de la primera hora se fue entibiando, de manera que para la mayoría de esas lenguas no hubo gramática ni diccionario ni doctrina cristiana. Las cátedras de náhuatl y de otomí creadas en la universidad de México en tiempos de Felipe II no tuvieron muchos resultados. Por otra parte, los concilios de obispos celebrados en Lima y en México durante la segunda mitad del siglo XVI llegaron a conclusiones pesimistas en cuanto a la eficacia de las doctrinas impresas en lenguas indígenas. Como los "naturales" no podían ser sacerdotes (y muchísimo menos obispos), era necesaria la presencia continua de predicadores españoles o criollos que conocieran las distintas lenguas, y, desgraciadamente, el fervor religioso de la primera hora ya se había entibiado a fines del siglo. Los obispos peruanos y mexicanos resolvieron "que a los indios se pongan maestros que les enseñen la lengua castellana, por haberse conocido, después de un prolijo examen, que aun en el más perfecto idioma de ellos no se pueden explicar bien y con propriedad los misterios de la santa fe católica sin cometer grandes disonancias e imperfecciones". Pero esta castellanización total no pasó de ser un buen deseo.*

El espectáculo que ofrece el siglo XVI americano es muy estimulante

---

* En tiempos de Felipe IV se decidió enseñar español a los indios, tarea que nunca se hizo en serio. En 1769, exactamente 250 años después de la llegada de Cortés a Veracruz, un arzobispo de México, Francisco Antonio de Lorenzana, citando las conclusiones de los concilios americanos de fines del siglo XVI, prohibió a sus curas y vicarios enseñar la doctrina en lenguas indígenas, y los obligó a emplear el castellano hasta en el trato diario con sus feligreses indios, "para que aprendan y se suelten a hablarle aun en aquellas cosas de comercio, trato económico y de plaza, que ellos llaman *tianguistlatolli*". Lorenzana añadía una razón personal: los obispos deben dialogar con el pueblo, y no podía pedírsele *a él* que aprendiera los idiomas hablados en su inmensa arquidiócesis: "mexicano, otomí, huasteco, totonaco, mazahua, tepehua, zapoteco, tarasco y otros innumerables" (en Cuautitlán y Tlalnepantla, a pocas leguas de la ciudad de México, tenía que haber predicadores en español, en náhuatl y en otomí). Lorenzana era casi tan iluso como lo habían sido los señores del Consejo de Indias de Madrid, que hacia 1596 redactaron una "cédula", destinada al virrey del Perú, en la cual se prohibía a los indios el empleo de su lengua nativa (cédula que Felipe II, cuerdamente, no aprobó). El hecho es que si en España sobrevive una lengua prerromana, el vasco, en Hispanoamérica sobreviven innumerables lenguas prehispánicas.

para la imaginación. La catarata de conquistadores y de pobladores se desparramó por todo el continente. Su móvil principal era, por supuesto, el deseo de riqueza. Y algunos la encontraban. Cierto Francisco Noguerol llegó al Perú en 1534, anduvo por Chile, se estableció luego en Arequipa, regresó a España en 1555 y se hizo una casa suntuosa en su tierra, Medina del Campo. Es el típico *perulero*, o *indiano*. (Y junto con éstas brotaron otras palabras americanas, como *baquiano, chapetón* y *gachupín*.) Los siete hermanos de santa Teresa vinieron a las Indias a hacer la lucha por la vida. Ya quedan mencionados (p. 234) los escritores que vinieron a lo mismo. Dos de ellos, Rosas de Oquendo y Mexía de Fernangil, estuvieron primero en el Perú y después en México. La comunicación humana entre las diversas regiones de América fue muy intensa.*

Así como el mapa de la península ibérica se llenó primero de topónimos romanos y luego de topónimos árabes, así el de América se llenó de topónimos españoles: Santa Fe, Laredo, Monterrey, Durango, Compostela, Guadalajara, León, Salamanca, Zamora, Lerma, Córdoba, Valladolid, Mérida, Trujillo, Antequera, Granada, Cartagena, Santander, Málaga, Segovia, Medellín, Guadalupe, Aranzazu, Lérida, Cuenca... (muchos de estos topónimos se repiten en distintos países). Provincias más o menos extensas se llamaron Nueva España, Nueva Galicia, Nuevo León, Nueva Vizcaya, Nueva Extremadura (en México), Nueva Segovia, Castilla del Oro (en Centroamérica), Nueva Granada, Nueva Andalucía, Nueva Córdoba, Nueva Extremadura (en Sudamérica). También en las Filipinas: Nueva Cáceres, Nueva Écija, Nueva Vizcaya. El nombre de Santiago, gran protector de los conquistadores, se repite en todas partes, por lo general en unión de un topónimo americano: Santiago de Cuba, Santiago Papasquiaro, Santiago Ixcuintla, Santiago Zacatepec, Santiago Jamiltepec, Santiago Atitlán, Santiago de Chuco (donde nació César Vallejo), Santiago de Cao, Santiago de Pacaraguas, Santiago de Chocorvos, Santiago de Huata, Santiago de Chile. También abundan otros topónimos

---

* He aquí dos detalles pequeños, pero significativos: hacia 1690, cierto caballero del Perú le manda a sor Juana unos búcaros de fabricación chilena; y en 1697 un español le revela al viajero italiano Giovanni Francesco Gemelli Careri, en Acapulco, las delicias de la yerba mate paraguaya.

religiosos: San Juan de Puerto Rico, San Francisco, Los Ángeles, Santa Ana Chiautempan, San Pedro Xilotepec, San Antonio del Táchira, San José de Cúcuta, Asunción del Paraguay, San Miguel de Tucumán, Concepción de Chile... (En 1813 se quejaba el mexicano fray Servando Teresa de Mier de tantos nombres de santos, que "confunden los lugares, convierten la geografía de América a letanías o calendario, embarazan la prosa e imposibilitan la belleza de las musas americanas".)

Humanismo y antihumanismo

La cultura hispánica de los siglos XVI y XVII es posiblemente la más controvertida de todas las de la era moderna, la más conflictiva, o sea la más apasionante. Si es imposible ver sin pasión las hogueras inquisitoriales, también es imposible leer el *Quijote* fríamente, sin que el lector se sienta arrastrado y cautivado por su humor y su armonía. En vez de emitir un juicio global, quizá sea más útil exponer una breve serie de datos que, desde el concreto punto de vista de la historia de la lengua, puedan dar una idea de cómo se desarrolló en los territorios de habla española la lucha entre las luces (el ansia de libertad, la apertura a todo lo que es humano, la fe en la civilización y el progreso) y las tinieblas (el absolutismo, el rechazo de lo nuevo por el solo hecho de ser nuevo, la defensa encarnizada de los intereses creados). Esta lucha, que se da en todas las sociedades y en todas las épocas, tuvo en el orbe hispánico características especiales.

Las luces están representadas ante todo por el humanismo renacentista, en sus dos expresiones principales, la nórdica o erasmiana y la italiana, expresiones que, una vez recibidas en España, se fundieron sin dificultad en una sola (al contrario de lo que ocurrió en Italia, donde Erasmo tuvo pocos admiradores decididos). El erasmista Juan de Valdés era amigo de Garcilaso, el cual hizo que su amigo Boscán tradujera al español *El Cortesano* de Castiglione, libro que educó a miles de lectores europeos. Y Boscán y Garcilaso renovaron a fondo la poesía castellana adoptando de la italiana no sólo los esquemas métricos, sino toda una visión de lo humano. Por lo demás, el amor a las letras griegas y latinas fue el mismo en Erasmo y en los italianos (aunque Erasmo haya preferido a los moralistas y a los historiadores, y los italianos a los oradores y a los poetas). Juan de Valdés tradujo del griego partes de la Biblia; Garcilaso compuso poemas en latín.

El cardenal Cisneros, rector de la política española durante la minoría de Carlos V, le ofreció a Erasmo, en 1516, un puesto en España. Erasmo no aceptó la invitación, en parte por sus muchos quehaceres y en parte porque España le parecía demasiado bárbara; pero en 1516, justamente, se desató en España una oleada de traducciones de Erasmo sin paralelo en ningún otro país europeo. Dos años antes, en 1514, el impresor de la universidad de Alcalá, Arnao Guillén de Brocar, había publicado en un espléndido volumen, envidia de Europa, la edición príncipe del texto griego del Nuevo Testamento.* Esta universidad de Alcalá, fundada en 1508 por el propio cardenal Cisneros, fue durante la primera mitad del siglo XVI el hogar por excelencia de las ideas modernas. Su ímpetu innovador se contagió a la de Salamanca (aunque ésta, fundada en el siglo XII, tenía demasiados compromisos con el pasado). Fueron momentos privilegiados en la historia de la cultura hispánica. La labor de los humanistas italianos residentes en Castilla, como Pedro Mártir de Angleria y Lucio Marineo Sículo, y también en Portugal, como Cataldo Áquila Sículo, estaba dando sus frutos. Pedro Mártir se felicita-

---

* El Nuevo Testamento es el tomo final de la llamada "Biblia Complutense" *(Complutum* era el nombre romano de Alcalá), pero fue el que se imprimió primero. El texto griego original va acompañado de la "Vulgata", o sea la traducción latina de San Jerónimo que durante diez siglos había sido el único alimento bíblico de la cristiandad. Dos años después, en 1516, Erasmo publicó su propia edición del texto griego del Nuevo Testamento, acompañándolo de una nueva y revolucionaria versión latina. Pero la tipografía griega de la edición erasmiana es inferior a la del Nuevo Testamento de Alcalá, calificada por los conocedores como la más bella de todos los tiempos. Los primeros volúmenes de la Biblia Complutense (1515-1517) contienen el Viejo Testamento, y su disposición es mucho más compleja: el lector que la abre en una página cualquiera se encuentra con seis textos: *1)* el hebreo original; *2)* la antigua versión caldea (o siríaca); *3)* la traducción griega de "los Setenta", hecha por los judíos helenizados de Alejandría en el siglo III a.C. (la tipografía de esta parte es más pequeña y mucho menos elegante que la del Nuevo Testamento); *4)* la Vulgata de san Jerónimo; *5)* una traducción latina literal de la versión caldea, y *6)* una traducción latina literal de la versión griega.

ba de haberse trasladado a un país tan sediento de conocimientos y tan virgen de humanismo: decía que, de haberse quedado en Italia, habría sido un gorrioncillo entre águilas o un enano entre gigantes. En España, desde luego, fue un gigante. Una vez, durante un curso dado en Salamanca sobre las difíciles (y divertidas) *Sátiras* de Juvenal, los estudiantes lo levantaron en hombros y así, "en triunfo", lo llevaron hasta su aula. La literatura de nuestra lengua, en estos primeros decenios del Renacimiento, se escribió en una atmósfera de entusiasmo.

En las Indias, la cultura de los criollos estaba hecha de la misma sustancia que en la metrópoli. Es verdad que hacia 1550 las únicas ciudades que podían llamarse centros de cultura eran México y Lima, y tal vez Santo Domingo (la primera que tuvo universidad). Pero, proporcionalmente, los ideales del Renacimiento y del humanismo penetraron en América en la misma medida que en España. Fernández de Oviedo, imbuido de italianismo y lector de Erasmo, es en Santo Domingo uno de los españoles más civilizados de su tiempo, y su *Historia* uno de los monumentos del humanismo, entendido éste en su sentido más amplio y generoso. Diego Méndez, "el de la Canoa", compañero de Colón en su último viaje y vecino también de Santo Domingo, es famoso por el testamento (1536) en que dejó a sus hijos su biblioteca, formada por sólo diez libros, cinco de los cuales eran traducciones de Erasmo. Fray Juan de Zumárraga, primer obispo de México, reprodujo escritos de Erasmo y del erasmista Constantino Ponce de la Fuente. (Años después, este Dr. Constantino fue encarcelado bajo acusación de luteranismo.) La *Utopía* del inglés Tomás Moro, amigo de Erasmo, tuvo innumerables lectores, pero ninguno tan extraordinario como Vasco de Quiroga, que quiso hacer realidad, en tierras de Michoacán, los ideales de justicia de ese libro revolucionario. Y Francisco Cervantes de Salazar, discípulo del erasmista Alejo Vanegas, no sólo tradujo a Juan Luis Vives, otro gran amigo de Erasmo, sino que, a imitación suya, compuso unos *Diálogos* latinos impresos en México (1554), tres de ellos acerca de México y de su universidad, aún reciente pero ya activa.

Cuando murió Carlos V (1558), la ciudad de México celebró sus exequias con un catafalco adornado de composiciones poéticas en latín y en español (estas últimas en metros italianos), de todo lo cual quedó constancia en el *Túmulo imperial* de Cervantes de Salazar (1560).

Este *Túmulo* puede servir de símbolo de un acontecimiento trascendental. Mucho de lo que había vivido en la cultura española durante la época del emperador quedó sepultado con él. Felipe II, constituido en campeón de la ortodoxia católica contra las demás formas de cristianismo, inauguró un "nuevo estilo" nacional, absolutista e intolerante. No es que la libertad intelectual haya sido completa en tiempos de Carlos V. La Inquisición fue siempre muy poderosa, y la suspicacia de la Iglesia española —la suspicacia, concretamente, de las órdenes monásticas, en particular la de los dominicos— frente a todo cuanto oliera a pensamiento demasiado personal en materias teológicas, filosóficas y científicas era muy aguda ya en el siglo XV. Cuando en 1478 (en vísperas del establecimiento definitivo de la Inquisición en España) un catedrático de Salamanca, Pedro de Osma, expuso ciertas ideas de un libro suyo acerca de la confesión sacramental, la autoridad eclesiástica mandó clausurar las aulas como si estuvieran endemoniadas, y, según dice uno de los documentos que relatan el suceso, "no permitió que se abriesen hasta haber quemado públicamente la cátedra y libro en presencia de su autor, sin que se leyese [= sin que se diesen clases] en ellas hasta bendecirlas", esto es, hasta exorcizarlas. Nebrija, discípulo de Pedro de Osma, tuvo sus conflictos con la Inquisición, como los tuvieron después otros dos catedráticos de Salamanca, fray Luis de León y Francisco Sánchez, el Brocense. De hecho, todos los partidarios de una ciencia libre de trabas, o sea todos los erasmistas, sufrieron en una forma u otra la hostilidad del Santo Oficio.

Caso típico es el de Juan de Vergara, traductor de Aristóteles y de las partes griegas del Viejo Testamento en la Biblia Complutense, encarcelado durante dos años y medio sin otra razón que su erasmismo (a pesar de que Erasmo nunca fue condenado por Roma). Entristecido por la noticia, un estudiante español que se hallaba en París le escribía (1533) a su maestro Vives: "Tienes razón: España está en poder de gente envidiosa y soberbia, y bárbara además; ya nadie podrá cultivar medianamente las letras sin que al punto se le acuse de hereje o de judío; impera el terror entre los humanistas". A ese mismo propósito le escribía Vives a Erasmo: "Estamos pasando por tiempos difíciles, en que no se puede hablar ni callar sin peligro". Irónicamente, la última carta de Erasmo a Vergara, interceptada por los inquisidores, contenía un elogio de los viajes, de esa comunicación con otras gentes que es como "un injerto de la inteligencia", y le decía: "Nada hay más hosco que los seres humanos que han envejecido en su pueblo natal, y que odian a los extranjeros y rechazan cuanto se aparta de los usos del terruño".

Una de las últimas afirmaciones de los ideales de libertad del humanismo se encuentra en *El concejo y consejeros del príncipe* del erasmista Fadrique Furió Ceriol, español europeo educado en el "estilo Carlos V". Declara Furió que todos los modos de pensar son buenos, mientras los hombres que piensan sean buenos: "Todos los buenos, agora sean judíos, moros, gentiles, cristianos o de otra secta, son de una mesma tierra, de una mesma casa y sangre; y todos los malos de la mesma manera"; y llama "enemigos del bien público" a quienes dicen "que todo es del rey, y que el rey puede hacer a su voluntad, y que el rey puede poner cuantos pechos ['impuestos'] quisiere, y aun que el rey no puede errar" (cosas todas que se dirán en efecto en la España de Felipe II).

La historia vino a poner en estas palabras de Furió la misma ironía que en las de Erasmo cuando le hacía al prisionero Vergara el elogio de los viajes. *El concejo y consejeros del príncipe* se imprimió en Amberes en 1559. Ahora bien, justamente ese año de 1559 es el del triunfo definitivo del absolutismo y del oscurantismo (para decirlo en terminología moderna) sobre el deseo de libertad y de progreso. A los tres años de heredar la corona, y a un año apenas de la muerte de su padre, Felipe II mostró en 1559 lo que iba a ser su reinado (y el de sus sucesores). En el campo del pensamiento, los antierasmistas habían ganado la batalla. En ese año de 1559 habían obtenido una victoria espectacular: Bartolomé Carranza, arzobispo de Toledo, favorable a la libertad de pensamiento, fue encarcelado y destituido de su puesto. Felipe II apoyó siempre con brazo fuerte a los contrarreformistas triunfadores, y éstos le juraron fidelidad absoluta y demostraron teológicamente aquello que, según Furió, sólo un enemigo del bien público podría decir: "que el rey puede hacer a su voluntad". Felipe II y sus sucesores tuvieron casi rango de deidades. (Es penoso ver cómo sor Juana Inés de la Cruz exalta hasta las nubes al imbécil Carlos II.) Pocas veces en la historia de los pueblos modernos ha habido una coalición tan íntima, y tan duradera además, entre Iglesia y Estado. Lo anterior a 1559, incluyendo el proceso contra Juan de Vergara, había sido apenas un ensayo.

Ya se habían promulgado varios índices de libros prohibidos, pero el del fatídico año de 1559, hecho bajo la supervisión del inquisidor Fernando Valdés, dejó muy atrás en severidad a sus predecesores. Las obras de Erasmo fueron confiscadas y quemadas, y lo único que de él se toleró fueron los tratados de gramática y retórica. Se pusieron en el índice las obras completas de no pocos escritores españoles, comenzando con aquellos que habían huido de la península para ser libres en el extranjero, como Juan de Valdés y Miguel Servet, cumbres del pensamiento religioso europeo. Totalmente prohibidas quedaron las traducciones de la Biblia, pues su lectura vino a considerarse "fuente de herejías". (Lo curioso es que Fadrique Furió Ceriol había publicado un diálogo latino, *Bononia,* en que defendía lo contrario, argumentando erasmianamente que los apóstoles y evangelistas se habían servido del idioma hablado por el pueblo.) Hoy puede parecer increíble que en el Índice de 1559 estén obras de fray Luis de Granada, de san Juan de Ávila, de san Francisco de Borja y de dos predilectos de santa Teresa, Bernardino de Laredo y Francisco de Osuna. El Índice tuvo muchas reediciones (todavía en 1747 hubo una). El de 1577 es algo más tolerante, gracias a lo cual fray Luis de León, santa Teresa y fray Juan de los Ángeles tuvieron menos dificultades para publicar sus obras. El de 1630 prohíbe gran número de libritos piadosos para eliminar la posibilidad de un sentimiento religioso personal, al margen del control de la Inquisición. Uno de esos libritos es la *Vida del espíritu* (1628) de Antonio de Rojas, donde se imprime por primera vez el célebre soneto "No me mueve, mi Dios, para quererte..."*

---

* Los brotes de "misticismo popular" eran, en buena medida, resultado de tantas prohibiciones de libros religiosos serios. Los legos estaban muy en ayunas. La censura inquisitorial —dijo Eugenio Asensio en 1988— "se basó en la tajante división del público en

A partir de Felipe II, el solo deseo de enterarse de las novedades europeas era peligroso. Se elaboraron refinados mecanismos de control de la imprenta, y la importación de libros extranjeros quedó sometida a estrechísima vigilancia.* El jesuita Juan de Pineda —enemigo de Góngora y enemiguísimo de Quevedo—, que tenía el cargo de "visitador de libros y librerías del reino" y fue el arquitecto principal del Índice de 1630, se mostró muy alarmado por la efervescencia ideológica que había en las naciones extranjeras. Refiriéndose al Índice de 1612, dice que de entonces acá "han salido más libros de herejes humanistas [esto es, cultivadores de las bellas letras], juristas, políticos, poetas y biblistas que en treinta años atrás"; la corte "hervía" de tales libros; "todos los curiosos del reino" los andaban buscando y los mandaban pedir al extranjero; "y, como nuevos, no estaban nombrados [en el Índice] ni prohibidos en especial": de ahí la utilidad de la edición *aggiornata*. (Por fortuna, nunca faltan los violadores de estos reglamentos. Uno de ellos fue Jusepe Antonio González de Salas —gran amigo de Quevedo—, que tenía muchos de sus libros "sin rótulo y por encuadernar, para encubrir los autores". A todo lo cual hay que añadir que desde 1559 se prohibió a

dos clases: los indoctos ignorantes del latín, y los que sabían latín, lengua común de la alta cultura en la Europa occidental. Los que saben latín pueden leer la Biblia, la teología, la filosofía no herética y la totalidad de los textos paganos, [sin excluir a] los poetas y narradores más osados. Los ignorantes del latín son como niños, protegidos por su ignorancia, a quienes casi todos los alimentos culturales son nocivos o arriesgados".

* Añádase que los inquisidores del tiempo de Felipe II, además de exacerbar la censura contra la libertad de pensamiento, la extendieron a la "libertad de lenguaje". El contraste con la época de Carlos V es aquí especialmente marcado. Obras como *La Lozana andaluza* (1528), que todavía a comienzos del siglo XX escandalizaba a Menéndez Pelayo, o como el *Cancionero de obras de burlas y provocantes a risa* (1519), donde hay piezas extraordinariamente libres, desenfadadas y "verdes", como la ya mencionada *Carajicomedia*, dejaron de ser posibles. López de Cortegana, el traductor del *Asno de oro* de Apuleyo, hubiera tenido que dedicarse a otros quehaceres. La España "oficial" de Felipe II fue muy gazmoña en materia de sexo. Las escenas o expresiones "libres" o "licenciosas" de la literatura española existente, comenzando con *La Celestina*, fueron metódicamente castigadas. Quienes sabían italiano, como Cervantes, nunca tuvieron estorbo para leer a Ariosto, pero la traducción del *Orlando* por Jerónimo de Urrea, muy reeditada entre 1549 y 1595, fue puesta en el Índice de 1612. Como previéndolo, en 1585 apareció otra traducción, por Diego Vázquez de Contreras, en cuya aprobación (firmada por Alonso de Ercilla) se dice: "En esta traducción van quitadas las cosas licenciosas, y las impertinentes para nuestra nación"; y en el prólogo dice el traductor: "van cercenadas muchas palabras, y parte de algunos cantos, que me pareció no contener aquella gravedad que se requería".

los españoles salir al extranjero a estudiar o a enseñar, para impedir contagios. Sólo se permitió ir a estudiar derecho en Bolonia y medicina en Montpellier. (Por su parte, dos universidades españolas, la de Salamanca y la de Valladolid, admitieron estudiantes católicos de Irlanda e Inglaterra durante el reinado de los tres Felipes.)

El liderazgo intelectual quedó definitivamente en otras naciones. Un Galileo, un Descartes, un Newton hubieran sido imposibles en los dominios de Felipe II y su dinastía. El helenismo, tan promisor en tiempos de Cisneros y de Carlos V, quedó prácticamente muerto; la tipografía helénica llegó a desaparecer del todo, y los pocos que sabían griego se hacían sospechosos (podían leer los evangelios en su lengua original, o sea que "se apartaban" de la mayoría que sólo sabía leerlos en la traducción de la Vulgata). España, el país de Europa que en esta segunda mitad del siglo xvi estaba en posición ideal para ser la adelantada de los estudios árabes (y no sólo por el contacto excepcional que había tenido durante siglos con el Islam, sino porque aún vivían en su territorio quienes hablaban y leían y escribían árabe), fue durante Felipe II la máxima desdeñadora de lo árabe. El *Arte* y el *Vocabulista arávigo* de Pedro de Alcalá nunca tuvieron sucesores. Fue en Francia y en Holanda donde se inició, a fines del siglo xvi, el arabismo moderno. (Cuando los "ilustrados" del xviii quisieron hacer una clasificación de los manuscritos árabes existentes en El Escorial, tuvieron que acudir a un experto extranjero, el maronita sirio Miguel Casiri.) También se le fue a España de las manos otro liderazgo: el del hebraísmo. La edición del texto hebreo de la Biblia Complutense había sido obra de judíos conversos, en particular Pablo Coronel, autor además del léxico hebreo-latino impreso al final del Viejo Testamento. Era natural que fueran conversos o descendientes de conversos los sabios en esta materia. Hacia 1570 había cuatro grandes hebraístas en España: Alonso Gudiel en la universidad de Osuna, y fray Luis de León, Gaspar de Grajal y Martín Martínez de Cantalapiedra en la de Salamanca. Todos, salvo el último, eran de origen converso. La persecución desatada contra ellos en 1572 es una de las muestras más repugnantes del antisemitismo oficial (Gudiel murió trágicamente en la cárcel). Durante estos acontecimientos, otro humanista,

Benito Arias Montano, publicaba en Amberes (1569-1573) la llamada *Biblia Regia,* poliglota como la Complutense; pero los sabios que se encargaron de la edición del texto hebreo no fueron ya españoles.

En la época de Carlos V, desde Juan Luis Vives, que en 1520 hablaba del triste papel que hacían en Europa los españoles, llenos de "concepciones bárbaras de la vida que se transmiten unos a otros como de mano en mano", hasta Andrés Laguna, que en 1557 decía que sus paisanos se habían granjeado el aborrecimiento de todos los europeos (los turcos inclusive) a causa de su soberbia, nunca dejaron de escucharse voces que llevaron a cabo una auténtica labor de autocrítica nacional. En la época de los Felipes esas voces fueron metódicamente reprimidas.

Por otra parte, en tiempos de Carlos V no hubo casi ningún escritor español que no fuera devoto de su rey (es muy representativo el soneto de Hernando de Acuña que celebra la hegemonía española y sueña con "un Monarca, un Imperio y una Espada" para todo el mundo), y esa devoción fue fruto espontáneo del entusiasmo. Pero a partir de Felipe II el patriotismo se fue convirtiendo, cada vez más, en consigna. Alonso de Ercilla intercaló en su *Araucana* visiones heroicas de las batallas de Saint-Quentin y de Lepanto; Fernando de Herrera dedicó a don Juan de Austria dos odas encomiásticas, una por la victoria de Lepanto y otra por el escarmiento que les dio a los pobres moriscos de las Alpujarras. Cervantes era seguramente sincero cuando decía que la batalla de Lepanto fue "la más alta ocasión que vieron los siglos pasados ni esperan ver los venideros". Algo de fervor patriótico y católico hay en *El Brasil restituido,* comedia de Lope de Vega que celebra la reconquista de Bahía de manos de los holandeses por una escuadra hispano-portuguesa, o en comedias de Calderón como la que celebra las victorias de Wallenstein contra los protestantes y la que celebra (como el famoso cuadro de Velázquez) la toma de Bredá. Pero ¿qué decir del libro de 1631 en que un numeroso coro de poetas —Lope de Vega entre ellos— festejó como hazaña sobrehumana, digna de Júpiter, el que Felipe IV, en un coto cerrado, y detrás de una barrera, y rodeado de cortesanos y de criados, hubiera matado un toro de un arcabuzazo? En cuanto a los

elogios prodigados a Carlos II y a su aberrante política, son sencillamente grotescos.*

El único caso ilustre de crítica del imperio en el siglo XVII es el "me-
morial" versificado, atribuido no sin verosimilitud a Quevedo, en que el
autor le dice a Felipe IV que es inhumano mantener en Europa una ilu-
sión de dominio a costa de la sangre y el bienestar de los españoles.
Pero entre la crítica abierta y la adulación descarada quedaban vías intermedias. Una de ellas era la reticencia, que es el arte de decir cosas sin
decirlas. En 1609, Bernardo de Aldrete sugiere con un discreto "y no
digo más" que la represión de los moriscos de las Alpujarras fue demasiado salvaje. De manera parecida el historiador José de Sigüenza, en
1600, en el momento en que casi va a decir lo que piensa de la manera
innoble como Fernando el Católico y su brazo militar Gonzalo Fernández de Córdoba (alias "el Gran Capitán") se apoderaron del reino de
Nápoles, se para en seco y estampa sólo este comentario: "Aquí se quedan mil hoyos y pleitos que se averiguarán el Día del Juicio". La represión convirtió a los escritores de lengua española en grandes maestros
del arte de la reticencia, de la cautela, de cierta "hipocresía heroica",
como alguien la ha llamado. Y el más grande de esos maestros fue Cervantes.

Otra vía intermedia es la imparcialidad artística. Así como el Velázquez de la *Rendición de Bredá* pone en los rostros holandeses (calvinis-
tas) la misma nobleza que en los españoles (católicos), así también el

---

* Carlos II no llegó ni siquiera a matar un toro de un arcabuzazo. Lo que le celebraron
los poetas fue una "ínclita hazaña", una "heroica acción" de tipo distinto. El 28 de enero
de 1685 paseaba el rey con algunos de sus cortesanos, en coche, por las orillas de Madrid,
cuando vio a un humilde cura que, acompañado del sacristán, llevaba el viático a un
enfermo. Con enorme pasmo de los cortesanos, y de algunas mujeres que lavaban en la
poca agua del río Manzanares, el rey cedió su coche al cura y al azorado sacristán, se puso
al estribo, "de gentilhombre", e hizo que sus paniaguados acompañaran a pie al Santísimo
hasta casa del moribundo. La convocatoria a los poetas fue inmediata, y no menos inmediata la respuesta: el 3 de febrero, menos de una semana después de ejecutada la heroica
acción, los poetas de Madrid se reunieron en casa de don Pedro de Arce, uno de los cortesanos, para leer un número increíble de composiciones encomiásticas. La convocatoria
llegó con natural retraso a tierras americanas, y varios poetas de la Nueva España, uno de
ellos sor Juana, unieron su voz a la de sus colegas peninsulares. (Es notable cómo algunos
de esos celebradores del pobre Carlos II dicen que un rey devoto del Santísimo Sacramen-
to vale infinitamente más que un rey que gana batallas militares o diplomáticas.)

Ercilla de la *Araucana* presta a los indios chilenos y a sus dominadores un mismo alto nivel de cualidades humanas. Ni siquiera los corsarios ingleses Francis Drake y John Hawkins aparecen como monstruos en la *Dragontea* de Lope de Vega. Por lo demás, la desproporción entre lo celebrado y la manera de celebrarlo se pierde de vista cuando el resultado es una obra de arte. La victoria de Saint-Quentin fue insignificante, pero El Escorial es ciertamente un edificio estupendo. También la rendición de Bredá fue un episodio intrascendente. Las hazañas exaltadas por muchos poetas y prosistas y autores teatrales del siglo XVII se reducen a menudo a nada, son exageración pura. En manos de escritores como Quevedo y Calderón, la hipérbole llega a veces a la cumbre del arte. (Góngora, también maestro de la hipérbole, es siempre más complejo: exalta ciertamente a los monarcas, pero en un largo pasaje de las *Soledades* deplora muy de veras los males que la codicia de los exploradores y conquistadores trajo a la humanidad.)

Desde el punto de vista de la historia de la lengua, los datos que anteceden tienen una doble importancia. Por una parte, explican el relativo raquitismo y atraso del vocabulario castellano en todos aquellos sectores (política, economía, ciencia, filosofía, etc.) en que los demás países del occidente europeo se adelantaron a España —raquitismo y atraso cuyas consecuencias siguen siendo actuales. Y, por otra parte, ayudan a comprender la naturaleza peculiar del lenguaje literario español del siglo XVII, su especialísima riqueza. Algo que no consiguió coartar Felipe II fue la fantasía. Más aún: es como si la obra de quienes escribían en España hacia 1615, hombres criados bajo el austero régimen de Felipe II, fuera producto, más que de genios individuales, de una como necesidad social, colectiva, de hallar nuevas entradas y salidas en un edificio cuyas puertas estaban tapiadas. La literatura de nuestra lengua eclipsaba en esos momentos a todas las demás. En 1615 Lope de Vega llevaba escritos, entre muchísimas otras cosas, varios centenares de piezas teatrales. En 1615, un siglo después de los inicios de ese humanismo erasmiano que Felipe II sofocó, Miguel de Cervantes —un "ingenio lego", poseedor, como Shakespeare, de "poco latín y menos griego"— publicaba la segunda parte del *Quijote,* envidia de todas las literaturas y culminación de no pocas de las ideas de Erasmo. En 1615, menos de un siglo después del injerto de los modos italianos en la poesía española, circulaban de mano en mano, manuscritas, las *Soledades* de Góngora. Finalmente, en 1615 se hallaba en pleno auge otra literatura, no la del humor y la fantasía, sino la del desengaño y el ascetismo razonado, producto también de un estado de ánimo colectivo que de ninguna manera había sido el dominante en tiempos de Carlos V.

ESPAÑA Y EUROPA

En el escenario europeo de los siglos XVI y XVII los españoles estuvieron bajo las candilejas y cuajaron en "figura" o "tipo". El resto de Europa los vio como paradigmas de grandes virtudes o de grandes vicios, y así lo español fue unas veces modelo digno de imitación y otras veces objeto de repudio o de risa. En un extremo está Castiglione, que alaba la "gravedad sosegada, natural de España", y en el otro quienes, habiendo leído por ejemplo la *Brevíssima relación* de Las Casas en una de sus muchas traducciones, sienten a España como la encarnación de la crueldad y el fanatismo, o quienes inventan y transmiten historietas sobre la vacuidad y fanfarronería de esos hombres que pisan fuerte y hablan a gritos dondequiera que van. Los españoles, por su parte, fueron muy conscientes de su papel en el mundo y de las reacciones que provocaban, debidas no solamente a la envidia y el resentimiento de los europeos, sino también al comportamiento de los propios españoles, que se sentían dueños del mundo. (Piénsese en la reacción de buena parte del mundo actual ante los Estados Unidos.) Según la "leyenda negra", surgida en tiempos de Felipe II, los españoles son bárbaros, ignorantes, vanidosos, arrogantes, fanáticos (¡la Inquisición!), etc. Como ya vimos (en nota de la p. 225), esta "leyenda" se originó en la *Brevíssima relación de la destruyción de las Indias* de fray Bartolomé de las Casas (1552). Un censor del Santo Oficio pidió la prohibición del explosivo librito "por decir cosas muy terribles y fieras de los soldados españoles, que, aunque fueran verdad, bastaba representarlas al rey o a sus ministros, y *no publicarlas*, porque de ahí los extranjeros toman argumentos para llamar a los españoles crueles y fieros".*

Una cosa que llamó la atención de los demás europeos fue el exagerado sentimiento de la *honra*, de la *hidalguía*, de la *grandeza*, que llegaron a tener los españoles. Es un hecho que ese exagerado sentimiento fue, en buena medida, la afirmación de los "valores" nacionales contra una Europa que llamaba humorísticamente "pecadillo de España" *(peccadille d'Espagne, peccadiglio di Spagna)* la falta de fe en la Santísima Trinidad, dogma rechazado por los judíos y los musulmanes, de manera que se enderezó contra todos los españoles el ofensivo mote de *marranos* que ellos habían lanzado contra moros y judíos. En el sentimiento de honra confluían, pues, la superstición de la "limpieza de sangre" y la ostentación de ortodoxia, pero también los humos de quien ha dejado de ser un don nadie y quiere subir más y más, y lo antes posible. Para esos españoles hipersensibles, el tratamiento de *vos* (perfecto análogo, hasta entonces, del *vous* francés y del *voi* italiano) vino a ser insuficientemente respetuoso, o sea ofensivo, de manera que sus subordinados tuvieron que cambiarlo, casi de la noche a la mañana, por el nuevo e incómodo de *vuestra merced.* La rapidez de la sustitución se puede ver gráficamente en la cantidad de formas por que atravesó ese pronombre entre 1615 y 1635 (y no durante los siglos que de ordinario requieren los cambios lingüísticos) para llegar a *usted:* por una parte, *vuesarced, voarced, vuarced, voacé* y *vucé;* por otra, *vuasted, vuested, vusted* y *uced* (además del *bosanzé* o *boxanxé* de los moriscos).

El Nuevo Mundo suministró un ancho teatro para esta clase de exhibiciones. En 1591 el doctor Juan de Cárdenas, español que llevaba menos de quince años de residir en México, publicó aquí un libro en que contrasta la discreción de los habitantes de la Nueva España con la desconsi-

---

* He aquí lo que pensaban tres españoles serios. Cristóbal Mosquera de Figueroa le pide a Felipe II que prohíba la macabra exhibición de los reos descuartizados en pueblos del norte, para no dar que decir a "tantos extranjeros y peregrinos como pasan por el camino francés". Cervantes, por boca del Cura, dice que "los extranjeros, que con mucha puntualidad guardan las leyes de la comedia, nos tienen por bárbaros e ignorantes viendo los absurdos y disparates de las que hacemos". Góngora, en 1611, critica a la ciudad de Écija por el presuntuoso y ridículo catafalco que ha erigido en homenaje a una reina difunta, y le aconseja más discreción: "¡No alimentes gacetas en Europa!"

deración y arrogancia de los españoles recién llegados de la península, a los cuales aplica no uno, sino dos apodos: *chapetones* y *gachupines*.* Fernández de Oviedo cuenta la representativa historia del gachupín García de Lerma, mercader vulgar e inculto que, tras conseguir mediante astucias ser nombrado gobernador de Santa Marta (región de la actual Colombia), ordenó al punto que le dijeran, no *vuestra merced*, sino *vuestra señoría*, haciéndose servir "con mucha solemnidad y cerimonias" como si fuera todo un grande de España, "y de no menos espacio se limpiaba los dientes después que acababa de comer, dando audiencia e proveyendo cosas, que lo solía hacer el católico rey Fernando o lo puede hacer otro gran príncipe".

Las ceremonias y el limpiarse muy despacio los dientes (con esa "gravedad sosegada" que elogió Castiglione) estaban bien para los grandes. Pero es como si cada español se hubiera sentido entonces un grande. Para el resto de Europa, los españoles eran los fanfarrones por antonomasia, los Rodomontes reencarnados (Rodomonte es el caudillo de alma "altiva y orgullosa" que muere a manos de Ruggiero al final del *Orlando furioso*). A fines del siglo XVI comenzaron a circular en todas partes, en un castellano no siempre muy fluido, y con traducción a la lengua del país en que se imprimían, series de *Rodomontadas españolas*, frases

---

* La historia de la palabra *gachupín* es curiosa. En 1545 vivía en el cantábrico pueblo de Laredo un tal Francisco Cachopín, especie de caciquillo que, para "engrandecer su casa", se apropió de un tramo de la calle real (donde estaba la mejor toma de agua); los vecinos pusieron demanda ante la Chancillería de Valladolid; ésta les dio la razón, y el suceso causó mucha risa en la corte. Jorge de Montemayor, que estaba allí, se burló de los presuntuosos Cachopines en un pasaje de la *Diana* (y su burla tuvo un eco vigoroso en Cervantes y en el poeta Andrés Rey de Artieda). La *Diana*, publicada en 1559 y reeditada innumerables veces, fue leída por todo el mundo. Y entre los lectores estaban, en América, quienes se creían con derecho a una buena situación por ser los primeros criollos, hijos de los conquistadores y de los primeros pobladores, y veían una y otra vez cómo llegaban peninsulares a ocupar los cargos más jugosos y dándose muchos humos. Estos criollos no tardaron en llamar *cachopines* a los advenedizos prepotentes. En un poema escrito en México hacia 1575, Juan de la Cueva llama *cachopines* con toda naturalidad a los recién llegados. El origen de la palabra *chapetón* no se ha averiguado. Al principio significaba sólo 'inexperto, bisoño', y se contraponía al *baquiano*, o sea el ya conocedor de las cosas americanas. Muy pronto se hizo sinónimo de *gachupín*, en el sentido de 'recién venido que llega dándose muchos humos'. En el Perú hubo otro sinónimo: *godo*, con alusión a los que se decían descendientes en línea recta de los idealizados visigodos (y libres, por lo tanto, de cualquier sospecha de sangre morisca o judía).

pronunciadas por "el Capitán don Diego de Esferamonte y Escarabom-
bardón", o bien por "los muy espantosos, terribles e invincibles capitanes
Matamoros, Crocodilo y Rajabroqueles", de las cuales vale la pena leer
algunos ejemplos:

> ¿Quál será aquella grandíssima desvergonçada que no se enamorará deste
> muslo esforçado, deste braço poderoso, deste pecho lleno de fuerças y va-
> lentía?...
> Voto a Dios, bellaco, si voy allá te daré tal bastonada con este palo, que
> te haré entrar seis pies dentro de tierra, que no te quedará más del braço
> derecho afuera para quitarme el sombrero [= para quitarte el sombrero en
> honor mío] quando passare.
> Si voy a ti, te daré tal puntapié llevándote arriba, que cargado de diez
> carretadas de pan, más miedo ternás de la hambre que de la caída.*

Otro aspecto de lo mismo es la costumbre de las largas sartas de apellidos. Quevedo la satirizó en el *Buscón*, donde hay un personaje llamado
Don Toribio Rodríguez Vallejo Gómez de Ampuero y Jordán ("no se vio
jamás nombre tan campanudo, porque acababa en *dan* y empezaba en
don, como son de badajo"), pero fueron sobre todo extranjeros los que
se rieron de ella. Hay en Voltaire un Don Fernando de Ibarra y Figueroa
y Mascareñas y Lampourdos y Souza, y en Alexandre Dumas un Don
Alfonso Oliferno y Fuentes y Badajoz y Rioles. Uno de los últimos ava-
tares de esa imagen es el nombre que da James Joyce, en un pasaje del
Ulysses, al representante de España ante una especie de concilio: Señor
Hidalgo Caballero Don Pecadillo y Palabras y Paternoster de la Malora
de la Malaria.

Los testimonios sobre la manera de ser de los españoles tienen un
doble interés. El poeta italiano que habla de cómo en Nápoles se ha

---

* El fanfarrón, por supuesto, ha sido siempre y en todas partes personaje cómico. Aparece, por ejemplo, en el *Miles gloriosus* de Plauto. Melchor de Santa Cruz dedica un capítulo de su *Floresta española* a los *fieros,* frases memorables dichas por valentones y pre-
sumidos. He aquí uno de esos *fieros:* "Decía un soldado: No me enojéis, que os eche tan
alto, que temáis más la hambre que la caída". La tercera rodomontada que cito en el texto
procede, pues, de la *Floresta.* Lo que hacen las *Rodomontadas españolas* es presentar al
español como el fanfarrón por excelencia.

puesto de moda besar ceremoniosamente las manos y hasta "sospirare forte alla spagnuola", acusa a sus habitantes de ser "quasi più spagnuoli che napolitani", pero al mismo tiempo declara que eso es lo que está sucediendo. Estos testimonios son muy abundantes. El novelista Carlos García afirmaba en 1617 que el rey de Francia, Luis XIII, "el día que quiere hacer ostentación de su grandeza al mundo, se honra y autoriza con todo lo que viene de España: si saca un hermoso caballo, ha de ser español; si ciñe una buena espada, ha de ser española; si viste honradamente, el paño ha de ser de España; si bebe vino, ha de venir de España"; y por los mismos años el dramaturgo Ben Jonson enumeraba en un pasaje de *The Alchemist* las cosas españolas admiradas por los ingleses: de nuevo la espada y el caballo *(gennet,* o sea *jinete,* arabismo que significa el caballo de sangre árabe y la persona que lo montaba), y también el corte de barba, los guantes almizclados, las gorgueras, los modales ceremoniosos, y una danza, la *pavana* (aprendida por los españoles en Italia). La expresión *buen gusto,* inventada al parecer por Isabel la Católica, fue adoptada o calcada por el inglés *(gusto),* el francés *(goût),* el italiano *(buon gusto)* y el alemán *(Geschmack).*

Muchas otras cosas propagaron los españoles: juegos de naipes, técnicas de guerra, usos mercantiles, la guitarra, la costumbre de fumar (aprendida en el Nuevo Mundo, sobre todo en México), etc., y todas ellas estuvieron acompañadas de algún reflejo lingüístico, particularmente los exóticos productos que España llevaba a Europa desde sus vastos dominios coloniales. La palabra *calebasse,* en francés, no designa la calabaza europea, que naturalmente ya tenía nombre, sino la americana; la palabra *spade,* en inglés, nombre de uno de los palos de la baraja, es la palabra española *espada;* la palabra *chicchera,* en italiano (pronunciada KÍKKERA), es adaptación de *jícara,* del náhuatl *xicalli.*

He aquí una lista abreviada de vocablos españoles adoptados por la lengua francesa en los siglos XVI y XVII: *grandiose, bravoure, matamore (matamoros,* o sea 'valentón'), *fanfaron* y *fanfaronnade, hâbler* (que no es 'hablar', sino 'hablar con fanfarronería'), *compliment* y *camarade; alcôve* (alcoba), *sieste, picaro, duègne* (dueña, vieja que cuida a una jovencita), *mantille, guitare, castagnette* (coexistían en español *casta-*

ñuela y *castañeta*); *chaconne, passacaille* y *sarabande; créole, métis, nègre* y *mulâtre; ouragan* (huracán), *embargo, caravelle, canot* (canoa), *felouque* (coexistían en español *falúa* y *faluca*); *cacao, chocolat, maïs, patate, tomate, vanille* (vainilla), *tabac* y *cigare*.

El italiano, el inglés, el alemán, el holandés y otras lenguas europeas adoptaron también casi todos esos vocablos, nueve de los cuales no son de raigambre española antigua, sino que se originaron en el Nuevo Mundo. Las lenguas más remotas, como el ruso, el polaco y el húngaro, tomaron sus hispanismos por mediación del francés o del italiano.

En 1546, en presencia del papa y de un obispo francés, delegado de Francisco I, Carlos V pronunció un discurso de desafío al rey de Francia; el obispo se quejó de no haber entendido bien, y el emperador le espetó la célebre respuesta: "Señor obispo, entiéndame si quiere, y no espere de mí otras palabras que de mi lengua española, la cual es tan noble que merece ser sabida y entendida de toda la gente cristiana", —auténtica *rodomontada* (o, si se quiere, versión suavizada del "requerimiento" que los capitanes de Carlos V hacían a los indios), tanto más notable cuanto que ese hombre que decía *"mi* lengua española" la aprendió a los veinte años y nunca la habló limpia de acento extranjero. En 1619 Luis Cabrera de Córdoba, el historiador de Felipe II, afirmaba que éste había logrado ver la lengua castellana "general y conocida en todo lo que alumbra el sol, llevada por las banderas españolas vencedoras, con envidia de la griega y la latina, que no se extendieron tanto". Sin este tono imperialista y militarista,* el sensato Bartolomé Ximénez Patón constata, en 1604, la difusión de la lengua española; que la aprendan los moriscos y los indios americanos "no lo tengo por grandeza o blasón", puesto que son súbditos del rey de España; pero "que otras naciones, donde los españoles no tienen ningún señorío, de propia voluntad, forzados de conocer su elegancia, cortesía y suavidad, la procuren saber, esto es de mucha estima"; en Roma, por ejemplo, hay ahora

---

* Es notable que un famoso escritor italiano, Tommaso Campanella, haya tenido la misma visión que el español Cabrera: en su tratado *De monarchia Hispana,* publicado en 1600, Campanella instruye al rey de España sobre la manera de consolidar y mantener el imperio español en Europa; tres medios tiene para conseguirlo: la espada, la riqueza y, sobre todo, la lengua.

"estudios ['escuelas'] de lengua española", y en Francia los hay desde hace más de medio siglo.

Ya en la Italia de 1535, según testimonio de Juan de Valdés, "así entre damas como entre caballeros" se tenía por "gentileza y galanía" hablar español. Cervantes decía en 1615 que en Francia "ni varón ni mujer deja de aprender castellano". En 1525, cuando las fuerzas de Carlos V derrotaron al rey de Francia en Pavía, la situación era muy distinta. Cuenta un historiador que, mientras Francisco I atravesaba el campo de batalla con sus captores españoles, se topaba a cada paso con grupitos de franceses igualmente capturados, y "él los saludaba alegremente diciéndoles por gracia que procurasen de aprender la lengua española, y que pagasen bien a los maestros, que hacía mucho al caso". Lo dijo de chiste ("por gracia"), pero fue eso lo que hizo Luis XIII en enero de 1615: tomó un maestro de español —y es de suponer que le pagó bien— porque hacía mucho al caso, ya que en octubre iba a contraer matrimonio con una hija de Felipe III.

Al lado de los que aprendían español "por gentileza y galanía", estaban los muchos que lo hacían por conveniencia. Como decía en 1659, en no muy buen español, el flamenco Arnaldo de la Porte, autor de una gramática y un diccionario españoles para uso de sus compatriotas: "Nos está de verdad la lengua española necessaria por los infinitos negocios que se han cada día de tratar en las cortes de Madrid y de Bruselas, y por otras pláticas y estudios privados que consisten a explicar la mente de los authores españoles". Casi un siglo antes, Benito Arias Montano había propuesto fundar en Lovaina una verdadera cátedra de lengua española en beneficio de los súbditos de los Países Bajos, "por la necessidad que tienen della, ansí para las cosas públicas como para la contratación", o sea para el comercio. (No de otra suerte, el día de hoy, miles de politólogos, economistas y hombres de ciencia necesitan en todas partes saber inglés.)

Para responder a esa necesidad, durante mucho tiempo, sobre todo entre 1550 y 1670, salió de las imprentas europeas una cantidad impresionante de gramáticas españolas y de diccionarios que relacionaban el español con alguna o algunas de las otras lenguas. Dos de las gramáticas más antiguas se imprimieron justamente en Lovaina: la *Útil y breve institución para aprender los principios y fundamentos de la lengua hespañola* (1555) y la *Gramática de la lengua vulgar española* (1559); las dos son anónimas. Entre los autores extranjeros de gramáticas españolas están el italiano Giovanni Mario Alessandri (1560), los ingleses John Minsheu (1599) y Lewis Owen (1605), los franceses Gabriel Meunier (1558), Jean Saulnier (1608) y Jean Doujat (1644), el alemán Heinrich Doergangk (1614) y el holandés Carolus Mulerius (1630). Entre los autores de diccionarios, el italiano Girolamo Vittori (1602), el inglés John Torius (1590) y los franceses Jean Palet (1604) y François Huillery (1661). Otros hicieron las dos cosas: gramática y diccionario. Los más notables son el inglés Richard Percivale (1591), el francés César Oudin (1597, 1607), el italiano Lorenzo Franciosini (1620, 1624), el ya mencionado Arnaldo de la Porte (1659, 1669) y el austríaco Nicholas Mez von Braidenbach (1666, 1670). Franciosini y Oudin fueron traductores del *Quijote.* Oudin, que publicó también unos *Refranes* (1605) con traducción francesa, tuvo el acierto de incluir en la segunda edición de su diccionario (1616) un *Vocabulario de xerigonza,* que no es sino el de *germanía* de Juan Hidalgo. Si se tiene en cuenta que esta lista de autores no es completa, y que sus gramáticas y diccionarios tuvieron por lo común gran número de reediciones, adaptaciones, refundiciones y aun traducciones (la *Grammaire et observations de la langue espagnolle* de Oudin, por ejemplo, se tradujo al latín y al inglés), se entenderá mejor lo que fue, en esa coyuntura de la historia, la necesidad europea de aprender la lengua española.

En comparación con la lista anterior, la de autores españoles es exigua. En cuanto a diccionarios bilingües, el único importante es el *Vocabulario de las dos lenguas toscana y castellana* de Cristóbal de las Casas, publicado en Sevilla en 1570 (y muy reeditado a partir de 1576, aunque ya no en Sevilla, sino en Venecia). También puede mencionarse el muy tardío *Diccionario de las lenguas española y francesa* de Francisco Sobrino (1705). Pero, aunque poco numerosos, los autores españoles de gramáticas destinadas a extranjeros merecen una mención aparte por la importancia que tiene su labor para la historia de la lengua. La necesidad de explicar las peculiaridades del castellano en su realidad viva los obligó a prescindir de las categorizaciones latinas de Nebrija y a reflexionar por cuenta propia. Muchas de las gramáticas de autores extranjeros, en particular la de César Oudin, se hicieron también a base de conocimiento directo de la lengua hablada, pero los españoles tenían la ventaja inestimable de poseer como materna esa lengua cuya estructura se empeñaban en explicar. Casi todos ellos fueron, además, hombres de cultura superior. Los más señalados, aparte de los autores de las ya citadas gramáticas anónimas de Lovaina, son éstos: Francisco Thámara, humanista, traductor de Erasmo *(Suma y erudición de gramática*, Amberes, 1550); Alfonso de Ulloa, dedicado en Italia al negocio librero *(Introdutione nella quale s'insegna pronunciare la lingua spagnuola*, Venecia, 1553); Cristóbal de Villalón, otro erasmista *(Gramática castellana*, Amberes, 1558); Juan Miranda *(Osservationi della lingua castigliana*, Venecia, 1565, gramática muy reeditada y muy plagiada por las que se publicaron después); Antonio de Corro, uno de los grandes protestantes españoles, compañero de Casiodoro de Reina *(Reglas gramaticales...*, Oxford, 1586); Ambrosio de Salazar, establecido en Francia y dedicado sólo a la enseñanza del español *(Espexo general de la gramática...*, Rouen, 1614), y los también profesores Juan de Luna *(Arte breve y compendiosa...*, París, 1616), Jerónimo de Texeda *(Gramática de la lengua española*, París, 1619), Marcos Fernández *(Instruction espagnole*, Colonia, 1647) y Francisco Sobrino *(Nouvelle grammaire espagnolle*, Bruselas, 1697).

Es notable el contraste entre semejante proliferación de gramáticas españolas para uso de extranjeros y la falta de interés de los españoles por las lenguas extranjeras, salvo la italiana, que muchísimos conocían por la simple lectura, sin necesidad de manuales. Rarísimos españoles de estos siglos supieron hablar alemán, holandés, inglés y aun francés. ¿Por qué iban a aprender lenguas extranjeras, si los extranjeros se encargaban de aprender la castellana? La difusión europea de nuestra lengua está implicada en la famosa "profecía" de Nebrija. Por eso es digna de mención la *Gramática para aprender a leer y escrivir la lengua francesa* de Baltasar de Sotomayor, impresa en Alcalá en 1565 junto con un *Vocabulario* francés-español hecho por el francés Jacques Ledel ("Jaques de Liaño"). Sotomayor no piensa como pensaba Nebrija. "La grandeza de España ha venido en tanta pujanza" —dice—, que un español alerta necesita "tener conocimiento de las más lenguas que en Europa se hablan". A la corte acuden personajes de lugares sujetos a España que no hablan español, y "hácese desagradable el trato, y muchas veces perjudicial y dañoso". Remedio: aprender idiomas. "Dos principalmente me parece que son los más necesarios, italiano y francés". Otra razón: la actual reina de España es francesa (Isabel de Valois, tercera mujer de Felipe II), y "uno de los mayores entretenimientos" de la corte es el trato con las damas, "de las cuales muchas son francesas".*

Mano a mano con la difusión de la lengua de España iba la de su literatura. Fueron muchísimas las obras publicadas en distintos países europeos, sobre todo Flandes, Francia e Italia. En la primera mitad del siglo XVI salieron de las imprentas de Venecia 16 ediciones en lengua española y 93 traducciones, cifras que en la segunda mitad llegaron, respectivamente, a 71 y 724. En Venecia se había establecido Alfonso de Ulloa, el cual, para atraer compradores, anunciaba en la portada de su *Introdutione* una explicación de las palabras difíciles de *La Celestina,* y editó, refundió y tradujo, siempre en Venecia, gran número de *best sellers* españoles de interés histórico como una *Vida de Carlos V* y la

---

* Hubo otra *Gramática francesa,* que en la primera edición (Douai, 1624) tiene como autor a fray Diego de la Encarnación, y en la segunda (Madrid, 1639) a Diego de Cisneros, seguramente porque dejó de ser fraile. Cisneros desconoce el precedente de Sotomayor, pues dice: "Si bien se hallan muchas gramáticas en francés de pocos años a esta parte para aprender español, sola ésta hay en español para aprender francés". (Este Diego de Cisneros tradujo las "Experiencias y varios discursos de Miguel, señor de Montaña", o sean los *Ensayos* de Montaigne, pero naturalmente su traducción quedó inédita.) Por otra parte, el andariego Juan Ángel de Sumarán publicó en Ingolstadt, en 1626, un *Thesaurus linguarum* que contiene cuatro gramáticas: española para italianos (o sea en italiano), española para franceses, y francesa y alemana para hispanohablantes (la gramática alemana es caso único). Y un francés que hispanizó su nombre como "Bartelmo Labresio de la Puente" publicó en París en 1666 unos *Paralelos de las tres lenguas, castellana, francesa e italiana,* que contiene tres gramáticas: francesa e italiana para hispanohablantes, y española para franceses. El primer manual para aprender inglés es el de James Howell, *Gramática de la lengua inglesa, prescriviendo reglas para alcançarla* (Londres, 1662), a la cual siguió, mucho más tarde, la de Joaquín de San Pedro, *Gramática inglesa y española* (Madrid, 1769).

Vida de Colón atribuida a su hijo Fernando Colón, de interés moral como el *Diálogo de la dignidad del hombre* de Fernán Pérez de Oliva, el libro sobre la "honra militar" de Jerónimo Ximénez de Urrea y el *Remedio de jugadores* de Pedro de Covarrubias (consejos a los enviciados en los juegos de naipes), pero sobre todo de interés literario: novelas como la anónima *Questión de amor* y el *Proceso de cartas de amores* de Juan de Segura, las *Epístolas* de fray Antonio de Guevara, las *Cartas de refranes* de Blasco de Garay y otras más.

Para lectores de fuera de España, pero interesados en la literatura española, se compusieron continuaciones del *Lazarillo* y de la *Diana,* respectivamente por Juan de Luna y por Jerónimo de Texeda, autores ambos de gramáticas. Fuera de España se compusieron unos *Diálogos muy apazibles* que corrieron por Europa en castellano y en ediciones bilingües (traducción francesa por Juan de Luna, italiana por Lorenzo Franciosini); fuera de España, naturalmente, se compusieron las *Rodomontadas españolas,* que corrieron en la misma forma (la traducción italiana, por Franciosini). No pocas obras literarias se reeditaron mucho más en el extranjero que en España. Sobre todo, es asombrosa la cantidad de traducciones de libros españoles que se hicieron en Europa durante estos dos siglos, comenzando con las novelas de Diego de San Pedro, *Cárcel de Amor* y *Arnalte y Lucenda,* y siguiendo con *La Celestina,* los escritos todos de Antonio de Guevara y Pero Mexía y muchísimos más. Para las traducciones del *Quijote* véase la nota de la p. 215. La mayor parte de los grandes autores religiosos fueron traducidos también a las lenguas europeas. (La descripción bibliográfica de todo lo que se tradujo quizá llenaría un volumen del tamaño de este que el lector tiene en las manos.) Por último, la literatura española sirvió de inspiración y de estímulo a las demás. Guevara no sólo le dio a La Fontaine la idea de "El villano del Danubio", sino que inspiró en Inglaterra toda una teoría de la prosa artística, el "eufuismo": el libro de John Lyly, *Euphues, the Anatomy of Wit,* homenaje al *wit* ('ingenio') del fraile español, traslada al inglés los artificios retóricos del *Marco Aurelio.* Madeleine de Scudéry y Madame de La Fayette se inspiraron en las novelescas *Guerras de Granada* de Ginés Pérez de Hita; Honoré d'Urfé, en la *Diana* de Montemayor; Jean-Pierre Florian, en la *Galatea* de Cervantes; los moralistas La Bruyère y La Rochefoucauld, en Baltasar Gracián; Paul Scarron imitó las poesías burlescas de Góngora; *Le Cid* y *Le Menteur* de Corneille son adaptaciones, respectivamente, de *Las mocedades del Cid* de Guillén de Castro y de *La verdad sospechosa* de Ruiz de Alarcón; y si el *Don Juan* de Molière no es imitación directa del de Tirso de Molina, es porque en sus tiempos el personaje creado por el dramaturgo español pertenecía ya al legado literario europeo gracias a las traducciones e imitaciones que se habían hecho sobre todo en italiano y en francés. También los escritores religiosos franceses se inspiraron en la riquísima producción ascético-mística de España. (Uno de ellos, san Francisco de Sales, fue lector asiduo de obras como el *Libro de la vanidad del mundo* y las *Meditaciones devotíssimas del amor de Dios* de fray Diego de Estella, publicadas en 1562 y 1576 respectivamente, muy reeditadas hasta el siglo XVIII, traducidas al francés, al italiano, al latín, al inglés, al alemán, al holandés, al polaco, al checo, al eslovaco y hasta al árabe, muy reeditadas asimismo en algunas de estas traducciones —y quizá no leídas ya por nadie en nuestros tiempos.)

X. EL APOGEO DEL CASTELLANO
Tercera Parte

CONFIANZA EN LA LENGUA VULGAR

El humanismo estuvo consagrado a la gloria de las lenguas antiguas. Pero no se limitó a eso, de la misma manera que el Renacimiento todo no fue una simple restauración de la cultura griega y romana. Conscientes y orgullosos de su actitud, los humanistas se enfrentaron combativamente a los "varones oscuros" *(viri obscuri)*, a los escolásticos fosilizados, a los bárbaros que mantenían por inercia, sin ningún examen crítico, las estructuras ideológicas de la Edad Media, envueltas en un latín que ni siquiera era el clásico, sino el burdo latín de los siglos oscuros. Lo que llevó a los humanistas a esta postura combativa fue la confianza en sí mismos en cuanto seres pensantes, o sea la fe en el ingenio y la inventiva del hombre. Seguidor de las huellas de Nebrija y de Hernán Núñez, un profesor de Salamanca, Francisco Sánchez de las Brozas, llamado "el Brocense", sostuvo la paradoja de que "el hablar latín corrompe la latinidad". El latín estaba bien para la expresión ya cuajada de las ideas, pero era preciso devolverle al pensamiento en acción su instrumento inmediato e idóneo, la lengua materna. El Brocense y su contemporáneo Pedro Simón Abril fueron de los primeros europeos que pidieron que la enseñanza de la filosofía, de la medicina, del derecho, etc., se impartiera en el idioma de la gente y no en latín.

La confianza en las potencialidades de la lengua vulgar venía de Italia. Dante había hecho —en latín— un elogio de ese *volgare* en que escribió su *Divina Commedia*. En 1508 decía Castiglione en el prólogo a la *Calandria*, comedia italiana del cardenal Bibbiena: "La lingua, che Dio e natura ci ha data, non dee appresso di noi esser di manco estimazione, né di minor grazia, che la latina, la greca e la ebraica". En el pró-

logo de su *Gramática castellana* (Amberes, 1558), Cristóbal de Villalón
acogió esas palabras para expresar la actitud de los humanistas españoles: "La lengua que Dios y naturaleza nos han dado no nos debe ser menos
apacible que la latina, griega y hebrea".

La visión que tiene Castiglione de la lengua vulgar da una buena idea
de su visión general de la cultura. En un sentido, *El Cortesano* es un manual de buenos modales, de costumbres civilizadas; pero no se trata de
que la gente *parezca* civilizada, sino de que *lo sea*. Castiglione es un
campeón de la autenticidad. "La buena costumbre de hablar" —dice en
cierto momento— es "la que nace de los hombres de ingenio, los quales
con la dotrina y esperiencia han alcançado a tener buen juizio". Lo
básico es el pensar bien, o sea el "ingenio", don de la naturaleza; lo otro,
o sea el "buen juicio", es fruto de la experiencia y del estudio. Los "buenos vocablos" se conocen "por una cierta estimativa *natural*, no por arte
o regla alguna". Una de las contribuciones esenciales del Renacimiento
fue, en efecto, el redescubrimiento de la *naturaleza*. "El afeitarse [= usar
afeites], el ponerse mil aceites en el rostro, el enrubiarse los cabellos, el
hazerse las cejas y pelarse la frente", dice Castiglione, estará bien en
las mujeres que aceptan sufrir eso "y otros muchos tormentos" para
parecer lo que no son; pero, en el campo de la inteligencia, el *afeite*, o
sea la *afectación*, es un vicio imperdonable. "El estilo que tengo —dice
por su parte Juan de Valdés— me es *natural*, y sin *afetación* ninguna
escrivo como hablo; solamente tengo cuidado de usar de vocablos que
sinifiquen bien lo que quiero dezir, y dígolo quanto más llanamente me es
possible porque, a mi parecer, en ninguna lengua está bien el afetación".

En su *Diálogo de la lengua* (1535), situado entre dos exaltaciones
típicamente renacentistas de los idiomas modernos, las *Prose della vol-
gar lingua* (1525) de Pietro Bembo y la *Défense et illustration de la langue françoise* (1549) de Joachim du Bellay, Juan de Valdés declara su
admiración por ese extremo de lo popular y vulgar que son los refranes,
y llega a decir que "lo *mejor* que los refranes tienen es ser nacidos en el
vulgo" (véase antes, p. 248). Lo cual no significaba que todo lo del vulgo
fuera bueno: el concepto de *educación* nunca dejaba de estar presente.
En 1546, en el prólogo a las obras de su tío Fernán Pérez de Oliva,

Ambrosio de Morales arremete contra los espíritus vulgares que, escudándose en el concepto de *natural*, ignoran la diferencia que hay "entre un hombre criado desde su niñez entre rústicos, y otro que se crió en una gran ciudad, o en la corte", a la vez que observa, y no por primera vez, que la única mancha del castellano está en las cosas que se escriben de "vanos amores o fábulas vanas". Cuando en 1583 publicó fray Luis de León *Los nombres de Cristo*, fue criticado por algunos eclesiásticos según los cuales era indecente rebajar a la lengua "vulgar" los temas elevados. Fray Luis no sólo publicó una segunda edición ampliada de su libro, sino que le puso una introducción para refutar a sus críticos: "Si porque a nuestra lengua la llamamos *vulgar* se imaginan que no podemos escribir en ella sino vulgar y bajamente, es grandísimo error: que Platón escribió no vulgarmente, ni cosas vulgares, en su lengua *vulgar*". El grandísimo error de los críticos viene de dos causas. Por una parte, "piensan que hablar romance es hablar como habla el vulgo, y no conocen que el bien hablar no es común, sino negocio de particular juicio": el que habla bien su lengua, el artista, "de las palabras que todos hablan elige las que convienen, y mira el sonido dellas, y aun cuenta a veces las letras, y las pesa, y las mide, y las compone, para que no solamente digan con claridad lo que se pretende decir, sino también con armonía y dulzura". Por otra parte, piensan que el castellano "no es capaz de lo que es de importancia", cuando justamente es ya hora de levantarse por encima de las "cosas sin ser" que lee la gente, de esos libros que corrompen sobre todo a las "mujeres doncellas y mozas" (que eran, en primer lugar, los de caballerías).

Valdés y Garcilaso son corifeos de la nueva literatura que, nacida al soplo de Erasmo y de la Italia renacentista, iba a ocupar durante el resto del siglo xvi y durante el xvii tan señalado lugar en el mundo. La exigencia crítica de esos dos hombres, su absoluta falta de complacencia en los productos literarios de su patria, era el resultado natural de sus ideales humanistas y renacentistas, que implicaban renovación y revolución. Copiar y recopiar a Juan de Mena, fabricar continuaciones del *Amadís*, elaborar refritos de *La Celestina* (que era lo que se estaba haciendo), significaba estancamiento. En un sentido, pues, esos dos hombres representativos de su momento, innovadores en los campos del pensamiento y de la sensibilidad, se proponían sacar a la literatura española de la etapa provinciana y lanzarla por vías auténticamente imperiales.

Una cosa creían firmemente Valdés y Garcilaso: que la lengua española no tenía nada importante que pedirle a la italiana (y si le pedía algunas palabras, también podía darle otras: ¿no había dicho Castiglione que el italiano haría bien en adoptar ciertas voces castellanas?). Pero, además, España estaba políticamente por encima de Italia, donde Carlos V era temido y obedecido. La lengua, como había dicho Nebrija, era "compañera del imperio"; sólo faltaba que los productos literarios estuvieran a la altura de la lengua, que fueran sus "compañeros" adecuados.

Si la base de una literatura es la confianza que los escritores tienen en su lengua, entonces la base de la literatura escrita en nuestra lengua durante los siglos de oro no pudo ser más sólida. Recuérdese la frase de Carlos V, "*mi* lengua española". Del mismo Carlos V se cuenta que una vez dijo que con su caballo hablaba en alemán, con las damas en italiano, con los hombres en francés, ¡y con Dios en español!* Lucio Marineo Sículo, italiano españolizado, decía que, "sacando la latina y la griega", "la lengua española haze ventaja a todas las otras en elegancia y copia ['abundancia'] de vocablos, y aun a la italiana". Los elogios a la lengua española por esas y otras razones (su "sonoridad", su "contundencia", etc.) llegaron a hacerse lugar común. Cuando Fadrique Furió Ceriol, en 1556, decía que a él francamente le gustaban más el francés y el italiano, sabía que iba a molestar a sus compatriotas (los cuales, como ya queda dicho, se interesaron poquísimo por otras lenguas modernas). De

---

* El "juego" de los parangones entre las lenguas se ha practicado siempre en todas partes (y se sigue practicando). He aquí otras versiones: Según el humanista portugués João de Barros (1540), el español llora, el italiano aúlla y el francés canta. El alemán Martin Opitz (1617) defiende su lengua —nada prestigiosa en la época— diciendo que no cede al italiano en decoro, al francés en gracia ni al español en majestad. Según Dominique Bouhours, los alemanes jadean, los ingleses silban, los italianos suspiran y los españoles declaman: pero hablar, lo que se llama hablar, es cosa exclusiva de los franceses. En el siglo XVIII, el P. Feijoo dice que el inglés llora, el alemán aúlla, el italiano delira, el francés canta y el que habla es el español. Por último, Juan de Iriarte declara que el alemán es relincho, el inglés silbido, el italiano suspiro, el francés conversación, y el español "canto harmonioso".

hecho, la lengua más prestigiosa en la época del Renacimiento fue la italiana. Lo que observa el patriota Fernando de Herrera es que ahora son *dos* las lenguas prestigiosas, el italiano y el español. Pero el español bien puede desbancar a su rival; la lengua italiana es, sí, "muy florida, abundosa, blanda y compuesta, pero [por otra parte] libre, lasciva, desmayada y demasiado enternecida y muelle y llena de afectación", mientras que la española es "grave, religiosa, honesta, alta, magnífica, suave, tierna, afectuosísima y llena de sentimientos, y tan copiosa y abundante..." (etcétera).

Para el italiano Marineo Sículo, una razón decisiva de la "ventaja" de la lengua española era que ninguna se parecía tanto al latín como ella, y mencionaba composiciones de las cuales no podría decirse a cuál de las dos lenguas correspondían. Una de esas composiciones a la vez españolas y latinas es un alegato compuesto en Roma en 1498 por el padre de Garcilaso de la Vega para demostrarle a Francia que España le era superior en todo:

> Presenta tú, Francia, et da tales campos, valles, tantas bestias feras et domésticas, tales et tam excellentes cavallos, vaccas, aves, carnes, lanas, panes et uvas, tales plantas tam odoríferas et medicinales, tales árbores tam diversas et tam fructuosas, tantos mineros et diversos minerales, tantas salinas et tam abundantes, et tantas et diversas perfectiones...

Más que demostrar la superioridad de España en los tres reinos de la naturaleza (y en otros varios capítulos: mayor antigüedad del cristianismo, mayor belicosidad de los españoles, etc.), lo que le importaba al padre de Garcilaso, embajador ante el papa, era abrumar al embajador francés con esa irrebatible superioridad lingüística. ¡Cuándo hubiera podido escribir su pobre colega un discurso que fuera al mismo tiempo latino y francés! La hazaña del embajador español, auténtico manifiesto imperialista, fue muy imitada. En 1518, Fernán Pérez de Oliva hizo un elogio de la Aritmética en ese mismo lenguaje. Uno de los juegos de ingenio de la era barroca fue componer sonetos latino-españoles como "Mísera Francia, tú sustentas gentes / apóstatas, heréticas, vitiosas...", o como "Heroicos triumphos, palmas valerosas, / canta, famosa Clío, digna mente…", todos ellos pésimos, naturalmente, pero curiosos por ese afán de demostrar cómo, entre las lenguas romances, la española era la más parecida a su ilustre madre, el latín.

Para Quevedo, sin embargo, semejante diploma de "latinidad" del español era más bien un insulto. En su *España defendida* (1609) sostiene que "nuestra lengua no tomó de la griega ni de la latina". Ya se hablaba español cuando los romanos llegaron a la península ibérica, pues el español no es sino una de las 72 lenguas en que se fragmentó el hebreo de resultas de la construcción de la Torre de Babel. El griego y el latín, tan alabados, se han desviado mucho de ese hebreo en que Dios solía conversar con Adán, mientras que el español, "en la elegancia, conjugación y declinación, es el mejor retrato que la lengua hebrea tiene". Ningún otro escritor de los siglos de oro llegó a tal extremo de fe en la grandeza del castellano.*

"EL LENGUAJE PURO Y PROPIO"

En tiempos de Carlos V tenían todavía mucho peso las medievales "cortes de Castilla", donde los representantes o procuradores de las ciudades debatían democráticamente los problemas del reino. En las primeras

---

* La idea no era original de Quevedo, sino de cierto Gregorio López Madera, que en 1601 la había expuesto y "demostrado" con ejemplos. El latín venía a ser, según él, un español corrompido por los romanos. Esta teoría, que tan contundentemente colocaba a España por encima de todas las naciones de Europa, tuvo fortuna a pesar de su extravagancia (como tuvieron fortuna los "falsos cronicones"), de tal modo que Bernardo de Aldrete se vio obligado a reafirmar, en 1606, lo que siempre se había sabido: que nuestra lengua es una de las hijas del latín. Seguramente Quevedo no creía en la doctrina de López Madera, pero le venía de perlas para ese desaforado manifiesto nacionalista que es la *España defendida*. Quien sí tomó claramente en serio a López Madera fue Sánchez de Viana (mencionado antes, nota de la p. 206). Según él, el español es la mejor de las lenguas de Europa porque *1)* es más antigua que el latín; *2)* "en brevísimas razones comprehende gravísimas sentencias con suma claridad"; es colorida y sabrosa, según se ve en el habla popular y castiza, no contaminada por imitaciones de lenguas inferiores como son el latín y el italiano; y *3)* al español se puede traducir todo cuanto se ha escrito en el mundo, y en cambio no hay nadie capaz de trasladar a otra lengua las gracias y donaires del español. (De hecho, las gracias y donaires de Cervantes se trasladaron inmediatamente a otras lenguas, mientras que en los siglos de oro hay poquísimas traducciones del francés y prácticamente ninguna del inglés. Los hispanohablantes no leyeron a Shakespeare hasta el siglo XVIII, y eso en traducciones de traducciones francesas.)

cortes que presidió Carlos, en 1518, los procuradores le suplicaron esto: "que fuesse servido de hablar castellano, porque, haziéndolo assí, lo sabría más presto y podría mejor entender a sus vasallos y ellos a él". A lo cual contestó el soberano "que se esforçaría a lo hazer". (Y ya se ha visto de qué manera ese "entender a sus vasallos" españoles, hablando la lengua común, estuvo trabado con el auge político del imperio.)

Doscientos años antes, en unas cortes de Castilla presididas por Alfonso XI, el delegado de Burgos pretendía cierta prioridad, fundándose en el papel histórico de la vieja capital de Castilla, y el rey contestó: "Hable Burgos, que yo hablaré por Toledo". O sea: era justo que el procurador de Burgos fuera el primero en hablar, pero el voto del rey iba a favorecer a Toledo. Esta respuesta, de orden político, no dejaba de llevar un correlato lingüístico. Los burgaleses del siglo XIV, castellanos viejos, juzgaban el habla de los toledanos, "castellanos nuevos", con un desdén parecido al que mostraron después los cristianos viejos para con los "cristianos nuevos". Desgraciadamente para ellos, ya Alfonso el Sabio había consagrado en muy buena medida el uso toledano. Así, pues, de la misma manera que tuvieron que aceptar que el monarca residiera en Toledo, los de Burgos acabaron por renunciar también a su pretensión de ser ellos los dueños de la lengua.

En la primera mitad del siglo XVI no había desaparecido del todo el prestigio de Burgos, pero fue el habla de Toledo la que vino a considerarse modelo de las demás. En Toledo estaba la sede oficial de la corte de Carlos V. Juan de Valdés nació en Cuenca, pero sus amigos italianos han acudido a él "como a hombre criado en el reino de Toledo y en la corte de España", y así desautoriza cierta pronunciación por no habérsela oído a "personas discretas, nascidas y criadas en el reino de Toledo". El médico y humanista Francisco López de Villalobos no está muy de acuerdo con esa preeminencia: los toledanos usan demasiados arabismos (véase antes, p. 105); si "presumen que su habla es el dechado de Castilla" es "por la gran nobleza de cavalleros y damas que allí viven", y sólo en eso tienen razón, pues "en todas las naciones del mundo la habla de arte es la mejor de todas". Fernández de Oviedo hace una diferencia de grado: en Toledo "es donde se habla mejor nuestra lengua, y donde mejor en Toledo se habla es en la casa real de los reyes" (de Alfonso el Sabio en adelante). Pero quien confirmó el prestigio lingüístico de Toledo fue Garcilaso de la Vega, "príncipe de los poetas españoles", nacido allí en 1503.

A esta idea de preeminencia lingüística debe haber contribuido más tarde la muy leída *Floresta española* de Melchor de Santa Cruz, vecino de Toledo y divulgador del cuento de que existía una ley vieja según la cual, "cuando se dudare de algún vocablo castellano", la duda deberá resolverla "el hombre toledano que allí se hallare". Santa Cruz da tres razones para esta preferencia: primera, Toledo está en el centro geográfico de España y es lo que el corazón en el organismo; segunda, está lejos del mar, lo cual dificulta el acceso de "las gentes estrangeras", causantes de la "corrupción de la lengua, y aun también de las costumbres"; y tercera, la delgadez del aire de Toledo, o el "clima y constelación" de la región, hace a sus habitantes muy ingeniosos y "despiertos para notar qualquiera impropriedad que se hable". En todo caso, abundan las expresiones de reconocimiento de la primacía lingüística de Toledo. "Nunca me hallo necia sino cuando estoy en Toledo", decía Isabel la Católica. Cervantes pone en un extremo al toledano culto y en el otro al zafio sayagués, y en su *Viaje del Parnaso* cuenta cómo llegó Apolo a presencia de los poetas españoles reunidos, y "en propio toledano y buen romance / les dio los buenos días cortésmente". El aragonés Baltasar Gracián llamó a Toledo "escuela del bien hablar", y lo mismo sentía Tomás Tamayo de Vargas, nacido en Madrid pero toledano de corazón.

Mientras tanto, el desdén de Castilla la Vieja por Castilla la Nueva se había convertido en desdén de las dos Castillas por Andalucía. Juan de Valdés recusa varias veces la autoridad de Nebrija porque "al fin no se puede negar que era andaluz y no castellano", y en Andalucía "la lengua no está muy pura". Ahora bien: unos decenios más tarde varios poetas andaluces, en particular Fernando de Herrera, habían convertido a Sevilla en un centro de cultivo artístico de la lengua como no lo había igual en el resto de España. Además, en sus *Anotaciones* a Garcilaso, había observado Herrera que ciertas voces usadas por el poeta toledano sonaban ya a viejas, y a esa incipiente vetustez había opuesto en alguna forma su propio lenguaje de poeta más moderno. Esto provocó la ira de dos castellanos de hueso colorado, Juan Fernández de Velasco, de Burgos (alias "Prete Jacopín"), y Damasio de Frías, de Valladolid, los cuales escribieron contra Herrera diciéndole que en esas materias un andaluz no tenía voz ni voto. (A Burgos y Valladolid se añadiría después Toledo, a través del ya mencionado Tamayo de Vargas.)

El ataque de los castellanos no podía ser más estúpido, puesto que las *Anotaciones* eran una auténtica consagración del castellano Garcilaso como poeta "clásico". La réplica de Herrera es una lección de universalismo. Mientras por "lengua castellana" —viene a decir— siga entendiéndose lo que se usa en el pequeño territorio que fue condado de Fernán González, se desconocerá la grandeza real y actual de la lengua de España: "¿Pensáis que es tan estrecha el Andalucía como el condado de Burgos, o que no podremos usar vocablos en toda la grandeza de esta provincia... [sino a condición de que estén] admitidos al lenguaje de los condes de Carrión y de los siete Infantes de Lara?" Al reivindicar la extensión y modernidad de la *koiné* o "lengua común", Herrera reivindicaba también la realización andaluza del idioma, tan buena como cualquier otra. A semejanza de Furió Ceriol, que decía que no había más que dos "tierras", la de las personas buenas y la de los pillos, Herrera concluía que donde había oposición fecunda no era entre castellanos y andaluces, sino entre la "gente bien hablada" y la otra.

Esta postura había sido también, en resumidas cuentas, la de Juan de Valdés, el cual, superando su anti-andalucismo, formuló una oposición idéntica: por un lado los "discretos" (los inteligentes), de cualquier lugar que sean, y por otro los "plebeyos y vulgares", es decir, "todos los que son de bajo ingenio y poco juizio", aunque vengan de ilustres familias y tengan mucho dinero. Y fue también la postura de Cervantes: "El lenguaje puro, el propio, el elegante y claro, está en los discretos cortesanos, aunque hayan nacido en Majalahonda". El que dice cosas inteligentes, ése es el que habla bien, y no importa si nació en la gran Toledo o en el último poblacho. Ya en 1556 había advertido el erasmista valenciano Juan Martín Cordero: "No debe darse alguno a entender que, por no ser uno de Castilla, no puede saber la manera de escribir mejor que muchos que lo son". Y este buen sentido no tardó en imponerse, puesto que coincidía con la realidad. El madrileño Lope de Vega admiraba a Góngora, "cisne andaluz", a quien el coro de las musas españolas "debe su honor, su fama y su ornamento", como admiraba a los hermanos Argensola, que "parece vinieron de Aragón a reformar en nuestros poetas la lengua castellana".

Naturalmente, nunca dejó de haber preferencias personales. Es claro que fray Juan de Pineda, castellano viejo, se identificaba con el andaluz que en uno de los diálogos de su *Agricultura cristiana* (1589) dice: "No es razón que los páparos [rústicos] de Castilla vengan a enseñar toledanías a los andaluces, porque oiréis acá [en Sevilla] grandes primores de gente de talanquera [de gente entendida], que si no son ellos propios, ninguno llegará allá". Cuando un sevillano se pone a decir primores, no hay castellano que compita con él. Otros contrastaban el hablar "suave" de los andaluces con el hablar contundente y golpeado de los castellanos. Ambrosio de Salazar, hombre tan experimentado como Pineda, dice en 1636 de la lengua andaluza que, "aunque sea la mesma que la castellana, con todo esso yo la estimo mejor y más delicada", y aconseja a los extranjeros preferir esa modalidad. Juan de Cárdenas pone en 1591 el hablar pulido de los mexicanos por encima del hablar tosco de los "cachupines", y Bernardo de Balbuena, nacido en Castilla la Nueva, dice en 1604 de la ciudad de México que es el lugar "donde se habla el español lenguaje / más puro y con mayor cortesanía". Pero estas preferencias, como tantas otras que aún se siguen expresando, y que parecen inevitables, jamás han podido fundarse en razón.

El "bien hablar" no necesitó gramáticas en los siglos de oro. Cervantes, uno de los escritores menos académicos que ha habido, dijo muy sabiamente: "La discreción es la gramática del buen lenguaje, que se acompaña con el uso". En la práctica, este "uso", compañero o complemento de la discreción, fue el de la corte, o sea el de la capital del reino. Fueron las imprentas de la corte, por otra parte, y no una ortografía oficial, las que más contribuyeron a fijar los usos de la lengua escrita. Pero la corte tuvo muchas sucursales en España y en la América española. El elemento estrictamente "castellano" se diluyó así en los demás. Y, de hecho, en esta época se dice cada vez menos "lengua castellana" y cada vez más "lengua española", que equivale a lengua imperial. Los "discretos cortesanos" de que hablaba Cervantes están ahora en todas partes.

Pero un aspecto de la discreción de los "discretos" consiste en no dejar que sus hábitos lingüísticos personales se atraviesen entre ellos y los demás, estorbando ese fluido de simpatía que es el alimento de la comunicación humana. Quien desprecia al gañán, al baturro, al obrero, al indio, al pocho, etc., porque hablan mal (o sea, *porque no hablan como él*), está muy lejos de la discreción. El discreto que abre el oído exterior y el oído interior a un buen discurso humano pronunciado por un viejo campesino iletrado, y oye expresiones como *mesmo, haiga, truje, jediondo, la calor, naiden,* etc., podrá sonreír, pero no por burla, sino por deleite. El no discreto pone tabiques entre él y un interlocutor probablemente maravilloso. El discreto es un apreciador de los otros lenguajes. La consciencia de su propia norma lingüística lo hace capaz de comprender las posibilidades expresivas de quienes no comparten esa norma. Palabras como *mesmo* y *la calor* dejan de ser "incorrecciones" y regresan a lo que son: voces cien por ciento castizas, y además hermosas y significativas. El pronombre neutro *ál* ('otro', 'otra cosa') era en los siglos de oro voz tan arcaica e "incorrecta" como es hoy *la calor;* pero el refrán "Debajo del sayal / hay ál" seguía siendo usado (y apreciado). Buena parte del encanto de los romances viejos, o del *Amadís de Gaula,* estaba en sus expresiones arcaicas y expresivas. Buena parte del encanto de santa Teresa está en sus "incorrecciones" de lenguaje. El "bien hablar" había impuesto ya la forma *ambos* (o *entrambos)* y la forma *sabían* del verbo *saber;* pero ella aún decía *entramos* y *sabién;* ella escribía cosas como *an* y *anque* por 'aun' y 'aunque', *cuantimás, naide, train* 'traen', *primitir, intrevalo, iproquesía, relisión, ilesia* y *teulogía.* Cualquier editor medianamente letrado podía poner en su lugar las formas "correctas". Y, en efecto, según cuenta fray Luis de León en el prólogo a las obras de "la madre Teresa", eso fue lo que se hizo en la copia mandada a la imprenta; por fortuna esta copia cayó en sus manos, y entonces él pidió los autógrafos ("que estuvieron en mi poder muchos días") y se ocupó en "reducir [los libros] a su propia pureza, en la misma manera que los dejó escritos de su mano la madre". Era "error muy feo querer enmendar las palabras, porque si [los correctores] entendieran bien castellano, vieran que la madre es la misma elegancia".

Hay en los siglos de oro muchos ejemplos de esa atención no despectiva ni condenadora, sino entre divertida y cariñosa, a la gente que no sabe "hablar bien", a la que dice cosas graciosas por arcaicas o por rústicas, o por no aprendidas del todo, o por no bien pronunciadas. Muchos escritores reprodujeron (aunque no como dialectólogos, sino como artistas) esos modos de hablar. El sayagués, habla de la rústica Sayago, al norte de Salamanca, atrajo a Juan del Enzina, que lo aprovechó artísticamente en su teatro y en sus villancicos. En uno de ellos, un pastor rechaza la invitación que le hace su amigo —"Daca, bailemos, carillo, / al son de tu caramillo"— diciéndole que no está de humor para lo placentero, y que prefiere llorar su desdicha en amores:

> —A la mi fe, no t'ahuzio
> ni quiero tu plazentorio,
> qu'estoy cargado de llorio
> y en otros cuidos descruzio.
> Otea mi despelluzio:
> ¡Soncas qu'estoy amarillo!...

El sayagués tuvo mucha vida. Lope de Vega lo usó en sus primeras comedias. En el siglo XVII se empleó, pero con finalidades más bien burlescas, otro dialecto afín al sayagués: el bable de la región asturiana.

El habla de los negros es sin duda la que más cautivó el oído de los españoles. Hay que tener en cuenta que había un número enorme de esclavos negros, en el Nuevo Mundo lo mismo que en España. Como eran los portugueses quienes se dedicaban a sacar negros de África para venderlos, la base del habla de éstos era portuguesa. Pero a los africanos trasladados a tierra de cristianos les era lícito el consuelo de tocar y bailar como lo habían hecho cuando eran libres (y "paganos"), y podían cantar las canciones de su tierra. Gonzalo Argote de Molina

(Discurso sobre la poesía castellana, 1575) habla con simpatía de los "etíopes" españoles, "los quales oy día vemos que se juntan los días de fiesta con sus atabalejos y vihuelas roncas a cantar las alabanças de sus passados". (Esto de los "passados", o sean los antepasados, debe ser conjetura de Argote. Parece que ningún español, quizá ningún europeo, se interesó en saber que querían decir esas extrañas palabras africanas entreveradas en la música, indistinguibles de ella.) El primero que explotó el maravilloso filón del hablar de los negros puede haber sido Mateo Flecha, poeta-músico de tiempos de Carlos V, que pone este diálogo en una de sus polifónicas "ensaladas" de Navidad:

> *Sansabeya gugurumbé*
> *alangandanga gugurumbé.*
> —Mantenga, señor Juan Branca,
> mantenga vosa mercé.
> ¿Sabe cómo é ya nacido,
> ayá en Berén,
> un miniño muy garrido?
> —Sa muy ben.
> —Vamo a ver su nacimento:
> Dios pesebre echado está.
> —Vamo ayá…

("Juan Branca" es Juan Blanco, nombre humorísticamente aplicado a los negros.) En los siglos de oro se compusieron muchos villancicos "de negro". Góngora engasta en los suyos varias joyas lingüístico-musicales, como "Elamú, calambú, cambú, / *elamú*", y como "Zambambú, morenica de Congo, / zambambú".

También el habla de los "vizcaínos", vascos a medio hispanizar, llamó mucho la atención. Ya un contemporáneo de Juan del Enzina la había metido en un villancico ("Jançu janto Dego de Garcigorreta, / jançu janto Dego de Garcigorrá…"). En un pasaje del *Quijote,* Cervantes ve que la mejor manera de pintar la indignación de un vizcaíno, de quien Don Quijote ha dudado que sea caballero, es reproducir su atropellada sintaxis:

—¿Yo no caballero? ¡Juro a Dios tan mientes como cristiano! Si lanza arrojas y espada sacas, ¡el agua cuán presto verás que al gato llevas! Vizcaíno por tierra, hidalgo por mar, hidalgo por el diablo, ¡y mientes que mira si otra dices cosa!

Góngora, en una de sus poesías de Navidad, es de los primeros que se fijan en el ceceo de los gitanos:

> *¡Támaraz, que zon miel y oro!*
> *¡Támaraz, que zon oro y miel!*
> A voz, el Cachopinito,
> cara de roza,
> la palma oz guarda hermoza
> del Egito...

("Egito" es Egipto, supuesta patria de los egitanos o gitanos.)

Góngora y Lope de Vega, entre otros, abrieron también los oídos al español de los moriscos. El ejemplo que sigue es de Lope:

> El maniana de San Juan,
> al tiempo que elmanecía,
> gran festa hacedle los moros
> al senior San Juan Bautista.
> ¡Ay ha!
> Salimos todos al vega
> divididos al cuadrilias;
> Ben Zaide lievar leonado,
> con lunas de plata fina.
> ¡Ay ha!

A sor Juana Inés de la Cruz, que hizo villancicos de negro y de vizcaíno (y de portugués), se le hubiera dificultado hacerlos de gitano y de morisco, pero en cambio hizo uno "de indio mexicano", cosa imposible de hacer en España:

...También un topil / del gobernador
caipampa tributo / prenderme mandó,
mas yo con un cuáhuitl / un palo lo dio
ipam i sonteco, / no sé si morió...

(*topil* es 'alguacil'; *caipampa*, 'a causa de'; *cuáhuitl,* 'palo', 'leño'; *ipam i sonteco,* 'en la cabeza').*

Cambios en la pronunciación

Decía en 1535 Juan de Valdés: "La lengua castellana se habla no solamente por toda Castilla, pero en el reino de Aragón, en el de Murcia con toda el Andaluzía, y en Galizia, Asturias y Navarra, y esto hasta entre la gente vulgar", si bien "cada provincia tiene sus vocablos propios y sus maneras de dezir, y es assí que el aragonés tiene unos vocablos propios y unas propias maneras de dezir, y el andaluz tiene otros y otras, y el navarro otros y otras, y aun ay otros y otras en el reino de Toledo, de manera que nunca acabaríamos". Pero añadía esta observación: "entre la gente noble tanto bien se habla en todo el resto d'España", lo cual quiere decir que las personas educadas, de cualquier región de España que fuesen, podían ya sacrificar ciertas particularidades y compartir un mismo ideal de lo que estaba "bien".

Si a la enumeración geográfica de Valdés se suman las provincias americanas, sus palabras se aplican perfectamente a la situación de la lengua en la época de Felipe III. En la España de los siglos de oro se llegó sin duda a una gran uniformidad lingüística. No sólo quedaron

---

* Este "género" exclusivamente mexicano se llamaba *tocotín* (sor Juana, por cierto, compuso otro que está totalmente en náhuatl). Lo curioso es que el tocotín tuvo resonancia en España: José Pérez de Montoro, contemporáneo de sor Juana, trató de imitarlo en una de sus composiciones navideñas; pero como él no podía meter nada en náhuatl, salvo el topónimo *Chapultepec,* sustituyó el exotismo mexicano por el africano: "—Vaya 'e soneciyo / de una rinda ranza [linda danza] / que ha venido en frota / de la Nueva España, / y en Chapurtepeque / la señaron mí. / —¿Y cómo se yama, / pala yo seguí? / —El tocotín, tocotín, tocotín. / —¡Palece aleglete! / —Me atlevo a recí / que aunque Niño yore, / le hacela reí. / —¡Pues copliza e ranza / vayan sin sarí / del tocotín, tocotín, tocotín!...", etcétera.

relegados al nivel de dialectos sin peso cultural el asturiano-leonés y el navarro-aragonés, dominados por un castellano que ahora era "el español", sino que este español fue afirmando, desde sí mismo, un sentido de lo mejor, de lo conveniente, de lo digno de ser preferido, o sea una norma. La uniformidad salta a la vista en la lengua *escrita* (e impresa: ya se ha mencionado el importante papel de los impresores madrileños del siglo XVII), la lengua del gran puñado de "gente noble" de todas las regiones del imperio que escribió una obra perdurable. Hay comedias de las cuales no se puede decir si son del madrileño Tirso de Molina o del mexicano Ruiz de Alarcón; y si la poesía de los Argensola, aragoneses, es distinguible de la del andaluz Góngora, no es por la lengua que emplean, sino por su diferente personalidad. Pero la lengua *hablada* en Madrid, en Barbastro y en Córdoba por la "gente vulgar", por la masa del pueblo, ciertamente no tuvo nunca ese alto grado de uniformidad. El vocabulario de una lengua nunca ha sido compartido equitativamente por todos sus hablantes. Siempre hay conservadores que mantienen voces del pasado (cada vez más desconocidas por la masa), y siempre hay innovadores que introducen cosas antes no dichas (y rechazadas por los conservadores). Siempre hay los que "se descuidan" en la pronunciación; y hasta la persona cuidadosa, que de ordinario dice *ahí está*, puede descuidarse a veces y decir *ái stá*. Siempre ha habido "clases" socioculturales. Ahora bien, en comparación con la estratificación sociocultural de tiempos de Alfonso el Sabio (y no digamos de la época primitiva, cuando el habla del conde Fernán González sería apenas menos burda que la del más tosco habitante de su condado), la estratificación sociocultural de los siglos XVI y XVII fue enormemente compleja. En estos siglos ocurrieron grandes revoluciones. Desaparecieron muchos fenómenos lingüísticos de la Edad Media e hicieron su aparición otros que han llegado a nuestros días.

Comencemos con los cambios de pronunciación. (Y le aconsejo al lector que tenga presentes los datos sobre pronunciación medieval que se leyeron en las pp. 121-123.)

En el *Arte en lengua zapoteca* de fray Juan de Córdoba (México, 1578) hay una observación que se refiere a la mayor parte de los fenómenos ocurridos en el español del siglo XVI. El autor, misionero convertido en agudo lingüista por su necesidad de comunicarse con los indios de Oaxaca, llama la atención sobre ciertas diferencias de pronunciación existentes dentro del ámbito lingüístico del zapoteco (que sigue siendo, por cierto, la lengua prehispánica de México más fragmentada en dialectos) y, para que el lector lo entienda mejor, explica:

> Entre nosotros y en nuestra España es lo mesmo: que los de Castilla la Vieja dizen *açer*, y en Toledo *hazer;* y dizen *xugar*, y en Toledo *jugar;* y dizen *yerro*, y en Toledo *hierro;* y dizen *alagar*, y en Toledo *halagar.*

Ahora bien: los cambios que estaban ocurriendo en la pronunciación eran tales hacia 1578, que la información de fray Juan de Córdoba, tan exacta, no puede considerarse estrictamente válida sino para el año 1540, que fue más o menos cuando él salió de España. Y, desde luego, no puede aplicarse a los tiempos de Felipe III y Lope de Vega. Lo que es un hecho es que las pronunciaciones que el autor del *Arte en lengua zapoteca* da para Castilla la Vieja son las que acabaron por convertirse en norma. Pero en 1540 todavía no era así.

Comencemos con la *h* de *hierro* y *halagar.* Cuando en Burgos ya no la pronunciaban, en Toledo seguían aspirándola, y decían JIERRO y JALAGAR. En el verso del toledano Garcilaso "¡Oh hermosura sobre el ser humano!" hace falta pronunciar JERMOSURA para que consten sus once sílabas. Pero esta pronunciación tenía ya un aire arcaico para Lope de Vega, que decía ERMOSURA como nosotros. La aspiración de la *h* (la pronunciación de *hablar, alhelí, halar, hembra, humo,* como JABLAR, ALJELÍ, JALAR, etc.) quedó fuera de la norma cortesana, si bien se ha mantenido en gran parte de Andalucía y en la mayoría de las hablas rurales de América. Curiosamente, el idioma judeoespañol, que tan fielmente conservó muchos rasgos del castellano de 1492, ha perdido por lo general esa *h* (la pronunciación de *hablar, harto,* es AVLAR, ARTO).

Hay que añadir que, en los lugares en que se pronunciaba la *h*, los escribanos, por inercia, solían representarla con *f.* En textos de la primera mitad del siglo XVI puede leerse todavía *fablar, ferir, fazer,* pero ello se debe a simple automatismo de escritura: la pronunciación era JABLAR, JERIR, etc. (Quien estableció la escritura *hablar, herir,* etc. fue Nebrija.) Hasta la *h* de los arabismos solía sufrir esa metamorfosis: *alhóndiga* podía escribirse *alfóndiga.* Pedro Mártir de Angleria se resistió a escribir el americanismo *huracán* (JURACÁN) con esa *h* que pronunciaban los navegantes en cuyos relatos orales se basaba, y escribió *furacán,* forma "cultificada" que tuvo cierta perduración. El lenguaje escrito (y arcaizante) de los notarios mantuvo durante mucho tiempo palabras como *foja* y *fijo,* y a ese lenguaje se debe que existan, con sus sentidos especiales, *fincar* al lado de *hincar* y *fallar* al lado de *hallar.* La forma *falda* triunfó totalmente sobre *halda.* En gran parte del mundo hispanohablante subsiste *fierro,* y en judeoespañol, además de *fierro,* se dice *fuir.*

Un segundo fenómeno observado por fray Juan de Córdoba es el de la pronunciación de *z* y *ç.* Él recuerda que todavía hacia 1540 se decía en Toledo *hazer,* o sea JADSER, mientras que en Burgos se decía ya *açer,* o sea ATSER. Esta innovación se había iniciado en el norte a fines del siglo XIV. En el retablo que mandó hacer el canciller Ayala para su enterramiento en Álava (1396) se lee: "Esta capiella e estos frontales mandaron *facer* don Pero López de Ayala e doña Leonor de Guzmán su muger". Poco después (1410), en un texto escrito en la región de Santander se lee *raçón* en vez de la forma sonora hasta entonces usada, *razón* (RADSÓN): el redactor de ese texto ensordecía la sílaba *-zón,* igualando su pronunciación a la de la sílaba *-çón* de *coraçón,* que era sorda. (La *z* y la *ç* tienen historias tan distintas como la *c* de *atención* y la *s* de *tensión.*) El viejo verbo *deçir,* que significaba 'descender' (y que, por supuesto, nadie confundía con *dezir),* se hizo equívoco y desapareció del castellano en el siglo XV. Este paso de *dezir* a *decir* (o *deçir),* de *hazer* a *hacer,* de *azada* a *açada,* o sea esta absorción del sonido D̂S por el sonido T̂S, tardó en llegar a Castilla la Nueva; pero en 1578, fecha del libro de fray Juan de Córdoba, el nuevo uso estaba ya muy extendido: santa Teresa escribe *deçir* y *reçar* en vez de *dezir* y *rezar.* A fines del siglo XVI y comienzos del XVII el cambio debe haber sido ya general. En un autógrafo de Lope de Vega se lee *haçer,* y cinco versos después *hazer.* Gonzalo Correas,

que en su *Ortografía* de 1630 propone "ke eskrivamos komo se pronunzia i pronunziemos komo se eskrive", elimina la *ç* y se queda sólo con la
z, naturalmente ya sorda: escribe *azada, dezir,* etc., y también *zinko, sen-
zillo, zera,* etc. Juan de Robles, conservador rematado, quiso defender la
existencia de la vieja distinción, pero lo hizo con el más endeble de los
argumentos: el proceder de Correas, dice, "es fundado en engaño, porque es falso dezir ni entender que en el abecé hay dos letras que sean
tan conformes en el sonido, que pueda la una dellas servir para ambas
sin defecto ninguno". (Lo único claro es que a él, Robles, le dolía que
hubiera desaparecido la diferencia entre el *-zón* de *razón* y el *-çón* de
coraçón.)

El mismo montañés que escribió en 1410 *raçón* en vez de *razón* escribió también *usso* en vez de *uso.* Esto quiere decir que ya se había perdido en Castilla la Vieja la *-s-* sonora intervocálica (la *-s-* italiana de
rosa). La igualación de *-s-* y *-ss-,* iniciada en el norte, se generalizó en el
resto de España en la segunda mitad del siglo xvi. Las imprentas mantuvieron mucho tiempo las escrituras *assí, esse, cantasse,* etc., pero ya
santa Teresa escribía *tuviese, matasen,* etc. Los dos sonidos habían con-
vergido en uno solo, el sordo: la pronunciación de *oso* (del verbo *osar)*
se hizo igual que la de *osso* (el animal). Correas, naturalmente, prescinde
de la inútil *-ss-* de *assí, passar,* etc., incluyendo el *-íssimo* de los superlativos; y Robles, también naturalmente, le lleva la contra: él jamás qui-
tará una *s* de las dos de los superlativos, "porque es letra sibilante, y
suenan ambas en ellos". (Simplemente, él hubiera deseado que continua-
ra la distinción entre *oso* y *osso.*)

De hecho, esta cuarteta de sonidos "sibilantes", rigurosamente distinguidos en la ortografía medieval *(braço, azada, fuesse, casa:* t̂s, d̂s, s
"sorda" y s "sonora"; o, con los signos fonéticos explicados en la p. 122,
[ŝ], [ẑ], [ṡ] y [ż]), ya no era muy fuerte en tiempos de Nebrija. Un poeta
contemporáneo suyo, el andaluz Juan de Padilla, hace rimar *meses* y
vezes en una estrofa, y *recibiesses* y *padeçes* en otra estrofa distinta, lo
cual quiere decir que él, en vez de igualar como en Burgos los dos sonidos "simples" (el de s sonora y el de s sorda) en uno solo, y los dos sonidos
"enfáticos" o "reforzados" (el sonoro d̂s y el sordo t̂s) igualmente en uno

solo, hacía una igualación diversa: convertía en uno solo los dos sonidos sonoros (el "simple" de s y el "reforzado" de ɒ̂z) y en uno solo también los dos sordos (el simple de s y el "reforzado" de t̂s). Así, pues, por uno y otro camino, aunque con resultados diversos, los cuatro antiguos sonidos, perfectamente diferenciados en tiempos de Alfonso el Sabio, quedaban reducidos a dos: en la reducción "castellana", un sonido sordo "enfático" [ŝ] y otro sordo simple [ṡ]; en la reducción "meridional", un sordo simple [ṡ] y un sonoro simple [ż].

La reducción "castellana" es la que subsiste hoy en la mayor parte de España: por un lado la s sorda de *coser* y de *tasa,* por otro la *c/z* también sorda de *cocer* y de *taza.* Sólo que la pronunciación de este segundo sonido dejó de ser la medieval (COTSER, TATSA) para convertirse en esa *zeta* (signo fonético [θ]) que se oye en el habla del norte y el centro de España, y sólo allí (lo cual hace de esa zona una especie de excepción en el conjunto de nuestra lengua). Las primeras noticias de esta innovación fonética aparecen en dos de las gramáticas para extranjeros escritas durante la segunda mitad del siglo XVI; el elemento T del sonido t̂s se había "trasladado" a los dientes y se había amalgamado con el elemento s. Este nuevo sonido estaba ya sólidamente afincado en el centro y norte de España cuando en 1620 el genial Juan Pablo Bonet, en su *Arte* para enseñar a hablar a los sordomudos, escribía: "Para que pronuncie esta letra [= este sonido], ha de poner el mudo la punta de la lengua entre los dientes y expeler la respiración, que salga sin que la lengua se aparte de aquel lugar".

La reducción "meridional", o sea la que por 1492 hacía el poeta Juan de Padilla, es la que se mantuvo entre los judíos que en 1492 salieron de España. En el sefardí o judeoespañol de oriente, las palabras *cerca* y *así* se pronuncian SERCA y ASÍ, y las palabras *rosa, luz* y *decir* se pronuncian ROZA, LUZ Y DEZIR, con una z que no tiene nada que ver con la española actual, sino que equivale a s sonora [ż].

A las reducciones anteriores vino a sumarse la reducción "andaluza". Todavía Juan de Padilla hacía diferencia entre el sonido de las rimas *meses* y *vezes,* por un lado, y el de *recibiesses* y *padeçes* por el otro (entre [ż] y [ṡ]). Pero muy probablemente, cuando él escribía, ya sus paisanos andaluces menos cultos sentían que esas cuatro voces rimaban a la perfección: *meses, veses, recibieses, padeses*. Tal es el *seseo* andaluz, cuya historia no es distinta de la del seseo hispanoamericano: se trata de una sola historia. La variedad de español implantada en las Canarias y en el Nuevo Mundo fue la andaluza. Los primeros pobladores de las Indias fueron predominantemente andaluces, sobre todo sevillanos. Además, si se considera el papel del habla materna en la adquisición del lenguaje por el niño, tiene gran trascendencia el hecho de que, entre 1508 y 1518, dos tercios de las mujeres que pasaron de España a las Indias eran naturales de Sevilla o de lugares comarcanos.* En esos años iniciales del siglo XVI, en Andalucía lo mismo que en los territorios transatlánticos, se desata, incontenible, el torrente de "faltas de ortografía": *haser, calsas, razo, cazamiento*, etc. No sería imposible encontrar en una sola página las formas *padeces, padezes, padesses* y *padeses*. En el manuscrito de las *Flores de baria poesía*, hecho en México en 1577 por un andaluz (o quizá por un criollo mexicano), se leen cosas como *asertar, alcansar, cereno* y *auzente*. Por supuesto, ni Herrera ni el licenciado Robles cometían tales "faltas" (por algo el libro de Robles se llama *El culto sevillano*). Y no deja de ser significativo que cinco por lo menos de los ortógrafos mencionados en la p. 245 sean andaluces (o seis, si junto a Herrera, Alemán, Ximénez Patón, Morales y Robles ponemos a Francisco de Medina, discípulo de Herrera). Es excepcional el caso de cierto poeta que figura entre los premiados en una *Academia* impresa en Sevilla en 1663. Según una advertencia del editor, el poeta pidió expresamente que se le respetaran "hasta las reglas de sus orthografías", y así se ha hecho; el editor lo advierte para que los lectores, escandalizados, no le echen a él la culpa de cosas como *sentella, jasmín, finesa, setro, quiço* y *Tirço*. Los poetas de mentalidad académica, tanto americanos

---

* En 1596 dice fray Agustín Dávila Padilla en su *Historia* de la orden dominicana en la Nueva España: "Tiene particular correspondencia la Nueva España con Andaluzía, y México con Sevilla. Primero que México fuesse arçobispado, anduvo sus passos muy en obediencia y reconocimiento de Sevilla: el primer nombramiento fue de abadía, subjecta al arçobispado de Sevilla; luego fue obispado sufragáneo a Sevilla, hasta que quedó arçobispado independiente, pero con las cerimonias y manual de Sevilla. Los primeros clérigos que vinieron a las Indias eran de Sevilla...", etcétera.

como andaluces, evitaron rimar con "faltas de ortografía". Pero sor Juana no tenía ese remilgo, y hacía *prosa* consonante de *roza* (del verbo *rozar*), lo cual llamaba la atención de sus contemporáneos madrileños.

En el cuadro adjunto puede verse esquemáticamente esta historia de reducciones. Encerrados en el rectángulo están los cuatro sonidos medievales, y fuera de él los resultados a que se había llegado a mediados del siglo XVI, y que son prácticamente los de hoy; a la derecha del rectángulo está lo ocurrido en el centro y norte de España; abajo, a la izquierda, lo ocurrido en judeoespañol, y a la derecha lo ocurrido en el resto del orbe hispánico. (Hay que advertir que en Andalucía no todos sesean, no todos pronuncian *cereza* como SERESA: hay zonas que *cecean*, o sea que pronuncian *sésamo* como CÉZAMO.) Las flechas que convergen en el español andaluz e hispanoamericano desde el español septentrional y desde el judeoespañol no indican una relación "genética", sino puramente lógica.

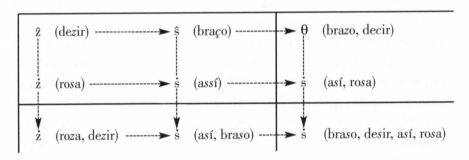

La tercera observación fonética de fray Juan de Córdoba, a saber, que en Burgos "dicen *xugar*, y en Toledo *jugar*", indica que hacia 1540 los castellanos viejos habían reducido a uno solo otros dos sonidos antiguos de la lengua, pues pronunciaban *jugar*, no con la *g/j* sonora de *gentil* y *consejo* (DȲENTIL, CONSEDȲO, o bien YENTIL, CONSEYO, con *ye* "enfática" rioplatense, signo fonético [ž]), sino con la *x* sorda de *dixo, páxaro* (= SH inglesa, signo fonético [š]). Una vez más, los autógrafos de santa Teresa, donde se leen cosas como *dijera* y *teoloxía* (en vez de *dixera* y *teología*), demuestran que la pronunciación innovadora de Burgos había arraigado en Castilla la Nueva en la segunda mitad del siglo. Hacia la misma época debe haberse extendido también por Andalucía y el Nuevo Mundo. En 1631, cuando escribía el licenciado Robles, era ya un hecho consumado, y muy deplorado por él. Hace mal Correas —dice— en escribir *muger, afligir* y *género* "con la vil *x* con que decimos *xabón, xáquima, ximio* ['simio'] y otros vocablos semejantes" (muy adrede elige ejemplos de palabras "viles", para afear esa reducción originada en Castilla). Robles insiste en que se trata de dos sonidos distintos. Pero en vano. Para los poetas del siglo xvii las palabras *hijo* y *dixo* hacen ya rima perfecta. Donde sí se sigue distinguiendo es en judeoespañol: uno es el sonido de *hijo* (= iyo con *ye* "enfática") y otro el de *dixo* (= disho).

Y, así como la unificación de dŝ y tŝ produjo (en el centro y norte de España) un sonido antes inexistente, la *zeta* española actual, así esta otra reducción produjo (ahora en todo el mundo hispanohablante, salvo entre los sefardíes) otro nuevo sonido: la *j/g* actual de *consejo* y *gentil* (signo fonético [x] o [χ]). El nuevo sonido no existía aún en el siglo xvi. El inglés Miles Phillips, que estuvo en México entre 1568 y 1582, escribe *Washaca* y no *Wahaca* al referirse a *Oaxaca;* más tarde, en 1614-1620, la palabra *Quixote* se transcribió *Quichotte* en francés (pronunciado kishot) y *Chisciotte* en italiano (pronunciado kishotte); todavía después, en 1635, el nombre de la mujer del Cid, *Ximena,* es *Chimène* en el drama de Corneille. Pero ya en 1635, en vez de pronunciar la *x* entre la lengua y el paladar, muchos la pronunciaban en la parte posterior de la boca. El sonido resultante coincidía prácticamente con el de la *h* aspirada *(herir* = jerir, *hembra* = jembra, etc.). Tal es el origen de la *jota* española. Las primeras señales del fenómeno datan de comienzos del siglo xvi, pero, según parece, la pronunciación de *dixo* como *diho* se sintió durante todo ese siglo sumamente vulgar, y dejó pocas huellas escritas. Juan de Robles decía en 1631 que quienes cometían los "barbarismos" *habón, Huan* y *muher* (o sea, quienes pronunciaban jabón, juan y mujer, con *h* parecida a la que él empleaba para escribir y pronunciar *haba* y *humo,* procedente de *f* latina), eran "especialmente los negros bozales y los que vilmente los imitan". En su descripción de la germanía sevillana, Quevedo emplea tres letras para indicar el nuevo sonido: la *g (gerida, mogino* 'herida', 'mohíno'), la *j (jumo* 'humo') y la *h (mohar* 'mojar', *bahuno* 'baxuno', o sea *bajuno,* derivado de *baxo).* Parece, según esto, que los castellanos como Quevedo ya no decían JERIDA y todavía no decían MOJAR. En Sevilla (y "Sevilla" vale por gran parte de Andalucía y por toda el área americana) se aspiraba la *h* procedente de *f* latina *(ferire* > JERIR), o sea que allí se conservaba lo que bien podemos llamar el rasgo de pronunciación castellana más arcaico, más distintivo frente a las demás lenguas romances, el más venerable y "castizo"; no había llegado allí la revolución o modernización castellana (ABLAR, ERIR, UMO). Y justamente en Sevilla, aunque en los estratos sociales más bajos, se hacía una igualación entre ese viejo sonido y el sonido revolucionario de la *jota* en palabras como *mojar* y *bajuno* (que Quevedo probablemente pronunciaba aún MOSHAR, BASHUNO). Es difícil decir en qué momento se impuso en todo el mundo hispanohablante la pronunciación moderna de *mojar, consejo, gentil, coger,* etc. El mismo poeta que en 1665 escribía *sentella, jasmín,* etc., escribía también *jaciendo* y *jiziera* (del verbo *hacer)* y *tráhico* en vez de *trágico.* Es verdad que era andaluz, pero en 1665 la *jota* ya había triunfado, con toda seguridad, también en Castilla. La palabra *México* dejó de pronunciarse MÉSHICO en el momento mismo en que *xabón* pasó a pronunciarse JABÓN. (La *j/g* chilena de *mujer* y *gente,* que los no chilenos oímos casi como MUJIER y GIENTE, parece representar la etapa intermedia entre la *x* del siglo XVI y la *j* moderna.)

Un fenómeno importante al que no se refiere fray Juan de Córdoba es el *yeísmo,* o sea la igualación de la *ll* con la *y,* que es hoy un rasgo tan típicamente andaluz e hispanoamericano como el seseo. El silencio de fray Juan es revelador. No podía decir, por ejemplo: "Los de Toledo pronuncian *llorar,* y los de Sevilla *yorar"*, pues el yeísmo no era sistemático en ninguna región. En verdad, el yeísmo había existido desde los orígenes mismos de la lengua, pero siempre como fenómeno esporádico. Un mozárabe, a fines del siglo X, escribía *yengua* en vez de *llengua* (o sea 'lengua'). A lo largo de la Edad Media se encuentran, aquí y allá, "faltas de ortografía" reveladoras de la confusión entre los dos sonidos (también la "falta de ortografía" inversa": *sullo* en vez de *suyo),* pero lo que no puede encontrarse en esos siglos es una línea "evolutiva" coherente. La pronunciación nueva podía aparecer en cualquier lugar y en cualquier momento. Nadie acepta ya la teoría de que los cambios fonéticos se deben exclusivamente a la "ley del menor esfuerzo", pero la verdad es que la pronunciación de *ll* exige un desplazamiento lateral de la lengua, complicación que sólo en ese sonido existe; en la *y*, la lengua se está quieta. Así como a los moriscos se les dificultaba la *ñ* de *mañana* y de *señor* y decían *maniana* y *senior* (cosa que hoy les ocurre, por cierto, a los yucatecos), así en la mayor parte del mundo hispanohablante de hoy, o sea Andalucía y casi toda Hispanoamérica, cuando alguien quiere pronunciar *silla* con *elle* "española", lo que le sale de la boca es más bien *silia*. Es exactamente la misma dificultad que hay para pronunciar la palabra italiana *Castiglione* (CASTILLONE, con *elle*). Más fácil es para un hispanoamericano pronunciar las *zetas* de *cereza* que la *elle* de *silla*.

Hacia 1540, cuando fray Juan de Córdoba salió de la península, el fenómeno no se había extendido aún. Pero a fines del siglo ya se había consolidado: las delatoras "faltas de ortografía" pululan y se hacen sistemáticas. Los andaluces y muchos hispanoamericanos necesitan años de escuela para no confundir ortográficamente *se calló* con *se cayó* y viceversa. La desaparición de la *elle* podría explicarse suficientemente por la mayor facilidad o comodidad de pronunciación de la *ye*. Es lo que ocurrió poco después en Francia: la pronunciación de *travailler*, que era TRAVALLÉ con *elle*, pasó a TRAVAYÉ. Pero en el caso de España es evidente que influyó mucho la pronunciación de los negros. Ellos fueron los primeros yeístas sistemáticos (véanse en los versos de Mateo Flecha, página 301, las expresiones *"ayá* en Berén" y "vamo *ayá")*. En Castilla el yeísmo se consideró durante mucho tiempo como un "vicio" del habla, un "vulgarismo" andaluz despreciable. Pero ahora la mayor parte de los castellanos cultos pronuncian *Castiya* y no *Castilla*. A diferencia de la *jota*, pronunciación "de baja extracción" que triunfó con rapidez, la *ye* se impuso muy lentamente. El yeísmo del judeoespañol *(cavayo, yevar, gameyo* 'camello') parece independiente del andaluz, pues en 1492 aún no era éste un hecho consumado; se explica seguramente por la mencionada mayor facilidad de pronunciación de la *ye*. Hay que observar que en la América española nunca fue general el yeísmo. En varios países, particularmente en Bolivia, hay zonas que siguen distinguiendo entre *se callo* y *se cayo*, entre *pollo* y *poyo*, entre *halla* y *haya*. Muy probablemente llegará el día en que la *elle*, perdida del todo en la península, se conserve sólo en tierras de América, —y entonces los señores de la Real Academia la descalificarán, tachándola de "arcaísmo".

Falta mencionar la igualación de *b* y *v*, cuya historia se ha visto ya en las pp. 122-123. En las viejas glosas silenses y emilianenses, *b* y *v* son signos intercambiables: los glosadores escriben lo mismo *vergoña* que *bergoña* ('vergüenza'), lo mismo *levata* 'llevada' que *labatu* 'lavado'. Hace 1 001 años, esta igualación parece haber sido exclusiva de Burgos y La Rioja, que fue donde tuvo origen el castellano, esa variedad del iberorromance que a leoneses, aragoneses y mozárabes tenía que parecerles dialecto "bárbaro". Y, puesto que nuestra lengua es el castellano, convendrá que ciertos pedantes o despistados sepan que en ella nunca se ha distinguido entre *b* y *v*. Lo decía ya Cristóbal de Villalón en 1558: "Ningún puro castellano sabe hazer diferencia". El resto de la península, y en particular la porción que había sido más romanizada, o sea la extensa zona mozárabe de entonces, tenía —al igual que Italia y Francia— una *v* labiodental distinta de la *b* labial. La distinción se mantuvo durante siglos, hasta que llegó un momento en que, por decirlo así, se hizo necesario defenderla contra la invasora igualación castellana: Alejo Vanegas (1531) insiste en la pronunciación labiodental de la *v;* fray Francisco Robles (1533) condena "el error de los que la pronuncian como *b*, por no meter los labios debajo de los dientes altos", y Antonio de Torquemada da instrucciones aún más minuciosas para pronunciarla: hay que poner "los dientes de arriba en principio del labrio de abajo, por de dentro". En los primeros decenios del siglo XVII hay todavía defensores de la *v*, como Mateo Alemán (1609), Miguel Sebastián (1619: "El que quiere darle a la *v* su valor y propio son, debe alargar [!] los dientes altos y coger con ellos todo [!] el labio bajo") y sobre todo Gonzalo Correas (1626), tan atento al principio de "una letra para cada sonido" (la distinción de *b* y *v* es lo único en que Correas y su encarnizado opositor Juan de Robles están de acuerdo).

Estos campeones de la *v* labiodental, no castellanos viejos, sino nativos de la vasta zona meridional, la más romanizada, la de los mozárabes —Toledo, Extremadura, Andalucía, Aragón—, dan la impresión de querer salvar algo precioso que se está perdiendo, y se dirigen realmente a un "lector general" que ignora ya ese primor de la lengua. En 1611, Sebastián de Covarrubias (o Cobarruvias, que igual da) reconoce que no existe diferencia entre *v* y *b:* es lo mismo —dice— *albalá* que *alvalá,* pues "la *b* y la *v* son dos letras que se permutan una por otra, como la *f* y la *h*" (y, en efecto, durante mucho tiempo se escribió indiferentemente *falda* y *halda, alfombra* y *alhombra:* esa *f* se pronunciaba como *h* aspirada). La Real Academia reconocerá paladinamente, en el prólogo del primer *Diccionario* (1726), que "los castellanos no hacemos distinción en la pronunciación de estas dos letras", pero en la *Ortografía* (1741), como para excusarse ante los franceses, que sí hacen distinción, dice que "el confundir el sonido de la *b* y de la *v,* como sucede comúnmente, es más negligencia o ignorancia, y culpa más de las malas costumbres adquiridas en los vicios y resabios de la educación doméstica y de las primeras escuelas, que naturaleza de sus voces". Sin embargo, dejó decretado que en la lengua escrita se hiciera distinción gráfica de acuerdo con la etimología (ya no *bever* ni *bivir;* ahora *beber* y *vivir).* Hay que añadir que la *v* labiodental subsiste no sólo en portugués y en catalán, sino también en algunos rincones dialectales de Aragón y Extremadura, así como en el judeoespañol de oriente.*

En cuanto a las vocales, el fenómeno más curioso de los siglos de oro

---

* En las citas de autores de los siglos de oro hechas en los tres últimos capítulos, unas veces he modernizado la ortografía y otras veces la he dejado tal cual. Daré una explicación de esta falta de sistema. Las citas del *Poema del Cid,* de Alfonso el Sabio, del Arcipreste de Hita, no debieran modernizarse sino muy superficialmente (escribiendo, por ejemplo, *avía* en vez de *auia),* porque la escritura estaba muy trabada con la pronunciación. (Además, no es muy difícil leer esos textos en voz alta reconstruyendo todas las pronunciaciones que después se alteraron.) Pero en los siglos de oro la correspondencia se fue haciendo cada vez menos exacta. Calderón escribía aún *felizes* y *fuerça,* pero no pronunciaba ya a la medieval, sino a la moderna; nada se pierde con modernizar la grafía: *felices, fuerza.* Los eruditos suelen respetar escrupulosamente la escritura de los clásicos (añadiendo sólo acentos, que no se generalizaron hasta el siglo XVIII), pero este escrúpulo puede ser molesto para el lector ordinario. Y es natural que las ediciones de Cervantes, Quevedo y sor Juana que ese lector encuentra en las librerías tengan modernizada la ortografía.

es una especie de desinterés por la pronunciación exacta de las no acentuadas. Daba lo mismo decir *Filipe* que *Felipe*. Los deslizamientos más frecuentes, y que se encuentran en todos los escritores del siglo XVI, son de la *i* a la *e* *(vanedad, enclinar, recebir, escrebir, cevil)* y de la *u* a la *o* *(mormurar, mochacho, sofrir, sepoltura, roído* 'ruido'). Los deslizamientos inversos, de la *e* a la *i* *(sigún, siguir, siguro, mijor, conviniente, quiriendo)* y de la *o* a la *u* *(puniendo, dispusición)*, eran también frecuentes, pero solían limitarse al lenguaje coloquial (son formas típicas del famoso "estilo familiar" de santa Teresa). Como poco después se verá (p. 327), no dejó de haber una reacción culta contra estas pronunciaciones descuidadas. Pero hay que observar, por ejemplo, que una forma como *lisión* ('lección'), que hoy nos parece tan rústica, fue la normal en los siglos de oro. Los muchos hispanohablantes que, despreciados por quienes tienen mentalidad académica, siguen diciendo *mormurar* y *escrebir*, no hacen sino mantener con vida auténtica esas formas usadas por los grandes clásicos españoles.

CAMBIOS EN EL VOCABULARIO

Juan de Valdés, que dice preferir *vanidad* a *vanedad* y *ruido* a *roído*, acopia también un curioso vocabulario de arcaísmos, palabras que la gente bien hablada ya no usa porque hay otras que se han impuesto. Entre esas palabras "medievales" y pasadas a la historia están éstas: *hueste* (sustituida por *exército*), *cuita* (sustituida por *fatiga*), *solaz* (ahora *placer* o *regocijo*), *vegada (vez), fiuzia (confianza), atender (esperar), pescudar* y *barajar (preguntar* y *contender), envergonçar* y *escomençar (avergonçar* y *començar), so, ayuso* y *suso (debaxo, abaxo* y *arriba), ál (otro), asaz* y *maguer (harto* y *aunque), desde que* y *cada que (quando* y *siempre* [que]). Abundan en los siglos de oro testimonios parecidos. Muchos de los vulgarismos que Juan de Mena solía entreverar con sus latinismos —por ejemplo *fondón, enante, vergoñoso, apalpar, bateado* 'bautizado', *engorra* y *bullada*— deben haber parecido cómicos a mediados del siglo XVI. Así también observaba Herrera que la expresión "fríos *tamaños*" en lugar de "tan grandes" iba quedando anticuada. Y Don Quijote le aconsejaba a Sancho no decir ya *regoldar,* sino *erutar* (o sea *eructar*). Voces arcaicas de ese tipo fueron usadas todavía, con propósito estilístico, por autores como Juan de Mariana en su *Historia de España,* pero, por lo general, quedaron relegadas al habla rústica y en su mayor parte han desaparecido del todo. Sin embargo, algunas de estas viejas palabras fueron rescatadas más tarde porque su pátina de antigüedad las había hecho preciosas, como *mesnada, cuita, solaz, raudo* y *por ende;* en el siglo XIX, algunos escritores casticistas y algunos poetas trataron de resucitar hasta el *maguer* (que por cierto escribieron y pronunciaron equivocadamente *magüer*).

La renovación del vocabulario se hizo, en general, con los medios de que la propia lengua disponía. En la lista de Valdés, la mayor parte de las voces que han triunfado sobre las "anticuadas" son igualmente antiguas y tradicionales. Pero a la renovación contribuyeron también, en medida desigual, varias lenguas extranjeras. Un caso curioso es el de las dos designaciones del *bigote,* para el cual no hubo palabra en castellano medieval, seguramente porque el bigote quedaba "englobado" en la barba; para llenar el vacío se adoptó a fines del siglo XV el germanismo *bigote,* y en el siglo XVI el italianismo *mostacho.* En los siglos de oro casi no hubo más germanismos. Es extraña, en vista del largo contacto de España con los Países Bajos, la escasez de voces procedentes del holandés y flamenco, y aun del francés. También los lusismos o portuguesismos son escasos (uno de ellos es *mermelada,* en portugués *marmelada,* de *marmelo* 'membrillo').

Los italianismos, en cambio, penetraron a raudales. Abundan, desde luego, en los escritos de los muchos españoles que vivieron algún tiempo en la patria del Renacimiento, como Garcilaso, Fernández de Oviedo, Francisco de Aldana y Cervantes; pero el contacto con la seductora Italia se llevaba a cabo por tantos otros medios, aparte de los viajes, que la constante presencia de italianismos en la literatura española refleja, evidentemente, su abundancia en la lengua hablada. A mediados del siglo XVI, un español celoso de la pureza del idioma censuraba a sus compatriotas: "¿Para qué decís *hostería,* si os entenderán mejor por *mesón?* ¿Por qué *estrada,* si es mejor y más claro *camino?*...", y añadía las palabras *designio, marchar, emboscada* y otras más, para todas las cuales existían buenos equivalentes castellanos *(consideración, caminar, celada)*. Pero si muchos de los italianismos eran en efecto superfluos y no duraron mucho (por ejemplo *esguazo,* que no logró sustituir a *vado),* muchísimos otros entraron para quedarse. En tiempo de los Felipes, los dueños de las operaciones bancarias fueron venecianos y genoveses. La palabra *banca* fue un italianismo necesario. La palabra *millón,* del italiano *milione,* eliminó por completo a la vieja palabra *cuento.* (En cambio, *conto* sigue significando 'millón' en portugués.)

He aquí una lista muy compendiada de esos italianismos "necesarios":

> *balcón, cornisa, fachada*
> *diseño, modelo, esbozo, escorzo*
> *capricho, bagatela*
> *soneto, cuarteto, terceto, madrigal, esdrújulo*
> *novela*
> *cortejar, festejar, charlar*
> *manejar, atacar, estropear*
> *pedante, poltrón, grotesco, esbelto*
> *fragata, piloto, brújula*
> *escuadrón, soldado, coronel*
> *centinela, alerta, escolta, escopeta, parapeto*

La lista completa de los italianismos, que llenaría varias páginas, es sin embargo pequeña en comparación con la de americanismos, las voces que pasaron de las lenguas del Nuevo Mundo al español hablado y escrito. Pero, aparte de que los varios diccionarios de americanismos que se han publicado distan mucho de ser completos, la historia de estas palabras (su origen, su penetración en el español, su extensión geográfica, sus cambios de forma y de significado) es muy imperfecta en comparación con la historia de los italianismos. Los diccionarios corrientes de la lengua española, derivados del de la Academia de Madrid, no dan cabida sino a una mínima parte de las voces americanas, con definiciones tan elementales a veces como éstas: *areito,* 'danza de los antiguos indios de América', y *mitote,* 'baile de indios en que bebían hasta embriagarse'. (¡Como si los "indios de América" hubieran tenido una misma lengua y unas mismas costumbres!)

La empresa es ciertamente difícil. Muchos de los americanismos pertenecen al español de todas partes y aun a las demás lenguas del mundo *(chocolate, tabaco,* etc.), pero muchos, muchísimos más, tienen una extensión menor. La palabra *tamal* (nahuatlismo) se conoce en casi toda la América española, pero la palabra *pulque* (también nahuatlismo) es casi exclusiva de México, y hay en México gran número de voces procedentes no sólo del náhuatl, sino del otomí, del tarasco o purépecha, del zapoteco, del maya, etc., mucho más restringidas geográficamente que la voz *pulque.* Otro tanto hay que decir de las voces sudamericanas procedentes del quechua, del aimara, del tupí-guaraní, del mapuche, etc. (Y a ellas se añaden las que vienen de las lenguas africanas, como *banano, mucamo, cachimba, guarapo, quilombo, conga, bongó, samba* y *sandunga.)* Todas estas voces son parte de la lengua española, tan legítimas, tan necesarias y tan utilizadas hoy como los italianismos que acaban de leerse. Su fecha de entrada en nuestra lengua fue, además, la misma. La diferencia es que los americanismos nunca se consideraron tan "ilustres" como los italianismos. Y, durante los siglos en que los españoles se sintieron los dueños únicos de la lengua —y en que los americanos les concedieron ese dominio—, muchos de los americanismos no llegaron siquiera a la escritura. Palabras como *chayote* y *quelite,* en México, o *choclo* y *yuyo,* en la Argentina, pueden haber vivido en el español de estas partes largo tiempo antes de que alguien las registrara por escrito.

Nebrija, que al regresar Colón de su primer viaje estaba preparando la parte castellano-latina de su *Diccionario,* dio ya cabida en él a un americanismo: *canoa* (y ojalá quienes reeditaron y refundieron en años sucesivos el *Diccionario* hubieran imitado esa acuciosidad lexicográfica y esa rapidez). Los innumerables autores que se ocuparon de asuntos americanos, Las Casas, Oviedo, Sahagún, Motolinía, Agustín de Zárate, el Inca Garcilaso, etc., recogen muchas voces del Nuevo Mundo porque así se lo exigía la materia. Y desde fecha temprana hay poetas que encuentran en ellas un deleite especial y se complacen en acomodarlas en los metros italianizantes. Uno de los primeros es el sevillano Juan de la Cueva, que estuvo en México entre 1574 y 1577:

> Mirad aquellas frutas naturales,
> el plátano, mamey, guayaba, anona,
> si en gusto las de España son iguales;
>   pues un chicozapote, a la persona
> del rey le puede ser empresentado
> por el fruto mejor que cría Pomona;
>   el aguacate, a Venus consagrado
> por el efecto y trenas de colores,
> el capulí y zapote colorado...

A fines del siglo xvi dice Eugenio de Salazar en su descripción de "la laguna de México":

> Aquí bermejo chile colorea,
> y el naranjado ají no muy maduro;
> allí el frío tomate verdeguea,
> y flores de color claro y escuro...,

y Juan de Miramontes Zuázola, a comienzos del xvii, en sus *Armas antárticas:*

> Púsola charqui, papas, cancha y mate,
> ají, choclos y yucas que comiese,
> palta, guayaba, lúcuma y zapote
> para si alguna fruta apeteciese,
> y de su rubia y fresca chicha un bote.

Tirso de Molina, que vivió uno o dos años en Santo Domingo, muestra también cariño a los americanismos (a diferencia del mexicano Ruiz de Alarcón, que nunca los usa); Lope de Vega describe en su *Laurel de Apolo* (1630) un barco que llena de asombro a quienes lo ven,

de mil árboles indios enramado,
bejucos de guaquimos,
camaironas de arroba los racimos,
aguacates, magueyes, achïotes,
pitayas, guamas, tunas y zapotes,

y, necesitado de voces coloridas que poner en labios de los indios araucanos en *El Arauco domado* (cuyo tema es la conquista de Chile), el propio Lope echa mano de lo que puede: un quechuismo, *cocaví* 'bastimento', un nahuatlismo, *galpón* 'cobertizo' (del náhuatl *calpulli*) y varios antillanismos: *canoa, piragua, areito, chicha, guacamaya.* A diferencia de Cueva, Salazar, Miramontes y Tirso, Lope de Vega no tenía ninguna experiencia americana; lo que tenía era *oído.*

Los antillanismos fueron durante unos treinta años (antes de la conquista de México y el Perú) las únicas voces americanas de nuestra lengua, y arraigaron de tal manera en ella, que compitieron victoriosamente con las que entraron después; así los mexicanismos *acal* (de *acalli*) y *piciete* (de *picietl*), que alcanzaron a tener cierta vida en el siglo XVI, desaparecieron y dejaron su lugar a los antillanismos *canoa* y *tabaco.* También el *cacique*, la *iguana*, el *maguey* y el *maíz* tienen nombres antillanos. A este dato vale la pena añadir unos cuantos más para dar idea de lo compleja que es la historia de los americanismos. El nahuatlismo *galpón*, usado en gran parte de Sudamérica, es desconocido en México, y *tiza*, nahuatlismo también (de *tíçatl*), muy arraigado en España, se perdió en su tierra de origen, donde se ha preferido *gis* (descendiente de la palabra grecolatina *gypsum*). Como en España no hay bosques tropicales, los conquistadores los designaron con la palabra antillana *arcabuco* (tal como los ingleses, en circunstancias análogas, tomaron del marathí la palabra *jungla*). Ese *arcabuco* se generalizó al grado de que Ercilla lo puso en su *Araucana*, poema de ambiente chileno; y de Ercilla lo tomó Góngora, ya no como americanismo, sino como voz de sonoridad exquisita. Los españoles hicieron una confusión entre el antillanismo *batata* (más o menos equivalente del camote mexicano) y el quechuismo *papa*, y crearon el falso americanismo *patata*, que se difun-

dió en otras lenguas. Convirtieron también el *cacahuate* en *cacahuete*.
Sus hispanizaciones de voces americanas fueron a veces muy curiosas:
de *Huitzilopochco* y de *Cuauhnáhuac* hicieron *Churubusco* y *Cuernava-
ca*, y de *huitzináhuac* hicieron *biznaga* (en homonimia con la biznaga
española, planta completamente distinta, de nombre mozárabe). Y un
dato más: la palabra *jaguar* ha entrado en la lengua actual a través del
francés escrito; si se hubiera tomado directamente del tupí-guaraní, no
sería *jaguar*, sino *yaguar*.*

Otro aspecto importante del enriquecimiento léxico de nuestra lengua en los siglos de oro es el de los cultismos, palabras pertenecientes
al campo de la cultura intelectual, la mayoría de ellas de origen latino.
Juan de Valdés, que escribe su *Diálogo de la lengua* en el ambiente lingüístico de Italia, más refinado que el de su tierra, ha oído muchas palabras "cultas" que siente que faltan en castellano, de tal manera que
aconseja su adopción. Su lista comprende algunas docenas de palabras,
y, salvo el adjetivo *obnoxio*, que rara vez se ha usado, todas ellas pasaron
en efecto al español, por ejemplo *observar, estilo, fantasía, idiota, superstición, cómodo* y *dócil*, no a causa de ese consejo, pues el *Diálogo*
estuvo inédito más de dos siglos, sino, en verdad, a causa de la necesidad que había de ellas. El propio Valdés sabía que algunas ya eran
"medio usadas".

El terreno estaba preparado por Mena y Santillana y los demás poetas
y prosistas del Prerrenacimiento. En tiempos de Nebrija ya no sorpren-
dían palabras como *elocuencia, senectud, enorme* y *longevo*. El Renacimiento del siglo XVI, con sus prolongaciones en el XVII, no hizo sino

---

* Desde el punto de vista de España, también son "americanismos" las palabras y
acepciones que hoy existen en el español americano y que no existen (o se usan poco) en
el español peninsular, aunque se trate de voces traídas a América en los siglos XVI y XVII y
que no han dejado de usarse nunca. Así la palabra *chícharo*, descendiente del latín *cíce-
rem* a través del mozárabe, desconocida hoy en Madrid, donde el chícharo se llama *gui-
sante;* pero es curioso que *chícharo* haya acabado por considerarse "americanismo". Parecido es el caso de *atorarse, platicar, pararse, fierro, angosto* (en España *atascarse,
conversar, ponerse de pie, hierro, estrecho*, voces, por cierto, usadas también en el español
americano). De algunos de esos "americanismos", como *fierro* y *angosto*, y de otros más,
como *peje* 'pez' y *lamber* 'lamer', se ha sospechado que son leonesismos, pero bien pueden
haber sido mozarabismos conservados en Extremadura y Andalucía, de donde procedía la
mayor parte de los primeros conquistadores y pobladores de América.

seguir el camino de "elevación" trazado para la lengua por los pioneros del xv. Bajo el velo de la veneración a la antigüedad, bajo la sensación de que en cada cultismo "renacía" un pedacito de la gran cultura de Grecia y Roma, lo que había era un gran afán de modernidad y de internacionalismo. ¡Ah! ¡Si España pudiera disputarle a Italia su papel de cabeza o centro cultural de Europa y del mundo...!

Los cultismos del siglo xvi, continuación de los del xv, se distinguen sin embargo de ellos no sólo por la cantidad, sino también, y sobre todo, por su seguridad, por su capacidad de penetración en la lengua general, desligados de su primer inventor o introductor. Quienes los aceptan son una minoría que todo el tiempo se está expandiendo en mayoría. Admitida la palabra *sciencia (ciencia),* hasta el no conocedor del latín podía asimilar la palabra *presciencia,* antes propiedad exclusiva del gremio eclesiástico, y los experimentos de Juan de Mena con *invocar, provocar, convocar, advocar* y *revocar* podían proseguirse con cualesquier otras palabras. En cualquier momento se podían sustituir voces viejas, como *catar* y *condesar,* por nuevas como *observar* y *atesorar.* Podían venir ahora los refinamientos, las precisiones, los matices. Y hacia el final de este proceso sonreía, satisfecho, un contemporáneo de Calderón: "Ya nuestra España, tenida un tiempo por grosera y bárbara en el lenguaje, viene hoy a exceder a toda la más florida cultura de los griegos y latinos"; lo que "antes era achaque de los raros y estudiosos", hoy lo es "no tanto dellos, cuanto de la multitud casi popular y vulgo ignorante".

Por supuesto, no todo lo que usaron "los raros y estudiosos" de los siglos de oro se transmitió realmente a la multitud popular. Eso es algo que nunca ha ocurrido. Mucho del vocabulario de Fernando de Herrera —*aura, lujuriante, cerúleo, flamígero, hórrido, horrísono, argentar, rutilar,* etc., y no digamos sus flagrantes latinismos *prora* y *pluvia* ('proa' y 'lluvia')— nació "poético" y poético se quedó. Pero en el momento en que un Herrera o un Góngora despiertan con sus novedades la admiración de los lectores, todo su vocabulario se hace potencialmente adoptable y asimilable, y esto provoca alarma, escándalo o al menos impaciencia. Así a Sempronio, en *La Celestina,* le molesta que su amo Calixto use palabras exquisitas (como *inmérito* 'carente de merecimientos'), y le dice: "Dexa, señor, essos rodeos, que no es habla conviniente la que a todos no es común".

En los siglos XVI y XVII se multiplican y diversifican los Sempronios. Unos atacan a los introductores de cultismos. Otros satirizan a la masa de los "nuevos ricos" de la cultura que se los tragan y los andan repitiendo. Lo que suscitó las iras de "Prete Jacopín" contra Herrera no fue sólo el andalucismo del poeta, sino también la cultura de su lenguaje, su afán de distinguirse de la masa tradicionalista. Lo que le censuran a Góngora sus enemigos, como Juan de Jáuregui y Quevedo, es también la exquisitez de su lenguaje. Quevedo no hace sino recalcar y dramatizar el viejo reproche de Sempronio cuando escribe en *La hora de todos*: "Estaba un poeta en un corrillo leyendo una canción cultísima, tan atestada de latines y tapida de jerigonzas, que el auditorio pudiera comulgar de puro en ayunas que estaba". Pero estas batallas biliosamente personales no tuvieron mucha trascendencia: en primer lugar, a Góngora no le taparon la boca; y en segundo lugar, Jáuregui y Quevedo no pudieron evitar ser ellos mismos poetas cultos.

Mucho más interesantes —y numerosas— son las censuras *sociales*, porque dan la medida de la rapidez con que la lengua general, a uno y a otro lado del Atlántico, se fue llenando de voces nuevas. Quevedo sabía muy bien que el auditorio de los poetas cultos no se quedaba tan "en ayunas" como él chistosamente dijo. Sabía también que el corrillo era numeroso. Por eso escribió diatribas como *La culta latiniparla* y la *Aguja de marear cultos*, cuya intención (muy bien lograda, por cierto) era provocar la risa. Los más escandalizados hablan de "epidemia" cultista, o, peor aún, de "herejía". Los más equilibrados satirizan simplemente lo que siempre ha sido satirizable: el esnobismo de la llamada "clase media" cultural. El más sonriente de esos críticos es Lope de Vega, constante admirador de Góngora, pero no de quienes, sin la cultura de Góngora, afectan finezas, los "lindísimos mancebos" que, así como están a la moda en cuestión de cuellos de encaje grandes y almidonados, se ponen al día en el empleo de esos vocablos "a quien llama la ironía *cultos*, por mal cultivados". Integrada a la sátira contra las costumbres del momento, la crítica lingüística ocupa un buen lugar en su teatro y en el de sus seguidores. Pero es porque los espectadores de este teatro son ya capaces de reírse de sí mismos: todos están "picados" de cultura, a todos les gustan las voces domingueras, las palabras que Francisco de Rojas Zorrilla, uno de los sucesores de Lope, llamó "vocablos de estrado" (de sala de visitas).

La lista de palabras censuradas por los enemigos de Góngora y por los críticos del estado de la lengua a comienzos del siglo XVII tienen mucho de *Appendix Probi* (con la diferencia de que Probo no censuraba lo culto, sino lo inculto). Pese a la censura, todas entraron en la lengua para quedarse en ella. He aquí un extracto de esa lista:

sustantivos: *acción, reducción, atención; candor, esplendor, fulgor, ardor; crédito, descrédito, trámite, riesgo, amago, esfuerzo, asuntos, lucimiento, despejo, boato, pompa, fineza, recato, armonía, desaire, joven, adolescente, progenie, áspid, harpía, caverna, palestra, pira, meta, numen, mente, idilio, neutralidad, émulo, embrión;*

adjetivos: *abstracto, concreto, líquido, cóncavo, métrico, activo, positivo, correlativo, crespo, terso, fino, trémulo, canoro, hercúleo, culto, épico, galante, selecto, sublime, superior, ruidoso, nocturno, errante, indeciso, náutico, inexcusable, recíproco;*

verbos: *construir, erigir, trasladar, esparcir, disolver, alternar, impedir, frustrar, exigir, ceder, emular, aplaudir, anhelar, pulsar, libar, afectar, arrogar, presentir, sublimar, inculcar, conculcar.*

Por lo demás, el teatro mismo, literatura no leída sino oída, auténtica cátedra de cultura popular en el siglo XVII español e hispanoamericano, fue también uno de los conductos transmisores de los cultismos, y ya no a la burguesía, sino al pueblo, "a la multitud popular" de que hablaba el contemporáneo de Calderón. En esto radica la importancia del fenómeno. Garcilaso, resucitado por Lope de Vega en un gracioso soneto, llama a la puerta de una posada y se topa con una fregona (¡una fregona!) de vocabulario tan fino, que él no la entiende. Hasta en la germanía del hampa hay latinismos como *fínibus terrae* (= la horca), explicables por cierta tabernaria simpatía entre estudiantes y hampones. A Cervantes le divierten enormemente los procesos de la asimilación. Su inolvidable personaje Monipodio, en *Rinconete y Cortadillo*, dice cosas como *naufragio* en vez de *sufragio;* Don Quijote no se extraña de que Sancho Panza diga palabras cultas, pero exige que las diga bien: no es *relucida,* sino *reducida,* lo que quiere decir. (Y Sancho, aprendida la lección, corrige a su vez a Teresa Panza: no es *revuelto* lo que ella quiere decir, sino *resuelto.)* Hacia 1630 corría el cuentecillo de la riña entre dos seres ínfimos, un negro y un berberisco. A cuantas injurias decía el berberisco, no respondía el negro más que "Andá, que só *culto";* le preguntaron qué quería decir, y contestó: "Que habla, habla, habla, y ni entendé él ni entendé yo".

Sólo falta añadir que, así como en el siglo V la palabra *aurícula,* sin dejar de ser latina, se pronunció *oric'la* (con una *i* que iría acercándose a la *e* de *oreja),* así también muchos de los cultismos que entraron en español se asimilaron a las tendencias de la lengua. Los llamados "grupos cultos" de consonantes (el *-ct-* de *doctor,* el *-xtr-* de *extraño,* el *ps-* de *psicología,* etc.) siempre han tenido que vencer una especie de inercia en los hablantes de nuestra lengua. Ya en el siglo xv abundan esos cultismos "imperfectos", como *perfición* y *noturno,* o como *inorar* y *prenóstico* (procedentes de *ignorare* y *prognósticon),* o como *esecutar* y *esento* (procedentes de *executare* y *exemptum).* Por otra parte, muchos de los cultismos se transmiten de oído, y esto produce formas curiosas. El nombre de *Monipodio* es deformación popular de *monopolio;* las palabras *práctico* ('experto'), *pragmática* y *paroxismo* se hicieron *plático, premática* y *parasismo; cerebro* se hizo *celebro, apostema* se hizo *postema* y *anatomía* se hizo *notomía* (con el significado, además, de 'esqueleto').

A semejanza de Juan de Valdés, que dijo que no escribía *digno,* sino *dino,* por la sencilla razón de que no pronunciaba la *g* (aunque supiera muy bien que la palabra latina correspondiente sí llevaba esa *g),* los españoles e hispanoamericanos de los siglos de oro, sin llegar a los extremos de santa Teresa, con su *enclinar,* su *ilesia,* su *iproquesía* y su *premitir,* decían y escribían *coluna, solene, seta* 'secta', *esecutar* o *secutar, ocidente* y *acidente, afeto* y *conceto,* etc. Juan de Robles, el de *El culto sevillano,* censuraba a quienes convertían *pacto* en un grotesco *pato,* y sostenía que todo el mundo podía pronunciar *efecto, concepto* y *magnífico* (pero ponía en guardia contra las pronunciaciones pedantes *eféqueto* y *concépeto:* no hay que pasarse de la raya). Lo más probable es que quienes procuraban respetar la forma latina y escribían *columna, solemne,* etc., en su habla normal decían *coluna* y *solene.* Y, por la misma razón que preferían *rectitud* y *executar* en contra de *retitud* y *secutar,* estos respetadores de la ortografía latina preferían también *subjección, auctoridad, accento, succeder, exempto, sumptuoso* y hasta *rhetórica* e *illustríssimo.* Tampoco faltan los que, por no quedarse más acá, avanzaron más allá y escribieron cosas como *epícteto* o *epítecto* y *rhectórica,* llamadas "hipercultismos" o formas "ultracorrectas".

La decisión final en esa pugna de tendencias tuvo algo de salomónico. Unas palabras se quedaron con su "imperfección", y otras se ajustaron a la forma latina: *objeto* y *sujeto* no se hicieron *objecto* y *subjecto,* pero *conceto* y *afeto* sí recuperaron sus respectivas consonantes latinas. Esta dualidad de solución se ve en muchas voces cultas: *afición* frente a *perfección, acento* y *sucinto* frente a *occidente* y *accidente, pronóstico* frente a *digno.* El verbo *aver,* compañero durante siglos del italiano *avere* y del francés *avoir,* tomó la forma del latín *habere,* mientras que *maravilla* no recuperó la *b* del latín *mirabilia;* pero estos dos últimos casos no suponen cambio de pronunciación.

(Puede añadirse que las tendencias extremas continúan en el español actual. Hay los que dicen *trascedental, superstición* y *trastocar* en lugar de las formas "correctas" *trascendental, superstición* y *trastrocar,* y hay también los que, por "ultracorrección", dicen *erudicción* y *disgresión,* o escriben *exhuberante* y *escencia.)*

Cambios gramaticales

En comparación con los cambios que la lengua experimentó en los campos de la fonética y del vocabulario durante los siglos de oro, los que hubo en el campo de la gramática son menos notables. La gramática de un idioma es como su esqueleto, lo que más resiste al cambio. Frente al enorme número de arabismos léxicos, sólo hay un caso de influjo morfológico del árabe en el español: el sufijo -*í* (*marroquí, alfonsí,* etc.), de uso muy restringido. Así también, frente a los muchos americanismos léxicos, apenas hay unos cuantos ejemplos de americanismo morfológico: los sufijos quechuas de palabras como *vidala* y *vidalítay,* el sufijo -*iche* de ciertas palabras mexicanas (*pidiche, metiche, lloriche*), procedente del náhuatl -*itzin,* todo esto de uso muy restringido también. Será bueno, sin embargo, ver algunos fenómenos de tipo gramatical que repercuten en la lengua de hoy.

El superlativo en -*ísimo* había aparecido una vez en Berceo, pero en el siglo xv era aún tan raro, que Nebrija no lo incluyó en su *Gramática.* Los poetas del xvi lo emplearon mucho, y de ellos debe haber pasado a la lengua hablada. A comienzos del xvii el superlativo sintético hacía furor; así se explica la broma de Cervantes, que habla del "escuderísimo" Sancho Panza y de la "dolorosísima dueñísima" Trifaldi. Hoy es tan común, que a nadie le llama la atención.

Para la formación de los diminutivos había en los siglos de oro cuatro sufijos: -*illo,* -*uelo,* -*ito,* -*ico.* El más usado era -*illo,* mientras que actualmente el primer lugar corresponde a -*ito* (para muchos hispanohablantes, *librillo* es hoy más bien despectivo, y el verdadero diminutivo es *librito*). Los diminutivos en -*uelo,* muy frecuentes en los siglos de oro, actualmente suelen tener un aspecto "literario" o "fosilizado", como *chicuelo, ladronzuelo, aldehuela* y algunos otros. El sufijo -*ico* debe haber cosquilleado los oídos de Cervantes y de Góngora, pues los dos citan con deleite la cancioncita popular "Pisaré yo el polvico / menudico". Esta forma subsiste vigorosamente en Aragón, Murcia, Andalucía oriental y toda la zona americana del Caribe. La duplicación de sufijos, que acentúa la carga afectiva del diminutivo, y que ahora parece propia de Andalucía y de los países hispanoamericanos, fue ya cariñosamente registrada por Góngora: *queditico, Isabelitica.*

Los casos oblicuos de los pronombres de tercera persona sufrieron ciertas alteraciones durante los siglos de oro, aunque únicamente en el centro y el norte de la península. (Los "casos oblicuos" son los indicadores de objeto directo, por ejemplo "yo *lo* veo", y de objeto indirecto, por ejemplo "yo *le* digo", "yo *le* doy un libro".) Las formas empleadas actualmente en Aragón, Murcia, Andalucía y toda Hispanoamérica, o sea en la mayor parte del orbe hispánico, son éstas:

objeto directo
{ masculino: *lo* veo (veo a Juan, veo el libro); plural *los*
femenino: *la* veo (veo a María, veo la pluma); plural *las*
neutro: *lo* veo (veo cómo sucede algo)

objeto indirecto
{ masculino: *le* digo algo, *le* doy algo (a Juan); plural *les*
femenino: *le* digo algo, *le* doy algo (a María); plural *les*

Estas formas son, ni más ni menos, las de los primeros tiempos de nuestra lengua. Son las que corresponden etimológicamente a las formas latinas; en efecto, *lo, los, la* y *las* proceden de los acusativos *illum, illos, illam* e *illas; le* y *les* proceden de los dativos *illi* e *illis,* donde no hay diferencia entre masculino y femenino; y el neutro *lo* procede del acusativo *illud.* Así, pues, la mayor parte del orbe hispánico desconoce las alteraciones consumadas durante los siglos de oro en el centro y el norte de España. La primera de estas alteraciones, llamadas *leísmo,* consiste en decir "yo *le* vi" (a Juan) en vez de "yo *lo* vi". El castellano viejo Andrés Rey de Artieda, contemporáneo de Cervantes, en el prólogo de sus poesías (1605), versifica esa nueva forma de los casos oblicuos de acusativo (que él llama "artículos"):

Iba Laura delante, conocí*la;*
iba detrás don Félix y llamé*le;*
lo demás del suceso callaré*lo,*

y a continuación explica que "Laura, como femenina, tiene el artículo *la;* don Félix, como masculino, el artículo *le;* lo demás del suceso, que es neutro, el artículo *lo*", y observa que Garcilaso se equivocó al decir *escogiólo* (escogió el sauce): debió haber dicho *escogióle.* No era nueva esta sustitución de *lo* por *le.* Aparece a veces en el *Poema del Cid* ("moros *le* reciben"), aunque puede ser alteración hecha por el copista del siglo XIV. De todas maneras, en la prosa alfonsí alternan ya las dos formas. Por lo general, se dice *le* cuando el pronombre sustituye a una persona ("veo a Juan" > "*le* veo") y *lo* cuando sustituye a una cosa ("veo el libro" > "*lo* veo"). La otra alteración, de origen menos antiguo que el leísmo, se llama *laísmo* y consiste en sustituir *le* y *les* por *la* y *las* cuando el objeto indirecto es femenino: "*la* digo", "*la* doy un libro" (a María), a diferencia de "*le* digo" (a Juan). Y así como Rey de Artieda formula la regla del leísmo, así Gonzalo Correas, en su *Arte grande* (1626), formula la del laísmo: según él, la frase "*Díxole* que era una bellaca" es solecismo, o sea incorrección, "porque *le* es masculino y *bellaca* femenino", de manera que lo correcto es "*Díxola* que era una bellaca". A diferencia del leísmo, que goza de pleno prestigio, el laísmo es combatido actualmente en España por los profesores de gramática y no suele pasar al lenguaje literario, pero sigue bien arraigado en la lengua hablada. Los dos fenómenos coexisten en el centro y el norte de España, y sólo allí tienen vida. Esta región constituye por ello, como también por la pronunciación de la *zeta*, un islote anómalo en el conjunto de la lengua. (En el siglo XIX y en la primera mitad del XX hubo escritores hispanoamericanos que, quizá por prurito académico, quizá por imitar a los españoles, se esforzaron en ser leístas. También, aunque en menor medida, se dieron casos de laísmo.)

Es imposible reseñar los mil pequeños cambios morfológicos y sintácticos que lentamente se introdujeron durante los siglos de oro. En 1510 la lengua mantenía no pocos usos medievales; en 1690 los usos establecidos eran ya prácticamente los modernos. Algunos de los cambios se habían realizado ya a mediados del siglo XVI, mientras que otros no se consumaron hasta fines del XVII, generalmente después de un largo período de convivencia de los dos usos. Algunos ejemplos modernos ayudarán a entender esto. Muchos hispanohablantes dicen hoy "distinto *de* los otros", "hacer mención *de* algo" y "de acuerdo *con* las normas"; pero también muchos, revolucionariamente, dicen "distinto *a* los otros", "hacer mención *a* algo" y "de acuerdo *a* las normas". Bien puede ser que en algún momento, por ejemplo a fines del siglo XXI, el "distinto *de*", el "hacer mención *de*" y el "de acuerdo *con*" sean anticuados. Pero nadie puede prever cuánto tiempo durará la convivencia de los dos usos.

A comienzos del siglo XVI aún no se había generalizado el uso de la preposición *a* para indicar el acusativo nominal de persona ("amo *a* mis hijos"). Un villancico de fines del siglo xv decía "En Ávila del río / mataron mi amigo", y Garcilaso escribía "buscas el hermano". Juan de Valdés, en cambio, aconsejaba el uso de *a* aun para el acusativo de cosa: "El varón prudente ama *a* la justicia" (sin la preposición, dice, no puede saberse quién ama a quién). En el siglo xvii quedó establecida la norma: "busco *a* mi hermano", pero "amo la justicia". A comienzos del xvi se decía "procuraba *de* contentarla en todo", "pensaba *de* entrar por Navarra", "decir *de* sí" ('decir que sí'), "decir *de* no", "tengo *de* hacer tal cosa", y, por el contrario, se decía normalmente "cerca la raya de Portugal", "en medio el patio", "debajo la camisa", "encima una mesa", "huir el mundanal ruido"; se decía "hablar *en* algo", "tratar *en* algo", no "*de* algo", y "encontrar *con* alguien", no "*a* alguien". Cervantes dice unas veces "asir algo", y otras "asir *de* algo". Había cierta fluctuación en los usos de *ser* y *estar:* "la lengua no está [= no es] muy pura en Andalucía", decía Valdés; pero también era posible decir "Darazután, que es [= que está] en Sierra Morena". Aún subsiste algo de esa fluctuación: en México es normal decir que una torre "*está* alta" (en otras zonas se dice sólo "*es* alta"). Las diferencias entre *ser* y *estar* frío, *ser* y *estar* loco, etc., eran ya claras en los siglos de oro. Las formas *son venidos, son nacidos,* quedaron sustituidas definitivamente por "han venido", "han nacido". A fines del siglo xvii ya nadie decía *solíades, andaríades, veredes,* ni *tomalda* ('tomadla'), *hablalle* ('hablarle'), "yo *vos* daré", "hablar*vos*", "costar le ha" ('le costará'), "descubrir nos hía" ('nos descubriría'), "la mi señora", "un mi primo", "la espada me da" ('dame la espada'), "tú me acompaña" ('acompáñame'), ni "los hombres a *quien* hablas". El lector de textos de los siglos de oro se topará a menudo con estas y parecidas divergencias entre la lengua de ahora y la de entonces; pero pocas veces verá en ellas un obstáculo para la comprensión; más aún: por obra del tiempo, las formas arcaicas contribuirán al placer de la lectura.

Merece atención especial el caso de los pronombres *vos* y *vosotros.* En latín clásico, *vos* significaba exclusivamente 'vosotros' (o 'ustedes'), tal como *nos* significaba 'nosotros'; para la segunda persona de singular, o sea para el interlocutor, había sólo el pronombre *tu,* tal como en el in-

glés actual no hay sino el pronombre *you.* El tuteo valía para el emperador y para el último esclavo. En latín tardío se sintió, por así decir, que
el emperador, o el papa, valían muchas veces más que un individuo
solo, y comenzó a aplicárseles protocolariamente el pronombre de plural,
vos. (Los emperadores y papas, por su parte, tomaron en serio esa multi-
plicación o engrandecimiento de su persona, y en lugar de decir *ego,* o
sea 'yo', comenzaron a decir *nos,* o sea 'nosotros'.) Cuando nacieron las
lenguas romances, los pronombres normales de segunda persona del
singular eran ya dos: *tu* para hablar con inferiores y con iguales, y *vos* para
hablar con superiores, o sea respetuosamente (italiano *tu* y *voi;* francés
tu y *vous).* Por el contexto se sabía si "con *vos* hablo" significaba 'hablo
con vosotros' o 'hablo con usted'. Sólo cuando había peligro de ambi-
güedad se decía "hablo con vos *otros*" (italiano *voi altri,* francés *vous
autres).* Las formas de los verbos, independientemente de que se trate
de una o de varias personas, se dicen siempre en plural ("vosotros
estáis", "vos estáis").

En tiempos de Garcilaso, *vos* podía significar todavía 'vosotros' ("Ninfas, a *vos* invoco..."), pero ya comenzaba a generalizarse *vosotros,* y *vos*
se aplicaba sobre todo a una persona. *"Vos,* de la amistad ejemplo...",
le dice Garcilaso a su amigo Boscán en una epístola, con un *vos* no indi-
cador ya de respeto, sino de confianza (es el mismo *vos* que empleaba
Borges en sus conversaciones con Bioy Casares). Ya se ha visto, en la
p. 278, cómo este *vos* sufrió una fuerte degradación en el siglo xvi. En
1579, Antonio de Eraso, secretario de Felipe II, "llamó de *vos* a Gutierre López, estando en el Consejo [Real], y por esto se acuchillaron"; y
en 1622 el gramático Ambrosio de Salazar les advierte a los franceses
que no traduzcan su *vous* por *vos,* porque en español *vos* es "afrenta muy
grande". La degradación, originada en ambientes cortesanos, no llegó
sin embargo al lenguaje irreal de la comedia (en el *Peribáñez* de Lope
de Vega, Casilda se dirige al Comendador dieciséis veces de *vos* y catorce de *tú),* ni tampoco a las regiones alejadas de la corte, o sean las
extensas provincias americanas, si bien los virreinatos de Lima y de
México, donde más asiduamente se seguían los hábitos de Madrid,
abandonaron el *vos* casi por completo.

En cuanto a la forma verbal correspondiente al *vos,* hubo ciertas vacilaciones. El *tomáes* resultante del antiguo *tomades* (desaparecido en el siglo xv) dio *tomáis* y *tomás,* y así alternaron también *coméis* y *comés, sois* y *sos.* En el imperativo había la forma cuidadosa *tomad, comed, salid,* al lado de la más familiar *tomá, comé, salí.*

Hay, pues, regiones americanas que tutean (como en toda España) y regiones en que subsiste el *voseo* (típicamente, la Argentina). En unas y en otras, el pronombre plural de segunda persona es siempre *ustedes.* Esto quiere decir que la diferenciación de respeto que se hace entre *tú* y *usted,* o entre *vos* y *usted,* no es posible en plural: se dice "ustedes, ilustres señores", o "distinguidas damas", lo mismo que "ustedes, camaradas" o "ustedes, niños" (y hasta a los perros muy ladradores se les dice "¡Cállense [ustedes]!"). Así como de la forma *vos* no queda rastro alguno en el español hablado de España, así de la forma *vosotros* no queda rastro en el de Hispanoamérica. Por otra parte, en las zonas de voseo han desaparecido las formas *os* y *vuestro:* se dice por ejemplo en Chile "Vos aquí *te* quedáis" (o "quedái", porque la –*s* suele desaparecer), y en la Argentina "Poné aquí *tu* mano, si *te* atrevés", en lugar de "Poné aquí vuestra mano, si os atrevés". Y, mientras algunas hablas mantienen en todos los tiempos gramaticales las formas verbales del *vos* —por ejemplo en ciertas zonas rurales de Chile: *vos tomabai(s), vos tomarai(s),* etc.—, otras sólo conservan las de presente de indicativo y las de imperativo. Hay zonas en que se dice *vos tomas,* a medio camino entre *tú tomas,* que se siente pedante, y *vos tomás,* que se siente vulgar. Ha habido, en efecto, una lucha (casi siempre infructuosa) de los gramáticos para acabar con lo que un centroamericano llama "el craso barbarismo del voseo", y un argentino "sucio mal, negra cosa". Pero, en general, son muchos los hispanoamericanos que no se avergüenzan de haber conservado de padres a hijos, entre tantos legados lingüísticos del pasado, esa forma de hablar que usaron Garcilaso y santa Teresa.

(Se puede añadir que, como en las zonas de voseo la forma verbal tiene siempre significación de singular, el español americano desconoce frases como "Ustedes *vivís",* o "Les voy a enseñá a ustedes una cosa que se *vais* a queá con la boca abierta", que se oyen en Andalucía.)

XI. EL ESPAÑOL MODERNO

Muerto sin descendencia Carlos II, triste remate de la dinastía de los Habsburgos, quien heredó el trono de España en 1700 fue un nieto de Luis XIV, el "rey sol" bajo el cual Francia se había convertido en el país más avanzado de Europa. Este nieto del monarca francés, llamado Philippe (Felipe V de España, 1700-1746), fue en resumidas cuentas un buen gobernante; mucho mejor, desde luego, que el inepto Carlos II. Sin atacar las estructuras tradicionales (la Inquisición, por ejemplo), supo permitir muchos modos modernos de obrar y de pensar. Y, así como en el siglo XVI lo moderno era lo que llegaba de Italia, así en el XVIII lo moderno significaba lo francés. Según el modelo de Francia, se fundaron en tiempos de Felipe V la Biblioteca Nacional (1712) y tres Reales Academias: la de la Lengua (1713), la de la Historia (1738) y la de Bellas Artes (1744). Los dos reyes que vinieron después, Fernando VI (1746-1759) y Carlos III (1759-1788), "déspotas ilustrados", continuaron la tarea modernizadora. El siglo XVIII fue, en conjunto, una época de vigorización y hasta de modesta expansión del imperio (se intensificó, por ejemplo, la colonización de Texas, Arizona, Nuevo México y la Alta California, y los viajes de reconocimiento en el Pacífico cubrieron las costas del Canadá y de Alaska, donde todavía se conservan topónimos españoles). Pero, de todos modos, España estuvo durante el siglo XVIII dentro de la órbita política y cultural de Francia, y a comienzos del XIX, bajo Carlos IV (1788-1808), era una de tantas piezas en el sangriento ajedrez europeo de Napoleón Bonaparte.

Una de las consecuencias de la invasión de la península por las tropas de Napoleón fue la emancipación de las provincias americanas, salvo Cuba y Puerto Rico, que, con las Filipinas, siguieron siendo colonias españolas hasta 1898. Pero —hecho que conviene subrayar— el nacimiento de las repúblicas hispanoamericanas, de tan enorme importancia en la historia política moderna, no tuvo mucha trascendencia desde el punto de vista de la historia de nuestra lengua. La situación a que se había llegado en el siglo XVIII continuó en el XIX sin ninguna quiebra esencial; y, el día de hoy, es básicamente una sola lengua la que se habla y escribe en la ex-metrópoli y en las ex-colonias. Hay mayor distancia entre el portugués del Brasil y el de Portugal que entre el español americano y el de España. Ciertamente ha aumentado la diversificación desde 1700 hasta los tiempos actuales. Las distintas modalidades de pronunciación, de vocabulario, etc. —la modalidad madrileña, la antillana, la mexicana, la andaluza, la peruana, la porteña, etc.—, que existían como en embrión hace cuatro siglos (en México se decía *zopilote*, pero en otras zonas americanas se decía *zamuro*, y en otras *gallinazo*), se han ido perfilando al paso del tiempo, y las diferencias de vocabulario, de pronunciación y de "acento" aumentan más y más.

En teoría, así como el latín del imperio romano se fragmentó y dio origen a las distintas lenguas romances o neolatinas, así el español podría seguir diversificándose geográficamente hasta fragmentarse en distintas lenguas "neoespañolas" (lenguas hermanas, hijas del español del siglo XV y nietas del latín). En la práctica, sin embargo, la tendencia a la fragmentación está frenada por una serie de factores, el más importante de los cuales es seguramente la democratización de la cultura. En 1700, los hispanohablantes que sabían leer y escribir eran minoría, y a las mujeres les estaba prácticamente negada la educación escolar. La situación es ahora enormemente distinta. Además, la comunicación entre los países hispanohablantes nunca ha sido tan intensa como hoy. Sabemos que Unamuno y García Lorca son españoles, que Borges y Cortázar son argentinos, que Arreola y Rulfo son mexicanos, que Neruda es chileno y Onetti uruguayo y García Márquez colombiano, etc., pero sus innumerables lectores existimos simultáneamente en todas partes. Todos ellos son artífices de nuestra lengua. Sus escritos, y los de otros miles, constituyen "nuestra literatura". (Por otra parte, el lugar que esa literatura nuestra ocupa hoy en el panorama mundial es mucho más señalado que el que tuvo en los siglos XVIII y XIX.)

La Academia y la literatura

En la consciencia de la unidad de nuestra lengua ha tenido mucho que ver la Real Academia Española, apoyada por las academias "correspondientes" que se fundaron en los países hispanoamericanos a lo largo del siglo XIX. (Hasta en Manila hay academia correspondiente de la madrileña, pese a que en las Filipinas ha dejado de hablarse y escribirse el español: la hispanización nunca fue allí muy intensa, y el mestizaje fue escaso.)

La Academia ha suscitado reacciones variadas, desde el respeto incondicional de quienes aceptan sus normas como ley divina hasta el vilipendio y la burla de quienes la consideran represiva y retrógrada. Sus enemigos tienen indudablemente razón cuando señalan, por ejemplo, el absurdo de aplicar el molde español (que en algunos casos resulta ser más bien el molde madrileño) a un ancho cuerpo hispanohablante al que no le viene semejante corsé. Con todo, la importancia de la Academia salta a la vista. Durante más de dos siglos, a través de sucesivas ediciones, su *Gramática* ha sido la norma fundamental del uso de la lengua en todo el orbe hispanohablante.* Es verdad que no ha conseguido, por ejemplo, que los hispanoamericanos, habituados durante siglos a recitar en la escuela "nosotros cantamos, vosotros cantáis, ellos cantan", usemos el *vosotros* tal como se usa en España, pero al menos nos ha hecho saber, desde pequeños, que el *vosotros* existe, de manera que desde pequeños, gracias a ese conocimiento gramatical, hemos podido entender plenamente una frase como "Vosotros sois la sal de la tierra".**

* El *Diccionario* se acabó de imprimir en 1739; la *Ortografía* apareció en 1741; pero la *Gramática* se elaboró con mucha mayor lentitud y no se publicó hasta 1771. Se le adelantaron las gramáticas de Benito Martínez Gómez Gayoso (1743) y Benito de San Pedro (1769). Y después de 1771 siguieron apareciendo otras que vale la pena mencionar: la de Gaspar Melchor de Jovellanos *(Rudimentos de la gramática general,* 1795), las de Juan Manuel Calleja (1818), Vicente Salvá (1831), José Gómez Hermosilla (1835), Antonio Martínez de Noboa (1839) y Jaime Balmes (1847), y finalmente la de Andrés Bello (1847). La de Salvá y la de Bello son indudablemente mejores que la académica. La primera se reeditó buen número de veces en el siglo XIX; la segunda sigue siendo valiosa, sobre todo con las perspicaces adiciones de Rufino José Cuervo (a partir de la edición de 1892).

** Aunque tal vez no tan "plenamente" como los españoles, para los cuales el *vosotros* es algo espontáneo y coloquial, mientras que para nosotros es una forma literaria, artifi-

Puede asegurarse que no hay un solo hispanohablante escolarizado al que no se le haya filtrado aunque sea en dosis mínima el ideal académico, sin necesidad de haber tenido nunca en la mano la *Gramática* misma de la Academia. El ideal académico nos viene, en cadena ininterrumpida, desde el siglo XVIII. Lo tienen muchos profesores, escritores, oradores, abogados, editores de libros y periódicos, correctores de imprenta, locutores de radio, etc. Existe un "ideal de corrección" que, las más de las veces, coincide con el ideal académico. En el siglo XVI corría el cuento de que, por real orden, el árbitro del uso de la lengua tenía que ser Toledo (véase antes, p. 295). Con mucha más verdad puede decirse que esa facultad de arbitraje le pertenece hoy a la Academia española. Su *Diccionario* ha sido y sigue siendo, pese a sus deficiencias, la autoridad suprema en cuanto al uso de las palabras. Nadie que quiera emprender la urgente tarea de hacer un diccionario verdaderamente completo de nuestra lengua podrá prescindir de la acumulación de vocablos que, con el auxilio más o menos eficaz de sus sucursales americanas, ha hecho y sigue haciendo la Academia madrileña. Donde más nítidamente se ve su función unificadora es en la ortografía. Ninguna de las variadas ortografías que se elaboraron en los siglos de oro tuvo aceptación general, a diferencia de la *Ortografía* de la Academia, que desde su primera edición (1741) ha sido acogida como ley por todos los hispanohablantes. Todos la obedecimos cuando, en una edición de fines del siglo XVIII, ordenó quitar la *h* de palabras como *patriarcha, chimera, philosophía, theología* y *orthographía* y escribir *patriarca, quimera, filosofía*, etc., y todos la obedecimos cuando, en el siglo XX, ordenó sucesivamente quitar el acento de *fue, vio*

cial. El tono de la frase evangélica nos llega así algo distorsionado. Si Jesucristo fuera un hispanoamericano de hoy, diría: *"Ustedes* son la sal de la tierra". Tal vez por ello una editorial católica, La Casa de la Biblia, publicó en 1994, como dice el prólogo, "dos ediciones distintas de la Biblia: una para España y otra para América Latina". La única diferencia importante es el condenado *vosotros/ustedes*. Yo creo que esta doble edición no es acertada: el *vosotros* aparece con tal frecuencia en la Biblia, que cualquiera se familiariza inmediatamente con su uso. Nosotros, además, estamos tan acostumbrados como los españoles a leer libros —del pasado y del presente, españoles y "latinoamericanos"— en que se emplea el *vosotros*. Hace mal la Casa de la Biblia en mantener la superficial y estereotipada distinción entre *un* español, el "de España", y *otro* español, el de una "América Latina" global. (O tal vez vendrá luego *otra* edición especial para la Argentina, donde en lugar del muy formal "Tú eres Pedro", diga Cristo *"Vos sos* Pedro".)

y *dio* y ponerlo en *búho, retahíla* y *cohíbe*. En algunos casos la Academia no ordena, sino aconseja: admite *período* con acento y *psicología* con *p-*, pero aconseja suprimir ese acento y esa *p-*, y hay que ver con qué prontitud, a uno y otro lado del Atlántico, muchos deciden escribir *periodo* y *sicología* (aunque otros nos aferramos a *período* y *psicología*). El acatamiento universal de las normas ortográficas de la Academia es un síntoma inequívoco de nuestra consciencia de la unidad de la lengua.

El primer *Diccionario* académico, publicado en seis volúmenes entre 1726 y 1739, se llama *de Autoridades* porque los vocablos que recoge suelen ir acompañados de citas de textos en que se muestra la manera correcta, "autorizada", de emplearlos. Estas citas proceden sobre todo de escritores del siglo XVI y de la primera mitad del XVII, que justamente en el siglo XVIII comenzaron a ser llamados "clásicos". Los escritores así distinguidos pasaron a ser monumentos venerables del pasado. A partir de la segunda edición del *Diccionario* (1783) desaparecieron las "autoridades" porque abultaban mucho el volumen; pero entre tanto se habían publicado ya varias colecciones de "clásicos", como el *Parnaso español* de Juan José López de Sedano, gran antología de poetas de los siglos de oro, y el *Teatro histórico-crítico de la elocuencia castellana* de Antonio de Capmany, antología de prosistas. Francisco Cerdá y Rico editó en veintiún volúmenes las "obras sueltas" (no teatrales) de Lope de Vega, y la Academia publicó ediciones monumentales del *Quijote* (1780) y del *Fuero Juzgo* (1815). La *Biblioteca de Autores Españoles*, otra empresa académica, comenzó a publicarse en 1846; detenida en el tomo 70 en 1878, se ha continuado activamente a partir de la segunda mitad del siglo XX (aunque la continuación no siempre se ha hecho con el esmero que muestran no pocos volúmenes de la serie original).

Nada de esto había ocurrido antes. El *Quijote*, por ejemplo, no se había publicado sino en ediciones baratas, destinadas a gente deseosa de leer un libro de pasatiempo. La lujosa edición de 1780 estaba hecha para ser guardada en vitrinas. En la estimación de sus contemporáneos, Cervantes había sido uno de tantos escritores, no el más correcto, no el más leído ni el más imitado. Ahora era el primero de todos. Son sus *Obras* las que ocupan el tomo inicial de la mencionada *Biblioteca de Autores*

Españoles. A partir del siglo XVIII, la literatura del pasado vino a significar una tradición digna de guardarse, un modelo propuesto a la imitación. Los buenos escritores debían parecerse a fray Luis de León, a Herrera, a Juan de Mariana. El emblema de la Academia es un crisol, acompañado del lema "Limpia, fija y da esplendor", o sea: la Academia elimina las impurezas (vulgarismos, neologismos, extranjerismos), consagra lo que es correcto y lleva la lengua a su perfección máxima. Este emblema ha sido tomado en serio por muchos, no sólo en el siglo XVIII, sino en el XIX y en el XX, a ambos lados del Atlántico. El "purismo" o "casticismo", actitud resultante de la filosofía académica, significa apego a lo tradicional, a lo consagrado, y rechazo de lo extraño, de lo que no es castellano *puro*, de lo que no tiene *casta* (o, para decirlo anticastizamente, de lo que no tiene *pedigree*).

En la España del siglo XVIII, tan necesitada de modernizarse, el casticismo fue aliado natural de las tendencias conservadoras y de las instituciones defensoras de los valores nacionales del pasado. Modernización equivalía a afrancesamiento. Si el XVIII es en la historia occidental el "Siglo de las Luces", o de la "Ilustración", lo es a causa de la fermentación ideológica operada en Francia. Toda Europa se afrancesó en ese siglo, hasta Rusia. Pero en España y en sus posesiones, pese a la buena voluntad de Fernando VI y Carlos III, y a los empeños de un grupo notable de intelectuales-políticos que colaboraron con ellos en calidad de ministros, como los condes de Aranda, de Campomanes y de Floridablanca, y más tarde el ilustre Gaspar Melchor de Jovellanos, la entrada de las ideas modernas estuvo sumamente estorbada por la Inquisición. La Inquisición, vergüenza de España frente a los demás países europeos, resultó más fuerte que los "déspotas ilustrados", los cuales no pudieron impedir que sus propios ministros sufrieran por el delito de leer los libros más significativos del siglo. La Inquisición prohibió en 1756 el *Espíritu de las leyes* de Montesquieu, en 1759 la *Enciclopedia* de Diderot y D'Alembert, en 1762 todas las obras de Voltaire y en 1764 el *Emilio* de Rousseau, entre otros centenares de obras importantes en los campos de la ciencia y la filosofía. Voltaire observaba, irónicamente, que España había llevado a su más alto grado de perfección "la aduana de los pensamientos, donde éstos son decomisados como las mercancías en Inglaterra". Y ¡ay de aquellos que leían lo prohibido! La documentación sobre castigos (cárceles, multas, clausuras, destierros, etc.) a libreros, impresores, traductores y sobre todo lectores, es abundantísima. Cuando Floridablanca y Campomanes le decían a Carlos III: "El abuso de las prohibiciones de libros ordenadas por el Santo Oficio es una de las fuentes de la ignorancia que reina en gran parte de la nación", se quedaban cortos: la acción inquisitorial no era una de las causas, sino *la* causa más evidente del atraso de España y de sus dominios.* Así, pues, la Ilustración no tuvo en el orbe hispánico la plenitud que tuvo por ejemplo en Italia y en Alemania. Buena parte de la vida de los modernizadores se gastó en la lucha contra los puristas y casticistas ideológicos, los empeñados en mantener al mundo hispánico aherrojado al pasado. La España deseosa de "luces", representada por Jovellanos (1744-1811), estuvo siempre coartada por la otra España, la oscurantista, representada por fray Francisco Alvarado (1756-1814), llamado "el Filósofo Rancio", ardoroso polemista contra cuanto oliera a sistema parlamentario, a liberalismo y a enciclopedistas franceses.

El primero de los grandes educadores ilustrados del mundo hispánico fue Benito Jerónimo Feijoo (1676-1764), monje benedictino, tan atento a las cosas modernas como deseoso de hacérselas conocer a sus contemporáneos. Perfectamente consciente de la bancarrota de la tradición

---

* Sin embargo, lo poco que se consiguió fue ya mucho. Juan Antonio Llorente, el primer —y severísimo— historiador español del Santo Oficio, dice en el prólogo de su gran *Historia* (no publicada por cierto en España, sino en Francia, y en francés, en 1817): "En mis cuatro últimos capítulos hago ver que los Inquisidores de los reinados de Fernando VI, Carlos III y Carlos IV observaron una conducta tan distinta de lo que se había visto en los primeros siglos de la Inquisición, que parecen *modelos de blandura*". Ya era mucho que los lectores de Voltaire no murieran en la hoguera como habían muerto los de Lutero en el siglo XVI. Y hay algo más, muy importante: la prohibición de que los jóvenes hispanohablantes deseosos de instruirse viajaran fuera de los estrechísimos límites hispano-católicos fijados por Felipe II a comienzos de su reinado, prohibición que duró casi dos siglos, fue levantada en tiempos de Fernando VI, a quien elogiaba Jovellanos por haber abierto así las puertas de Europa a "muchos sobresalientes jóvenes" ganosos de adquirir esa "preciosa mercancía" que son los conocimientos útiles. (La Inquisición, abolida en 1813 por las Cortes de Cádiz, fue restablecida el año siguiente por Fernando VII y sobrevivió hasta 1834. Es casi increíble que todavía en 1828 se haya celebrado, con todo su vetusto y sombrío aparato, un auto de fe en la luminosa Valencia.)

cultural hispánica, en vez de tratar de apuntalarla, se esforzó en inyectarle la sustancia que le faltaba, comenzando con la simple información acerca de las novedades europeas en materia de física, de medicina, de ciencias naturales, de descubrimientos astronómicos, de ideas filosóficas. Sobre estos y parecidos temas escribió incansablemente durante su larga vida los ensayos que recogió en dos series de volúmenes, el *Teatro crítico universal* y las *Cartas eruditas*. Todas sus fuentes de información le venían de París, centro cultural del mundo. La labor innovadora de este espíritu curioso consistió no sólo en las muchas cosas que dijo, sino también en la manera accesible como las dijo. Feijoo tuvo innumerables lectores, a uno y otro lado del Atlántico. Tuvo también no pocos enemigos, que lo atacaron en nombre de todos los intereses creados imaginables. Pero él supo defenderse. A los que lo acusaron de estar minando las creencias religiosas del pueblo les contestó que una cosa era la auténtica religiosidad y otra cosa la milagrería y las supersticiones que él en efecto se empeñó en destruir. Y a quienes lo acusaron de que con sus novedades, con sus expresiones traídas del francés, estaba manchando la "pureza" de la lengua castellana, les contestó con un sarcasmo que no ha perdido modernidad: "¿Pureza de la lengua castellana? *¿Pureza?* Antes se debería llamar *pobreza*, desnudez, sequedad"; y se burló de la "afectación pueril" de esos casticistas "picados de cultura" que en nombre de la tradición se oponían a la renovación. (A Feijoo le ayudó mucho su estado eclesiástico: a un monje no podía acusársele, sin más, de hereje.)

Algo que Feijoo percibió muy bien fue el marasmo en que había caído la literatura. Decía que los libros llegados de Francia eran "como jardines donde las flores espontáneamente nacen", mientras que los que se imprimían en España (y en sus dominios) eran "como lienzos donde estudiosamente se pintan" productos artificiales y sin vida. Vale la pena ver un pequeño ejemplo. Un español contemporáneo de Feijoo, Gabriel Álvarez de Toledo, escribió un Elogio poético de sor Juana Inés de la Cruz, al cual pertenecen estos versos:

No ya agitando el pecho sibilino
del forastero Numen impaciente,

por las violencias del prestado labio
respira el hado su futura serie:
lince de las tardanzas de los siglos
su implicado volumen desenvuelve,
y con plácido carmen facilita
cuanto él en cifras bárbaras contiene.

Es una muestra muy típica de lo que era la poesía seria en la primera mitad del siglo xviii. A tales extremos de artificiosidad y galimatías había llegado la imitación del lenguaje de Góngora. A productos como éste se refería Feijoo: flores pintadas "estudiosamente", laboriosamente, y sin aroma; lo que a duras penas colegimos de los versos de Álvarez de Toledo es que sor Juana aventaja a las Sibilas clásicas. Hay que tener en cuenta que las obras de la Décima Musa habían seguido reeditándose hasta 1725, y que no había surgido en ningún lugar del mundo hispánico un solo poeta capaz de rivalizar con ella. Pues bien, Feijoo, después de decir que "la célebre monja... es conocida de todos por sus eruditas y agudas poesías, y así es excusado hacer su elogio", inmediatamente añade que a ella le faltó "el talento para la poesía, aunque es lo que más se celebra". Con toda claridad se disocia así de sus contemporáneos. Él no es ya admirador del *Primero sueño,* ni tampoco de las *Soledades* de Góngora. Su sensibilidad no es ya la del Barroco.

La nueva sensibilidad se llama "neoclásica". Su primer expositor sistemático fue Ignacio de Luzán, contemporáneo de Feijoo, autor de una *Poética* (1737) basada en preceptistas franceses e italianos modernos. (La famosa *Poética* de Boileau, codificación del clasicismo francés, fue traducida varias veces al español en el siglo xviii, una de ellas por el mexicano Francisco Javier Alegre.) La *Poética* de Luzán está expresamente dedicada a extirpar los "vicios" de la literatura española. Su mensaje podría resumirse crudamente así: 'Los poetas actuales [José Joaquín Benegasi, por ejemplo] son pésimos porque no hacen sino continuar y empeorar los desvaríos de Góngora. Los dramaturgos actuales [José de Cañizares, por ejemplo] son pésimos porque no hacen sino continuar y empeorar el desorden y la irracionalidad de Lope y Calderón.

Es hora de acabar con el mal gusto barroco; es hora de volver a los preceptos de Aristóteles y Horacio e instaurar así un gusto clásico sólido'. Para un admirador moderno de los grandes escritores del Barroco, la actitud de Luzán —y de quienes acabaron por compartirla— tiene que resultar obtusa y antipática, pues lo admirable en Góngora es justamente el atrevimiento de su lenguaje, y lo admirable en Lope y Calderón es justamente la desbordada fantasía de unas comedias escritas con olvido de las tres reglas clásicas. Pero, en verdad, Luzán tenía toda la razón: en 1737 se imponía la necesidad de extirpar unos "vicios" indudables —Benegasi y Cañizares son escritores decididamente malos—, y para ello era preciso echar por tierra las estatuas de los grandes barrocos. Un triunfo resonante de la sensibilidad neoclásica fue la prohibición, por Carlos III (1765), de los autos sacramentales que durante dos siglos habían venido representándose en el mundo hispánico, sobre todo en la fiesta de Corpus Christi. (Los autos sacramentales eran, en efecto, el colmo de lo no-aristotélico y de lo no-horaciano; los hombres de la Ilustración los sentían como una vergüenza nacional.)

Sin embargo, pese a Feijoo y a Luzán, gran parte de la literatura, a ambos lados del Atlántico, siguió siendo largo tiempo una derivación "degenerada" del Barroco. Por otra parte, los ilustrados se lucieron más en la crítica que en la creación. La literatura neoclásica de los países de lengua española no resiste la menor comparación con la brillante literatura dieciochesca de Francia, Inglaterra, Italia y Alemania. En el siglo XVIII, y hasta entrado el XIX, hubo en España y en Hispanoamérica imitaciones y refundiciones de tragedias "clásicas" francesas e italianas, pero esos esfuerzos no remediaron ciertamente la decadencia del teatro. (Ramón de la Cruz, uno de los refundidores de tragedias, se salva por sus *Sainetes*, que son prácticamente el único producto teatral del siglo XVIII que conserva algún interés.) Apenas en 1805 hubo una buena comedia "clásica": *El sí de las niñas* de Leandro Fernández de Moratín.

Lo ocurrido en el campo de la poesía lírica es especialmente revelador del rezago que llevaba la literatura española con respecto a la de los otros países europeos. La espléndida rebelión del romanticismo alemán contra la retórica del clasicismo no significó casi nada en España ni en

Hispanoamérica, justamente porque los frutos del clasicismo habían sido aquí magros y tardíos. Las diferencias entre neoclásicos y románticos son de poca monta, y el *Arte de hablar en prosa y verso* de José Gómez Hermosilla, publicado en plena era romántica (1826) y muy reeditado (hasta 1893), es un manual neoclásico de preceptiva literaria. Tan retórico es el neoclásico Juan Meléndez Valdés como el romántico Duque de Rivas, y hasta los grandes poemas americanos de la época romántica, como el *Canto a Bolívar* (1825) del ecuatoriano José Joaquín de Olmedo y la oda *A la agricultura de la Zona Tórrida* (1826) del venezolano Andrés Bello, están escritos en un lenguaje académico que se compara muy desfavorablemente con el de los verdaderos poemas románticos. La ruta trazada por dos poetas-preceptistas, Manuel José Quintana (1772-1857) y Alberto Lista (1775-1848), ambos casi impermeables al romanticismo, duró muchos años a uno y otro lado del Atlántico. El español Enrique Gil y Carrasco, el mexicano Manuel Carpio, el venezolano Abigaíl Lozano, el colombiano Rafael Pombo, el argentino Rafael Obligado, el chileno Carlos Guido y Spano, todos esos poetas del siglo xix a quienes mal que bien se aplica la etiqueta de "románticos", dejaron una masa casi indiferenciada de versos correctos y anodinos, de cuño académico. Abundaban las "licencias poéticas": para ajustar el número de sílabas de los versos, los románticos encogían las palabras *(desparecer, apena, mientra, entonce, Jove, do, doquier...)* o las estiraban *(felice, pece, feroce...)*. El vocabulario neoclásico, imitado sobre todo del de Herrera *(proceloso, candente, refulgente, linfa...)*, y "enriquecido" a lo largo del siglo xix con las voces del momento *(estro, delirio, agonía, frenesí, exhalar...)*, no hace sino poner de relieve la sustancial pobreza de casi toda la poesía escrita entre 1770 y 1870. El hipérbaton, tan vívido y variado en Góngora, acabó siendo uno de tantos manierismos mecánicos ("las de mayo serenas alboradas", "en la de los desiertos callada soledad"). He aquí dos estrofas de "La diosa del bosque" de Manuel María de Arjona, escrita a comienzos del siglo xix y elogiada por Gómez Hermosilla ("composición magnífica y sin el menor descuido en el estilo ni en la versificación"):

¡Oh, si bajo estos árboles frondosos
se mostrase la célica hermosura
que vi algún día de inmortal dulzura
este bosque bañar!
Del cielo tu benéfico descenso
sin duda ha sido, lúcida belleza;
deja, pues, diosa, que mi grato incienso
arda sobre tu altar…,

(Obsérvense, en cada verso largo, esos adjetivos de adorno, que parecen colgajos pegados con goma.) Si los versos de Álvarez de Toledo citados en las pp. 341-342 son malos por enrevesados, la gran masa de la poesía neoclásico-romántica es mala por pedestre. Por eso las *Rimas* de Bécquer tienen algo de milagroso.

El teatro no tuvo mejor fortuna. Las revolucionarias obras de Moratín *(La comedia nueva, El sí de las niñas)* no tuvieron mucha descendencia en el siglo xix. El teatro "romántico" de autores como el Duque de Rivas y José Zorrilla, o como el mexicano Fernando Calderón, representa, en conjunto, un regreso al de Lope de Vega y su escuela, que ellos imitan en su versificación, en sus ambientes y hasta en su vocabulario: ni el tratamiento de *vos*, ni formas como *priesa, empero* y *decillo* correspondían a la lengua hablada. Fue un teatro académico, agarrotado en su casticismo.

También la novela de lengua española estuvo, en buena medida, maniatada por el afán de corrección durante casi todo el siglo xix. El primer gran novelista moderno, Benito Pérez Galdós, se quejaba en 1882: "Una de las dificultades con que tropieza la novela en España [y en Hispanoamérica, hubiera podido añadir] consiste en lo poco hecho y trabajado que está el lenguaje literario para reproducir los matices de la conversación corriente. Oradores y poetas lo sostienen en sus antiguos moldes académicos, defendiéndolo de los esfuerzos que hace la conversación para apoderarse de él; el terco régimen aduanero de los cultos le priva de flexibilidad". Hay que tener en cuenta que en el siglo xviii casi no se escribieron novelas. La *Historia de fray Gerundio de Campazas* (1758) del jesuita José Francisco de Isla, cuyo esquema es derivación del de *Don Quijote,* no es propiamente novela, sino una sátira ingeniosa contra la flojera intelectual y la vaciedad espiritual de quienes se daban humos de dirigentes de la cultura (concretamente los frailes, especializados en predicar frivolidades con un aparato de erudición barata y de sonoridades huecas), o sea uno de los grandes alegatos de los hombres de la Ilustración contra el "Barroco degenerado". La creación de un lenguaje propio de la novela fue tarea que se llevó mucho tiempo.* En todo caso, es un hecho que los lectores de lengua española, allá y acá, devoraron durante el siglo XIX las traducciones (Walter Scott, Dumas, Balzac, Eugène Sue…) con muchísima mayor fruición que las novelas escritas originalmente en castellano.

Por último, el prurito académico produjo esos alardes de sonoridad oratoria cuyos paradigmas españoles son Juan Donoso Cortés y Emilio Castelar, y cuyos pomposos ecos resuenan en casi todo el siglo XIX y aun en algo del XX. (En las últimas décadas del siglo XIX, el ecuatoriano Juan Montalvo dedicó años a impregnarse de lengua "clásica" para escribir unos laboriosos y fatigosos *Capítulos que se le olvidaron a Cervantes.*)

En cambio, la prosa no oratoria, la prosa didáctica o expositiva, la que discurre y razona, la prosa "ensayística", tiene manifestaciones excelentes a lo largo del siglo XVIII, comenzando con Feijoo. El XVIII hispánico fue por excelencia el siglo de la prosa. Y, a diferencia de lo que ocurre con los otros "géneros" literarios (la poesía, el teatro, la novela), en los cuales nuestra ruptura con ese siglo es total, lo que hay entre la prosa del XVIII y la de nuestros tiempos es una auténtica continuidad. En cuanto a hechura, en cuanto a manejo del lenguaje, no hay diferencia esencial entre el estilo de Feijoo y el de su admirador moderno Gregorio Marañón. Sucesores de Feijoo son José Cadalso, el autor de las *Cartas marruecas* (crítica del atraso de España) y de *Los eruditos a la*

---

* La tarea les resultaba aún más difícil a los hispanoamericanos, que no sólo sentían esa necesidad de actualización tan bien observada por Pérez Galdós, sino además una especie de urgencia de originalidad frente a España. Ignacio Manuel Altamirano soñaba con "una literatura esencialmente americana, absolutamente nuestra, cuya única fuente de inspiración sea nuestra historia natural y nuestra bellísima y fecunda naturaleza, sin nada de la civilización del Viejo Mundo, pérfida y cruel". Pero es curioso ver cómo Altamirano no se atreve a usar mexicanismos, y en sus novelas habla de *aldeas*, de *labriegos* y de robustos *mocetones*, palabras del diccionario académico, pero irreales en México.

violeta (sátira contra los mercachifles de la cultura), y el gran Jovellanos, a quien vale la pena leer no sólo por sus *Diarios,* donde se reflejan sus múltiples intereses vitales, sino aun por su *Informe en el expediente de ley agraria.* (Es triste pensar en la ilegibilidad de lo que se escribe en nuestros tiempos sobre asuntos análogos. El *Informe* de Jovellanos, serio y profundo, está dirigido a los capaces de entender la importancia de la agricultura, o sea a todo lector. Por algo tuvo muchas reediciones, por algo fue traducido a las principales lenguas europeas.) Las *Investigaciones filosóficas sobre la belleza ideal* de Esteban Arteaga, la *Historia de México* de Francisco Javier Clavigero y la *Historia de Chile* de Juan Ignacio Molina son grandes productos de la Ilustración, no a nivel hispánico, sino a nivel europeo.

Del siglo XVIII procede también, sin solución de continuidad, nuestro moderno periodismo. El *Diario de los Literatos* (1737-1742), imitación del *Journal des Savants* francés, cumplió una función educadora y modernizadora no distinta de la de los escritos de Feijoo. Se multiplican en esta época, a uno y otro lado del Atlántico, las *Gacetas,* los *Mercurios,* los *Diarios noticiosos,* las publicaciones intituladas *El Pensador, El Duende, El Censor.* Y hay ya periodistas profesionales, como los españoles José Clavijo y Fajardo y Francisco Mariano Nifo, los mexicanos José Antonio Alzate y José Ignacio Bartolache y el colombiano Francisco Javier Caro.

El XVIII fue también un siglo de eruditos. El más importante es sin duda Gregorio Mayans y Siscar, que, en su esfuerzo por resucitar el humanismo del XVI, hizo una edición completa de las obras de Juan Luis Vives (todas ellas en latín); fue Mayans quien en sus *Orígenes de la lengua castellana* (1737) editó por vez primera el *Arte de trovar* de Villena, los anónimos *Refranes que dizen las viejas tras el fuego* y el *Diálogo de la lengua* de Juan de Valdés, y reeditó los escritos histórico-lingüísticos de Aldrete y el *Bocabulario de germanía* de Hidalgo. Por su parte, Tomás Antonio Sánchez, en su *Colección de poesías anteriores al siglo XV* (1779), imprimió por vez primera el *Poema del Cid,* el *Libro de Alexandre,* las obras de Berceo y el *Libro de buen amor* del Arcipreste de Hita. Fray Martín Sarmiento, benedictino como Feijoo, escribió unas *Memorias para la historia de la poesía y poetas españoles,* y fray Enrique Flórez, agustino, publicó en su *España sagrada* una inmensa cantidad de documentos medievales. Los jesuitas españoles e hispanoamericanos expulsados por Carlos III en 1767 aprovecharon su destierro italiano para escribir y publicar obras verdaderamente monumentales de erudición, como el *Catálogo de las lenguas de las naciones conocidas* de Lorenzo Hervás y Panduro, el *Diccionario castellano con las voces de ciencias y artes y sus correspondientes en las tres lenguas francesa, latina e italiana* de Esteban de Terreros y Pando, y el tratado *De los orígenes, progresos y estado actual de toda literatura* de Juan Andrés.

La filología es el terreno erudito que ofrece la más perfecta continuidad entre el siglo XVIII y los tiempos actuales. Sin las tareas realizadas por los hombres de la Ilustración (una de las cuales fue hacer ver, con su obra, la importancia de la precisión filológica), no hubiera existido, a comienzos del siglo XIX, un erudito de la talla de Bartolomé José Gallardo, cuyo *Ensayo de una biblioteca española de libros raros y curiosos* sigue siendo indispensable para la investigación literaria. A la misma altura que Gallardo está su contemporáneo Andrés Bello: ningún hispanohablante había escrito acerca del *Poema del Cid* con la autoridad con que él lo hizo, y su *Gramática de la lengua castellana destinada al uso de los americanos* (1847) estuvo siempre, por su rigor filológico, muy por encima de la *Gramática* académica. Los descendientes de Gallardo y de Bello son legión y llegan a nuestros tiempos. Entre ellos están los españoles Marcelino Menéndez Pelayo y Ramón Menéndez Pidal, el colombiano Rufino José Cuervo* y el dominicano Pedro Henríquez Ureña.

* Cuervo, paradigma de esos "hombres raros" que se entregan en cuerpo y alma al estudio de una lengua y le dedican toda la vida, entró en el escenario científico treinta años antes que Menéndez Pidal, con unas luminosas *Apuntaciones críticas sobre el lenguaje bogotano* (1867) que atañen, de hecho, al español de todas partes. En 1888 comenzó a publicar un gigantesco *Diccionario de construcción y régimen de la lengua castellana*, y en 1895 sacó a la luz la primera parte de sus *Disquisiciones sobre antigua ortografía y pronunciación castellanas*, que, como dice un gran filólogo moderno, "representan el primer caso de la enérgica intervención de Hispanoamérica en el desarrollo de la lingüística románica, disciplina hasta entonces casi exclusivamente europea". No deja de ser significativo el hecho de que quienes primero vieron la importancia de las *Disquisiciones* no hayan sido filólogos del mundo hispánico, sino extranjeros: Jeremiah D. M. Ford (norteamericano), Jules Saroïhandy (vasco francés) y O. J. Tallgren-Tuulio (finlandés).

Los filólogos nacidos en países de habla española han estado acompañados siempre por filólogos nacidos en otros países. Sin la aportación de esos "hispanistas" extranjeros, nuestros conocimientos sobre la lengua, la literatura, las ideas, la historia, el folklore, etc. de los países hispánicos no serían lo que son. El cariño de un extranjero por las cosas hispánicas podrá estar hecho de otros elementos que el que los hispanohablantes tenemos por nuestras propias cosas, pero los frutos de uno y otro cariño, cuando toman la forma de estudios filológicos (lingüísticos, literarios, etc.), son de calidad idéntica. Más aún: los filólogos extranjeros se han adelantado en no pocos casos a los hispanohablantes: la mejor obra de conjunto sobre la sintaxis del español en los países hispanoamericanos no es obra de un hispanoamericano, sino de un hispanista norteamericano, Charles E. Kany; el gran estudio sobre lo que fue el erasmismo en España y en sus posesiones no es obra de un español, sino de un hispanista francés, Marcel Bataillon. En una historia como la presente no puede quedar en silencio esa aportación de los hispanistas extranjeros. Es mucho lo que les debemos.

La atención europea a las cosas españolas data de la época de los Reyes Católicos. Los primeros hispanistas son quienes tradujeron a las demás lenguas europeas los productos literarios españoles (la *Cárcel de Amor*, *La Celestina* y tantos otros), seguidos por los autores de gramáticas y diccionarios. El italiano Lorenzo Franciosini, el francés César Oudin y el inglés Richard Percivale, a fines del siglo xvi y comienzos del xvii, demuestran un interés extraordinariamente agudo por la lengua y la literatura españolas, y a la vez contribuyen, con su obra, al apogeo de lo español en esos áureos decenios que van de Cervantes a Quevedo.

El interés por lo español continuó vivo en Francia durante el siglo xviii. La obra maestra de Lesage, *Histoire de Gil Blas de Santillane* (1715-1735), está tan nutrida de lectura de novelas picarescas españolas, que el Padre Isla pudo intitular así su traducción (1787): *Aventuras de Gil Blas de Santillana, robadas a España y adoptadas en Francia por Lesage, restituidas a su patria y a su lengua nativa*. Otra obra de Lesage, *Le Diable boiteux*, es imitación de *El Diablo cojuelo* de Luis Vélez de Guevara. A fines de ese siglo, y a comienzos del siguiente, los hispanistas por

excelencia fueron los románticos alemanes. August Wilhelm von Schlegel, gran filólogo, leía atentamente el teatro clásico español cuando los
españoles lo tenían olvidado y menospreciado, y su hermano Friedrich
compuso en 1802 un drama de tema español, *Alarcos*. Ya Schiller había
escrito, hacia 1790, su drama *Don Carlos*, sobre la trágica historia del
hijo de Felipe II. Admiradores de un teatro libre, no sujeto a reglas como
el teatro clásico francés, los románticos alemanes pusieron a Calderón
en un mismo nivel con Shakespeare. (Ludwig Tieck, traductor de Calderón, tradujo también el *Quijote*.) Para Herder, el gran indagador de las
raíces populares de la poesía, fue muy importante el *Poema del Cid*.
Jacob Grimm, Georg Depping, Ferdinand Wolf y Conrad Hofmann fueron quienes descubrieron para Europa (y redescubrieron para España)
el tesoro de los romances viejos.* En tiempos más modernos, fueron
alemanes quienes primero hicieron ediciones filológicas de obras de
don Juan Manuel *(Libro de la caza*, por Gottfried Baist, 1880; *Libro del
caballero y el escudero*, por S. Gräfenberg, 1893) y del texto aljamiado
del *Poema de Yúçuf* (por Heinrich Morf, 1883). Por su parte, los franceses
Théophile Gautier y Prosper Mérimée representan a una multitud de
compatriotas suyos, estudiosos, viajeros, pintores, novelistas, dramaturgos y músicos hispanizantes. (A partir de Édouard Lalo, Georges Bizet y
Emmanuel Chabrier, la afición de los compositores europeos a los temas
españoles fue tal, que el bromista Érik Satie pudo componer en 1913
una parodia con el exagerado título de *Españaña*.) Mérimée escribió la
muy leída y muy popularizada *Carmen*, pero también otros serios trabajos
literarios de tema español, como la *Histoire de Don Pèdre I*, traducción
de la *Crónica del rey don Pedro* del canciller López de Ayala. Gautier

---

* Los hermanos Wilhelm y Alexander von Humboldt representan muy bien la tremen-
da curiosidad intelectual que se suscitó en la Alemania de tiempos de Goethe, aspecto
que hizo del romanticismo el verdadero Renacimiento alemán. Wilhelm, uno de los pioneros de la lingüística moderna, fue el primer filólogo que se interesó, entre otras muchas
cosas, por los orígenes del idioma vascuence. Alexander, que hizo un largo y minucioso
recorrido del Nuevo Mundo, observándolo todo, anotándolo todo, dedicó los últimos cincuenta años de su vida a publicar —en francés, para tener el mayor número posible de
lectores— unos libros que se cuentan entre los fundamentales de las ciencias antropológi-
cas, alimentados no sólo de su vasta experiencia personal, sino también de su lectura de
todo cuanto se había escrito sobre la América española.

dejó, entre otras muestras de su hispanofilia, un luminoso *Voyage en Es-pagne*. En Inglaterra, Robert Southey y Lord Holland llegaron a ser gran-des conocedores de la literatura española. (Ya han sido mencionados, en nota de la p. 216, dos hispanistas ingleses del siglo XVIII, Charles Jarvis y John Bowle.) A partir de Walter Scott, la presencia de lo español en la novela europea se hizo casi constante. El norteamericano Washington Irving escribió una documentada biografía de Cristóbal Colón y una só-lida historia de la toma de Granada, además de sus populares *Cuentos de la Alhambra*. Y no hay que olvidar a otro norteamericano, William H. Prescott, autor de historias muy documentadas de los Reyes Católicos, de Felipe II y de las conquistas de México y del Perú.

Los libros de Washington Irving pueden haber influido en el interés que George Ticknor tuvo por las cosas de España. Y con Ticknor, como se ha visto (p. 237), se inicia la historiografía moderna de la literatura, rama central de los estudios hispanísticos. Los sucesores de Ticknor, lo mismo hispanohablantes que extranjeros, se cuentan ahora por cente-nares. En 1962, por iniciativa de los ingleses, se fundó una Asociación Internacional de Hispanistas que desde entonces viene celebrando con-gresos cada tres años. La mayoría de sus miembros son estudiosos nativos de países hispánicos, pero los hispanistas europeos y norteamericanos son numerosísimos. (Ezra Pound, en su juventud, proyectaba una tesis de doctorado sobre el "gracioso" en el teatro de Lope de Vega, y Thorn-ton Wilder, en su madurez, escribió un par de artículos eruditos sobre el mismo Lope.) Hasta Rusia y Polonia y Checoslovaquia han producido buenos hispanistas. El Japón está comenzando a producirlos. Las revis-tas dedicadas exclusivamente a estudios sobre lengua y literatura de los países hispánicos, raras en el siglo XIX, se cuentan hoy por docenas. La que ocupa el primer lugar, por su antigüedad y su perseverancia, es el *Bulletin Hispanique* publicado desde 1899 por la Universidad de Bur-deos.* Quince años después se fundó, bajo la dirección de Ramón

---

* Todas las revistas de erudición cuentan con el respaldo de una institución académica (la *Nueva Revista de Filología Hispánica*, por ejemplo, no podría vivir sin el respaldo de El Colegio de México). Hubo una excepción notable: la *Revue Hispanique*, creada "a título individual" por el activísimo Raymond Foulché-Delbosc, y sostenida económicamente durante cuarenta años (1894-1933) por el archimillonario Archer M. Huntington, funda-

Menéndez Pidal, la *Revista de Filología Española*, decana de las que se publican en países hispánicos.

Feijoo sintió que la cultura hispánica no podía revivificarse sino con una apertura a lo europeo. Los desarrollos posteriores le dieron la razón. En una o en otra forma, todo lo que desde sus tiempos ha habido de vital en la literatura implica una lucha contra la pobreza disfrazada de "pureza", o sea contra la uniformidad e inmovilidad que querían imponer los puristas. "Las lenguas —dijo a comienzos del siglo xix Mariano José de Larra— siguen la marcha de los progresos y las ideas; pensar en fijarlas en un punto a fuer de escribir castizo es intentar imposibles". (Obsérvese el giro *a fuer de*, castizo y arcaico: Larra lo emplea seguramente con un retintín de burla.) Los románticos satirizaron el lenguaje relamido del "pastor Clasiquino", representante de los poetas ñoños de la estereotipada escuela bucólica de Meléndez Valdés (uno de cuyos representantes es el mexicano fray Manuel de Navarrete). Si el lenguaje de Gustavo Adolfo Bécquer, tan fresco y a la vez tan vigoroso y duradero, se levanta por encima de todos los demás lenguajes poéticos de su tiempo, por ejemplo el de Campoamor o el de Núñez de Arce, es en buena medida a causa de su poco casticismo. (Un académico, Narciso del Campillo, discípulo de Alberto Lista, creyó necesario "corregir" las *Rimas* al editarlas, muerto ya Bécquer.) Para los puristas, uno de los pecados capitales era beber en fuentes extranjeras, y este pecado fue cometido con toda consciencia por los innovadores: Bécquer bebió indirectamente en Alemania; Esteban Echeverría, el primer romántico americano, había bebido directamente en Francia, y José de Espronceda en Inglaterra. (Durante el romanticismo resucitaron la literatura catalana y, en menor medida, la gallega. Esta resurrección fue también un gesto de rebeldía y de independencia frente a la uniformidad impuesta desde Madrid.)

dor de la riquísima Hispanic Society of America. Aparte de muchos estudios literarios y lingüísticos (entre éstos, algunos de los primeros que se publicaron sobre el español de América y sobre el judeoespañol), hay en ella muy buenos trabajos sobre otros variados aspectos del vivir hispánico. Es, además, impresionante el número de textos literarios manuscritos que allí se publicaron por primera vez. Los 81 volúmenes de la *Revue Hispanique* siguen constituyendo uno de los instrumentos básicos de la filología.

A finales del siglo xix y comienzos del xx, las necesidades artísticas de realismo en la novela y en el teatro obligaron a los autores de estos géneros a poner en labios de sus personajes no ya el lenguaje "escrito" que hasta entonces se les había prestado, sino el hablado y de todos los días, tan ajeno a veces a la gramática y al diccionario de la Academia. Considerada globalmente la novela, puede decirse que este importantísimo paso se dio primero en España: lo argentino de Benito Lynch, lo ecuatoriano de Jorge Icaza, lo colombiano de Tomás Carrasquilla, lo venezolano de Rómulo Gallegos y lo mexicano de Mariano Azuela tienen sus antecedentes en lo andaluz de Fernán Caballero, lo montañés de José María de Pereda y lo madrileño de Benito Pérez Galdós. En cuanto al teatro, considerado también globalmente, puede decirse que los autores hispanoamericanos precedieron a los españoles: obras como *Ña Catita* del peruano Manuel Ascencio Segura, o *Juan Moreira* del argentino Eduardo Gutiérrez, o *M'hijo el dotor* del uruguayo Florencio Sánchez, se adelantaron a las comedias andaluzas de Pedro Muñoz Seca y de Serafín y Joaquín Álvarez Quintero. Otro tanto se puede decir en cuanto a la poesía de cuño popular o coloquial. Cuando José María Gabriel y Galán escribía "en dialecto" sus *Campesinas* y sus *Extremeñas,* hacía más de veinte años que corría el *Martín Fierro* de José Hernández, poema en que culminó toda una corriente de dignificación de la figura y el lenguaje del gaucho. En el siglo xix comenzó a abandonarse la costumbre de imprimir en cursiva (como pidiéndole permiso al diccionario académico) las palabras americanas, la *chacra* y la *milpa,* el *jacal* y el *bohío,* el *poncho* y el *sarape.* Lo hizo notar el colombiano Gregorio Gutiérrez, años antes de la publicación del *Martín Fierro,* en su *Memoria sobre el cultivo del maíz en Antioquia* (1866):

> No estarán subrayadas las palabras
> poco españolas que en mi escrito empleo,
> pues como sólo para Antioquia escribo,
> yo no escribo español, sino antioqueño.

Por supuesto, el poema de Gutiérrez no fue escrito sólo para los nacidos en tierras de Antioquia: cualquier hispanohablante puede leerlo y entenderlo, aun saltándose la mayor parte de las notas explicativas que dos oficiosos amigos del poeta le añadieron. Tampoco *El alma del suburbio* de Evaristo Carriego está escrita sólo para los porteños, ni la poesía "negra" de Luis Palés Matos y Nicolás Guillén se escribió exclusivamente para deleite de los puertorriqueños y cubanos.

En el otro extremo, por así decir, está el "pecado" lingüístico que introdujeron los poetas modernistas, o sea la inserción de galicismos y anglicismos descarados en pleno discurso poético: Manuel Gutiérrez Nájera hace rimar "Duque Job" con "Jockey Club", y Rubén Darío emplea palabras como *baccarat, champagne* y *sportswoman.*

A partir justamente de Rubén Darío, poeta acusado de cosmopolita y extranjerizante, inaugurador de una concepción del lenguaje poético cuyas consecuencias llegan a nuestros días, y parangonable en ese sentido con un Garcilaso y un Góngora (también extranjerizantes y cosmopolitas, también "antiacadémicos", si imaginamos para sus tiempos algo equivalente a una academia), puede decirse que la gran poesía escrita en lengua española ha dejado atrás el fantasma del casticismo y de la propiedad gramatical. Es una poesía libérrima, en la que todo se vale, en la que pueden violarse todas las reglas idiomáticas. Una poesía, además, abierta a la invitación de voces brotadas en culturas ajenas a la hispánica.

En el último cuarto del siglo xviii, la Academia española sumó a sus funciones la de premiar año con año los mejores poemas que se le presentaran. Para entonces, según lo muestran los poemas premiados (sobre temas heroicos del imperio: "Granada rendida", "Las naves de Cortés destruidas"), reinaba un ideal académico de poesía muy definido, y totalmente comprendido y aceptado por los concursantes. Ahora eso sería inconcebible. La modernidad afrancesada y americana de Rubén Darío estuvo al margen de todo reconocimiento académico, como lo están asimismo la modernidad refinada del argentino Enrique Banchs, el español Jorge Guillén o el mexicano José Gorostiza, y la modernidad más estrepitosa del chileno Vicente Huidobro, el español Gerardo Diego, el cubano Mariano Brull, el colombiano León de Greiff o el mexicano José Juan Tablada, para no hablar de los estilos personalísimos del español Federico García Lorca, el peruano César Vallejo o el chileno Pablo Neruda.

"Lo mismo en España que en Hispanoamérica...", "a ambos lados del Atlántico...": en este capítulo y en los anteriores ha sido necesario repetir frases como éstas porque, aunque parezca raro, no existen historias de la literatura española en las cuales la palabra *española* abarque el conjunto de nuestra lengua, la masa de obras escritas en ese idioma común a García Lorca, Vallejo y Neruda. Es verdad que las historias de la literatura hispanoamericana (o de las diversas literaturas "nacionales" de Hispanoamérica: cubana, puertorriqueña, colombiana, etc.) no pueden pasar en silencio a la legión de escritores nacidos en España que escribieron en el Nuevo Mundo, desde Gonzalo Fernández de Oviedo hasta los muchos de tiempos más modernos. (Sería incompleta e injusta, por ejemplo, una historia de la literatura mexicana que pasara en silencio la obra de los españoles "transterrados" a partir de 1939 a causa del triunfo del fascismo en su patria.) También es verdad que todas las historias de la literatura "nacional" española dan un lugar a la obra de los mexicanos Ruiz de Alarcón y sor Juana Inés, con la misma naturalidad con que incluyen, hacia los años 1825-1875, al mexicano Manuel Eduardo de Gorostiza, al argentino Ventura de la Vega, al venezolano Antonio Ros de Olano y a la cubana Gertrudis Gómez de Avellaneda, que con mayor o menor éxito hicieron su obra en España y que son, así, tan "españoles" como sus contemporáneos Manuel Bretón de los Herreros, Francisco Martínez de la Rosa y José Zorrilla. Pero falta todavía una visión totalizante y generosa, abarcadora de *nuestra* literatura en toda su geografía lo mismo que en toda su historia.

No es difícil explicar la falta de esa visión. En primer lugar, es mucho más complicado escribir la historia de una literatura que la de una lengua. Ya Nebrija hacía historia de la lengua española; en cambio, la historia propiamente dicha de la literatura comenzó a hacerse apenas en el siglo xix. Y, en segundo lugar, el xix es precisamente el siglo de la ruptura política entre España y su ex-imperio, acontecimiento que, como es natural, dejó una ancha estela de resentimientos y recriminaciones. Los poetas hispanoamericanos patrióticos del siglo XIX bordaban una y otra vez sobre el tema del "cruel yugo español" que las jóvenes naciones se habían sacudido, y los críticos patriotas españoles se indignaban una y otra vez de que esos poetas malcriados insultaran a la "madre patria" en la lengua que ella "les dio". El resultado fue que España acabó por ignorar los productos literarios hispanoamericanos. Mientras en Hispanoamérica se leía no sólo a Larra y a Bécquer y a Pérez Galdós, sino también a autores españoles de tercera clase, en España se ignoraban no sólo las ramplonas e ignorables novelas de Juan A. Mateos, sino también lo bueno que los países hispanoamericanos produjeron en el siglo XIX. En resumidas cuentas, fue España la que salió perdiendo.

A finales del siglo, para celebrar el cuarto centenario del descubrimiento del Nuevo Mundo, resolvió la Academia española romper el hielo y remediar en parte la ignorancia anterior publicando una *Antología de poetas hispanoamericanos*. El ilustre Menéndez Pelayo, encargado de esta tarea, se vio en graves aprietos para realizarla. Además del ya mencionado antiespañolismo, le repugnaba íntimamente la irreligiosidad y aun el ateísmo de algunos de los poetas, pues él era un católico devoto; y, lo que era peor, rara vez encontraba que estos pecados extrapoéticos estuvieran contrapesados por alguna virtud poética. Salió del paso lo mejor que pudo, seleccionando aquello que mejor se ajustaba a sus preferencias de tipo horaciano clásico, y prodigando alabanzas a los elegidos, aunque hasta en las alabanzas dejó transparentar su desdén por una poesía que a él le parecía, en conjunto, desaliñada, incorrecta, sin decoro académico.

Menéndez Pelayo fue un hombre muy de su tierra y de su tiempo. Su desdén (que no hay por qué calificar de injustificable, y que, además, no se refería sólo a la literatura) era compartido por muchos paisanos suyos. Pío Baroja, famoso por su franqueza, decía que a los hispanoamericanos no se les podía tomar en serio, puesto que todavía "ayer" andaban trepados en los árboles, como macacos. El desdeñar al de abajo cuando el de arriba nos desdeña a nosotros es una reacción muy humana. Y la cadena de desdenes venía desde lejos. En 1553, el erasmista Alonso García Matamoros escribió una apología *(De adserenda*

Hispanorum eruditione) para combatir "la inveterada opinión, arraigada en el ánimo de los extranjeros", de que España era un país "bárbaro", sin literatura. En 1629, el peruano Antonio de León Pinelo publicó en Madrid un *Epítome de la biblioteca oriental y occidental* para combatir la ignorancia de los españoles en cuanto a las letras de América ("Como de las Indias sólo se apetece plata y oro, están sus escritores tan olvidados como sus historias poco vistas, siendo ocupación extranjera la que debiera ser natural de España"). En 1672 apareció el primero de los cuatro volúmenes de la *Bibliotheca Hispana* de Nicolás Antonio, escrita para demostrarle a Europa que su desdén por la producción literaria española era injusto. En 1735, el desenfadado erudito Manuel Martí, deán de Alicante, dijo en una de sus *Epístolas* latinas que la Nueva España era un desierto desolador en cuanto a letras, y entonces un erudito de la Nueva España, Juan José de Eguiara y Eguren, compiló una vasta *Bibliotheca Mexicana* (cuyo volumen primero, y único, apareció en México en 1755) para demostrarle a Martí que su juicio había sido muy irreflexivo. En 1786, la Academia de Berlín, uno de los núcleos de la Ilustración cosmopolita, convocó a los literatos europeos a un concurso sobre el tema "¿Qué le debemos a España?" *(Que doit-on à l'Espagne?)*; el triunfador fue un afrancesado italiano, Giacomo Carlo Denina, que contestó a la insidiosa preguntita de manera sumamente negativa; y entonces, en nombre de los españoles ofendidos, escribió Juan Pablo Forner su *Oración apologética por la España y su mérito literario*. Las muestras del desdén europeo por España y del desdén español por América continúan en el siglo XIX y aun en el XX. Hay acusaciones y apologías, ataques y contraataques: Menéndez Pelayo no sólo defendió a España frente a Europa, sino que se lanzó polémicamente contra ciertos aspectos de la cultura "extranjera", y muchos hispanoamericanos, como el enérgico peruano Manuel González Prada por ejemplo, dijeron que España era un país atrasado y reaccionario, que su literatura era hinchada y vacía, y que los males de Hispanoamérica se debían a la funesta herencia española.

Hoy se tiende a ver las cosas de otra manera. Podemos confesar en tono tranquilo, sin desdén para nadie, que la literatura en lengua española de los siglos XVIII y XIX fue inferior a la francesa, a la inglesa, a la italiana, a la alemana, a la rusa. Podemos ver, por otra parte, que la actividad literaria de esos dos siglos fue más apreciable en España que en las colonias y luego naciones hispanoamericanas; pero el atraso (siempre en comparación con las otras literaturas) era de la misma índole a uno y otro lado del Atlántico. Obras hispanoamericanas como *María* (1867) del colombiano Jorge Isaacs, *Clemencia* (1869) del mexicano Ignacio Manuel Altamirano, *Enriquillo* (1882) del dominicano Manuel de Jesús Galván y *Tabaré* (1888) del uruguayo Juan Zorrilla de San Martín son, en perspectiva europea, frutos demasiado tardíos del romanticismo; pero también las *Rimas* de Bécquer (1871) se escribieron tarde en relación con el *Buch der Lieder* de Heine (1827), y el gran novelista Pérez Galdós (1843-1920) vino tarde en relación con el gran novelista francés Balzac (1799-1850). Y de esta manera estamos ya preparados para la visión conjunta.

Obviamente, el deán de Alicante no tenía razón. Es verdad que después de sor Juana la literatura mexicana cayó en el marasmo, pero lo mismo sucedía con la española. Por otra parte, los esfuerzos que respondieron a la necesidad de renovación fueron esencialmente los mismos en España que en México (y en los demás países hispanoamericanos). Medio siglo después del ataque de Martí, los jueces europeos tenían ocasión de comprobar, en un teatro europeo, que la cultura española y la mexicana (e hispanoamericana) eran una sola cosa, y que, al menos en el aspecto en que se les ofrecía —el del pensamiento y la erudición—, esta cultura no carecía de solidez. En 1767, en efecto, cuando los jesuitas de habla española se concentraron en Italia a causa del destierro decretado por Carlos III, se pudo ver que los mexicanos Francisco Javier Alegre, Francisco Javier Clavigero y Diego José Abad, al igual que el guatemalteco Rafael Landívar (que poetizó en latín "los campos de México"), el chileno Juan Ignacio Molina y muchos otros, hablaban el mismo lenguaje que los españoles Esteban de Terreros y Pando, Juan Andrés, Antonio Eximeno, Esteban Arteaga y Lorenzo Hervás y Panduro, y que todos ellos brillaban por su ingenio y su cultura. Más aún: los jesuitas americanos manejaban ese lenguaje común para expresar a menudo pensamientos políticos, históricos y literarios propios: no eran meros repetidores de lo que se hacía en España; tenían ya una noción madura de las singularidades de América, y se les suele considerar, de hecho, como precursores ideológicos de la independencia. Esta posibilidad de diversificación, dentro de la uniformidad del nivel lingüístico-cultural, era el mejor mentís al agrio juicio del deán de Alicante.

Las circunstancias, peripecias y fortunas de las luchas de independencia podrán haber variado mucho de una región hispanoamericana a otra, pero en todas partes constituyeron, básicamente, un movimiento planeado y dirigido por criollos y algunos mestizos, hombres de gran cultura muchos de ellos. Hidalgo, Bolívar, Sucre y San Martín no tenían un pensamiento distinto del de muchos españoles. Las coincidencias en la visión de los males permanentes o circunstanciales de España (el absolutismo y la represión, por ejemplo) eran tales, que el español Francisco Javier Mina pudo pelear en México por la libertad, en contra de Fernando VII, exactamente igual que si lo hubiera hecho en España. Los americanos ilustrados se entendían sin ninguna dificultad con los españoles de su clase intelectual. Los *Diarios* de Francisco Miranda, el "precursor" de la independencia de Venezuela, muestran tal riqueza de información y de observación, que sin desdoro alguno pueden ponerse al lado de los *Diarios* de Jovellanos. Fray Servando Teresa de Mier era hermano espiritual de clérigos españoles como José María Blanco White, que se desterró a Inglaterra y se hizo anglicano (y en inglés escribió sus preciosas *Letters from Spain),* o como el abate José Marchena, que combatió el oscurantismo de su patria y se hizo partidario de la Revolución francesa. Durante el reinado de Fernando VII, Londres se convirtió en un centro de actividades hispánicas —juntas, conferencias, libros, revistas, almanaques— cuyos animadores fueron grandes españoles y grandes americanos que hablaban, en todos los sentidos, un mismo lenguaje. Era como si se estuviera preparando el terreno para pasar de la idea de "imperio español" (metrópoli y colonias) a la de una democrática confederación de países de lengua española.*

* En septiembre de 1810, casi al mismo tiempo que en México lanzaba el cura Miguel Hidalgo el grito de independencia, tuvo lugar en Cádiz la sesión inaugural de unas Cortes

Como remate de estas consideraciones históricas hay que poner otra fecha: 1898. En este año perdió España sus últimas colonias, y un grupo de españoles admirables —Unamuno, Pío Baroja, Azorín, Valle-Inclán, Antonio Machado— resolvió echar llave al sepulcro del Cid, o sea, renunciar a la clase de orgullosa autocomplacencia que suele venirles a los moradores de las potencias militares e imperialistas, y abstenerse también de buscar refugio en la estéril añoranza del imperio perdido. Los hombres de la llamada "generación del 98" se ocuparon de su situación ante el mundo. No fueron conformistas del desengaño, sino revolucionarios y antiacadémicos, y el primer objeto de su atención fue la palabra. Ahora bien, en 1898, el artífice por excelencia de la palabra era un nicaragüense, Rubén Darío. A diferencia de Menéndez Pelayo, que nunca remedió su sordera neoclásica y académica a los sonidos de la poesía "modernista" (término despectivo para él), los hombres de la nueva generación no sólo los escucharon, sino que varios de ellos —Manuel Machado, Valle-Inclán, Juan Ramón Jiménez, Villaespesa— los ensayaron en sus propios versos. Desde los días de sor Juana, tan aplaudida en España, no se había visto cosa semejante.

La confluencia de la generación del 98 con el modernismo americano ha tenido resultados espléndidos. La literatura en lengua española (no la de este o aquel país, sino toda) ocupa hoy un lugar destacado bajo el sol. Los premios Nobel otorgados a Juan Ramón Jiménez, Gabriela Mistral, Pablo Neruda, Vicente Aleixandre, Gabriel García Márquez, Camilo José Cela y Octavio Paz han sido otros tantos reconocimientos del valor de *una* literatura y del papel de *una* lengua en el mundo. Con premios Nobel o sin ellos, la literatura de lengua española es en la actualidad,

extraordinarias, gran triunfo de los liberales que desde fines del siglo XVIII venían oponiéndose al absolutismo. Por primera vez en la historia, en esas Cortes se escuchó la voz de las colonias a través de sus delegados. De no haber sido por la reacción antiliberal de Fernando VII, la Constitución de Cádiz (1812) hubiera podido transformar de golpe, y pacíficamente, la situación política. En ese mismo año de 1810 comenzó Blanco White a publicar, en Londres, su periódico *El Español,* que ofrecía noticias y comentarios sobre *todo* el mundo de habla española. Y fray Servando, en su *Historia de la revolución de Nueva España* (1813), habla de *esa misma* revolución en otras regiones americanas. Los americanos de comienzos del siglo XIX ven el continente como una unidad. Bolívar no "creó" el panamericanismo: tuvo ojos para verlo.

particularmente en estos últimos decenios, una de las más vivas del mundo. En el tono más tranquilamente aseverativo se puede decir que un Borges merece ser traducido a todos los idiomas del planeta. Y Borges no es un escritor *señero* (adjetivo que viene del latín vulgar *singularius*, 'solitario'): está muy a la vista, en primera fila, pero en seguida están los demás, hasta los miles y miles de muy jóvenes. Y no hay el menor peligro de estancamiento en una uniformidad académica. La novela de lengua española de hoy prodiga palabras y construcciones ajenas a los usos académicos, pero vivas en las distintas partes del orbe hispanohablante. Y la poesía, escrita a menudo en una lengua desprovista de referencias geográficas (de tal manera que su lectura no daría pistas para averiguar la nacionalidad del poeta), está sin embargo muy lejos de la sosa indiferenciación que soñaron los casticistas. La literatura española goza en los tiempos actuales de muy buena salud.

LA LENGUA, HOY

También la lengua española goza de buena salud. Está en constante cambio, como todo lo que tiene vida, y no sólo se ha alejado de la del *Poema del Cid* en la medida en que cada lector puede comprobar por sí mismo, sino que sus "realizaciones" actuales en cuanto a pronunciación, gramática y vocabulario, a lo largo y lo ancho del mundo hispanohablante, tienden a una diferenciación cada vez más rica. Pero conserva al mismo tiempo su unidad básica, como lo puede comprobar quien lee lo que se escribe en cualquier país hispanohablante (periódicos, por ejemplo), o quien platica con cualquier morador de esos países. Podrá haber necesidades de traducción entre la Guadalajara de México y la Guadalajara de España, o entre Santiago de Chile (donde *guagua* es 'niño pequeño') y Santiago de Cuba (donde *guagua* es 'autobús'), pero serán necesidades episódicas, que ni duran mucho ni son frecuentes. Basta un poco de cordialidad entre los interlocutores para que las diferencias de habla entre países (o entre regiones de un país, o entre estratos socioculturales de una ciudad) sean más estímulo que estorbo para el diálogo. Pueden estallar entonces las chispas del humor. Así surgen los cuentos, como el del turista español que ve el letrero "Tacos y Tortas" en los restaurantes populares de México y deduce que allí se reparten palabrotas y bofetadas, o el del refugiado que acaba de desembarcar en Veracruz y está en el malecón, con sus cosas, y alguien le grita: "Aguzado, joven, que no le vuelen el veliz" (o sea: 'Cuidado, que no le roben la maleta'), y él piensa: "Dios mío, yo pensaba que en México se hablaba español; lo único que he entendido es *joven*". (Los primeros contactos suelen tener sus sorpresas. También se refiere a un primer contacto el cuento del que oye el verso de Rubén Darío, "Que púberes canéforas te ofrenden el acanto", y dice: "Lo único que he entendido es *Que*".) El chiste de muchos cuentos consiste en el hallazgo de las palabras tabú, por otro nombre obscenidades, cuya variedad de país a país es asombrosa: *chingar* no es en Buenos Aires lo mismo que en México; en La Habana no hay que decir *papaya;* en Chile no hay que decir *concha* ni *pico;* etc. Aquí entran también las jergas superespecializadas y artificiosas, como el lunfardo porteño, en el cual está hecha esta copla:

> El bacán le acanaló
> el escracho a la minushia;
> después espirajushió
> por temor a la canushia,

o el caló andaluz, en el cual está hecha esta otra:

> El minche de esa rumí
> dicen no tenela bales;
> los he dicaíto yo,
> los tenela muy juncales;

pero sería absurdo tomar tales coplas como espejos del habla de Buenos Aires y de Sevilla.*

---

* Las cita Borges en su ensayo "Las alarmas del doctor Américo Castro", que es un comentario al libro de Américo Castro sobre *La realidad lingüística rioplatense* (1941). Castro observaba "un desbarajuste lingüístico", "síntomas de una alteración grave" en el castellano de la Argentina. Y Borges, que ridiculiza brillantemente tales "alarmas", dice

Por otra parte, el ideal académico de uniformidad ha perdido adeptos hasta entre algunos académicos, y así, por ejemplo, cada vez son menos los españoles que se espantan de que su *acera* sea *banqueta* en México y *vereda* en la Argentina, o de que su *jerséy* (anglicismo) sea en Hispanoamérica *suéter,* o *chompa,* o *pulóver* (anglicismos también). La unidad de una lengua, lo mismo la del latín en el imperio romano que la del inglés o el árabe actuales en toda su extensión geográfica, nunca ha supuesto una uniformidad absoluta de realizaciones. Sería muy bueno escribir un manual de cultura lingüística para impedir la formación de complejos de superioridad ("Decimos *taxi* y *estacionamiento,* y esos brutos españoles dicen *tasi* y *aparcamiento"*) y de inferioridad ("Decimos *vos cantás, vos tenés,* en lugar de *tú cantas, tú tienes:* ¡oh dolor, oh craso barbarismo!"), que estorban muchísimo para entender en qué consiste la unidad de la lengua. Esos complejos, que se complementan entre sí, no sólo están al margen de la *realidad* lingüística —pues es un *hecho,* por ejemplo, que la 'orilla de la calle, destinada para la gente que va a pie' se llama de distintas maneras en distintos lugares de habla española—, sino que enturbian la visión y pueden llegar a oscurecerla del todo. El manual de cultura lingüística serviría para hacer comprender cómo todas las realizaciones del español son legítimas. No hay aquí buenos y malos. Lo que hay es una multiplicidad de "realizadores" de eso impreciso, de eso abstracto, de eso irreal que es la entidad única llamada "el español". Nuestra lengua es la suma de nuestras maneras de hablarla. Si bien lo pensamos, no hay peores "realizadores" de la lengua que quienes piensan que "la dominan", quienes se creen plenamente

que tiene "gratísimos recuerdos" de los lugares de España en que ha vivido, pero que no ha observado jamás "que los españoles hablaran mejor que nosotros". En otro ensayo ("Nuestro pobre individualismo") da un paso más e insinúa que "nosotros" escribimos *mejor* que los españoles: "Más de una vez, ante las vanas simetrías del estilo español, he sospechado que diferimos insalvablemente de España" (alude muy probablemente al estilo de Ortega y Gasset, que a él le desagradaba; elogiaba, en cambio, el de Alfonso Reyes, uno de "nosotros"). Pero inmediatamente borra esa insinuación de diferencia entre "ellos" y "nosotros": recuerda unas humanísimas palabras de Cervantes ("Allá se lo haya cada uno con su pecado... ; no es bien que los hombres honrados sean verdugos de los otros hombres, no yéndoles nada en ello") y dice: "Esas dos líneas del *Quijote* han bastado para convencerme de error; son como el símbolo tranquilo y secreto de *nuestra afinidad".*

dueños de ella, quienes se presentan como sus custodios titulares y legítimos. En cambio, no hay mejores apreciadores de *lo que es* la lengua que quienes prestan oído a sus diversas realizaciones.*

Unamuno se burlaba de quienes decían "que a los españoles [= a quienes hablamos la lengua española] nos hace mucha falta aprender gramática, cuando lo que necesitamos es tener qué decir", y proclamaba la inutilidad de esa disciplina "para hablar y escribir con corrección y propiedad". El manual de cultura lingüística no enseñaría a hablar y escribir "correctamente". Enseñaría a poner en su sitio justo las "incorrecciones", parte natural de toda lengua viva del pasado y del presente. Desde el punto de vista estrictamente lingüístico no hay en verdad incorrecciones. Decir *murciégalo* en vez de *murciélago*, o *silguero* y *ñudo* en vez de *jilguero* y *nudo*, o *mesmo* y *truje* en vez de *mismo* y *traje* es, simplemente, guardar vivas unas formas que siempre han existido en español; decir *alderredor* en vez de *alrededor* es mantener la forma original, la que se lee en Sem Tob; decir *haiga* en vez de *haya* es seguir la misma tendencia profunda que hace siglos convirtió *caya* en *caiga;* decir *arrempujar, arrejuntar* y *arremedar,* al lado de *empujar, juntar* y *remedar,* es mantener "dobletes" como el medieval de *repentirse* y *arrepentirse;* convertir *raíz* y *maíz* en *ráiz* y *máiz* es lo mismo que haber convertido *vaína* y *reína* en *vaina* y *reina;* y decir *intérvalo, telégrama, hectólitro, líbido, ósmosis* y *metamórfosis* en vez de *intervalo, telegrama,* etc., es dejarse llevar por una tendencia esdrujulizante cuya explicación podrá ser complicada, pero cuyo derecho a la existencia hay que reconocer. Ahora bien, nada de esto va a impedir que los hablantes llamados "cultos",

---

* Antonio Machado, en su *Juan de Mairena,* muestra que tiene oído para los "latinoamericanismos". A los pedantes que alardean de estar a la moda los designa varias veces con la palabra *novedosos,* "como dicen nuestros parientes de América"; le gustan también las palabras *lustrador,* "que dicen en Chile", y *estrepitarse,* "como dicen en Cuba". También Unamuno (*Niebla*): "ya está bien..., ya *estuvo suave,* como dicen los mexicanos". La gracia y la amenidad del lenguaje de *Tirano Banderas* consiste ante todo en el mosaico de mexicanismos, argentinismos y españolismos que discurrió hacer Valle-Inclán. Por lo demás, cualquiera sabe, con un poco de hábito de lectura o por el trato con hispanohablantes de otros países, qué cosas son el *pibe* y el *chamaco,* los *porotos* y los *frijoles,* el *zopilote* y el *gallinazo.* ¿Por qué no adoptar en todas partes el mexicanismo *ningunear,* o el económico giro colombiano "No estoy enojado, *estoy es* cansado".

dueños de cierta educación, sigan sintiendo, en cuanto individuos o en cuanto grupo social más o menos amplio, que todas esas formas, *ñudo, haiga, arrejuntar, máiz* y *líbido,* son "incorrectas". El concepto de "corrección" es psicológico y sociológico, no lingüístico.*

Mucho más interesante que emprender campañas en pro de la corrección sería, desde el punto de vista lingüístico, informar e instruir a los hablantes acerca de las características de esos fenómenos. Su extensión geográfica, por ejemplo. Todos los señalados en el párrafo anterior son generales, y la lista detallada ocuparía páginas enteras. Prácticamente en todas las zonas de habla española es posible oír *probe* en vez de *pobre,* "*pal* camino" en vez de "*para el* camino", "*le* escribo a mis amigos" en vez de "*les* escribo"; pero no en todas partes se oye *tadre* en vez de *tarde,* aunque sea un fenómeno tan explicable como el de *probe;* no en todas partes se oye "*me se* cayó" y "*te se* olvidó", o "ir *a por* agua"; y no en todas partes —de hecho, apenas en unas aldeas del oriente de Asturias— es posible oír que "la sidre nuevu da gustu bebelo". Un mismo fenómeno de "incorrección" suele tener distintos grados de intensidad y fuerza (o sea de capacidad para imponerse, para hacerse socialmente aceptado) en los distintos lugares en que existe: en España es posible oír *encima mía* en lugar de *encima de mí* (como en labios de un personaje de Muñoz Seca: "tendío yo der tó, y er toro tendío der tó ensima mía"), pero no en boca de gente educada; en cambio, *encima mío* (no *mía), detrás suyo, delante nuestro,* etc., son perfectamente normales en la Argentina, esto es, pertenecen allí a la "norma". Por otra parte, en Madrid son normales las expresiones, "a Juan *le* quieren mucho", "ayer *les* conocí", "el paraguas, *le* perdí", "los libros, me *les* dejé en casa", tan aberrantes o anormales (ajenas a la "norma") para todos los hispano-

* Desde el punto de vista sociológico podrá ser útil una "campaña de erradicación" de tales formas, pero los lingüistas que funjan como asesores de semejante campaña no lo harán en cuanto lingüistas, sino en cuanto ciudadanos poseedores de un ideal personal y social de cultura. Andrés Bello sabía que el voseo era tan antiguo como su querido *Poema del Cid,* pero vio en el voseo chileno una expresión de incultura y, dentro de su tarea de "educador" del país, emprendió una campaña para erradicarlo. Así el voseo, tan general en Chile hasta mediados del siglo XIX como lo es hoy en la Argentina, quedó muy sofocado, y actualmente sólo vive en las hablas "rurales": *vos cantái, vos tenís...*

americanos. (El "leísmo", como se vio en las pp. 328-330, fue siempre un fenómeno de poca extensión geográfica. Tanto más escandaloso resulta que la *Gramática* de la Academia, en su edición de 1796, haya decretado que eso era lo único correcto, erigiendo en "norma" universal un uso que ni siquiera ha sido el de toda España.)

En resumidas cuentas, no hay en el español actual "normas" que, en un pasado a veces remotísimo, a veces muy reciente, no hayan sido otras tantas "incorrecciones" —o "innovaciones", para darles su nombre estrictamente lingüístico. En los momentos actuales, al igual que en toda su historia, nuestra lengua es un hervidero de innovaciones en la pronunciación, en la construcción de las palabras y de las frases, en el vocabulario, en la entonación, en todo. La inmensa mayoría de las innovaciones son como semillas que caen en la dura piedra. Pero algunas caen en buen terreno, y germinan y se propagan. Hay en seguida, por regla general, un período más o menos largo en que las innovaciones compiten con los usos establecidos. Un ejemplo: siempre se había dicho: "Esto es distinto *de* lo otro", o "diferente *de* lo otro"; pero en los últimos tiempos, quizá por analogía con "igual *a*", "parecido *a*", muchos hispanohablantes, en distintos países, han introducido la innovación "distinto *a*", "diferente *a*", que ahora parece competir con el uso tradicional, y que bien podría llegar a derrocarlo. (A veces el período de competencia, de dualidad de opciones para los hablantes, dura indefinidamente. Por su etimología, la palabra *azúcar* es masculina, y así la han empleado hasta hoy muchos hablantes; pero ya en Berceo es femenina, y esta viejísima "innovación" también ha sido aceptada hasta hoy por otros muchos hablantes, de manera que *azúcar* tiene los dos géneros gramaticales.) Lo decisivo para la historia de la lengua es el momento en que la innovación, la forma que antes había sido desconocida por la mayoría, o rechazada, y hasta ridiculizada, se impone sobre la forma establecida y la relega al desván de lo arcaico, de lo que ya no emplean "los que saben". Así *castiello* y *siella* fueron derrotados por *castillo* y *silla;* así la pronunciación *fembra, fumo* fue eliminada por la pronunciación *hembra, humo* (con *h* aspirada), y así esta última, más tarde, quedó relegada a lo dialectal por el empuje innovador de la pronunciación *embra, umo*, la "normal" hoy en nuestra lengua; y así, para poner un último ejemplo, las palabras que se han visto en la p. 325, tan repudiadas en una época por heréticas, son hoy perfectamente "normales".

Del hervidero actual de innovaciones, ¿cuáles van a prender y a propagarse? ¿cuáles van a convertirse en la "norma" de mañana? ¿cuáles significan un cambio ya irreversible? En tiempos no muy lejanos a nosotros, un académico típico, mantenedor de los ideales de purismo y casticismo, contestaría sin duda: "¡Ninguna de esas incorrecciones va a salirse con la suya! ¡Para eso está la Academia!" Todavía hacia 1930, cuando se iniciaba el cine sonoro, un preceptista español pidió, muy en serio, que el doblaje de las películas destinadas al mundo de lengua española se encomendara exclusivamente a buenos actores españoles, dueños de la pronunciación "correcta" de *calle, corazón* y lo demás. Y todavía en 1952 otro preceptista español sugirió que las madres hispanoamericanas se enseñaran a pronunciar la *zeta* castellana y transmitieran esta pronunciación (la "correcta") a sus hijitos. Ahora es distinto. Ni los preceptistas de mentalidad más académica pueden desconocer el hecho de la pluralidad de normas: la pronunciación *caye* es normal en la mayor parte del mundo hispanohablante, y la pronunciación *calle,* muy inferior numéricamente (y, además, en retroceso), es normal también, allí donde existe. Si se tiene esto en cuenta, las preguntas acerca del presente y futuro de tales o cuales innovaciones no son muy difíciles de contestar.

Se puede poner como ejemplo el caso de la terminación -*ado.* En 1701, un tal Monsieur de Maunory, que había residido un tiempo en Madrid, decía en una gramática española para franceses que la pronunciación *matao* y *desterrao* era una de las exquisiteces de la corte ("une des grandes délicatesses de la Cour"), lo cual es curioso, pues a lo largo del siglo XIX ese -*ao* se sintió más bien vulgar, de manera que, por afán de corrección, se cayó en "ultracorrecciones" como *bacalado, Bilbado* y *Estanislado.* El hecho es que el número de hispanohablantes que dicen *soldao* y *colorao* (aunque sigan escribiendo *soldado* y *colorado)* es tal ahora, que la mejor manera de dar cuenta del fenómeno es reconocer que coexisten dos normas, la norma -*ao* y la norma -*ado,* y añadir a continuación cuantas precisiones sean pertinentes: si la norma -*ado* es la numéricamente inferior, si los pronunciadores de *-ao* dejan oír o no un vestigio de *-d-*, etcétera.

El sonido *d* está, por así decir, "en crisis", y no sólo en la terminación *-ado*, sino en otros casos. La crisis, por lo demás, viene de lejos. La *-d* de las formas tradicionales *cantades, tenedes,* etc., desapareció en el siglo XV, y la de las formas igualmente tradicionales *cantárades, fuéredes,* etc., se esfumó asimismo durante el XVI, y a fines de este siglo cierto Diego de Oseguera, que no era andaluz, sino castellano viejo (de Dueñas, cerca de Palencia), escribía sin ningún empacho *fealdá* y *Magestá* en una poesía. Así, pues, no son nuevas las pronunciaciones *usté, verdá, barbaridá, paré, salú...*, *casa 'e campo, hora 'e salir...; colorá* 'colorada', *na* 'nada'...; *to* 'todo', *pue* 'puede'...; *marío, perdío, naíta, desnúo* o *esnúo, Madrí...; peazo > piazo* 'pedazo', *escosía* 'descosida', *ande* 'donde'... Salvo las últimas de la lista, típicas de Andalucía, estas pronunciaciones son archifrecuentes en España y en Hispanoamérica, si bien no son tan sistemáticas como la pronunciación *soldao, colorao,* ni cuentan, en los lugares en que existen, con el mismo grado de aceptación social. Las primeras de la lista *(usté, verdá,* etc.) son las que están más cerca de constituir una norma (o de conglomerarse con la norma *-ao),* pero, en general, todas ellas se consideran propias más bien del habla coloquial o "informal". Quienes espontáneamente dicen "¡Pero eso no *pue* ser!" suelen ser conscientes de que la norma es *puede,* y a ella regresan, de manera casi automática, cuando necesitan esmerarse. (Lo cual es buen ejemplo de cómo las fuerzas de permanencia de la lengua radican en los hablantes mismos, en su consciencia lingüística, por rudimentaria que sea, mucho más que en una academia.)

Otro sonido que está en crisis es el de *s* final de sílaba, que en buena parte de España —Andalucía, Murcia, Extremadura, Canarias, gran parte de Castilla la Nueva— y en países enteros de la América española se convierte en *h* aspirada: *avihpa, lah niñah, loh bohqueh.* La aspiración suele ser muy leve, y a menudo desaparece; así, en *lah avihpa* y *lo bohque* se pierde por completo la *-s* final de *avispas* y *bosques,* y es el artículo el que indica que se trata de un plural. Por sí sola, la enorme extensión geográfica del fenómeno es indicio de su mucha antigüedad. Los primeros testimonios impresos son del siglo XVI, y se refieren al habla de los negros: Mateo Flecha *("Vamo* a ver su nacimento", *"vamo* ayá", hemos leído en la p. 301), Lope de Rueda (personajes negros de sus "pasos") y Góngora (villancicos "de negro"). Debe haber sido un rasgo muy característico del habla de los negros, como el yeísmo señalado en las pp. 312-313, pero la aspiración y pérdida de la *-s* ya existía en el siglo XV, cuando los negros eran todavía pocos en España. Ellos pueden haber sido quienes "consolidaron" el fenómeno. En todo caso, en documentos escritos en España y en América durante el siglo XVI (relaciones y cartas hechas a vuelapluma por toledanos y sevillanos) abundan ya las supresiones: *má* 'más', *la casas* 'las casas', *démole* 'démosle', *mimo* 'mismo', etc. La pérdida de la aspiración suele quedar compensada de diversas maneras: en lugar de *mohca* y *cáhcara* suele oírse *mocca* y *cáccara;* en lugar de *obihpo* suele oírse *obippo;* así también, *lah bolah* y *lah gayinah* suenan casi como *laf fola* y *laj jayina;* muchos andaluces dicen *efaratá* por *dehbaratar,* y muchos argentinos dicen *dijusto, rajar* y *refalarse* por *dihgusto, rahgar* y *rehbalarse.* Asimismo, en zonas españolas y americanas la *e* de *jue* se pronuncia con la boca más abierta cuando significa 'juez' que cuando significa 'fue', tal como la palabra *to* con *o* abierta significa 'todos', y con *o* cerrada 'todo'.

La confusión entre *r* y *l* en posición final de sílaba está documentada desde la Edad Media: los mozárabes de Toledo decían *arcalde* en el siglo XIII; un andaluz escribía *abril* por *abrir* en el siglo XIV; y en el *Diccionario* de Nebrija está la palabra *lebrel,* que por su origen debiera haber sido *lebrer.* Actualmente, en muchos lugares, *r* y *l* constituyen de hecho un solo sonido, a medio camino entre los dos que lo han engendrado, de manera que el oyente no acostumbrado a ese nuevo sonido puede oír *cardo* cuando esperaba *caldo,* y viceversa. En España parece haber regiones de *l* (Extremadura: *peol, mujel)* y regiones de *r* (Andalucía: *er agua que cae der sielo).* A veces hay evoluciones más complejas, por ejemplo *carne > calne > cahne > canne;* en Canarias se oye *ei cueipo* 'el cuerpo', y en Colombia y el Caribe *taide* 'tarde'. No es rara la desaparición total: *azú, mujé, mataó* 'matador'. (En México, donde no hay crisis de *r/l,* se oye sin embargo *arfil* 'alfil' y *arquilar* 'alquilar'. La palabra *juerga,* hoy general, no era en su origen sino la pronunciación andaluza de *huelga.)*

En el español de todas partes se oyen continuamente pronunciaciones como *güevo* 'huevo' y *güeso* 'hueso', o como *cirgüela* 'ciruela' y *virgüela* 'viruela'. Es fenómeno antiguo: en textos ilustres de los siglos de oro se encuentran formas como *güerto, güésped, vigüela,* etc. (salvo que entonces no se usaba todavía el signo gráfico de diéresis). Es un fenómeno muy explicable: basta un movimiento casi imperceptible de los músculos posteriores de la boca —como puede comprobar cualquier lector— para que *uevo* se haga *güevo;* de hecho, en la pronunciación de ese *ue* hay ya algo como un embrión de *güe.* Y así como alternan *huevo* y *güevo,* alternan también *ahuacate* y *aguacate, huacal* y *guacal, huasca* y *guasca,* hasta el punto de no poder decirse cuál es la forma "correcta". La palabra *Oaxaca* podría escribirse *Uajaca, Huajaca* o *Guajaca:* la pronunciación normal, en México, sería prácticamente la misma (la pronunciación *o-ajaca* resulta pedante por ultracorrecta). En estrecha relación con el fenómeno anterior está el paso de *bue* a *güe:* en el español de todas partes se oye *güeno* 'bueno', *güelta* 'vuelta', *güey* 'buey', etc., formas que están en serie con el *agüelo* de los tiempos clásicos.* De tipo análogo son las alternancias *migaja/miaja, aguja/aúja/abuja, agujero/abujero,* y, por otra parte, *bufanda/gufanda, vomitar/gomitar,* que tienen asimismo antecedentes antiguos: *vulpeja/gulpeja, vedeja/guedeja.*

Los "grupos cultos" (véase antes, pp. 326-327) están en crisis perma-

---

* En México es muy usada la expresión *a huevo* 'a fuerzas', 'obligatoriamente', pero en ese caso nadie pronuncia *uevo,* sino más bien *ggüevo,* como para poner de relieve la vulgaridad y agresividad de la expresión. Pronunciar *uevo* sería "anormal". En plan de vulgaridad, también sería "anormal decir *buey* cuando esta palabra sirve de insulto, por ejemplo "¡No seas *güey!"* (aunque el hablante llame *buey* al buey verdadero). De la misma manera, aunque en México no se aspira la *h* de *hijo,* se oye mucho la interjección colérica *¡jijos(s)...!* Así también, en México se distingue entre *maestro* y *máistro,* entre *mendigo* y *méndigo,* entre *raíz* y *ráiz* (nadie diría, en un arranque de compasión o de desprecio, "andar con la pata a *ráiz"),* entre presumir de ser "muy *léido* y *escrebido"* y haber *"leído* y *escrito* mucho". Pero no son fenómenos exclusivos de México. La "función estilística de los vulgarismos", dignísima de ser estudiada, existe en todo el orbe hispánico, y seguramente en todo orbe lingüístico. El tabú que pesa sobre ellos tiene un lado muy positivo: evita que se diluya su fuerza expresiva (que "se lexicalicen"). No es lo mismo "se liaron a puñadas" que "se agarraron a *chingadazos".* (También la prohibición de un libro es una excelente invitación para leerlo.)

nente. Aparte de las soluciones comunes a todo el mundo de habla española, como *dotor* y *dino,* frecuentísimas en los siglos de oro, o como *direito, reuto* y *efeuto,* introducidas al parecer en tiempos más recientes, hay otras que quizá sólo existen en España, y que a oídos hispanoamericanos suenan sumamente extrañas: *ortubre, Adlántico* (o *Arlántico), efezto* (con *zeta* "española"), *antiséctico, odbio* ('obvio'), *acsurdo*...

He aquí algunas otras zonas de crisis:

el relajamiento del sonido *j* en el sur de España y en gran parte de Hispanoamérica *(dejar > dehar,* etc.), de tal manera que, si se atendiera a la realización más general, la "áspera" *jota* de Madrid y del norte de España no sería ciertamente la norma;

el debilitamiento del sonido *ch,* que en Andalucía y en partes de Hispanoamérica se oye como el de la *sh* inglesa: *shiflar, mushasho;*

la pronunciación *gaína, amarío,* etc., en partes de España (Asturias sobre todo) y en muchas regiones de América, "compensada" a veces por la pronunciación ultracorrecta *friyo, me cayí,* etc., fenómeno antiguo, pues existe en judeoespañol;

la "enfatización" del sonido *y* de *yo, oye, aqueyo, cabayo,* etc., típica del "casteyyano" de Buenos Aires, pero de ninguna manera desconocida en otras zonas, así de España como de Hispanoamérica (pero en Buenos Aires se está dando un paso más: lo que a menudo se oye es más bien *cabasho, casteshano,* etc.);

la perduración del antiquísimo fenómeno *ferire > herir,* o sea JERIR (véase antes, pp. 305-306), en el español "inculto", y particularmente en el rural, de todas partes: el sonido de *j* se oye no sólo en voces que llevan *h,* como *higo, hembra, hediondo, hincar, hurgar, hurgonear,* etc., sino también en voces que llevan *f.* La pronunciación de *fuerte* y *fueron* como *juerte* y *jueron* está ya en labios de personajes rústicos de Juan del Enzina, el cual escribía en este caso *huerte* y *hueron* (así también *huego* 'fuego' en los *Refranes que dizen las viejas tras el huego,* mencionados en la p. 247). Pronunciaciones como *juerte, jueron, jogón, jusilar, dijunto, jácil, Jelipe, Jilemón,* y hasta *jlor* y *ojrecer,* son frecuentes en todas partes. (La pronunciación *jurbo* o *júrbol* 'futbol' parece exclusiva de España.)

En el dominio de los sonidos vocálicos, la crisis más sobresaliente es

la que se refiere a las pronunciaciones *cáido, ráiz, máestro/maistro, oceáno /*
ociano, pial 'peal', *pialar, áhi* ("¿Qué haces áhi?", "¡Áhi stá!"), *pior,*
periodo, rodiar, aliniarse, cuete, tualla y otras infinitas. En todos estos
casos, una innovadora pronunciación popular ha amalgamado en diptongo dos vocales que etimológicamente pertenecen a sílabas distintas,
convirtiendo así las cuatro sílabas de *pe-rí-o-do* (griego *perí-odos)* en
tres, las tres de *ma-es-tro* (latín *magistrum)* en dos, las dos de *pe-or*
(latín *peiorem)* y las dos de *hu-ir* (latín vulgar *fugire)* en una sola, etc.
A esta tendencia diptongadora se deben las palabras *reina* y *vaina*, cuyas
vocales centrales, separadas todavía en el siglo XIV *(va-í-na, re-í-na,* del
latín *vagina* y *regina),* estaban ya diptongadas en tiempos de Nebrija.
Es, pues, tendencia muy antigua, y muchos poetas, así españoles como
americanos, obedecieron a ella. Abundan ejemplos antiguos de *cai* y
trai por *cae* y *trae,* de *olio* por *óleo,* etc.; un contemporáneo de Calderón
mide dos sílabas en *oístes (= óis-tes),* y el himno nacional argentino mide
una en *oíd* ("Óid, mortales, el grito sagrado…"); Meléndez Valdés, Espronceda y hasta el académico Alberto Lista diptongaron *cáido, extráido,*
léido, páis y *réir.*

En verdad, con semejante tradición, y con el peso de semejantes poetas, la innovación parecía en el siglo XIX a punto de salir triunfante y
convertirse en "la norma"; pero se topó con las huestes conservadoras,
capitaneadas por Menéndez Pelayo, y no sólo no obtuvo reconocimiento, sino que recibió una severa reprimenda ("feo vicio", "barbarismo",
etc.). Menéndez Pelayo reaccionaba contra los usos de la lengua coloquial
de su propia tierra, Santander: el norte de España es zona diptongadora,
mientras que la zona mantenedora de la integridad e individualidad de
los sonidos vocálicos era el sur, de Toledo para abajo, y en particular
Andalucía, es decir, esa misma zona que tan plagada de "incorrecciones" —innovaciones— se ha mostrado en cuanto a los sonidos con-
sonánticos, con su *colorá,* su *efaratá,* su *muhé,* su *peasito 'e pan.* Los
españoles del sur dicen *caío* y no *cáido, paí* y no *páis, traé* y no *tráir:* se
comen muchas consonantes, sí, pero no hacen el "feo" diptongo. (En el
español general de hoy, palabras como *ruido, ruina* y *suave* tienen dos
sílabas, y palabras como *embriaguez, sonriendo, idioma, violeta* y *silueta*

tienen tres; en cambio, para Bécquer, andaluz, tenían respectivamente tres y cuatro: *ru-i-do, su-a-ve…, em-bri-a-guez, i-di-o-ma …)*

A pesar de la censura académica, a la cual se debe que tantas escuelas primarias de las zonas diptongadoras castiguen el *máistro* y el *cáido* y el *me golpió,* la tendencia censurada sigue teniendo mucho vigor, así en el norte de España como en las zonas altas de América (la altiplanicie central de México, los altiplanos de Colombia, el Ecuador, el Perú y Bolivia, el norte argentino). Los países del Caribe, y en general las tierras bajas del continente, desde las costas del Golfo de México hasta Patagonia, mantienen en cambio esa pronunciación que por comodidad puede llamarse "andaluza", y que, al menos en cuanto a la no-diptongación, está en armonía con los ideales académicos. (Aunque sigue rechazando *cáido, ráiz, pial,* etc., la Academia española ha "permitido" que voces como *período, austríaco* y *océano* se pronuncien *periódo, austriáco* y *oceáno,* con lo cual a *oceáno* le será fácil convertirse luego en *ociano.)* Son, en verdad, dos "normas" en pugna, perfectamente consistentes las dos, poderosas las dos, y su conciliación parece imposible. Es un hecho que hay, a ambos lados del Atlántico, regiones que debilitan o suprimen las consonantes pero dejan intactas las estructuras vocálicas, y regiones que hacen justamente lo contrario.

Entre todas las variedades del español, la de la altiplanicie mexicana —que sirve de modelo para el resto del país— es tal vez la más respetuosa de las consonantes y la más devoradora de vocales. En México no se oye *lo bohque,* ni *mujé,* ni *perdío,* etc.; no se oye ni siquiera *soldao* (los españoles creen percibir más bien *soldaddo);* pero, en cambio, se pueden oír cosas como "Nes'sito tresient's mil pes's" y "Much's gras's", fugas de vocales, sobre todo en contacto con el sonido *s,* extrañísimas para los sevillanos, los cubanos o los porteños, que, acostumbrados a un *pues* tan vocálico *(pué,* con *é* muy "abierta"), encuentran chistoso el *"ps sí"* mexicano.

Habrá podido observarse cómo las "crisis" de la lengua española (ya seculares muchas de ellas) están casi siempre púdicamente veladas por la ortografía. Es en este terreno, como queda dicho, donde el papel unificador y equilibrador de la Academia está más fuera de discusión. El mexicano que dice *much's gras's* escribe *muchas gracias;* el español que

374 EL ESPAÑOL MODERNO

374 EL ESPAÑOL MODERNO

dice *asoluto* (o *acsoluto)* escribe *absoluto;* el argentino que dice *rajuñar* escribe *rasguñar.* Claro que para eso han tenido que pasar por la escuela, y sudar con la ortografía; y esta ortografía no es otra que la de la Academia. Juan de Valdés podía decir tranquilamente: "Escrivo como hablo" (y por eso escribía *dino* y no *digno),* y antes de él Nebrija había dicho: "Tenemos que escrivir como pronunciamos i pronunciar como escrivimos" (si se da lo primero, se da también lo segundo). Pero actualmente nadie puede darse ese lujo, y las razones que tenemos para no dárnoslo son muchísimo más poderosas que los impulsos libertarios, anárquicos, a escribir como hablamos. A cambio de la lata de asimilar una ortografía única, podemos darnos el lujo mucho más sólido de gozar de una lengua única.*

* En español no hay entre pronunciación y escritura las terribles divergencias que existen en francés y en inglés. Así y todo, no cabe duda de que tenemos muchos problemas de ortografía. A lo largo de los siglos XIX y XX, no pocos pedagogos han propuesto eliminar de raíz esos problemas mediante la implantación de una escritura completamente "fonémica", de acuerdo con los ideales de Nebrija y de Valdés. La sensatez de esas propuestas salta a la vista. Así como en un momento dejó de haber razón para distinguir entre la escritura de *osso* (el animal) y la de *oso* (del verbo *osar),* así hoy ha dejado de haber razón para distinguir entre *enebro* (el árbol) y *enehbro* (del verbo *enhebrar:* nadie pronuncia esa *h).* En uno y otro caso dos palabras distintas han confluido en una sola pronunciación. Los reformistas de la ortografía arguyen que una escritura única, *enebro,* es tan lógica como la escritura única de *oso.* Piden lo que pedía Correas en 1630: una sola letra para cada sonido y un solo sonido para cada letra (véase antes, p. 245), pues no es racional que la *c* valga de una manera en *caño* y de otra en *ceño,* ni que la *u* suene en *luz* y sea muda en *que.* Un argumento muy poderoso es el ahorro de tiempo en la enseñanza escolar de la lengua. El más reciente de estos reformistas es Jesús Mosterín, de cuyo libro *La ortografía fonémica del español* (1981) proceden estas consideraciones: "La reforma de la ortografía akí propugnada tendrá enormes bentaxas ekonómikas, pedagóxikas, zientífikas y estétikas". Un paciente investigador se puso a calcular cuánto tiempo se pierde en la adquisición de la ortografía alemana, donde existe "un nibel de conplikazion parezido al de la española", y encontró que "solo en la Repúblika Federal Alemana se pierden al año mas de 200 miyones de oras de aprendizaxe i mas de 7 miyones de oras de enseñanza... La reforma fonémika de la ortografía permitiría liberar la mayor parte de esas oras para aktibidades mas inportantes, espezialmente para adkirir una mayor soltura en el manexo del lenguaje, una mayor fazilidad de espresion i un bokabulario mas riko". Para la mitad norte de España, ésta sería la gran solución. A la mitad sur y a todas las repúblicas hispanoamericanas les quedaría una única lata: la de seguir distinguiendo por escrito entre *kaza* y *kasa,* entre *ziento* y *siento,* entre *kozer* y *koser,* entre *zerbiz* 'cerviz' y *serbís* (del verbo *serbir),* lo mismo que entre *tension* e *intenzion,* entre *perkusion* y *persekuzion,* etc., pero aun así serían "miyones de oras" las que ahorrarían los escolares para dedicarlas a leer más y a escribir más. Lástima que tan elegante sueño (compartido por Gabriel García Márquez) sea irrealizable.

Los fenómenos de pronunciación y los fenómenos de gramática ocurren siempre "en masa", y por lo tanto se dejan describir globalmente. Podemos hacer afirmaciones tan generales como éstas: "La penúltima sílaba de los esdrújulos latinos se pierde en español"; "No hay diferencia entre *s* y *z* en Hispanoamérica"; "El futuro de subjuntivo *(cantare, tuviere,* etc.), vivo aún en el siglo XVI, ha desaparecido del español moderno". En cambio, los fenómenos de vocabulario ocurren por lo general de manera suelta, anárquica, sin sujetarse a leyes. Por ejemplo, la palabra *páramo* ha vivido en la lengua a lo largo de dos milenios, mientras que la palabra *tost* no vivió sino fugazmente en el español medieval; la palabra *rosa* es conocida por todo el mundo, pero la palabra *fucsia* sólo por una minoría; la palabra *esquilín* 'cierta hormiga muy chiquita' no se usa sino en una zona de Jalisco, seguramente desde el siglo XVI, y la palabra *gamberro,* usada hoy en España (y sólo en España), era desconocida en los primeros decenios del siglo XX. Etcétera. Cada palabra tiene su historia, y el número de palabras es enorme. Se comprende así que, existiendo buenas fonéticas históricas y buenas gramáticas históricas, no exista todavía un diccionario histórico. Es verdad que la Academia española publicó en 1933-1936 los dos primeros tomos de un *Diccionario histórico de la lengua española,* donde están las letras *A* y *B* y el comienzo de la *C;* pero, en vista de sus muchas deficiencias, la Academia suspendió la publicación y ha vuelto a iniciar la tarea, rehaciéndola por completo. (Este nuevo *Diccionario histórico* viene apareciendo muy poco a poco, en fascículos, desde 1960. Al paso que lleva, tardará más de un siglo en llegar a la *Z.)* Además, no se trata sólo de la entrada de los vocablos, de su permanencia, de su desaparición, de su difusión horizontal (regiones geográficas) y vertical (estratos socioculturales): se trata también de sus cambios de significación: para Alfonso el Sabio, la palabra *castigo* y la palabra *lindo* no eran lo que son para nosotros; para Lope de Vega, *divertirse* no era 'divertirse', sino 'abstraerse', 'dejar de prestar atención a algo', y *cauteloso* no tenía el significado positivo de 'prudente', sino el muy negativo de 'tramposo, alevoso'; en el siglo XVI, el verbo *cejar* significaba 'retroceder físicamente', 'recular' (ante los embates de un rival, por ejemplo), y hoy significa 'flaquear', 'transigir' ('retroceder psíquica o moralmente'). También desde el punto de vista semántico, cada palabra tiene su historia.

Hay, sin embargo, momentos en que las innovaciones léxicas se dan de una manera que podría llamarse sistemática. Los arabismos que vimos en las pp. 99-108 obedecieron a una especie de ley, como también los italianismos y los cultismos que vimos en las pp. 318 y 325. Otro tanto se puede decir de los galicismos que entraron en nuestra lengua a lo largo de los siglos XVIII y XIX.

El escándalo que el afrancesamiento del vocabulario español produjo en los puristas se puede comparar con el que causaron los refinamientos cultistas en la primera mitad del siglo XVII, salvo que en los siglos XVIII y XIX la modernización del español a través del francés afectó más estratos de la sociedad —"Comíamos, vestíamos, bailábamos y pensábamos a la francesa", decía Quintana a comienzos del siglo XIX—, y que, habiendo ahora una mentalidad más académica y más razonadora, los ataques de los puristas contra el "mal pegadizo" de los galicismos fueron mucho más metódicos (sin dejar de ser pasionales). Y puristas en materia de léxico fueron no sólo los reaccionarios de profesión, que odian lo nuevo por la simple razón de ser nuevo, sino también muchos de los reformadores ilustrados, como el autor de *Fray Gerundio de Campazas,* que se alarmaban de ver cómo la gente adoptaba usos nuevos, venidos de Francia, sólo por ser nuevos y venir de Francia. En su obra más importante, significativamente llamada *Exequias de la lengua castellana,* Juan Pablo Forner toma muy a lo trágico el estado de cosas y, en un rapto de patriotismo, arremete contra los traductores de libros franceses, que

> no se han contentado con usurpar esta o la otra voz francesa cuando no han hallado a mano la equivalente castellana. En esto no habría gran daño si se hubiera hecho con sobriedad y en casos precisos. El mal está en que, siendo el mecanismo de nuestra lengua infinitamente más bello, más elocuente, más suelto, más vario, más flexible que el del exactísimo y por lo mismo sequísimo, indocilísimo y monotonísimo dialecto [!] francés, han trasladado sus locuciones y modismos, unos por ignorancia, otros por novedad servil, pareciéndoles que para la elocuencia basta la grandeza o excelencia de las cosas, y no la expresión con que se dicen.

Los galicismos del siglo XIX llovieron sobre mojado. La cultura hispánica, a ambos lados del Atlántico, dependía de la francesa para todo lo que era modernidad, y si los caminos para la entrada del vocabulario nuevo estaban ya muy abiertos, también la senda estrecha de los opositores estaba muy marcada y transitada. Los puristas no se daban punto de reposo. En cierto momento comenzaron a circular, por ejemplo, los términos modernos *industria* y *bolsa de valores.* ¡Los dos eran galicismos! En español existía ciertamente la palabra *industria,* pero no significaba eso nuevo, sino sólo 'maña, habilidad o artificio para hacer una cosa', como constaba por tal o cual pasaje del *Quijote;* y existían las palabras *bolsa* y *valor,* pero *bolsa de valores* era un "disparate". Tal es la cantilena que repiten los campeones del casticismo, y muy en particular el venezolano Rafael María Baralt en su voluminoso *Diccionario de galicismos* (Madrid, 1855).*

Para tener una idea de lo que fue la avalancha de los galicismos, nada mejor que ver una lista representativa de los que entraron en los siglos XVIII y XIX:

> *parlamento, asamblea, debate, burócrata, finanzas*
> *brigada, gendarme, bayoneta, fusil, metralla*
> *orfeón, minué, oboe, fagot, acordeón*

* De haber conocido los *Diarios* de Francisco de Miranda, entonces inéditos, Baralt se habría puesto colorado de vergüenza ante el vocabulario del autor, venezolano también. Porque el escritor más afrancesado que ha habido es sin duda Miranda (1750-1816). No se arredra ante nada: escribe *costume* 'traje', *magacén* 'almacén' *(magasin), foburgo* 'arrabal' *(faubourg), ajornar* 'aplazar' *(ajourner), ecrularse* 'derrumbarse' *(s'écrouler)* y muchísimas otras cosas así. Hasta su sintaxis es galicista: "un bergantín *buscaba a* entrar" ('trataba de entrar'), "varios bustos *representando* la familia real", "*hablamos música* con Sarti"; "el ministro español *a Stockholm*", etc. Estuvo mucho tiempo en Francia, pero también vivió en Italia y en Inglaterra, y sus *Diarios* abundan también en italianismos y anglicismos. El lenguaje de Miranda —en el que no faltan los venezolanismos— refleja muy fielmente su atención a las cosas que sucedían en Europa, su afán de saber, su apertura a todo. El desaliño lingüístico va trabado con la animación y la amenidad de los *Diarios.* Miranda no se quebraba la cabeza con problemas de "corrección". Tenía la costumbre normal de leer antes de dormir, y el 15 de marzo de 1788 registra este dato: estando en Copenhague y no teniendo otro libro a la mano, cogió uno que estaba en el cuarto y era un modesto manual de lengua española escrito para daneses, y el librito lo hizo "recapacitar" acerca de la gramática: "...por cierto que he sacado bastante aprovechamiento en recordar una ciencia tan útil, y que hace tiempo que yo había *neglijado*".

modista, muselina, satén, corsé, blusa, pantalón, chaleco, chaqueta, frac,
    bufanda, bisoñé
restaurante, menú, consomé, filete, croqueta, puré, flan, bombón, merengue
etiqueta, edecán, rango, chalet, hotel, equipaje, sofá, buró, bidé
filón, lingote, hulla
chantaje, pillaje, libertinaje, drenaje
aval, avalancha, billar, billón, bisturí, coquetería, croquis, cupón, detalle,
    gripe, inspección, intriga, lote, revancha, turbillón, zigzag
bellas artes, bellas letras, camino de hierro, gran mundo, hombre de mundo,
    letra de cambio, pobre diablo
banal, combativo, cretino, galante, interesante, irreprochable, macabro,
    pitoyable, veritable
abonar, acaparar, aprovisionar, arribar, atrapar, blindar, bloquear, comandar,
    controlar, cotizar, debutar, desfilar, entrenar, explotar
acusar recibo, tener el honor de, tener mucho de, hacerse ilusiones, hacer las
    delicias de, hacer el amor (en el sentido de 'cortejar', 'galantear'; el senti-
    do moderno, más fuerte, procede del inglés).

La conclusión que primero salta a la vista es ésta: casi todos los galicismos de la lista son hoy palabras normales. Las únicas excepciones
visibles son *veritable* 'verdadero', *pitoyable* 'lastimoso' y *turbillón* 'torbe-
llino', término de la física dieciochesca. Hoy tiende a desaparecer
camino de hierro (chemin de fer) 'ferrocarril', pero se dijo mucho en el
siglo XIX. Los diminutivos a la francesa, "un pequeño barco", "nuestra
pequeña casa" (en vez de los cómodos y expresivos diminutivos tradicionales *barquito* y *casita)* huelen todavía a galicismo, pero se usan
mucho en el lenguaje escrito. Huele también a galicismo el modo adver-
bial *en tanto que* en expresiones como "obrar *en tanto que* ser humano"
(lo normal y tradicional ha sido *"en cuanto* ser humano"). Lo mismo hay
que decir de "táctica *a* seguir", "tarea *a* realizar", etc., y de *golpe de ojo*
por 'mirada', *golpe de puño* por 'puñetazo', etc. (Pero en España se dice
golpe de teléfono por 'telefonazo', y el *golpe* francés se quedó definitivamente en expresiones como "golpe de suerte", "de audacia", "de
genio".)

La labor de los puristas, análoga a la de Probo en su *Appendix* (véase
la p. 56), tiene algo de patético. Una y otra vez dijeron esos celosos

guardianes de la pureza del idioma que *controlar* y *entrenar* eran barbarismos inútiles, puesto que en español había cantidad de verbos propios para lo que se quería expresar. En un momento en que la internacionalísima palabra *hotel* se usaba en todo el mundo, Baralt insistía en que nuestra lengua tenía ya *fonda, mesón, posada* y otras designaciones castizas. No había que decir *acaparar*, sino *estancar;* ni *bellas letras*, sino *letras humanas;* ni *burócrata,* sino *covachuelista;* ni *revancha*, sino *desquite. ¿*A qué venía eso de "camino en *zigzag"?* Había muchas maneras castizas de decirlo: "camino de revueltas", "camino que culebrea", "que hace culebra", "que hace eses". Todavía en 1930 se le tomó a mal a Ortega y Gasset el que hubiera intitulado su libro *La rebelión de las masas:* debió haber sido *La rebelión de la turbamulta.* Y en 1931, cuando *acaparar, aprovisionar, avalancha, debutar, etiqueta, finanzas, rango, revancha* y otras voces se habían generalizado, la Academia española ponía aún en guardia contra ellas y las calificaba de "vocablos ponzoñosos". (Es curiosa la historia del vocablo *etiqueta* y de sus acepciones: 1, 'marbete', y 2, 'ceremonial, protocolo'. La vieja palabra francesa *étiquette* tenía la acepción 1: era el rótulo que los leguleyos ponían en los expedientes para saber lo que contenían. Según parece, fue el propio Carlos V quien, quizá humorísticamente, designó con ese galicismo las direcciones que se escribían para el desarrollo de un acto oficial, y así, desde el siglo XVI, *etiqueta* significa 'protocolo' en español, acepción que pasó como verdadero "hispanismo" no sólo al italiano *etichetta,* sino al mismo francés, y del francés al inglés y a otras lenguas. Baralt admitía esta acepción 2, pero no toleraba que se dijera, por ejemplo, "la *etiqueta* de un frasco". La acepción 1, o sea la original del vocablo francés, entró en español en el siglo XVIII, pero tuvo que esperar hasta el XX para conseguir la venia de la Academia.)

También hay que tener en cuenta las no pocas voces francesas que, a diferencia de *boulevard* y de *chauffeur,* hispanizadas en *bulevar* y *chofer* (en España, con curioso cambio de acento, *chófer),* han conservado su forma francesa y así se escriben en todo el mundo de habla española: *matinée, soirée, première, foyer, début, amateur, toilette, boudoir, négligé, déshabillé, bouquet, bibelot, élite, premier, chef, pot-pourri, cliché, surmenage, déjà vu,* etcétera.

Hacia fines del siglo XIX, las palabras procedentes de lenguas distintas del francés no fueron muy abundantes.* Pueden mencionarse italianismos como *casino, terracota, diletante, ópera, aria, dueto, partitura, libreto* y *piano (pianoforte)*, anglicismos como *rosbif, dandy, club, vagón, tranvía, túnel, drenaje, yate, confort, mitin* y *líder*, y germanismos como *sable, obús, vals, níquel, zinc* y *potasa*. Pero, en su gran mayoría, estas voces penetraron en español por intermedio del francés. Lo mismo hay que decir de un número enorme de voces de cultura adoptadas a lo largo del siglo XIX: *fraternidad, altruismo, egoísmo, democracia, emancipación, pragmatismo, polémica, espontaneidad, analfabetismo, opresión, misántropo, antropófago, higiene, quiróptero, leucemia, histeria, simultaneidad, retrospectivo, intelectual, medieval, barroco, sociología, etnografía, telegrafía* y tantísimas otras, todas ellas "internacionales", hechas de elementos griegos y latinos y bien aceptadas por la mayor parte de las lenguas europeas; pero, en el siglo XIX, las puertas que el mundo de habla española tenía para acceder a la cultura internacional eran predominantemente los libros, las revistas y los periódicos franceses. (El francés era la lengua obligada de los congresos científicos internacionales. El francés era, y de algún modo sigue siendo, la lengua de la

---

* Tampoco fueron tan abundantes como en los siglos de oro (véase antes, pp. 281-282) las voces españolas que pasaron al vocabulario de otras lenguas. Todavía en el siglo XVIII las naciones europeas adoptaron ciertos términos españoles de navegación (las artes náuticas estaban muy adelantadas en España; sin ellas, su imperio se le habría ido antes de las manos). En el siglo XIX sucedió lo mismo con un grupo de palabras de carga política, como *guerrilla, pronunciamiento, junta, camarilla,* y sobre todo *liberal* e *intransigente*. A lo largo de ese siglo se popularizaron también algunas "españolerías" (en francés, por ejemplo, *toréador, matador, picador, bandérille, gitan* o *gitane, patio, boléro*) y algunos americanismos más *(llama* y *alpaca, tango* y *mate…)*. En 1936 pasó a todas las lenguas del mundo la expresión española *quinta columna*. En tiempos recientes, *El Niño*, designación peruana de ciertas perturbaciones climáticas debidas a las corrientes del Pacífico, ha venido a ser un tecnicismo internacional. El inglés de los Estados Unidos, sobre todo el del sur y suroeste, abunda en voces tomadas del español más inmediato, o sea el de México: *tornado* 'tromba, huracán' (deformación de *tronada), silo, calaboose* 'calabozo', *mosquito, coyote, alligator* (< *el lagarto), mustang* 'caballo salvaje' (< *mestengo,* sinónimo antiguo de *mostrenco* 'ganado sin dueño'), *bronco* 'caballo sin domar', *rodeo, lariat* (< *la riata,* o *reata,* como dice el diccionario), *lasso* 'lazo' y 'lazar', *sombrero, ranch, corral, patio,* etcétera.

diplomacia.) Pese a sus evidentes elementos grecolatinos, ninguna de
esas voces de cultura pasó del griego o del latín al español, puesto que
no fueron hispanohablantes quienes sintieron la necesidad de forjarlas.
Teniendo en cuenta que la ciencia etimológica atiende al origen inmediato de una palabra (y así un diccionario etimológico del español no
tiene por qué descender hasta la raíz indoeuropea a propósito de la palabra *maestro),* sería inexacto decir que la palabra española *sociología*
viene del latín *socius* y el griego *logos;* de donde viene es de la palabra
francesa *sociologie;* es un galicismo. En verdad, los galicismos notorios,
los que en su momento hirieron dolorosamente la oreja de los puristas,
como *hotel, restaurante, acusar recibo,* etc., no son sino la punta de
un iceberg gigantesco hecho de esos otros galicismos "encubiertos"
—y tan necesarios, que hasta los puristas más sensitivos tenían que
aceptarlos. (Los conocimientos científicos sobre la *histeria* fatalmente
tenían que poner en olvido el muy castizo término *mal de madre;* ¿y con
qué voces castizas iban a conjurar los puristas la adopción de *leucemia,*
de *quiróptero,* de *barroco?)*

Vistas las cosas desde la perspectiva de nuestra lengua (que es también
la de muchas otras lenguas), el papel de difusor que durante más de dos
siglos tuvo el francés le pertenece hoy al inglés. Los párrafos anteriores,
relativos sobre todo al siglo XIX, podrían reproducirse aquí casi punto
por punto, sustituyendo las referencias al francés por referencias al
inglés, y más concretamente al inglés de los Estados Unidos (poniendo
por ejemplo *fox trot, jazz, swing, blues* y *rock 'n' roll* en lugar de *orfeón* y
minué). Así quedaría explicado el mecanismo del fenómeno actual,
pues se trata, en esencia, de lo mismo. Sólo que eso "mismo" está ahora,
por así decir, elevado al cuadrado o al cubo. La influencia del inglés es
hoy abrumadoramente mayor que la que tuvo el francés en su punto culminante, y cubre una variedad mucho más amplia de terrenos. Basta
pensar en el vocabulario de los deportes, del cine y la televisión, de la
vivienda, de las técnicas productivas y administrativas, de la economía
y el comercio, de la aviación y el automovilismo, de la informática...
Generalizando tal vez un poco, cabe decir que todas las conquistas

científicas de hoy (en física, química, matemáticas, electrónica, informática, biología, medicina, etc.) llegan a los países de lengua española con un vocabulario originalmente acuñado en inglés. Los astrónomos de habla española llaman *big bang* al 'gran ¡pum!' que dio origen al universo. Fue en inglés donde nacieron los *quasares,* los *pulsares,* los *hoyos negros* (o *agujeros negros),* las estrellas *gigantes* y las *enanas.* Más aún: muchos científicos de habla española publican en inglés el resultado de sus investigaciones; es la manera de llegar no sólo a los lectores de habla inglesa, sino también a los rusos, a los japoneses, a los árabes, a todos. El francés nunca llegó a ser *tan* internacional.

El iceberg español de origen inglés tiene por eso una punta colosal. En ella, al lado de la palabra misma *iceberg* (que el inglés calcó de la palabra danesa o noruega *isberg* 'montaña de hielo'), hay centenares y centenares de anglicismos que saltan a la vista: el *hall,* el *lobby,* el *living,* el *jaibol (highball),* el *gin-and-tonic,* el *dumping,* el *crash,* el *happening,* el *gag,* el *flashback,* el *walkie-talkie,* los *gangsters,* los *cowboys,* los *hippies,* los *junkies,* los *punks*… Poco a poco, los anglicismos visibles se hunden bajo el nivel de flotación y pasan a la parte sumergida o "encubierta" (que es, como se sabe, el 80% de la masa total de un iceberg), dejando lugar en la punta para los nuevos anglicismos que año con año se agregan.

Considérese, como muestra, el caso de los deportes traídos de Inglaterra y de los Estados Unidos. Cuanto más practicados son en los países hispánicos, tanto más hispanizado está su vocabulario. El más popular de todos, que es el *futbol (fútbol* en España y Sudamérica), tiene un vocabulario ya muy sedimentado y asimilado. En cambio, el *hockey* es tan raro, que hasta la grafía de su nombre sigue siendo inglesa (nadie escribe *joki* ni *joqui).* En el beisbol, mucho menos extendido que el futbol, la hispanización es todavía muy rudimentaria. El lance más sensacional que allí puede darse, o sea el *home run,* se escribe *jonrón,* que es como se pronuncia, por lo menos en México; sin embargo, un periodista mexicano, al dar cuenta de un partido de beisbol, bien puede escribir cosas como éstas: "*Manager* y *coach,* de acuerdo con *pitcher* y *catcher,* no obstante varios *wild-pitchs* del tercero y algunos *pass-balls* del cuarto, hicieron infructuosos un *hit-and-run* y dos *squeeze-plays*, y evitaron muchos *hits*".*

Lo que sucede en el campo de los deportes sucede en muchísimos otros. El de los deportes tiene la ventaja de estar muy a la vista: las personas que acuden a los estadios, y se sientan ante el televisor para presenciar los encuentros, y escuchan por radio las noticias de deportes, y, sobre todo, dedican buena parte de su tiempo a leer y comentar las secciones deportivas de los diarios, y aun revistas especializadas, se cuentan por millones en el mundo hispánico. Otros campos, como la investigación científica y tecnológica, la economía, la estadística, la lingüística computacional, etc., están menos a la vista. En todos estos campos hay anglicismos análogos al *hit* y al *wild-pitch* y al *jonrón* del beisbol, pero los lectores de revistas científicas son poquísimos en comparación con los interesados en deportes. Así, pues, los anglicismos que podríamos llamar "científicos" no se difunden mucho: quedan confinados en el área técnica del lenguaje, no frecuentada por los legos; están, de hecho, en la misma situación que el vocabulario de otras actividades humanas más tradicionales, como la agricultura, la navegación o las viejas artesanías, vocabulario fuertemente esotérico (¿quién sabe lo que es *andaraje* y *besana*, lo que es *alijarar* y *alombar?*), pero cuya existencia

---

* Es un ejemplo "de laboratorio", pero escrito en efecto (en 1982) por un cronista de deportes muy consciente de que solamente los *fans* mexicanos del beisbol iban a entenderlo. Pensando en la muy remota posibilidad de otra clase de lectores, él mismo se puso a traducirlo: así, *hit-and-run* significa 'jugada de batear y correr' (cualquiera sabe que *batear* no es 'bautizar', como lo era para Juan de Mena, sino golpear la pelota con el *bat* o *bate)*, *pass-ball* significa 'pifia al cachar' (cualquiera sabe lo que es *cachar:* no el viejo verbo castellano, que quiere decir 'destrozar, hacer cachos', sino el nuevo, derivado de *to catch*, que quiere decir 'aparar'), etc. Y he aquí cómo tradujo los renglones citados en el texto: "Estratega y asesor, de acuerdo con lanzador y receptor, no obstante varios lanzamientos alocados del tercero y algunas pifias al cachar del cuarto, hicieron infructuosas una jugada de batear y correr y dos exprimidoras, y evitaron muchos sencillos". Resultado: el texto original, incomprensible para el lego, era claro para el experto; la traducción (pienso yo) es incomprensible para el uno y para el otro. No es ésta, desde luego, la manera de hispanizar el vocabulario. La hispanización tiene que venir, poco a poco, de los *fans* mismos, a base del mismo instinto lingüístico que, así como convirtió *home run* en *jonrón*, ha convertido *block* en *bloque*, *reporter* en *reportero*, *pioneer* en *pionero*, *clutch* y *muffler* en *cloch* y *mofle* (en México al menos), *to shoot* en *chutar*, *to dribble* en *driblar*, *to lynch* en *linchar*, y *lunch* en *lonch* o *lonche*, con toda la prole nacida ya en "maternidad" lingüística española: *reportear*, *chutazo*, *lonchería*, etcétera.

no ofrece duda. Naturalmente, hace falta cierto tiempo para que los anglicismos "científicos" pasen a ocupar su lugar en el diccionario; pero a veces traspasan súbitamente las fronteras de lo técnico y se convierten en objeto de atención general. Entre el lanzamiento de los productos de *high fidelity* y la difusión hispánica del anglicismo *alta fidelidad* no pasó mucho tiempo. Todo el mundo tiene noticia del *aire acondicionado* y de los rayos *láser*. Sobre todo el mundo repercuten los fenómenos económicos: los anglicismos *desempleo* y *subempleo* (adaptaciones de *unemployment* y *underemployment*), aunque muy modernos, son ya indistinguibles de la masa léxica tradicional, y voces como *extrapolación, dumping* y *marketing* no sólo pertenecen de lleno a nuestra lengua, sino que funcionan muchísimo más en ella que los términos escolásticos *aseidad, quididad, sorites* y *entimema*, para poner ejemplos "venerables".

Como el inglés es una lengua sumamente romanizada (debido sobre todo a influencia francesa, constante desde la Edad Media hasta nuestros días), muchos de los anglicismos vienen ya como predispuestos para su hispanización. Sin ningún titubeo la palabra *extrapolation* (forjada en inglés a semejanza de *interpolation)* se convierte en *extrapolación*, y *unemployment* y *high fidelity* se convierten en *desempleo* y *alta fidelidad*. Hay quienes, hablando o escribiendo en español, usan con toda naturalidad palabras inglesas como *container* y *marketing*, pero incluso quienes las traducen como *contenedor* y *mercadeo* están empleando anglicismos; de la misma manera, tan galicismo es *bulevar* como *boulevard*. A veces el anglicismo hace revivir palabras españolas que yacían en el sepulcro. Por ejemplo, la antigua palabra *deporte*, que significaba 'entretenimiento, solaz, descanso', desapareció en el siglo XVII (Cervantes ya no la emplea), pero ha resucitado, con nueva carga de sentido, gracias a la palabra inglesa *sport* (derivada a su vez del francés antiguo *desport)*. El antiguo *sofisticar*, desaparecido también durante siglos, ha resucitado gracias a su análogo inglés *to sophisticate;* pero en este caso el cambio de sentido ha sido mayor: el latín medieval *sophisticare*, de donde vienen la voz española y la inglesa, significaba 'proceder con sofismas', o sea 'complicar lo sencillo y natural', y por eso, en el español del siglo XVI, el vino *sofisticado* era el no natural, sino 'falsificado', 'adulterado'; en la palabra inglesa, en cambio, la pérdida de naturalidad tiene signo positivo, y por eso las bebidas *sofisticadas* son las exquisitas, refinadas, exóticas. Es un anglicismo muy difundido: se habla, y siempre elogiosamente, de métodos *sofisticados,* de productos artísticos *sofisticados,* de técnicas bélicas *sofisticadas,* de manera que la ausencia de *sofisticación* puede resultar un defecto.

La situación se complica cuando las voces tomadas del inglés coinciden con voces vivas del español, pero de significación diversa. En español existen *asumir, estimar, contemplar, aplicación, evidencia* y *emergencia ("asumir* una responsabilidad", *"estimar* a las personas honradas", *"contemplar* la belleza de un paisaje", "el premio de la *aplicación",* "la *evidencia* de nuestra condición mortal", "la *emergencia* de la burguesía", del verbo *emerger* 'salir a la superficie'); las voces inglesas correspondientes, *to assume, to estimate, to contemplate, application, evidence* y *emergency,* han entrado en amplias zonas del español con otro sentido: *asumir* es 'presuponer', 'dar por supuesto'; *estimar* es 'calcular' (se habla de *"estimación* de costos", y las *stewardesses* o azafatas o aeromozas de países hispánicos como México anuncian que "nuestro tiempo *estimado* de vuelo" es de tantas horas); *aplicación* es 'solicitud' o 'petición', sobre todo la que se hace por escrito; *evidencia* es 'prueba', por ejemplo en una averiguación, y se usa sobre todo en plural; *contemplar* es 'tener intención' de algo ("el gobierno *contempla* un alza de los impuestos"), y *emergencia* es 'suceso grave e imprevisto': se habla de "medidas de *emergencia",* y en los cines mexicanos hay "salidas de *emergencia".*

Hay que señalar asimismo las traducciones literales de giros ingleses. "That's all I want", se dice en inglés, y muchos traducen mecánicamente: "Eso es *todo lo* que yo quiero", en lugar de "es *lo único* que quiero", como se dice en buen español. Es el caso de *al mismo tiempo (at the same time)* en el sentido de 'no obstante', el de *más bien (rather)* en el sentido de 'bastante', como cuando se dice que una sustancia es *"más bien* venenosa", y el de los *ochentas (the eighties)* en el sentido de 'los años que van de 1980 a 1989', donde hay que reconocer que el anglicismo es mucho más cómodo que la expresión "el noveno decenio (o "la penúltima década") del siglo xx". Algunos de estos giros anglicistas están muy generalizados, por ejemplo *después de todo (after all)* en el sentido de 'al fin y al cabo', y *jugar un papel,* o hasta *jugar un rol (to play a role),* en el sentido de 'desempeñar o hacer un papel'. (Las expresiones *más bien, después de todo* y *jugar un papel* podrán venir también de las francesas *plutôt, après tout* y *jouer un rôle;* pero, en vista del predominio actual del inglés, habrá que contarlas entre los anglicismos.)

Como es natural, los puristas de hoy están poniendo el grito en el cielo. Uno de esos gritos, muy resonante, se escuchó en México a comienzos de los ochenta. Lo notable es que no brotó de la Academia, sino del mismísimo presidente de la República. En efecto, por decreto presidencial (¿eco de la "ley de defensa del idioma" promulgada por Mussolini?), se creó una Comisión de Defensa del Idioma cuyo secretario general, al inaugurar un magno simposio celebrado en 1982, después de decir muy en serio que el español de México está en peligro de naufragar, "arrastrando consigo la cultura nacional que representa", censuró a los mexicanos que con su afición al anglicismo dan "la imagen de un país enajenado", y descendió a los detalles: "En los anuncios exteriores [establecimientos que se llaman *Charlie's, Vanity Fair,* etc.], en las revistas destinadas a las mujeres, en numerosos programas de la radio, el cine y la televisión, en la música [claro, el *jazz,* el *rock...*], en el etiquetado de miles de productos comerciales de uso cotidiano, en las promociones turísticas y en las cartas de los restaurantes, por dar algunos ejemplos muy reveladores, aparece esta extraña nación que poco a poco, silenciosa pero eficazmente, ha adquirido carta de naturalización, al grado de aparecer como ridículas y fuera de moda las genuinas expresiones de este país". (Obsérvese, de paso, que eso de "*promociones* turísticas" es un anglicismo hecho y derecho.)

No hay momento de la historia de nuestra lengua en que no se hayan escuchado gritos parecidos. El primero de ellos resonó ya en la prehistoria, hace más de 1 001 años: "¡Ay! ¡Oh dolor! ¡Los cristianos están desconociendo su cultura!" (véase antes, p. 98). Por otra parte, los actuales gritos de alarma ante la abrumadora influencia del inglés no brotan sólo de gargantas hispánicas: hay en Francia quienes sienten que ya no se habla ahí francés, sino *franglais* (mezcla de *français* y *anglais).*

Son gritos seguramente útiles: representan el elemento conservador de todo lenguaje, su tendencia a seguir siendo él mismo. El *Diccionario de anglicismos* de Ricardo J. Alfaro es tan ilustrador y tan útil como el de galicismos de Baralt. Pero la historia nos dice que, más que los gritos, más que los llamados de atención de la Academia, son los hablantes los verdaderos estabilizadores de la lengua, ellos quienes deciden qué eliminar y qué adoptar, y qué forma dar a lo adoptado. Las alarmas del momento pasan a la historia. Lo más parecido a la invasión actual de anglicismos es la invasión de los arabismos durante los siglos en que se formó nuestra lengua. Fue una invasión *fatal*, dispuesta por el Hado, por el misterioso Destino: la cultura árabe —toda ella, no sólo la material, ni sólo la de la *élite*— fue un imán irresistible para los reinos cristianos. Y el resultado es que los arabismos del español son una de sus bellezas.

La Comisión creada en México para "defender" el idioma se disolvió a fines de ese mismo año en que celebró su magno simposio, gracias seguramente a que hubo cambio de presidente de la República. De haber seguido existiendo, fácil le habría sido obtener ciertas victorias: el gobierno habría podido suprimir, con mano fuerte, los rótulos ajenos a la lengua española y a la "cultura nacional", como *Vanity Fair* y *Charlie's* (y también *Le Petit Cluny* y *Pizzeria Napoli)*, y habría podido negar la entrada en el registro civil a nombres como *Nancy* y *Walter* (o como *Yvette* y *Sandro)*. No sería la primera vez que esas innocuas señales de cosmopolitismo sufrieran un sofocón. Pero seguramente no se habría llegado a mucho más. El *jazz*, el *jonrón* y el *jaibol* habrían salido incólumes, burlando a los miles y miles de inspectores a quienes hubiera sido necesario adiestrar para sorprender a la gente en flagrante delito de anglicismo y castigarla con multas. La prohibición de tales o cuales palabras es recurso de que suelen valerse los regímenes totalitarios. Es una fortuna que la Comisión de Defensa del Idioma haya desaparecido.*

* Por esa razón no se imprimieron las comunicaciones leídas en el mencionado simposio; pero el autor del presente libro posee copia de ellas (de ahí procede la nota de la p. 383). Entre los participantes había hombres de ciencia (sociólogos, antropólogos, lingüistas, etc.) que, como es natural, incurren en anglicismos y dicen *políticas (policies)* en vez de "normas" o "reglas", y *estudio de caso (case study)* en vez de "estudio monográfico". Pero esto, que por sí solo bastaría para descalificarlos en cuanto detectores de anglicismos

Para redondear la analogía entre los galicismos del siglo XVIII y los anglicismos de hoy, se puede decir que Forner tenía razón: el "mecanismo de nuestra lengua" no es el del inglés, y muchos de los anglicismos de los traductores, en la prensa y en la televisión, son fruto de la "ignorancia" y el "servilismo". Pero también tenía razón Francisco de Miranda: más que "corrección", lo que se le pide a un escritor es que diga cosas inteligentes. Quizá algún día los traductores de la televisión "recapaciten", como Miranda, en la conveniencia de una "ciencia tan útil" como es saber expresarse en lengua española. En vez de decir "Estoy esperando *por* ella" como traducción de "I'm waiting *for* her", una chispita de imaginación les hará decir "Estoy esperándola" o "La estoy esperando", que es como se ha dicho en español, y como decimos cuando en efecto estamos esperando a una amiga.

Estas últimas páginas, como todas las últimas páginas de historias que incluyen lo contemporáneo, han sido necesariamente difusas, digresivas y aun polémicas. Se trata de fenómenos que están sucediendo y cuya evolución está por verse. Es muy fácil describir objetivamente los fenómenos del pasado, pero muy difícil evitar que en la visión de los del presente se meta la subjetividad del historiador. Habrá que ver lo que

---

y "defensores" del idioma, no es lo peor. Lo peor es la tendencia a aquello que Juan de Valdés llamaba "afetación". Es afectación decir *la problemática involucrada* para hablar de la dificultad que hay en algo. Y no escasean las muestras de ello en las comunicaciones del simposio: uno de los autores, en vez de decir llanamente que se basa en una definición no muy rigurosa, pero sí práctica, lo que dice es: "Lejos de ser exhaustiva la definición tentativamente propuesta, sólo nos indica el problema de operacionalizar sus elementos"; y otro, en vez de decir que a los estudiantes suele exigírseles un trabajo escrito, lo que dice es: "Con alguna frecuencia se enfatiza sobre la redacción de informes como resultado de investigaciones". De esta vacua afectación, que, por lo demás, es fenómeno de todos los tiempos y de todos los lugares, es de lo que hay que defender al idioma (y los defensores no faltarán nunca). Por cargados que estén de anglicismos, el lenguaje del beisbol, el de la bioquímica o el de la informática no significan peligro alguno. El peligro es ese idioma antinatural que en inglés se designa con un feliz neologismo, *officialese*. Ante un rollo como éste: "Los congresistas sembraron la inquietud de la necesidad de llevar a cabo una política con base en trabajos de carácter científico que dieran bases sólidas a los materiales didácticos que se requerían dada nuestra heterogeneidad sociocultural y lingüística tan compleja", el comentario que se impone es: Nuestra lengua no es así. Esto no está escrito en español, sino en *oficialés*.

dirán las historias del futuro acerca de la segunda mitad del siglo xx; pero, mientras tanto, la opinión de quien esto escribe es que las alarmas producidas por los anglicismos se parecen a "las alarmas del doctor Américo Castro" por la situación del español en el Río de la Plata, y a todas las alarmas pasadas y presentes por el "empobrecimiento" de la lengua a causa del "olvido" en que se tiene el español castizo, alarmas por la "extranjerización" y el "desfiguramiento" de la lengua, por su "incorrección" y su "fragmentación", alarmas porque el español cubano está tan estropeado que ya no se entiende, etcétera.

Hay en nuestro mundo muchas cosas de que alarmarse. Entre ellas no está la lengua española en cuanto tal (y en toda la diversidad de sus realizaciones). En el caso de los cubanos, por ejemplo, lo único que hace falta para entenderlos es *querer* entenderlos (y se descubre entonces que su español es no sólo bueno, sino sabroso). Los globos de las alarmas contienen aire delgado y transparente: no todos los hablantes pronuncian igual su lengua, no todos designan las cosas con unas mismas palabras; no en todas partes prosperan las mismas modas; las necesidades de designación y de énfasis son muy variables; la lengua de los jóvenes es distinta de la de los viejos; una cultura dominante impone sobre otras culturas una buena parte de su vocabulario; los idiomas humanos no toleran mucho tiempo la inmovilidad... A eso suelen reducirse las alarmas: a cosas que siempre han sucedido, normales en una lengua viva, y hablada por tantos millones. "La lengua española goza de buena salud": eso dice el bellísimo estudio de Ángel Rosenblat sobre *El castellano de España y el castellano de América*.

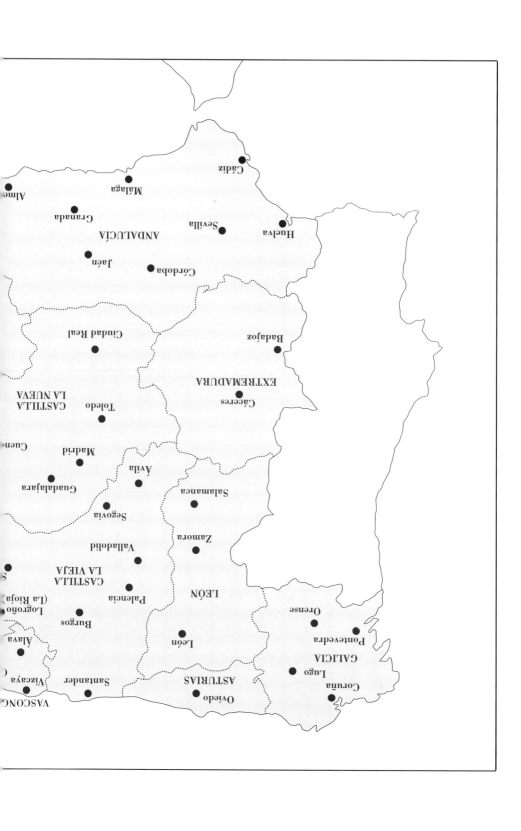

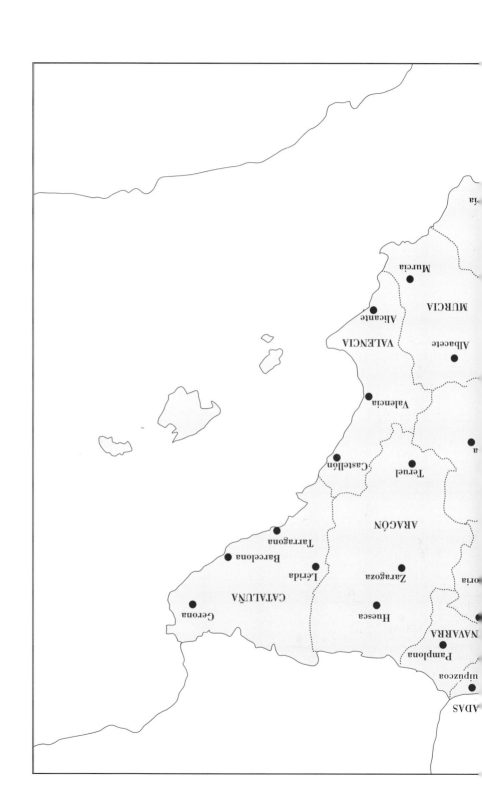

ÍNDICE ONOMÁSTICO Y DE MATERIAS*

Abad, Diego José, 358
Abderramán I y Abderramán III, 94
Abencerraje, 208-209
Abraham, 252
Abul Hasán, 96
Academia de la Historia, 128n, 227n, 334
Academia de la Lengua, 124n, 214-215, 244, 315, 334, 336-339, 356, 359, 365-366
academias literarias, 201
acentuación, 59, 162, 315n, 338
Acosta, José de, 228
Acuña, Hernando de, 197-198, 274
Adriano (emperador), 50
afectación, 225-226, 290, 341-342, 387n
Afonso Henriques, 116
África, 31, 33-34, 39, 46, 73, 85, 92, 95, 97, 185, 241, 249, 256, 259, 300

africanismos, 319; *ver* negros
agricultura, 101, 347
Agustín, san, 44-45, 47-48, 52, 128, 154, 230
ajedrez, 100, 153
al-, 103, 104n
alanos, 84-85
Alarcón, *ver* Ruiz de Alarcón
Alarcón, Cristobalina de, 201n
Alarico, 84
Álava, 306
Alcalá, fray Pedro de, 250, 273
Alcalá de Henares, 49n, 240, 267, 285
Alcalá Yáñez, Jerónimo de, 212
Alcázar, Baltasar del, 198, 200
Aldana, Francisco de, 198, 317
Aldrete, Bernardo de, 242, 251-254, 275, 294n, 347
Alegre, Francisco Javier, 342, 358

* La alfabetización del valioso *Tesoro* de Sebastián de Covarrubias, mencionado en la p. 247, es bastante complicada: en la letra *C,* por ejemplo, están primero las palabras en que *c* tiene sonido de κ (desde *cabal* hasta *Cuzco),* después las que empiezan con *ce-* y *ci-,* y por último las que empiezan con *ch-;* en la letra *G,* en cambio, no se hace distinción entre sus dos sonidos: el orden es el "normal" *(gato, gemir, girar, gloria, gozo,* etc.); en cuanto a las palabras que empiezan con *ll-,* van al final de la letra *L.* (También la ortografía de Covarrubias es caótica: *baybén* 'vaivén', *iegua* 'yegua', *ierva* 'hierba', *guesped* 'huésped', etc.) El *Diccionario de autoridades* (1726-1739), mencionado en la p. 338, pone orden en el caos e imita, naturalmente, el modelo francés: *ch-* está entre *ce-* y *ci-,* y *ll-* entre *li-* y *lo-.* Ahora bien, en la 4ª edición del *Diccionario* (1803), la Academia decidió considerar *Ch* y *Ll* como "letras" aparte. Esta desafortunada innovación duró dos siglos e hizo de los diccionarios de nuestra lengua una anomalía entre todos los de lenguas europeas modernas, que atienden a las letras una por una, y no a los sonidos. Apenas a comienzos del siglo XXI ha vuelto la Academia a la alfabetización que había ya en el *Diccionario de autoridades.* —Vale la pena observar que la alfabetización del presente índice, ya en la 1ª edición (1989), se adelantó a este decreto académico.

Aleixandre, Vicente, 360
Alejandro Magno, 47, 148, 241; ver *Libro de Alexandre*
Alejo, san, 148
alemán, 229, 286n
Alemán, Mateo, 211-212, 227n, 234, 237, 245, 254, 309, 314
Alemania, 21n, 186, 238n, 343, 350n, 352
Alembert, d', 339
Alessandri, Giovanni Mario, 284
alfarería, 99
Alfaro, Ricardo J., 387
Alfonso I, 113, 115, 165n
Alfonso VI, 118-119, 135, 139-140
Alfonso VII, 119
Alfonso VIII, 119
Alfonso X (el Sabio), 120n, 150-157, 158, 160, 163, 165n, 169, 171-176, 179, 181, 183, 224, 232, 239-241, 295, 308, 315n
Alfonso XI, 295
algarabía, 102
álgebra, 93, 100
Alhambra, 11, 120
Alhaquem II, 94n
Alicante, 124
aljamía, 99, 111n, 252
Almagro, Diego de, 226
Almanzor, 94, 114, 118, 120n, 134
Almazán (Soria), 9
Almería, 119-120, 251
Almerich, 152n
almohades, 95, 119
almorávides, 95, 119n, 139
Alonso, Amado, 10
Alonso, Dámaso, 132n
Alpera, cuevas de, 31
Alpujarras, 251, 252n, 274-275
alquimia, 100, 102
Altamira, cuevas de, 31, 38
Altamirano, Ignacio Manuel, 346n, 358

Alva Ixtlilxóchitl, Fernando de, 263
Alvarado, fray Francisco, 340
Alvarado, Pedro de, 252
Alvarado Tezozómoc, Hernando de, 263
Álvarez Gato, Juan, 168
Álvarez Quintero, Serafín y Joaquín, 353
Álvarez de Toledo, Gabriel, 341-342, 345
Álvarez de Villasandino, Alonso, 163-164
Álvaro de Córdoba, 98
Alzate, José Antonio, 347
Amadís de Gaula, 167-168, 175, 291, 299
Amaya, 120
Amberes, 199n, 215n, 254, 270, 274
América, 8, 48, 50n, 106, 124n, 178n, 184-187, 199n, 208, 224-226, 234-235, 243, 258-266, 278-279, 298, 302-303, 305, 309, 311-314, 318-322, 328, 333-335, 350n, 352n, 353-361, 368-374
americanismos, 282, 318-322, 328, 353-354, 380
Ampurias, 37, 45
Amsterdam, 256
Anales toledanos, 152n
Anatolia, 21-22
Andalucía, 45, 85, 98, 119, 124n, 251, 296-297, 303, 305, 308-313, 315, 322n, 328, 333, 368-371
Andrés, Juan, 348, 358
Angleria, Pedro Mártir de, 224, 227, 267, 306
anglicismos, 89, 102n, 107, 173n, 177, 354, 381-387
Antequera, 49n, 201
antillanismos, 321
Antioquia, 353-354
Antología de poetas hispanoamericanos, 356
Antonio, Nicolás, 232, 357
apellidos, 43, 280

Apolonio de Tiro, 148; *ver Libro de Apolonio*
apotegmas, 248n
Appendix Probi, 55-57, 64, 70, 325, 378
Apuleyo, 57, 221, 272n
Áquila Sículo, Cataldo, 267
árabe, 93, 96-97, 119, 128, 249-250, 259
árabe, literatura, 94-95, 98, 152, 176, 233
árabes, 7, 10, 91-110, 113, 150, 209, 262
arabismo (afición a lo árabe), 169, 250n, 273
arabismos, 92-93, 96, 99-108, 176, 210n, 250n, 273
Aragón, 98, 115-117, 120, 133, 139, 148, 160, 166, 184, 251-252, 315, 328
aragonés, 120, 125-127, 132, 144, 160, 174, 253n
Aranda, conde de, 339
arcaísmos, 170-171, 297, 299, 316-317, 366
Arce, Pedro de, 275n
Arcos (Soria), 252n
Argensola, Lupercio y Bartolomé Leonardo de, 200, 201n, 202, 233, 298, 304
Argentina, 121, 172n, 237, 319, 333, 337n, 362n, 372-373, 389
Argote de Molina, Gonzalo, 244, 300-301
Arguijo, Juan de, 201n
Arias Montano, Benito, 274, 283
Ariosto, 272n, 279
Aristóteles, 103, 269, 343
Arizona, 334
Arjona, Manuel María de, 344-345
Armada Invencible, 187
arquitectura, 46, 99n, 101, 115, 135-136, 153, 186n
Arrás, 102n
Arreola, Juan José, 335
Arrio, arrianismo, 52, 85-86
Arteaga, Esteban, 347, 358

artes poéticas, 165n, 168, 244
artesanías, 100, 106
artículo, 61-62, 170-171
Arturo, rey, 148
Asensio, Eugenio, 13, 271n
Asia, 46, 185
Asia Menor, 47, 256
asonancia, 143, 158, 199
Astorga, 127, 134
astronomía, 100, 150, 153, 173, 382
Asturias, 113-115, 120, 133, 303, 365, 371
Atahualpa, 226
Atapuerca, batalla de, 118
Augusto, 46, 48-50, 52, 55n
Ausonio, 54
Autlán (Jalisco), 9
Auto de los Reyes Magos, 148, 174
autos sacramentales, 192, 232n, 343
Avempace, 95
Averroes, 95-96
Avicebrón, *ver* Ibn-Gabirol
Ávila, 120, 232n, 249
Ay, Iherusalem, 162n
Ayala, canciller, *ver* López de Ayala
Ayala, Lorenzo de, 245
Azorín, 120, 360
Azuela, Mariano, 353

Babel, torre de, 28n, 239
bable, 300
Badajoz, 49
Baena, Juan Alfonso de, 163
Bagdad, 95, 263
Bahía, 201, 274
Baist, Gottfried, 350
Baladro del sabio Merlín, 167
Balbo, Lucio Cornelio, 50
Balbuena, Bernardo de, 200, 206, 234, 298
Balcanes, 84-85, 103, 256
Baldovinos y la Sierpe, 157

Balmes, Jaime, 336n
Balzac, 346, 358
Banchs, Enrique, 354
Bandello, Matteo, 217
Barahona de Soto, Luis, 201n
Baralt, Rafael María, 377, 379
bárbaros, invasión de los, 84-85
Barbastro, 115, 304
Barbosa, Aires, 239
Barcelona, 94, 116, 119n, 166, 169, 201, 215n
Barlaam y Josafat, 148
Baroja, Pío, 356, 360
Barrientos, fray Lope, 164n
Barrios, Miguel de, 256
barroco, 222-223, 230-232, 342-343
Barros, João de, 292n
Bartolache, José Ignacio, 347
Bataillon, Marcel, 349
Beato de Liébana, 114n
Beatriz de Castilla, 102n
Becerrillo, 260
Bécquer, Gustavo Adolfo, 345, 352, 356, 358, 373
Beda, san, 154
Bélgica, 48, 185
Bellay, Joachim du, 290
Bello, Andrés, 336n, 344, 348, 365n
Belmonte Bermúdez, Luis de, 234
Bembo, Pietro, 206n, 290
Benegassi, José Joaquín, 342-343
Ben Ezra, Abraham, 96, 111n
Ben Ezra, Moshé, 111n
Bengala, 103
Benito, san, 74-76
Ben Qusmán, 96-97, 109
Berceo, Gonzalo de, 10, 72, 144-146, 156, 164, 172, 174-175, 328, 347, 366
bereberes, 42, 91-92, 97, 113
Berlín, 357
Bermúdez, Jerónimo, 191
Berschin, Helmut, 15

Berta la del Pie Grande, 157
best sellers españoles, 181n, 189, 211, 215-216n, 229n, 286-288
Bibbiena, cardenal, 289
Biblia, 52, 85, 114n, 152n, 154, 229, 254n, 255, 267, 271, 337n
Biblia Complutense, 267-269, 273
Biblia de Ferrara, 255
Biblia Regia, 274
bibliografía, 232-233
Biblioteca de Autores Españoles, 338
Bilbao, 134
Bioy Casares, Adolfo, 213n, 332
Bizancio, 85, 88
Bizet, Georges, 350
Blake, Robert, 13-14
Blanco White, José María, 359, 360n
Boabdil, 210n, 241
Bocados de oro, 152n
Boccaccio, Giovanni, 161, 166, 168, 188, 206n, 217
Boecio, 54, 161
Bogotá, 198
Bohemia, 255
Boileau, 342
Bolívar, Simón, 359, 360n
Bolivia, 65, 314, 373
Bolonia, 239, 273
Bonet, Juan Pablo, 308
Bonilla, Alonso de, 231
Bonium, 152n
Borja, san Francisco de, 271
Borges, Jorge Luis, 204, 213n, 332, 335, 361, 363n
Borgoña, 135, 184-185
Borja, Francisco de, príncipe de Esquilache, 234
Boscán, Juan, 166, 193-198, 219-220, 231, 234n, 237, 266
Boston, 238n
Bouhours, Dominique, 292n
Bowle, John, 216n, 351

Brasil, 40, 48, 334
Bredá, 274-275
Bretón de los Herreros, Manuel, 355
Brocense, *ver* Sánchez de las Brozas
Brull, Mariano, 354
Bruselas, 215n, 254, 256n, 283
Bucarest, 257
Buenaventura, san, 230
Buenos Aires, 213n, 362, 371
Bulgaria, 258
Bulletin Hispanique, 15, 351
Bullón, Godofredo de, 157
Burdeos, 256n, 351
Bureba, La, 149
Burgo de Osma, 49n
Burgos, 117, 120, 124n, 127, 134, 139-140, 149, 175, 295, 297, 305-310, 314

Caballero del Cisne, 157
Cabrera de Córdoba, Luis, 228, 282
Cáceres, 49n
Cachopín, Francisco, 279n
Cadalso, José, 346-347
Cádiz, 37, 45, 119, 187, 340n, 359n
Cairo, El, 95, 263
Calahorra, 51
Calatrava, 127
Calderón, Fernando, 345
Calderón, Juan Antonio, 201n, 206n
Calderón de la Barca, Pedro, 192-193, 207n, 233, 235-236, 257, 274, 276, 315n, 342-343, 350
California, 334
Calila e Dimna, 152-153, 158, 169-170
Calleja, Juan Manuel, 336n
caló, 362
Calvo, Ignacio, 216n
calzadas romanas, 49n
camino francés, 134-138
Campanella, Tomasso, 282n
Campillo, Narciso del, 352
Campoamor, Ramón de, 352

Campomanes, conde de, 339-340
Canadá, 40, 48, 334
Canarias, 187, 260, 309, 368-369
Cáncer, Jerónimo, 230, 232n
cancioneiros gallego-portugueses, 155
Cancionero de Baena, 163-164, 182
Cancionero general, 164, 189
Cancionero de obras de burlas, 272n
Cancionero de romances, 199n
Candau, María del Carmen, 16
Cantabria, 31, 87, 113, 116, 123-124
Cantar de mio Cid, 8, 10, 49n, 107, 119n, 130, 139-146, 164, 170, 210n, 253, 315n, 329, 347-348, 350
cantigas, 154-157, 179
Cañizares, José de, 342-343
Capmany, Antonio de, 338
Carajicomedia, 179n, 272n
Cárdenas, Juan de, 278, 298
Caribe, 369, 373
Carlomagno, 116, 143, 167
Carlos I de España (Carlos V de Alemania), 46, 185-186, 190n, 195, 225n, 236, 251, 261, 268-269, 282, 292, 295, 379
Carlos II, 187, 235, 271, 275, 334
Carlos III, 334, 339-340, 343
Carlos IV, 334
Caro, Francisco Javier, 347
Caro, Rodrigo, 204, 227n
carolingio, ciclo, 142-143
Carpio, Manuel, 344
Carranza, fray Bartolomé, 270
Carrasquilla, Tomás, 353
Carriego, Evaristo, 354
Carrillo Sotomayor, Luis, 244
Carrión, 128, 158
Cartagena, 49n
Cartagena, Alonso de, 254
Cartaginense, 116-117
Cartago, 37, 45, 48
Carvajales, 182

Carvallo, Luis Alfonso de, 244
Casas, fray Bartolomé de las, 224-225, 261-262, 277, 319
Casas, Cristóbal de las, 284
Cascales, Francisco, 244
Casiri, Miguel, 273
Castelar, Emilio, 246
castellano, 111, 123-127, 131-133, 149, 298-299
casticismo, 339, 343, 345, 352-353, 361, 366-367
Castiglione, Baldassare, 219-220, 230, 266-267, 279, 289-290, 292
Castilla, 90, 113-121, 123, 135, 139, 148-149, 155, 160, 169, 174, 184, 200, 215, 294-298, 303-307, 310-311, 313, 352-353, 376-377
Castillejo, Cristóbal de, 198-199
Castillo, Hernando del, 164
Castillo, fray Hernando del, 206n
Castillo Solórzano, Alonso de, 217
Castro, Américo, 363n, 389
Castro, Guillén de, 191, 288
catalán, 42, 59n, 123-125, 127, 136-137, 170, 315
catalana, literatura, 148, 155-157, 164, 166, 237, 352
Cataluña, 85, 90, 116-117, 136, 148, 155-156, 166, 352
catolicismo, 186, 228-229, 272-273, 278, 356
Catulo, 199
ceceo, 302, 311
Cela, Camilo José, 360
Celestina, 169, 181, 183, 188-191, 207n, 222, 247, 253, 272n, 286-287, 291, 323-324, 349
celtas, 33-36, 41-42, 148
celtiberos, 33-35, 42
Cerdá y Rico, Francisco, 338
Cerdeña, 59n, 65, 185
Cervantes, 8, 45, 93, 102-103, 107n, 120n, 168-169, 172n, 175, 183, 188-189, 191, 193, 200n, 204, 205n, 209, 212n, 213-217, 233, 236, 242n, 246, 252, 253n, 257-258, 272n, 274-278, 279n, 283-284, 287, 296-299, 301-302, 317, 325-326, 328, 338, 350, 363n
Cervantes de Salazar, Francisco, 268-269
Cesáreo de Arles, 132
Cespedosa de Tormes, 57
Cetina, Gutierre de, 195, 197-198, 234
cetrería, 93
Chabrier, Emmanuel, 350
Chanson de Roland, 141-142, 170
chapetón, 279
Chaucer, 134, 170
Checoslovaquia, 351
Chile, 234, 312, 321, 333, 361-362, 365n
China, 104, 185
Chindasvinto, 86
Chronicon mundi, 151, 154
Cicerón, 44-45, 47, 50, 53-54, 65, 72, 74, 109, 165
Cid Campeador, ver Cantar de mio Cid, Díaz de Vivar
cine hablado, 367
Cisneros, cardenal, ver Jiménez de Cisneros
Cisneros, Diego de, 286n
clasicismo, 191, 343-344
clásicos españoles, 338-339
Claudia, familia, 58
Clavigero, Francisco Javier, 347, 358
Clavijo, 114n
Clavijo y Fajardo, José, 347
Cluny, orden de, 108, 135-137
Colmenares, Diego de, 228
Colombia, 279, 369, 373
Colón, Cristóbal, 8, 224, 241, 258-260, 268, 319, 351
Colón, Fernando, 287

colonia, 187
Colonna, Guido de, 161
Columela, 52
Comedia Serafina, 190
Comedia Tebaida, 190
comercio, 101
Comestor, Pedro, 154
comparativo, 72
Compostela, *ver* Santiago de Compostela
conceptismo, 202-203, 232
conjugación, 26, 70-71, 171-172
consciencia lingüística, 173n, 179, 338, 363-366, 368
consonancia, 144, 162
Constantino, 47, 51
Constantinopla, 109
Contrarreforma, 228-229, 270-272
Contreras, Alonso de, 228-229
Cordero, Juan Martín, 297
Córdoba, 50, 87, 94, 96-98, 108, 119-120, 124n, 134, 156, 201
Córdoba, fray Juan de, 304-313
Córdoba, Sebastián de, 231
Corneille, 288, 311
Corominas, Juan, 10, 102n, 128n
Coronel, Pablo, 273
Correas, Gonzalo, 243-244, 248, 306-307, 311, 314, 330, 374n
corrección, 56-57
Corro, Antonio de, 285
corsarios, 187
Cortázar, Julio, 335
Cortés, Hernán, 226-227, 259, 262
cortes de Castilla, 294-295
Coruña, La, 51, 114n, 124, 133, 187
Cota, Rodrigo, 168-169, 222
Covadonga, 113
Covarrubias, Pedro de, 287
Covarrubias Orozco, Sebastián de, 247, 315, 391n
cristianismo, 47, 51, 76, 85-86, 96-97, 186

cristianos nuevos y cristianos viejos, 250-251, 254-255, 295
Crónica de Espanya, 160
Crónica troyana, 161
Cruz, Ramón de la, 343
Cruzadas, 114n, 134, 157, 167
Cuautitlán, 264
Cuba, 53, 334, 354, 361, 389
Cuenca, 105, 256n, 295
Cuento de la carreta, 167
Cuervo, Rufino José, 336n, 348
Cuesta, Juan de la, 246
Cueva, Juan de la, 191, 200n, 234, 244, 279n, 320
culteranismo, 201-203
cultismos, 75-83, 146-147, 173n, 176-179, 188-189, 322-327, 335
cultura, *ver* lengua y cultura
Cuzco, 254n

dálmata, 73
Damasco, 94
Dámaso, san, 52
Dante, 96, 134, 163, 165, 195, 216n, 289
Danubio, 85
Danza de la Muerte, 148, 161
danzas de moros y cristianos, 92
Darío, Rubén, 8, 53, 162n, 354, 360, 362
Dávalos y Figueroa, Diego, 235
Dávila Padilla, fray Agustín, 309n
décima, 206
Delicado, Francisco, 190, 272n
Demanda del Santo Grial, 148
Demóstenes, 47
Denina, Giacomo Carlo, 357
deportes, 382-383
Depping, Georg, 350
derecho, 153-154; *ver Fuero Juzgo*
Descartes, 273
despoblaciones, 113-114n
Diálogos muy apacibles, 233
dialectos, 58-59n, 123-124, 133

Diana, 47n, 50n
Diario de los Literatos, 347
Díaz del Castillo, Bernal, 218, 227
Díaz Rengifo, Juan, 244
Díaz de Vivar Rodrigo (el Cid), 118-119, 135, 139-143, 360; *ver Cantar de mio Cid*
diccionarios, 98, 129, 246-247, 255, 284, 318-319, 337-338
Diccionario de autoridades, 338, 391n
Diccionario histórico, 375
Diderot, 339
Diego de la Encarnación, 286n
Diego, Gerardo, 354
Diez mandamientos, 152n
Dichos de sabios, 152n
diminutivos, 65-66
Dinís de Portugal, 155
diptongos, 63-64
Disciplina clericalis, 95
disputas (del agua y el vino, del clérigo y el caballero, del alma y el cuerpo), 148, 174
dobletes, 80-83
Doce Pares, 143, 167
Doergangk, Heinrich, 284
Domingo de Guzmán, santo, 232n
Domingo de Silos, santo, 145n
Domínguez Camargo, Hernán, 235
Donato, Elio, 55-56
Donoso Cortés, Juan, 346
Doujat, Jean, 284
Drake, Francis, 276
Dueñas, 368
Duero, 33, 37, 113
Dumas, Alexandre, 280, 346

Ebro, 33, 37-38, 113
Echave, Baltasar de, 38n
Echeverría, Esteban, 352
Écija, 278n
economía, 101

Ecuador, 373
educación, *ver* lengua y cultura
Egeo, 47
Egeria (o Eteria), 76
Egipto, 46-47, 92, 103, 157, 302
Eguiara y Eguren, Juan José de, 357
El Bacrí, 154
El caballero Cifar, 167
El Colegio de México, 351n
El emperador Carlos Maynes, 167
El emperador don Ottas, 167
Elche, Dama de, 33, 38
Elena y María, 148, 174
Emeterio, san, 51
Enciclopedia, 339
Enrique II, 102n
Enrique IV, 168
Enríquez Gómez, Antonio, 256
Entwistle, William J., 10
Enzina, Juan del, 175, 179n, 182, 191, 192n, 222, 244, 300-301, 371
Erasmo y erasmismo, 186, 219-221, 230, 240, 248n, 261, 266-268, 271, 277, 285, 291
Eraso, Antonio de, 332
Ercilla, Alonso de, 198, 234, 272n, 274, 276, 321
Escala de Mahoma, 96
Escipiones, 45
Escorial, El, 186n, 200, 273
escritura, 22, 32-36, 39, 44, 52-57, 74-76, 109, 127-128, 135-136, 151, 160, 171-172, 305-306
esdrújulos, 43, 61-65, 76, 80, 364
Esgueva, 202
Esmirna, 109
español, 137
Espinel, Vicente, 206n, 212
Espinosa, Pedro, 201
Espinosa Yglesias, Manuel, 11, 13
Espronceda, José de, 352, 372
Esquilache, príncipe de, *ver* Borja

Estados Unidos, 258, 380n, 381-382
Estambul, 255n, 257
Estebanillo González, ver Vega, Gabriel de la
Estella, fray Diego de, 230, 288
Estilicón, 84
Estrabón, 33-34, 37-38, 41, 50
Eteria, 76
etimologías populares, 88
Eulalia, santa, 51
Europa, 44-45, 186
europeización, 148, 156, 164-165, 266-270, 285-286, 339-343, 352
Eusebio, 47
evangelización, 249-250, 261-264
Évora, 108, 124
Eximeno, Antonio, 358
extranjerismos, 76-77, 176-177, 352
Extremadura, 315, 322n, 368-369
Ezequiel, 34

f- > h-, 30, 75, 123n, 175, 184, 311-312, 371
Fadrique, príncipe, 151-152
falisco, 23
falsos cronicones, 227n, 294n
Fáñez, Álvar, 148-149
Fazienda de Ultramar, 152n
Federico II, emperador, 96
Feijoo, Benito Jerónimo, 292n, 340-343, 346, 352
Felipe I (el Hermoso), 184-185
Felipe II, 186-187, 198, 225n, 251, 264n, 269-270, 282, 340n, 350
Felipe III, 187, 200, 216, 252, 283
Felipe IV, 187, 274-275
Felipe V, 334
fenicios, 34, 37
Fernán Caballero, 353
Fernán González, 117, 120, 124, 131, 142, 169, 297
Fernández, Marcos, 285

Fernández, Lucas, 191
Fernández de Andrada, Andrés, 204, 234
Fernández de Avellaneda, Alonso, 214
Fernández de Córdoba, Gonzalo, 275
Fernández de Enciso, Martín, 178n
Fernández de Heredia, Juan, 160, 166, 174
Fernández de Madrid, Alonso, 221
Fernández de Moratín, Leandro, 343, 345
Fernández de Oviedo, Gonzalo, 224-228, 260-261, 268, 295-296, 317, 319, 355
Fernández de Velasco, Juan, *ver* Prete Jacopín
Fernando I, 118, 135
Fernando III (el Santo), 94n, 120, 126, 150, 160
Fernando V (el Católico), 174, 184-185, 275; *ver* Reyes Católicos
Fernando VI, 334, 339, 340n
Fernando VII, 340n, 359
Ferrara, 255
Ferreira, António, 191
feudalismo, 87, 136-137
Filipinas, 124, 185, 334, 336
filología, 348, 351-352
Flandes, 184-185, 199n, 286
Flecha, Mateo, 301, 313, 369
Flor de historias de Orient, 160
Flores, Juan de, 168
Flores de baria poesía, 235, 309
Flores de poetas ilustres de España, 201
Flores de sabiduría, 152n
Flórez, fray Enrique, 348
Florian, Jean-Pierre, 288
Floridablanca, conde de, 339-340
folklore, 162n, 194, 206n, 257
fonética, *ver* pronunciación
Foquel, Guillermo, 246
Ford, Jeremiah D. M., 348n
Forner, Juan Pablo, 357, 376, 388
Foulché-Delbosc, Raymond, 351n
francés, 62-63, 67, 73, 88, 104n, 121-

122, 132n, 136-137, 169, 170, 285-286, 292, 313, 315, 332, 380

Francia, 35, 48, 62, 73, 84, 87, 91, 96, 113, 116, 133-138, 148, 156, 177, 185-187, 197, 225n, 238n, 256, 273, 283, 286, 334, 343, 349, 352, 377n

Franciosini, Lorenzo, 216n, 284, 287, 349

Francisco I de Francia, 186, 282-283

Francisco de Asís, san, 120

Francisco de Sales, san, 288

Francisco Xavier, san, 185

francos, 84, 87

Frías, Damasio de, 297

Fuero Juzgo, 86-87, 107, 114, 117, 119, 172n, 174, 338

Furió Ceriol, Fadrique, 270-271, 292, 297

Gabriel y Galán, José María, 353

gachupín, 279n, 298

Galecia, 116-117

Galias, 73

Galicia, 34-35, 90, 114, 133-134, 352

galicismos, 102n, 106, 136-138, 141-142, 147, 162, 170, 177, 341, 354, 376-381

Galileo, 273

Gallardo, Bartolomé José, 348

gallego, *ver* portugués

Gallegos, Rómulo, 352

Galván, Manuel de Jesús, 358

Gante, 185

Gante, fray Pedro de, 261-262

Gaón, Salomón, 258n

Garay, Blasco de, 287

García IV de Navarra, 118

García, Carlos, 281

García Lorca, Federico, 335, 355

García Márquez, Gabriel, 335, 360, 374n

García Matamoros, Alonso, 356-357

Garcilaso de la Vega, 166, 188-189, 196-199, 202, 222, 231, 233, 235, 244, 253, 266-267, 291-292, 296-297, 305, 317, 325, 329, 331, 354

Garcilaso de la Vega (padre del poeta), 293

Garcilaso de la Vega, el Inca, 234, 263, 319

Garcisánchez de Badajoz, 168, 222

Garmkrelidze, Thomas V., 21n

gascón, 59n, 123n

Gautier, Théophile, 350-351

gaya ciencia, 165, 168

Gemelli Careri, Giovanni Francesco, 265n

generación del 98, 360

General estoria, 151, 154, 161n, 169, 172n

Génova, 34

Gerberto, 96

germanía, 212, 284, 312

germanismos, 89-90, 136, 177, 317, 380

Gerona, 37, 124

Gibraltar, 91, 187

Gil y Carrasco, Enrique, 344

Gilberti, fray Maturino, 262

gitanos, 22, 302

glosas silenses y emilianenses, 9, 15, 44-45, 127-133, 171, 314

godo, 89, 279n

godos, *ver* visigodos

Goethe, 181n

goliardos, 147

Gómez, Duarte, 256

Gómez de Avellaneda, Gertrudis, 355

Gómez Hermosilla, José, 336n, 344

Góngora, Luis de, 93, 188, 200-203, 205-206, 210n, 222, 230-231, 232n, 234n, 235-236, 255, 272, 276-277, 278n, 288, 298, 301-302, 304, 321, 323-324, 328, 342-344, 354, 369

González, Fernán, *ver* Fernán González

González de Eslava, Hernán, 191, 204, 234

González de Salas, Jusepe, 272
González Prada, Manuel, 357
Gorostiza, José, 355
Gorostiza, Manuel Eduardo de, 354
Gracián, Baltasar, 220, 223, 233, 238n,
Gräfenberg, S., 350
Grajal, Gaspar de, 273
gramática, 57, 180-181, 240-243, 283-285, 298-299, 327-333, 336-338, 348, 364
Gramática de la lengua vulgar española, 284
gramáticos, 54-57, 70-71, 214, 245-246, 333
Gran conquista de Ultramar, 157, 167
Granada, 97, 106, 120, 126, 150, 195, 201, 210, 241, 249-251, 351
Granada, fray Luis de, 206n, 222, 229, 230, 233, 263n, 258
Grecia, 47, 103, 258
Gregorio, san, 54, 161, 230
Gregorio VII, papa, 135
Greiff, León de, 354
Grial, 148
griega, literatura, 47-48, 53, 160
griego, 19-20, 25, 36-37, 47-48, 53, 239-240, 243, 267, 272, 294
griegos, 34, 36
Grimm, Jacob, 350
Guadalajara (España), 136, 361
Guadalajara (México), 361
Guadalete, 91
Guadalquivir, 33
Guadiana, 49n
Guamán Poma de Ayala, Felipe, 263
Gudiel, Alonso, 273
Guernica, 134
Guevara, fray Antonio de, 218-219, 221-222, 287
Guevara, Ernesto (Che), 142
Guido y Spano, Carlos, 344
Guillén, Jorge, 206n, 354

Guillén, Nicolás, 354
Guillén de Brocar, Arnao, 267
Guillén de Segovia, Pero, 168
Guipúzcoa, 39n
Gutiérrez, Eduardo, 353
Gutiérrez, Gregorio, 353
Gutiérrez Nájera, Manuel, 354
Guzmán, Leonor de, 306

Habana, La, 362
habla popular, 145-146, 182-183, 189, 214, 290-291, 353
Haití, 40, 48
Harvard, 238n
Hattusas, 22
Hawkins, John, 276
hebraísmo, 150, 254, 273-274
Heine, 358
helenismo, *ver* griego
helenismos, 36-37, 53, 76, 103, 177
Henríquez Ureña, Pedro, 348
Hércules, 36
Herder, 350
Hernández, José, 353
Heródoto, 33-41 *passim*
Herrera, Antonio de, 228
Herrera, Fernando de, 171n, 188, 204, 233, 242n, 244-246, 274, 293, 296-297, 309, 316, 323, 339, 344
Herrera, Juan de, 186n
Hervás y Panduro, Lorenzo, 348, 358
Hesperia, 96
Hidalgo, Juan, 212n, 284, 347
Hidalgo y Costilla, Miguel, 359
Higino, 52
hipérbaton, 74, 180, 344
hipercultismos, 327
Hispania, 37-38, 42
Hispanic Society of America, 351n
hispanismo, 215-216n, 237, 238n, 281-282, 349-351
hispanismos: en el latín de san Isidoro,

88; en el árabe de España, 109-110; en tagalo, 124; en lenguas extranjeras modernas, 89, 281-282, 380n
hispanoárabe, literatura, 95, 109-110
hispanohebrea, literatura, 95, 111n
historia, 142, 150-151, 154, 168, 224-228
Historia de la linda Melusina, 167
Historia gothica, 151
historia literaria, 163, 237, 351, 355-356
Historia troyana, 161n
Hita, Arcipreste de, *ver* Ruiz, Juan
hititas, 22
Hitler, 225n
Hofmann, Conrad, 350
Hojeda, fray Diego de, 234
Holanda, 185-187, 225n, 256, 273
Holland, Lord, 351
Homero, 55n, 161n, 167
honra, 210, 255, 177-279
Horacio, 52-53, 74, 199, 343
Horozco, Sebastián de, 248
horticultura, 100-101
Howell, James, 286n
Huesca, 39, 115, 127
Huidobro, Vicente, 354
Huillery, François, 284
humanismo, 166-167, 169, 220, 224, 226, 240, 262, 266-276, 289, 291-292
Humboldt, Alexander von, 350n
Humboldt, Wilhelm von, 38-39, 350n
Huntington, Archer M., 351n
Hurtado de Mendoza, Diego, 198

Iberia, 33-34, 38
iberismos, 41-43, 50n
Iberoamérica, 40
iberorromance, 40-41, 58-59n, 148
iberos, 33-34, 38
Ibn-Arabí, 95
Ibn-Gabirol, 95
Ibn-Hazm, 96
Ibn-Pakuda, 96

Ibn-Tofail, 95
Ibn-Wasif, 154
Icaza, Jorge, 353
Idacio, 87
Ilias Latina, 167
ilirios, 34, 42
Ilustración, 232n, 334, 339-342, 345-347, 357
Imperial, Francisco, 163-164
imperio español, 185-187, 225n, 235-237, 241-242, 274-275, 291-292, 355-356, 360
imperio romano, 45-48, 54n, 73, 75, 84-85, 135
imprenta, 168-169, 224, 230, 245-246, 261-262, 272, 298, 304
incorrecciones, 55-57, 70-71, 73, 124, 214, 299-300, 326-327, 364-374
India, 21-22, 91, 103, 152, 185
Índice de libros prohibidos, 210-211, 229, 270-272, 339-340
indoeuropeo, 16-17, 19-26, 34, 36, 57
Indonesia, 259
Inglaterra, 147, 186-187, 197, 225n, 255, 273, 340, 343, 352, 359, 377n
inglés, 122, 169, 180, 229, 233n, 283, 363, 374n, 381-387
Ingolstadt, 233n
Inquisición, 211, 236, 250n, 253-254, 266, 269-270, 334, 339-340
inscripciones, 33-37, 42, 57, 227
Iria Flavia, 51, 114n
Iriarte, Juan de, 292n
Irlanda, 273
Irving, Washington, 351
Isaacs, Jorge, 358
Isabel I (la Católica), 174, 184, 239, 241, 258, 281, 296; *ver* Reyes Católicos
Isabel de Valois, 286
Isaías, 33-34
Isidoro, san, 42, 87-88, 91, 97, 154, 161, 239

Isidro, san, 231

Isla, José Francisco de, 345-346, 349, 376

Islam, 76, 91-92, 114n, 135, 180, 205n, 250n, 259, 273

Israel, 258

Italia, 48, 50n, 73, 133, 166-167, 169, 177, 185, 191, 201, 217, 225n, 227, 239, 243, 255, 256n, 268, 283, 286, 289-290, 323, 343, 358, 377n

italianismos, 177, 214, 317-318, 380

italiano, 42n, 59n, 67-68, 88, 104n, 111-112, 122, 132n, 195, 221, 285-286, 292, 314, 332

Itinerario de Antonino, 49

Ivánov, V. V., 21n

Jaén, 119-120, 127

Jaime I de Aragón, 160

Jalisco, 375

Japón, 185, 351

jarchas, 110-111, 155

jardinería, 100-101

Jarvis, Charles, 216n, 351

Jáuregui, Juan de, 324

Jérôme de Périgord, 119n, 135

Jerónimo, san, 48, 52, 55, 267n

Jerusalén, 114n, 134, 157, 162n, 241

Jimena, 119

Jiménez, Juan Ramón, 360

Jiménez de Cisneros, Francisco, 184-185, 241, 242n, 250n, 262, 267

Jones, William, 21n, 38

Jonson, Ben, 281

Journal des Savants, 347

Jovellanos, Gaspar Melchor de, 336n, 339-340, 347, 359

Joyce, James, 280

Juan II de Castilla, 163, 164n, 166, 172n, 179

Juan Clímaco, san, 230

Juan de Austria, 251, 274

Juan de Ávila, san, 205n, 271

Juan de la Cruz, san, 200, 204n, 205n, 229-231, 271

Juan de los Ángeles, fray, 271

Juan Manuel, don 12, 94n, 158-160, 165n, 176, 181, 183, 244, 350

Juana Inés de la Cruz, sor, 11, 15, 19, 28n, 188-189, 193, 202-203, 206-207, 229, 231-232, 235-236, 265n, 302-303, 310, 341-342, 355, 358

Juana la Loca, 184-185

Judea, 48

judeoespañol, 305, 308-311, 313, 315, 351n; *ver* sefardíes

judíos, 76, 95-99, 111n, 150, 158-159, 233, 253-258, 273, 278

juglares, 142, 154n, 160

Julio II, 220

Julio César, 35, 46-47, 49, 52, 55n, 241

Justiniano, 85, 86

Juvenco, 52

Juvenal, 268

Kany, Charles E., 349

La Barrera, Cayetano Alberto de, 193n

Labresio de la Puente, Bartelmo, 286n

La Bruyère, 288

ladinos (latiníes), moros, 99

La Fayette, Madame de, 287

La Fontaine, 287

Laguna, Andrés, 222, 274

laísmo, 329-330

Lalo, Édouard, 350

Lancelot, *ver* Lanzarote

Landívar, Rafael, 358

Lanzarote, 148, 167

Lapesa, Rafael, 10, 12-13, 46, 50, 106, 128n, 192n

Lara, Infantes de, 142, 148, 154, 191, 299

Laredo, 134, 279n

Laredo, fray Bernardino de, 230, 271

La Rochefoucauld, 288
Larra, Mariano José de, 352, 356
Las Casas, ver Casas
Lathrop, Thomas A., 16
latín, 20, 30, 36-37, 44-83, 122, 123n, 136, 150-151, 224, 228, 233, 240, 246-247, 289, 293
latín vulgar, 53-54, 57-74, 88, 108, 111, 114-115, 171
latina, literatura, 44, 52-53, 127
latina medieval, literatura, 145, 147
latinismos, 79-83, 104, 146-147, 175-182
Latinoamérica, 40
Lazarillo de Tormes, 208-211, 213, 220, 287
Ledel, Jacques, 286
Ledesma, Alonso de, 200, 206, 231-232
leísmo, 329-330, 365-366
lengua literaria, 52-57, 108-109, 131-133, 136, 141-142, 145, 151-152, 170-172, 189, 218-219, 276-277, 303-304, 345, 353
lengua y cultura, 53-54, 70-71, 75-79, 123-124, 147, 175-182, 290-291, 303-304, 335, 364-365, 380-381
lenguas americanas, 263-264
lenguas extranjeras, 285-286
lenguas indoeuropeas, ver indoeuropeo
lenguas prerromanas de España, 30, 43, 45, 50, 64
lenguas romances, 23, 48, 57-58, 59n, 93, 335
Leomarte, 161n
León, 49, 51, 90, 114-118, 120, 128, 133-135, 139, 174-175, 184, 249
León, fray Luis de, 57, 198, 222, 229, 233, 235, 254, 269, 271, 273, 291, 299-300, 339
León Marchante, Manuel de, 206
León Pinelo, Antonio de, 357
Leonardo de Argensola, ver Argensola
Leoncico, 260

leonés, 120, 125-127, 174, 191, 303
Lepanto, batalla de, 186, 242n, 274
Lérida, 49n, 131
Lerma, García de, 279
Lesage, 349
Leví, Daniel, 256n
lexicalización, 69-70
leyenda negra, 225n, 228-229, 277
Leyre, 135
Liaño, Jaques de, 286
Liber regum, 152n
Libro de Alexandre, 144, 154, 161n, 174, 347
Libro de Apolonio, 144, 174
Libro de los cien capítulos, 152n
Libro de Marco Polo, 160, 185
Libro de la nobleza e lealtad, 152n
libros de caballerías, 167-168, 189, 208, 213, 222, 291
Lida, Denah, 13
Lida, Raimundo, 10
lígures, 34, 42-43
Lima, 201, 254, 262, 264, 268, 332
limpieza de sangre, 97, 235, 278, 279n
lindo, 171-172n
Liñán de Riaza, Pedro, 205n
Lisboa, 116, 187, 201, 215n
Lista, Alberto, 344, 352, 372
liturgia, 108-109, 135
Livio, ver Tito Livio
Livio Andrónico, 53
Llorente, Juan Antonio, 340n
Lloyd, Paul M., 16
Logroño, 134
Lohengrin, 156
Lombardía, 149
Londres, 102n, 128n, 359
López, Gutierre, 332
López de Ayala, Pero, 160-161, 165n, 167, 306, 350
López de Cortegana, Diego, 221, 272n
López de Gómara, Francisco, 226-227

López Madera, Gregorio, 294n
López de Mendoza, Íñigo, ver Santillana
López de Palacios Rubios, Juan 260
López Pinciano, Alonso, 244
López de Sedano, Juan José, 338
López de Úbeda, Francisco, 212
López de Velasco, Juan, 245
López de Villalobos, Francisco, 105, 222, 295
Lorenzana, Francisco Antonio de, 264n
Lorenzo, san, 145n, 186
Lovaina, 283-284
Loyola, san Ignacio de, 229n
Lozano, Abigaíl, 344
Lucano, 52, 154
Ludovico Pío, 116
Luis XIII de Francia, 281, 283
Luis XIV, 334
Luna, Álvaro de, 166
Luna, Juan de, 285, 287
lunfardo, 213n, 340n
Lusitania, 47
Lutero, 229, 340n
Luzán, Ignacio de, 342-343
Lyly, John, 287
Lynch, Benito, 353

Machado, Antonio, 360, 364n
Machado, Manuel, 360
Madariaga, Pedro de, 245
Madrid, 128n, 169, 191-192, 200-201, 205n, 215, 234n, 283
Madrid, fray Alonso de, 230
madrigal, 195
Madrigal, Alfonso de (el Tostado), 232n
Magallanes, 185
Mahoma, 91, 95, 253
Maimónides, 95
Mainete, 157
Majalahonda, 297
Mal Lara, Juan de, 246
Málaga, 49n, 120, 213n

Mallarmé, Stéphane, 62
Malón de Chaide, fray Pedro, 230
Malucas, 233
Mancha, La, 92n
manierismo, 222
Manila, 336
Manrique, Jorge, 161, 164, 181-182, 222
Manzanares, 275n
Marañón, Gregorio, 346
March, Ausiàs, 166
Marchena, José, 359
Marcial, 52
Marco Antonio, 46, 160
Marco Aurelio, 48, 218
Mariana, Juan de, 228, 233, 317, 339
Marineo Sículo, Lucio, 224, 257, 292, 293
Marino, Giambattista, 198
Mario, 46
Márquez Torres, Francisco, 216
marrano, 255, 278
Marruecos, 92, 103, 119n, 236, 253, 255
Martel, Charles, 113
Martí, José, 53
Martí, Manuel, 357-358
Martín, Alonso, 246
Martín de la Plaza, Luis, 201n
Martín de Tours, san, 70
Martínez de Cantalapiedra, Martín, 273
Martínez de la Rosa, Francisco, 355
Martínez de Novoa, Antonio, 336n
Martínez de Toledo, Alfonso, arcipreste de Talavera, 168, 180, 182-183, 247
Martínez Gómez Gayoso, Benito, 336n
Marx, Karl, 81
matemáticas, 100
Mateos, Juan A., 356
Matius, Caius, 69-70
Maunory, Monsieur de, 367
Mauritania, 91
Maximiliano I, emperador, 184
Mayans y Siscar, Gregorio, 347
Medellín, 49n

Medina, Francisco de, 242n, 309
Medinaceli, 127
Mediterráneo, 31, 37, 51, 85, 160
Meléndez Valdés, Juan, 344, 352, 372
Melo, Francisco Manuel de, 223
Mena, Juan de, 163-164, 166-169, 172, 177-179, 182, 189, 196, 222, 249, 291, 316, 322-323
Méndez, Diego, 268
Mendoza, Antonio de, 262
Menéndez Pelayo, Marcelino, 190n, 272n, 348, 356-357, 360, 372
Menéndez Pidal, Ramón, 9-10, 128n, 143, 225n, 348, 352
Menorca, 187
Mérida, 49, 51, 96, 239
Mérimée, Prosper, 350
Mesopotamia, 103
mester de clerecía, 144, 147, 158, 161-162
mester de juglaría, 139-144, 147, 154, 162
mestizaje, 262-263, 335
Metge, Bernat, 166
métrica, ver versificación
Meunier, Gabriel, 284
Mexía, Pero, 218-219, 287
Mexía de Fernangil, Diego, 234, 265
México, 121, 169, 172n, 185, 191, 201, 204, 226-227, 234-235, 237, 242n, 254, 261, 264, 268, 278-279, 281, 298, 311, 319, 332, 351
Mez von Braidenbach, Nicholas, 284
Michoacán, 268
milagros de la Virgen, 146, 148, 155
Milán, 149, 215n
Millán (Emiliano), san, 145
Mina, Francisco Javier, 359
miniaturas, 114n, 153-155, 160
Minsheu, John, 284
Minturno, Antonio, 244
Miramontes Zuázola, Juan de, 320

Miranda, Francisco, 359, 377n, 388
Miranda, Juan, 285
Mistral, Gabriela, 360
mitología clásica, 203-204
mobiliario, 101, 153
Mocedades del Cid, 143
modernismo, 354, 360
Molière, 288
Molina, fray Alonso de, 262
Molina, Juan Ignacio, 347, 358
Molina, Tirso de, ver Tirso
Moner, Pere, 164
monjes, 75-77, 128, 135, 145n
Montaigne, 59n, 188, 213, 286n
Montalvo, Juan, 346
Montaña, La, 133; ver Santander
Montemayor, Jorge de, 208-210, 227n, 233, 237, 279n, 287
Montesino, fray Ambrosio, 182, 222
Montesquieu, 339
Montilla (Córdoba), 256n
Montpellier, 273
Morales, Ambrosio de, 227, 242, 291
Morales, Juan Bautista de, 245, 309
Moreto, Agustín, 193
Morf, Heinrich, 350
morfología, 70-73, 90, 107-108, 138, 172
moriscos, 99n, 192n, 205n, 209, 236, 249-252, 302, 313
Moro, Tomás, 268
moros, 91; ver árabes
Mosquera de Figueroa, Cristóbal, 278n
Mosterín, Jesús, 374n
Motolinía, fray Toribio de (Benavente), 262, 319
Moure, José Luis, 15
mozárabes, 97-99, 108-112, 113n, 114, 117, 120, 124, 126-127, 142, 157, 249, 315
Mucádam de Cabra, 111n
mudéjares, 98-99, 249
muladíes, 96-97, 103

Mulerius, Carolus, 284
Muñoz, Juan Bautista, 227n
Muñoz Seca, Pedro, 353, 365
Murcia, 108, 303, 328, 368
música, 29, 102, 154-157, 191, 210n, 231, 301
Mussolini, 386
musulmanes, ver árabes, Islam
muwashajas, 110

náhuatl, 226, 236, 302-303, 328
nahuatlismos, 105, 320-321
Napoleón, 334
Nápoles, 188, 221, 275, 280-281
Narváez, Hipólita y Luciana de, 201n
naturalidad, 225-226, 290
Navagiero, Andrea, 195
Navarra, 115, 117-118, 120, 133-136, 148, 185
Navarrete, fray Manuel de, 352
Navas de Tolosa, 119-120
Nebrija Antonio de, 107, 169, 172, 175, 181, 188, 227, 239-242, 244-248, 250, 256, 269, 285-287, 292, 296, 306-307, 319, 328, 355, 374
negros, 184, 192n, 300-301, 311, 313, 319, 368-369
neoclasicismo, 342-345
Nerón, 52
Neruda, Pablo, 335, 355, 360
Nevares, Marta de, 217
Newton, 273
Nicaragua, 53
Nicea, concilio de, 85
Nifo, Francisco Mariano, 347
Nobel, premios, 360
Noguerol, Francisco, 265
norma lingüística, 303-304
novela, 207-217, 345-346, 353
novelas de caballerías, ver libros de caballerías
novelas picarescas, ver picaresca

novelas sentimentales, 168, 189, 208
Noydens, Benito Remigio, 247
Nucio, Martín, 199n
Nueva España, 259n
Nueva Revista de Filología Hispánica, 351n
Nuevo México, 334
Numancia, 45
Núñez, Hernán (el "comendador griego"), 248, 289
Núñez de Arce, Gaspar, 353
Núñez Cabeza de Vaca, Álvar, 228

Oaxaca, 305, 311, 372
Obligado, Rafael, 344
Oca, Montes de, 117
Ocampo, Florián de, 224
Octavio, 160
Olivares, conde-duque de, 195
Oliver Asín, Jaime, 10
Olmedo, José Joaquín de, 344
Omar, 357
Onetti, Juan Carlos, 335
onomástica, 40, 43, 90, 92n, 97, 104n, 387
Oña, Pedro de, 234
ópera, 199, 231
Opitz, Martin, 292n
Oppas, Don, 91, 113
Orán, 242n
oratorio, 231
orden alfabético, 391n
orden de las palabras, 74, 180-181
órdenes militares, 157, 160
Ordoño I, 114-115
Oria, santa, 145n
Orígenes, 154
Ortega y Gasset, José, 363n, 379
Ortiz de Zúñiga, Diego, 228
ortografía, 57, 123, 244-246, 307-310, 312, 315n, 337-338, 373-374
osco-umbrio, 23, 30
Oseguera, Diego de, 368

Osio de Córdoba, 52-53, 87
Osma, 127
Osma, Pedro de, 269
ostrogodos, 84
Osuna, 273
Osuna, fray Francisco de, 230, 271
Oudin, César, 216n, 284-285, 349
Ovide moralisé, 154, 232
Ovidio, 53, 154, 167, 199, 203, 206n, 231, 239
Oviedo, 113-114, 134
Oviedo, Gonzalo F. de, *ver* Fernández de Oviedo
Owen, Lewis, 284

Pablo, san, 51
Padilla, Juan de, 179n, 307-308
Padilla, Pedro de, 200n
padre/madre, 25, 28
Padrón, 51, 114n
Países Bajos, 186, 225n, 255, 256n, 283, 317
Palencia, 368
Palencia, Alonso de, 106, 246
Palés Matos, Luis, 354
Palestina, 76
Palet, Jean, 284
Palmireno, Juan Lorenzo, 247
Pamplona, 115, 134-135
Panonia, 48
páramo, 50-51n
Paravicino, fray Hortensio, 230
Paredes, Alonso Víctor de, 240
Paredes, condesa de, 207n
París, 102n
Paros, 178
Patagonia, 373
Paulo Orosio, 87, 154
Pavía, batalla de, 186, 283
Paz, Octavio, 360
Pedrarias Dávila, 258-259, 261-262
Pedro, condestable de Portugal, 163, 237

Pedro I (el Cruel) 158, 160
Pedro Alfonso, 96, 152
Pelayo, 113
Penny, Ralph, 16
Peñafiel, 160
Per Abbat, 143n
Perceval, 148
Percivale, Richard, 284, 349
Pereda, José María de, 353
Pérez Galdós, Benito, 15, 345, 346n, 353, 356, 358
Pérez de Guzmán, Fernán, 168
Pérez de Hita, Ginés, 209-210, 287
Pérez de Montalbán, Juan, 193, 234n
Pérez de Montoro, José, 206, 301n
Pérez de Nájera, Francisco, 245
Pérez de Oliva, Hernán, 222, 287, 290, 293
periodismo, 347
Perpiñán, 49n
Persia, 22, 103
Perú, 185, 234, 242n, 263, 279n, 334, 351, 373
Perugia, 263n
Petrarca, 163, 166, 188, 195-197, 256
petrarquismo, 21
Petronio, 55, 57
Phillips, Miles, 311
pícaro, 211
picaresca, 211-213, 237
Pineda, fray Juan de, 229, 272, 298
Pinto Delgado, João, 256
Pirineos, 31, 134
Pizarro, Francisco, 226, 259, 262
Platón, 291
Plauto, 57-58, 169, 280n
Plinio el Viejo, 42, 49, 154
Plutarco, 47, 160
Poema de Alfonso Onceno, 175
Poema del Cid, ver Cantar de mio Cid
Poema de Fernán González, 85-86, 117, 144
Poema de Yúçuf, 99, 350

poesía, 110-111, 145-146, 155-160, 163-166, 231-232, 238, 241-242, 343-344, 356
poesía épica, 118, 139-143; ver mester de juglaría
Poitiers, batalla de, 113
Pokorny, Julius, 21n
Policisne de Beocia, 213
Polo de Medina, Salvador Jacinto, 207
Polonia, 351
Pombo, Rafael, 344
Pompeyo, 46, 49, 52
Pomponio Mela, 52
Ponce de la Fuente, Constantino, 268
Poncio Pilato, 48
Porcio Latrón, 52
Poridat de las poridades, 152n
Porte, Arnaldo de la, 283, 284
Portugal, 34-35, 48, 90, 92, 97, 103, 116, 155, 185-186, 188, 237, 240, 250, 255, 256n, 259, 335
portugués (y gallego), 23, 42, 59n, 64, 69, 105, 112, 122, 124-126, 155-156, 163-164, 171n, 175, 179, 185, 259, 300, 315, 317, 335
portuguesa, literatura, escrita en castellano, 164, 191, 209, 237
Pottier, Bernard, 15
Pound, Ezra, 351
prácrito, 25, 54
predicación, 233, 263n, 264n
Prescott, William H., 351
Prete Jacopín, 297, 324
Primera crónica general, 120, 151, 154, 157, 172-173, 175, 199, 224
Probo, ver Appendix Probi
pronombres, 328-330
pronunciación, 15-16, 62-65, 107-109, 121-123, 137, 171-172, 244-246, 303-316, 325-327, 367-374
prosa didáctica, 168
protestantismo, 186, 228-229

protorromance, 57, 87, 111
Provenza, provenzal, 88, 110, 136-137, 148-149, 155-156, 165n, 177
Prudencio, 47, 52-53
Puerto Rico, 234, 334, 354
Pulgar, Hernando del, 165, 168
Purgatorio de san Patricio, 148
purismo, 339, 341, 352, 378-379

quaderna vía, 144, 159
Que doit-on à l'Espagne?, 357
Quebec, 40
Questión de amor, 287
Quevedo, Francisco de, 188, 200-204, 212-213, 222-223, 228, 233, 235-236, 255, 272, 275-276, 294, 311-312, 324
química, 93
Quintana, Manuel José, 344, 376
Quintiliano, 52
Quiñones de Benavente, Luis, 193
Quiroga, Vasco de, 262, 268

Raimundo, arzobispo de Toledo, 150-151, 152n
Ramírez, familia, 19
Ramírez España, Guillermo, 19
Razón de amor, 149, 156, 174
Recaredo, 86
Recesvinto, 86
reconquista, 126-127, 150
redondilla, 206
Reforma, 221
refranes, 170, 182-183, 247-248, 257, 284, 290
Refranes que dizen las viejas tras el huego, 247, 347, 371
Reina, Casiodoro de, 229, 255, 285
religión, 46-47, 96-97, 154-155, 228-232, 342
Renacimiento, 166-167, 169, 191, 197-199, 220-221, 267-268, 289-292, 322-323

Renfrew, Colin, 16, 21n
requerimiento, 260, 282
Resnick, Melvin C., 16
retorromance (= romanche), 73
Revista de Filología Española, 352
Revolución francesa, 359
Revue Hispanique, 351n
Rey de Artieda, Andrés, 279n, 329, 330
Reyes, Alfonso, 363n
Reyes Católicos, 168, 182, 184, 202n, 241, 253, 351; *ver* Fernando V, Isabel I
Richelieu, 256n
Rioja, La, 115, 117-118, 133, 314
Rivadeneira, Pedro de, 229n
Rivas, Duque de, 344-345
Robles, fray Francisco de, 314
Robles, Juan de, 245, 307, 311, 314, 326-327
Robortello, Francesco, 244
Rodomontadas españolas, 279-280, 282, 287
Rodrigo, 91, 113, 115
Rodríguez, Alonso, 229
Rodríguez, Lucas, 200n
Rodríguez del Padrón, Juan, 163, 168
Rojas, Fernando de, *ver Celestina*
Rojas Zorrilla, Francisco de, 193, 325
Roldán, 143
Roma, 37, 47, 84, 186, 190n, 218, 293; *ver* imperio romano
Roman d'Alexandre, 144
Roman de Thèbes, 154
Roman de Troie, 154
romanceamiento, 77-79
romancero, 114n, 160, 182, 199, 203, 205-206, 210, 239n, 299, 350
Romancero general, 205
romanche, 73
Romania, 48
romanticismo, 343-345, 350-352
romí, 97
Roncesvalles, 142-143

Ronsard, 213
Ros de Olano, Antonio, 355
rosa, 19, 61
Rosas de Oquendo, Mateo, 234, 265
Rosenblat, Ángel, 389
Rousseau, 339
Rueda, Lope de, 191, 192n, 369
Ruiz, Benito, 245
Ruiz, Juan, arcipreste de Hita, 159-161, 163-164, 170, 172, 179, 182, 315n, 347
Ruiz de Alarcón, Juan, 158, 193, 234, 236, 255, 288, 304, 320, 355
Rulfo, Juan, 335
Rumania, 48, 258
rumano, 73
Rusia, 339, 351, 358
Russell, Robert, 13-14

Saavedra Fajardo, Diego, 223
Sacro Imperio, 185
Sagunto, 49n
Sahagún, 128
Sahagún, fray Bernardino de, 226-227, 262, 319
Salamanca, 49n, 169, 198, 240, 243, 246, 267-268, 273, 289
Salas Barbadillo, Alonso Jerónimo de, 212, 217
Salazar, Ambrosio de, 285, 298, 320, 332
Salazar y Castro, Luis de, 227n
Salazar y Torres, Agustín de, 207n, 235
Salinas, Juan de, 205n
Salomón, 33
Salónica, 109, 257
Salvá, Vicente, 336n
San Juan de Jerusalén, 160
San Martín, José de, 359
San Millán, monasterio de, 128-131
San Pedro, Benito de, 336n
San Pedro, Diego de, 168, 181, 208, 218, 287, 349

San Pedro, Joaquín de, 286n
San Quintín, batalla de, 186, 274, 276
San Sebastián, 134
Sánchez, Florencio, 353
Sánchez, Tomás Antonio, 347
Sánchez de Badajoz, ver Garcisánchez
Sánchez de la Ballesta, Alonso (Turrecre-
    mata), 247
Sánchez de las Brozas, Francisco (el Bro-
    cense), 269, 289
Sánchez de Lima, Miguel, 244
Sánchez de Viana, Pedro, 206n, 294n
Sancho el Bravo, 150, 157
Sancho IV, 150, 157
Sancho García, 118
Sancho el Mayor, 115, 118, 134-135, 148
Sancho Ordóñez, 117n
Sancho Ramírez, 115
Sandoval, fray Prudencio de, 228
Sandoval Zapata, Luis de, 233, 235
Sanlúcar, 213n
Sannazaro, Jacopo, 206n
sánscrito, 20, 38, 54
Sansueña, 120n
Sant Jordi, Jordi de, 166
Santa Cruz, Melchor de, 248n, 280n, 296
Santa María, Pablo de, 254
Santa Marta, 279
Santander, 31, 134, 306, 372
Santiago apóstol, 51, 92, 114n, 134-135,
    265
Santiago de Compostela, 94, 114, 120n,
    134-136
Santiago del Estero, 57
Santillana, marqués de (Íñigo López de
    Mendoza), 163-165, 167, 182, 195,
    247, 322
Santo Domingo, 234, 268, 320
Santo Domingo de Silos, ver Silos
Santo Oficio, ver Inquisición
sardo, 59n, 65, 73
Sarmiento, fray Martín, 216n, 347-348

Saroïhandy, Jules, 348n
Satie, Érik, 350
Saulnier, Jean, 284
Sayago, sayagués, 175, 191, 192n, 296,
    300
Scarron, Paul, 288
Schiller, 350
Schlegel, hermanos, 350
Schopenhauer, 238n
Scott, Walter, 346, 351
scriptorium, 128, 135
Scudéry, Madeleine de, 287
Sebastián, Miguel, 314
sefardíes, 109, 121; ver judeoespañol
Segovia, 120, 213n, 228
Segunda comedia de Celestina, 190
Segura, Juan de, 287
Segura, Manuel Ascencio, 353
Sem Tob, 158-159, 253, 364
semicultismos, 83, 147
Sendebar, 152
Séneca, 52-53
Sepúlveda, Juan Ginés de, 225n
Sepúlveda, Lorenzo de, 205
ser y estar, 23-24, 331
Servet, Miguel, 271
Servio, 55
seseo, 308-310
Sevilla, 87, 91, 96, 120, 156, 163, 169,
    212, 256n, 296, 309, 312
Shakespeare, 158, 188, 213, 276, 294n,
    350
Shelton, Thomas, 215n
Sicilia, 48, 59n, 96, 103, 185
Sidón, 34, 37
Siete partidas, 154, 169, 175
Sigüenza, 49n
Sigüenza, fray José de, 275
Sila, 46
Silos, monasterio de, 128-131
Silvestre II, papa, 96
Simón Abril, Pedro, 222, 289

Siria, 103
Smith, Colin, 143n
Sobrino, Francisco, 284, 285
Solís, Antonio de, 207, 228
soneto, 195, 198
soneto a Cristo crucificado, 205n, 235, 271
Soria, 34
Sotomayor, Baltasar de, 285-286
Southey, Robert, 351
Spaulding, Robert K., 10
Spinoza, 256
studium, 128, 135
Sucre, Antonio José de, 359
Sue, Eugène, 346
suevos, 84-85
Suiza, 48
Sumarán, Juan Ángel de, 286n
Sumas de historia troyana, 161n
Sumatra, 103
superlativo, 72, 79, 147, 328
Superman, 167
sustrato, 50, 64, 123n

Tabla Redonda, 148
Tablada, José Juan, 354
Tácito, 74
tagalo, 124
taifas, 94, 119n
Talavera, Arcipreste de, ver Martínez de Toledo
Talavera, fray Hernando de, 249-250, 258, 261, 263-264
Tallgren-Tuulio, O. J., 348n
Tamayo de Vargas, Tomás, 296, 297
Tárik, 91
Tarraconense, 116-117
Tarragona, 49n, 96
Tartessos (Tharshish, Tarsis), 33-34, 37
Tasso, Torquato, 206n
teatro, 148, 169, 190-193, 236-237, 324-325, 342-343, 345, 350, 353

Tercera comedia de Celestina, 190
Terencio, 55, 169
Teresa de Ávila, santa, 83n, 208, 218, 228-230, 232n, 236, 237, 254, 265, 271, 299-300, 306-307, 310, 326
Teresa de Mier, fray Servando, 266, 359, 360n
Terrazas, Francisco de, 197, 235
Terreros y Pando, Esteban de, 348, 358
Texas, 334
Texeda, Jerónimo de, 285, 287
Thámara, Francisco, 285
Ticknor, George, 237, 238n, 351
Tieck, Ludwig, 350
Tierra de Campos, 50n
Timoneda, Joan, 200n, 205, 217
Tiro, 34, 37
Tirso de Molina, 193, 217, 233, 234, 288, 304, 320
Tito Livio, 52, 55n, 160, 199
Tlalnepantla, 264n
Tocaria, 22
tocotín, 303n
Toledano, el, ver Ximénez de Rada
Toledo, 85, 94n, 96, 98, 105, 108, 115, 119-120, 124n, 127, 150-151, 156, 174-175, 184, 219, 249, 250n, 295-297, 305-310, 315, 337
Toledo, Juan Bautista de, 186n
Tolosa (Toulouse), 84-86
toponimia, 35, 37, 39, 49, 51, 83n, 90, 92n, 104n, 265-266, 334
Torius, John, 284
Torquemada, Antonio de, 245, 314
Torquemada, fray Juan de, 227
Torre, Alfonso de la, 168, 256
Torres Naharro, Bartolomé de, 191, 222
Torroella, Pere, 164
Tortosa, 119n
traducción, 128, 150-153, 160, 169, 189, 215-216n, 229-230, 266, 287
Tragicomedia de Lisandro y Roselia, 190

Trajano, 50
Trento, concilio de, 186
Trípoli, 157
Tristán e Isolda, 148
Troya, historias de, 148, 161, 167
trovadores, 156
Trueblood, Beatrice, 11
Tseu-thung, 104
Tucídides, 160
Tudense, el, ver Tuy
Tulio, 50n
Túnez, 157, 253
Turkestán, 22, 23
Turquía, 186, 255-256, 258
Turrecremata, ver Sánchez de la Ballesta
Tuy, Lucas de (el Tudense), 151, 154, 239

Úbeda, 120
Úlfilas, 85-86
Ulloa, Alfonso de, 285-286
ultracorrección, 327
Unamuno, Miguel de, 355, 360, 364
Urfé, Honoré d', 287
Uruguay, 121, 237
Urrea, Jerónimo de, 272n
Usque, Salomón, 256
usted, 58, 278
Útil y breve institución [para aprender español], 284
Utrecht, tratado de, 187

Valadés, fray Diego, 263
Valdés, Alfonso de, 221-222
Valdés, Fernando, 271
Valdés, Juan de, 93, 104n, 105, 188-189, 221-222, 242-243, 248, 250, 266, 271, 283, 290-292, 303, 316-317, 322, 326, 331, 347, 374, 387n
Valencia, 108, 119, 169, 191-192, 201, 215n, 252, 340n
Valera, Cipriano de, 229

Valla, Lorenzo, 166, 241
Valladares de Valdelomar, Juan, 214
Valladolid, 124n, 200-202, 273, 279n, 297
Valle-Inclán, Ramón del, 360, 364n
Vallejo, César, 265, 355
Vallés, Pero, 247-248
vándalos, 84-85
Vanegas, Alejo, 222, 245, 268, 314
Varrón, 42
vascos y vascuence, 37-42, 115-117, 126, 129n, 350n
Vázquez de Contreras, Diego, 272n
Vega, Gabriel de la, 212
Vega, Garcilaso de la, ver Garcilaso
Vega, Lope de, 93, 188, 190-193, 200, 201n, 202, 205, 206n, 209, 210n, 213-214, 217, 228, 231-233, 234n, 236-237, 253, 257, 274, 276, 298, 300, 302, 305-306, 320-321, 324-325, 332, 338, 342-343, 351
Vega, Ventura de la, 355
Velázquez, 274-275
Vélez de Guevara, Luis, 349
Venecia, 191n, 256, 284, 286
Venezuela, 359
Veracruz, 264n, 362
Vergara, Juan de, 269-271
versificación, 143-144, 192n, 193-195, 205-206
verso alejandrino, 144, 158-159
verso de arte mayor, 161-163, 179n, 196
verso endecasílabo, 163, 179n, 195-198
verso heptasílabo, 195-196
verso octosílabo, 159, 163, 198-200, 201n, 205
vestimenta, 101
Vicente, Gil, 191, 237
Vida de Santa María Egipcíaca, 148, 174
Vieira, António, 229

Villa, Francisco (Pancho), 142
Villaespesa, Francisco, 360
Villalón, Cristóbal de, 222, 285, 290, 314
Villamediana, Conde de, 200, 202
villancico, 194-195, 231
Villar, Juan, 243
Villaurrutia, Xavier, 206n
Villegas, Esteban Manuel de, 200, 202
Villena, Enrique de, 164-166, 174, 179-180, 182, 244, 347
Virgilio, 52-55, 74, 165, 167, 179, 199
Virués, Alonso de, 221
Virués, Cristóbal de, 246
visigodos, 8, 45, 85-90, 113-114, 116, 135, 150, 233, 262
Vittori, Girolamo, 284
Vives, Juan Luis, 254, 268, 270, 274, 347
vizcaínos, 301-302
Vizcaya, 38, 39n
vocabulario científico, 100, 104, 276, 383-384
vocabulario internacional, 79, 377-381
vocabulario militar, 89, 102
vocabulario náutico, 99, 380n
vocabulario poético, 178-179, 344-345
vocabulario religioso, 76-77, 136
Voltaire, 280, 339, 340n
vos, 278, 331-333
voseo, 332-333, 363, 365n
vosotros, 332, 336
vuestra merced, 58, 278
vulgarismos, 56-57, 59-70, 77-83, 136, 182-183, 370n

Vulgata, 152n, 267n

Wallenstein, 274
Westfalia, paz de, 187
Wilder, Thornton, 351
Witiza, 91
Wolf, Ferdinand, 350

xanas, 46-47n
Ximénez Patón, Bartolomé, 243, 245, 282, 309
Ximénez de Rada, Rodrigo (el Toledano), 151, 154
Ximénez de Urrea, Jerónimo, 287

Yehudá Haleví, 96, 111n
yeísmo, 122, 312-314, 369
yod, 8
yucatecos, 313
Yugoslavia, 34

Zabaleta, Juan de, 217
Zamora, 49n, 127-128, 133, 142, 154, 175
zapoteco, 304-305, 319
Zaragoza, 49, 96, 108, 115, 119n, 127, 169, 231
Zárate, Agustín de, 319
Zárate, Fernando de, 256n
zarzuela, 192
Zayas, María de, 217
Zorrilla, José, 162n, 345, 355
Zorrilla de San Martín, Juan, 358
Zumárraga, fray Juan de, 261, 268
Zurita, Jerónimo de, 227, 233

ÍNDICE GENERAL

Prólogo   7
Prólogo a la presente edición 11

  I. La familia indoeuropea 19
 II. Lenguas ibéricas prerromanas 30
III. La lengua de los romanos 44
     La Hispania romana 48
     Latín hablado y latín escrito 52
     El latín vulgar 57
     Lengua culta, lengua vulgar y lengua semiculta . . . 74
 IV. La España visigótica 84
  V. La España árabe 91
     Muladíes, mozárabes, mudéjares 96
     Los arabismos del español 99
     La lengua de los mozárabes 108
 VI. El nacimiento del castellano 113
     Los reinos cristianos del norte 113
     El reino de Castilla 116
     Advertencias sobre pronunciación 121
     la "cuña" castellana 123
     Las "glosas" de San Millán y de Silos 127
     El camino francés 134
VII. La consolidación del castellano 139
     El mester de juglaría 139
     El mester de clerecía 144
     La obra de Alfonso el Sabio 150
     La literatura de los siglos xiv y xv 157
     La lengua en los siglos xiii, xiv y xv 169
VIII. El apogeo del castellano. Primera Parte 184
     El marco político 184
     La literatura 188
     El teatro 190
     La poesía 193

La novela   207
La "prosa varia"   218
Consideraciones finales   232
IX. EL APOGEO DEL CASTELLANO. SEGUNDA PARTE   239
Atención al idioma   239
Moros y moriscos   249
Judíos y sefardíes   253
El Nuevo Mundo   258
Humanismo y antihumanismo   266
España y Europa   277
X. EL APOGEO DEL CASTELLANO. TERCERA PARTE   289
Confianza en la lengua vulgar   289
"El lenguaje puro y propio"   294
Cambios en la pronunciación   303
Cambios en el vocabulario   316
Cambios gramaticales   327
XI. EL ESPAÑOL MODERNO   334
La Academia y la literatura   336
La lengua, hoy   361
ÍNDICE ONOMÁSTICO Y DE MATERIAS   391

Los 1001 años de la lengua española, de Antonio Alatorre, se terminó de imprimir y encuadernar en mayo de 2018 en Impresora y Encuadernadora Progreso, S. A. de C. V. (IEPSA), calzada San Lorenzo, 244; 09830 Ciudad de México. El tiraje fue de 4 500 ejemplares.